昆山高新区（玉山镇）村志系列丛书

大众村志

村民家庭记载

DAZHONG CUNZHI CUNMIN JIATING JIZAI

昆山高新区（玉山镇）村志系列丛书编纂委员会 编

苏州大学出版社
Soochow University Press

图书在版编目（CIP）数据

大众村志．村民家庭记载 / 金芳主编；昆山高新区（玉山镇）村志系列丛书编纂委员会编．— 苏州：苏州大学出版社，2022.12
（昆山高新区（玉山镇）村志系列丛书）
ISBN 978-7-5672-4177-0

Ⅰ．①大… Ⅱ．①金… ②昆… Ⅲ．①村史–昆山 Ⅳ．①K295.35

中国版本图书馆 CIP 数据核字（2022）第 240852 号

大众村志　村民家庭记载

编　　者　昆山高新区（玉山镇）村志系列丛书编纂委员会
主　　编　金　芳
责任编辑　冯　云
装帧设计　刘　俊
出版发行　苏州大学出版社
地　　址　苏州市十梓街 1 号
邮　　编　215006
电　　话　0512-67481020
网　　址　http://www.sudapress.com
邮　　箱　sdcbs@suda.edu.cn
印　　刷　苏州市深广印刷有限公司
开　　本　787 mm×1 092 mm　1/16　插页 16　印张 33（共两册）　字数 556 千
版　　次　2022 年 12 月第 1 版
　　　　　2022 年 12 月第 1 次印刷
书　　号　ISBN 978-7-5672-4177-0
定　　价　120.00 元（共两册）

目 录

村民家庭记载

村民家庭记载

至2019年年末，大众村有17个村民小组、548户（包括单立户）。

本书将548户家庭悉数载入其中，仅对村民家庭的现状和历史片段做载录。所载“家庭成员”，以常住户籍登记为主，辅以部分迁出户籍；所载“家庭大事”，是为记录家庭及成员重大事件而设，部分家庭出于各种缘由留有空白。

一、大众村村民小组户数一览表

大众村村民小组户数一览表

村民小组	户数/户	村民小组	户数/户
第1村民小组	27	第10村民小组	62
第2村民小组	39	第11村民小组	32
第3村民小组	25	第12村民小组	26
第4村民小组	14	第13村民小组	87
第5村民小组	35	第14村民小组	23
第6村民小组	33	第15村民小组	31
第7村民小组	13	第16村民小组	24
第8村民小组	13	第17村民小组	24
第9村民小组	40		

二、大众村村民家庭记载

大众村第 1 村民小组

	姓名	与户主关系	出生年月
家庭成员	范秋法	户主	1949 年 9 月
	王秀凤	配偶	1952 年 3 月
	范琴琴	女儿	1988 年 12 月
	范浩宇	孙子	2009 年 12 月
家庭大事	1995 年，翻建楼房。		

	姓名	与户主关系	出生年月
家庭成员	庄雪珍	户主	1953 年 7 月
	顾秀金	婆婆	1926 年 6 月
	范菊良	儿子	1980 年 9 月
	郑静静	儿媳	1985 年 12 月
	范诺欣	孙女	2008 年 12 月
家庭大事	1988 年，翻建楼房。 2011 年，购买汽车 1 辆。		

	姓名	与户主关系	出生年月
家庭成员	范抱大	户主	1952 年 2 月
	范梅珍	配偶	1954 年 5 月
	范正花	女儿	1978 年 4 月
	徐金华	女婿	1979 年 2 月
	范可欣	长孙女	2002 年 1 月
	徐欣言	次孙女	2010 年 3 月
家庭大事	1987 年，翻建楼房。 2008 年，购买汽车 1 辆。		

	姓名	与户主关系	出生年月
家庭成员	范凤良	户主	1956 年 5 月
	顾雪珍	配偶	1955 年 5 月
	范小青	女儿	1981 年 10 月
	沈　勇	女婿	1976 年 4 月
	沈范毅	长孙子	2002 年 5 月
	范承灏	次孙子	2009 年 11 月
家庭大事	1989 年，翻建楼房。 1994 年，沈勇入伍，在部队任班长；1998 年，退伍。 2008 年，购买汽车 1 辆。		

	姓名	与户主关系	出生年月
家庭成员	范友良	户主	1955 年 8 月
	范社英	配偶	1955 年 3 月
	范金英	女儿	1982 年 1 月
	张春发	女婿	1980 年 1 月
	范　斌	孙子	2006 年 2 月
家庭大事			

	姓名	与户主关系	出生年月
家庭成员	范友林	户主	1959 年 11 月
	王林英	配偶	1962 年 1 月
	范金鱼	儿子	1984 年 3 月
	姚家珍	儿媳	1983 年 7 月
	范歆阳	孙女	2006 年 7 月
	范歆辰	孙子	2018 年 1 月
家庭大事			

	姓名	与户主关系	出生年月
家庭成员	范爱明	户主	1969 年 4 月
	宋景凤	配偶	1973 年 3 月
	范　佳	女儿	1995 年 12 月
家庭大事	1993 年，翻建楼房。		

	姓名	与户主关系	出生年月
家庭成员	范林秀	户主	1947 年 12 月
	陆妹珍	配偶	1953 年 10 月
	范群花	女儿	1973 年 2 月
	陈　忠	女婿	1973 年 2 月
	范晨鸣	孙子	1993 年 8 月
家庭大事			

	姓名	与户主关系	出生年月
家庭成员	范秋林	户主	1965 年 7 月
	胡　瑛	配偶	1965 年 5 月
	范建岚	女儿	1989 年 5 月
家庭大事	1994 年，翻建楼房。 2012 年，购买汽车 1 辆。		

	姓名	与户主关系	出生年月
家庭成员	范正林	户主	1954 年 12 月
	沈金妹	配偶	1955 年 1 月
	范冬狗	儿子	1979 年 1 月
	邵　萍	儿媳	1978 年 11 月
	范逸飞	孙子	2004 年 9 月
家庭大事	1987 年，翻建楼房。 2000 年，购买汽车 1 辆。		

家庭成员	姓名	与户主关系	出生年月
	范小狗	户主	1946 年 12 月
	范凤英	配偶	1949 年 9 月
家庭大事	1970 年，翻建楼房。		

家庭成员	姓名	与户主关系	出生年月
	范林发	户主	1963 年 4 月
	蒋建珍	配偶	1963 年 7 月
	范　芳	女儿	1986 年 11 月
	曹海荣	女婿	1986 年 9 月
	曹嘉乐	孙子	2016 年 4 月
	范嘉媛	孙女	2018 年 5 月
家庭大事	2012 年，购买汽车 1 辆。 2014 年，购买商品房。		

家庭成员	姓名	与户主关系	出生年月
	范根元	户主	1965 年 9 月
	金水香	配偶	1964 年 7 月
	范玲玲	女儿	1988 年 3 月
	范轶扬	孙子	2016 年 9 月
家庭大事	1993 年，翻建楼房。 2014 年，购买汽车 1 辆。		

<table>
<tr><td rowspan="6">家庭成员</td><td>姓名</td><td>与户主关系</td><td>出生年月</td></tr>
<tr><td>杨金生</td><td>户主</td><td>1936 年 11 月</td></tr>
<tr><td>范素英</td><td>配偶</td><td>1940 年 2 月</td></tr>
<tr><td>范培荣</td><td>儿子</td><td>1968 年 3 月</td></tr>
<tr><td>蒋建英</td><td>儿媳</td><td>1968 年 6 月</td></tr>
<tr><td>范欢欢</td><td>孙女</td><td>1991 年 6 月</td></tr>
<tr><td>家庭大事</td><td colspan="3"></td></tr>
</table>

<table>
<tr><td rowspan="4">家庭成员</td><td>姓名</td><td>与户主关系</td><td>出生年月</td></tr>
<tr><td>范全元</td><td>户主</td><td>1963 年 8 月</td></tr>
<tr><td>施林妹</td><td>配偶</td><td>1964 年 3 月</td></tr>
<tr><td>范武兵</td><td>儿子</td><td>1993 年 1 月</td></tr>
<tr><td>家庭大事</td><td colspan="3">1990 年，翻建楼房。
2018 年，购买汽车 1 辆。</td></tr>
</table>

<table>
<tr><td rowspan="7">家庭成员</td><td>姓名</td><td>与户主关系</td><td>出生年月</td></tr>
<tr><td>张凤良</td><td>户主</td><td>1964 年 10 月</td></tr>
<tr><td>范梅荣</td><td>配偶</td><td>1964 年 7 月</td></tr>
<tr><td>范秀宝</td><td>母亲</td><td>1932 年 2 月</td></tr>
<tr><td>范晓艳</td><td>女儿</td><td>1987 年 6 月</td></tr>
<tr><td>范志轩</td><td>长孙子</td><td>2014 年 10 月</td></tr>
<tr><td>刘志宸</td><td>次孙子</td><td>2019 年 7 月</td></tr>
<tr><td>家庭大事</td><td colspan="3"></td></tr>
</table>

	姓名	与户主关系	出生年月
家庭成员	范社元	户主	1957 年 2 月
	范　青	女儿	1986 年 11 月
	季建勋	女婿	1982 年 12 月
	季　妍	孙女	2006 年 6 月
家庭大事	2000 年，季建勋入伍；2002 年，退伍。		

	姓名	与户主关系	出生年月
家庭成员	范社明	户主	1958 年 3 月
家庭大事			

	姓名	与户主关系	出生年月
家庭成员	范建刚	户主	1966 年 2 月
	方小妹	配偶	1966 年 2 月
	范亚芳	女儿	1990 年 1 月
家庭大事	1984 年，范建刚入伍；1989 年，退伍。		

	姓名	与户主关系	出生年月
家庭成员	范香根	户主	1954 年 9 月
	王林妹	配偶	1954 年 9 月
	范金海	儿子	1978 年 12 月
	张月珍	儿媳	1978 年 12 月
	范晓语	孙女	2005 年 8 月
家庭大事	1984 年，翻建楼房。 2015 年，购买汽车 1 辆。		

<table>
<tr><td rowspan="6">家庭成员</td><td>姓名</td><td>与户主关系</td><td>出生年月</td></tr>
<tr><td>范木金</td><td>户主</td><td>1942 年 10 月</td></tr>
<tr><td>范凤英</td><td>配偶</td><td>1943 年 11 月</td></tr>
<tr><td>范金荣</td><td>儿子</td><td>1968 年 9 月</td></tr>
<tr><td>秦　荣</td><td>儿媳</td><td>1968 年 5 月</td></tr>
<tr><td>范　峰</td><td>孙子</td><td>1994 年 11 月</td></tr>
<tr><td>家庭大事</td><td colspan="3">1982 年，翻建楼房。</td></tr>
</table>

<table>
<tr><td rowspan="6">家庭成员</td><td>姓名</td><td>与户主关系</td><td>出生年月</td></tr>
<tr><td>范全狗</td><td>户主</td><td>1954 年 5 月</td></tr>
<tr><td>周香宝</td><td>配偶</td><td>1951 年 3 月</td></tr>
<tr><td>范金明</td><td>儿子</td><td>1972 年 10 月</td></tr>
<tr><td>姚雪娟</td><td>儿媳</td><td>1972 年 12 月</td></tr>
<tr><td>范心怡</td><td>孙女</td><td>1999 年 8 月</td></tr>
<tr><td>家庭大事</td><td colspan="3">1983 年，翻建楼房。</td></tr>
</table>

<table>
<tr><td rowspan="7">家庭成员</td><td>姓名</td><td>与户主关系</td><td>出生年月</td></tr>
<tr><td>范炳元</td><td>户主</td><td>1964 年 9 月</td></tr>
<tr><td>周金娥</td><td>配偶</td><td>1963 年 10 月</td></tr>
<tr><td>费密英</td><td>母亲</td><td>1936 年 5 月</td></tr>
<tr><td>范剑平</td><td>儿子</td><td>1988 年 1 月</td></tr>
<tr><td>景　丽</td><td>儿媳</td><td>1987 年 9 月</td></tr>
<tr><td>景宇轩</td><td>孙子</td><td>2017 年 12 月</td></tr>
<tr><td>家庭大事</td><td colspan="3">1999 年，翻建楼房。
2009 年，购买汽车 1 辆。</td></tr>
</table>

	姓名	与户主关系	出生年月
家庭成员	范伟标	户主	1945 年 10 月
	张凤英	配偶	1945 年 11 月
	范文龙	儿子	1970 年 1 月
	张小芳	儿媳	1974 年 6 月
	范国振	孙子	1997 年 12 月
	张凤妮	孙女	2008 年 2 月
家庭大事	1987 年，翻建楼房。 2007 年，购买汽车 1 辆。		

	姓名	与户主关系	出生年月
家庭成员	范红英	户主	1975 年 9 月
	唐云向上	儿子	2007 年 9 月
家庭大事			

	姓名	与户主关系	出生年月
家庭成员	范建木	户主	1961 年 10 月
	顾纪英	配偶	1963 年 7 月
	范志超	儿子	1986 年 9 月
家庭大事	1955 年，范建木的父亲范阿毛入伍；1959 年，退伍。 1979 年，范建木入伍，在部队任班长；1983 年，退伍。		

	姓名	与户主关系	出生年月
家庭成员	王金娣	户主	1965 年 12 月
家庭大事			

大众村第 2 村民小组

	姓名	与户主关系	出生年月
家庭成员	陆昆元	户主	1965 年 8 月
	袁桂珍	配偶	1966 年 11 月
	陆志文	儿子	1988 年 12 月
家庭大事	1951 年，陆昆元的家人陆佰云入伍；1952 年，退伍。		

	姓名	与户主关系	出生年月
家庭成员	王仕生	户主	1946 年 9 月
	范梅加	配偶	1948 年 1 月
	王建良	儿子	1968 年 1 月
	王翊华	儿媳	1968 年 5 月
	王于青	孙女	1992 年 9 月
家庭大事	1986 年，王建良入伍；1990 年，退伍。 1987 年，翻建楼房。 1997 年，购买汽车 1 辆。		

	姓名	与户主关系	出生年月
家庭成员	陆香男	户主	1967 年 5 月
	黄雪凤	配偶	1966 年 8 月
	陆　艳	女儿	1990 年 11 月
	陆子康	孙子	2016 年 11 月
家庭大事	1980 年，翻建楼房。		

	姓名	与户主关系	出生年月
家庭成员	王水福	户主	1959 年 7 月
	周花妹	配偶	1962 年 6 月
	王秋花	女儿	1983 年 8 月
	徐志勇	女婿	1979 年 12 月
	王清雯	长孙女	2006 年 4 月
	徐贝婕	次孙女	2012 年 5 月
家庭大事			

	姓名	与户主关系	出生年月
家庭成员	施云花	户主	1954 年 10 月
	王友龙	儿子	1977 年 10 月
	李春连	儿媳	1978 年 8 月
	王佳琦	孙女	2004 年 9 月
家庭大事	1987 年，翻建楼房。 2008 年，购买汽车 1 辆。		

	姓名	与户主关系	出生年月
家庭成员	王桃花	户主	1958 年 3 月
	朱广前	配偶	1957 年 1 月
	陆巧良	长子	1983 年 2 月
	龚凤枝	长媳	1983 年 5 月
	陆巧华	次子	1995 年 11 月
	陆奕涵	孙子	2006 年 7 月
家庭大事	1990 年，翻建楼房。 2017 年，购买汽车 1 辆。		

	姓名	与户主关系	出生年月
家庭成员	陆浦泉	户主	1964 年 5 月
	徐凤珍	配偶	1966 年 7 月
	陆　金	儿子	1987 年 4 月
	解　蕾	儿媳	1988 年 2 月
	陆解洁	长孙女	2011 年 3 月
	陆解芯	次孙女	2017 年 2 月
家庭大事			

	姓名	与户主关系	出生年月
家庭成员	王花根	户主	1966 年 9 月
	马建芳	配偶	1966 年 8 月
	周惠英	母亲	1943 年 3 月
	王文彬	儿子	1989 年 7 月
	王沿淞	孙子	2012 年 6 月
家庭大事			

	姓名	与户主关系	出生年月
家庭成员	陆浦林	户主	1970 年 1 月
	朱高泽	配偶	1966 年 10 月
家庭大事			

	姓名	与户主关系	出生年月
家庭成员	陆浦根	户主	1966 年 9 月
	陆　叶	儿子	1989 年 7 月
	陆诗彤	孙女	2013 年 10 月
家庭大事	1995 年，翻建楼房。		

	姓名	与户主关系	出生年月
家庭成员	王大夯	户主	1949 年 7 月
	徐进宝	配偶	1950 年 7 月
	王瑞芳	女儿	1973 年 3 月
	陆文荣	女婿	1970 年 9 月
	王晓雷	孙子	1993 年 12 月
	王予晗	曾孙子	2018 年 11 月
家庭大事	1990 年，陆文荣入伍，在部队任副班长；1992 年，退伍。 1992 年，翻建楼房。 2006 年，陆文荣获昆山市见义勇为荣誉证书。 2017 年，购买汽车 1 辆。		

	姓名	与户主关系	出生年月
家庭成员	王林元	户主	1957 年 6 月
	陈宗妹	配偶	1962 年 7 月
	王文娟	女儿	1984 年 12 月
	吕伏将	女婿	1980 年 1 月
	王政杰	孙子	2006 年 2 月
家庭大事	1977 年，王林元入伍；1981 年，退伍。 1994 年，翻建楼房。 2016 年，购买汽车 1 辆。		

<table>
<tr><td rowspan="6">家庭成员</td><th>姓名</th><th>与户主关系</th><th>出生年月</th></tr>
<tr><td>王杏生</td><td>户主</td><td>1955 年 3 月</td></tr>
<tr><td>范社香</td><td>配偶</td><td>1956 年 8 月</td></tr>
<tr><td>王雪凤</td><td>女儿</td><td>1981 年 1 月</td></tr>
<tr><td>苏小红</td><td>女婿</td><td>1977 年 4 月</td></tr>
<tr><td>王欣怡</td><td>孙女</td><td>2002 年 8 月</td></tr>
<tr><td>家庭大事</td><td colspan="3">1980 年，翻建楼房。</td></tr>
</table>

<table>
<tr><td rowspan="7">家庭成员</td><th>姓名</th><th>与户主关系</th><th>出生年月</th></tr>
<tr><td>王爱根</td><td>户主</td><td>1965 年 2 月</td></tr>
<tr><td>徐革珍</td><td>配偶</td><td>1967 年 1 月</td></tr>
<tr><td>王成龙</td><td>儿子</td><td>1988 年 3 月</td></tr>
<tr><td>石丹凤</td><td>儿媳</td><td>1987 年 12 月</td></tr>
<tr><td>王诗岑</td><td>孙女</td><td>2012 年 9 月</td></tr>
<tr><td>石昕煜</td><td>孙子</td><td>2017 年 9 月</td></tr>
<tr><td>家庭大事</td><td colspan="3">1996 年，翻建楼房。
2012 年，购买汽车 1 辆。</td></tr>
</table>

<table>
<tr><td rowspan="4">家庭成员</td><th>姓名</th><th>与户主关系</th><th>出生年月</th></tr>
<tr><td>陆昆良</td><td>户主</td><td>1963 年 10 月</td></tr>
<tr><td>狄福妹</td><td>配偶</td><td>1966 年 9 月</td></tr>
<tr><td>陆春兰</td><td>女儿</td><td>1987 年 5 月</td></tr>
<tr><td>家庭大事</td><td colspan="3">1995 年，翻建楼房。
2016 年，购买汽车 1 辆。</td></tr>
</table>

	姓名	与户主关系	出生年月
家庭成员	王水泉	户主	1955 年 2 月
	金秀英	配偶	1957 年 8 月
	王春芳	长女	1980 年 3 月
	王春香	次女	1981 年 11 月
家庭大事	1990 年，翻建楼房。		

	姓名	与户主关系	出生年月
家庭成员	陆全根	户主	1964 年 9 月
	徐夫妹	配偶	1963 年 11 月
	陆春燕	女儿	1989 年 1 月
家庭大事	1999 年，翻建楼房。		

	姓名	与户主关系	出生年月
家庭成员	陆多生	户主	1938 年 4 月
	陆云宝	配偶	1939 年 3 月
	陆白男	儿子	1965 年 6 月
	徐雪珍	儿媳	1963 年 11 月
	陆　敏	孙子	1988 年 1 月
	陆政宇	曾孙子	2011 年 3 月
	陆思予	曾孙女	2019 年 2 月
家庭大事	1987 年，翻建楼房。 2015 年，购买汽车 1 辆。		

	姓名	与户主关系	出生年月
家庭成员	王花珍	户主	1963 年 9 月
家庭大事			

	姓名	与户主关系	出生年月
家庭成员	陆香木	户主	1964 年 8 月
	杜玲英	配偶	1963 年 11 月
	陆冬华	儿子	1986 年 12 月
	颜　妹	儿媳	1987 年 10 月
	陆佳馨	孙女	2011 年 7 月
家庭大事	1992 年，翻建楼房。		

	姓名	与户主关系	出生年月
家庭成员	陆香元	户主	1964 年 9 月
	张小英	配偶	1967 年 8 月
	陆丽琴	女儿	1988 年 11 月
家庭大事	1996 年，翻建楼房。		

	姓名	与户主关系	出生年月
家庭成员	王花良	户主	1969 年 5 月
	施美珍	配偶	1969 年 6 月
	王旭杰	儿子	1992 年 3 月
家庭大事	1990 年，翻建楼房。 2015 年，购买汽车 1 辆。		

	姓名	与户主关系	出生年月
家庭成员	陆六根	户主	1952 年 2 月
	吴惠英	配偶	1952 年 5 月
	陆志红	儿子	1974 年 4 月
	吕小梅	儿媳	1979 年 2 月
	陆晨洋	孙子	2003 年 2 月
家庭大事	1982 年，翻建楼房。		

	姓名	与户主关系	出生年月
家庭成员	景惠良	户主	1945 年 12 月
	陆秀宝	配偶	1949 年 11 月
	张　兴	儿子	1968 年 3 月
	顾卫芳	儿媳	1970 年 10 月
	陆芹芹	孙女	1991 年 11 月
	陆易泽	曾孙子	2014 年 7 月
家庭大事	1989 年，翻建楼房。		

	姓名	与户主关系	出生年月
家庭成员	魏鸿霞	户主	1988 年 3 月
家庭大事			

	姓名	与户主关系	出生年月
家庭成员	陆大妹	户主	1938 年 9 月
	陆翠香	女儿	1962 年 5 月
	王柏楠	女婿	1958 年 2 月
	陆益青	孙子	1982 年 10 月
	陆沁馨	长曾孙女	2005 年 11 月
	陆子隽	次曾孙女	2011 年 8 月
家庭大事	1955 年，陆大妹的配偶王招根入伍；1959 年，退伍。 1976 年，王柏楠入伍；1981 年，退伍。		

家庭成员	姓名	与户主关系	出生年月
	姚花英	户主	1967年9月
	陆金香	配偶	1967年12月
	陆　鸣	女儿	1990年2月
家庭大事	1985年，翻建楼房。		

家庭成员	姓名	与户主关系	出生年月
	王水法	户主	1963年12月
	王秀花	配偶	1965年11月
	王　伟	儿子	1986年8月
	葛　玉	儿媳	1987年9月
	王梦圆	孙女	2010年10月
	王子涛	孙子	2017年8月
家庭大事	1996年，翻建楼房。 2015年，购买汽车1辆。		

家庭成员	姓名	与户主关系	出生年月
	陆香根	户主	1965年10月
	陆　云	女儿	1996年2月
家庭大事			

家庭成员	姓名	与户主关系	出生年月
	徐招英	户主	1968年11月
家庭大事			

	姓名	与户主关系	出生年月
家庭成员	陆玉良	户主	1970 年 6 月
	顾月芳	配偶	1971 年 12 月
	杨梅花	母亲	1945 年 12 月
	陆彩芳	女儿	1996 年 2 月
家庭大事	1992 年，翻建楼房。		

	姓名	与户主关系	出生年月
家庭成员	陆雪良	户主	1968 年 10 月
	田三妹	配偶	1969 年 3 月
	陆宗泉	父亲	1945 年 10 月
	陆丽芳	女儿	1991 年 8 月
	陆　汐	长孙女	2019 年 3 月
	姜　朵	次孙女	2019 年 3 月
家庭大事	1988 年，翻建楼房。		

	姓名	与户主关系	出生年月
家庭成员	陆香林	户主	1969 年 8 月
	王建英	配偶	1970 年 3 月
	陆晓莉	女儿	1992 年 3 月
家庭大事	1985 年，翻建楼房。		

	姓名	与户主关系	出生年月
家庭成员	陆云元	户主	1954 年 6 月
	陈凤花	配偶	1956 年 6 月
	陆雪琴	女儿	1980 年 1 月
	陆雪峰	儿子	1981 年 12 月
家庭大事	1990 年，翻建楼房。 2014 年、2016 年，分别购买汽车 1 辆。		

	姓名	与户主关系	出生年月
家庭成员	陆小三	户主	1949 年 10 月
	王凤金	配偶	1949 年 7 月
	陆瑞英	女儿	1972 年 4 月
	周永根	女婿	1970 年 11 月
	陆宇豪	孙子	1993 年 6 月
家庭大事	1989 年，翻建楼房。 1989 年，周永根入伍；1992 年，退伍。		

	姓名	与户主关系	出生年月
家庭成员	王小夯	户主	1951 年 12 月
	陆全英	配偶	1953 年 12 月
	王瑞良	儿子	1975 年 8 月
	钱春芳	儿媳	1977 年 3 月
	王俊宇	孙子	1999 年 8 月
家庭大事	1990 年，翻建楼房。 1994 年，王瑞良入伍，在部队任班长，在部队服役期间获“三等功”“优秀士兵”各一次；1998 年，退伍；2006 年，获昆山市见义勇为荣誉称号。		

	姓名	与户主关系	出生年月
家庭成员	王爱弟	户主	1968 年 8 月
	吴文兰	配偶	1968 年 2 月
	王永洁	儿子	1994 年 11 月
家庭大事	1994 年，翻建楼房。		

	姓名	与户主关系	出生年月
家庭成员	王林泉	户主	1954 年 11 月
	王永花	配偶	1953 年 12 月
	王险龙	儿子	1978 年 3 月
	王健晖	长孙子	2002 年 6 月
	王子谦	次孙子	2016 年 12 月
家庭大事	1990 年，翻建楼房。		

	姓名	与户主关系	出生年月
家庭成员	陆宗木	户主	1947 年 11 月
	周密花	配偶	1947 年 8 月
	陆文龙	儿子	1968 年 12 月
	杜菊珍	儿媳	1971 年 8 月
	陆晓峰	孙子	1992 年 5 月
	陆芷瑶	曾孙女	2017 年 10 月
家庭大事	1989 年，翻建楼房。 2013 年，购买汽车 1 辆。		

大众村第 3 村民小组

	姓名	与户主关系	出生年月
家庭成员	赵菊英	户主	1956 年 9 月
	周　芬	女儿	1982 年 3 月
家庭大事	1992 年，翻建楼房。		

	姓名	与户主关系	出生年月
家庭成员	周喜明	户主	1951 年 3 月
	金大妹	配偶	1952 年 2 月
	周建新	儿子	1978 年 11 月
	赵家燕	儿媳	1980 年 10 月
	周文熙	孙子	2016 年 7 月
家庭大事	1973 年，周喜明入伍；1976 年，退伍。 1992 年，翻建楼房。 2013 年，购买汽车 1 辆。		

	姓名	与户主关系	出生年月
家庭成员	陆凤元	户主	1964 年 3 月
	王建英	配偶	1969 年 3 月
	陆阿秀	母亲	1936 年 8 月
	陆亦浩	儿子	1991 年 2 月
	陆昱辰	孙子	2017 年 2 月
家庭大事	1986 年，翻建楼房。 1994 年、2016 年，分别购买汽车 1 辆。		

	姓名	与户主关系	出生年月
家庭成员	范建荣	户主	1961 年 11 月
	陆云花	配偶	1959 年 6 月
	陆　峰	儿子	1984 年 11 月
	王凤娟	儿媳	1985 年 12 月
	陆浩屹	长孙子	2011 年 11 月
	陆浩铭	次孙子	2017 年 6 月
家庭大事	1988 年，翻建楼房。		

	姓名	与户主关系	出生年月
家庭成员	庄素狗	户主	1964 年 12 月
	宣金珍	配偶	1966 年 1 月
	庄小宗	父亲	1926 年 2 月
	庄　荔	女儿	1987 年 6 月
	庄梦涵	孙女	2013 年 8 月
家庭大事	1991 年，翻建楼房。 2018 年，购买汽车 1 辆。		

	姓名	与户主关系	出生年月
家庭成员	周小毛	户主	1946 年 2 月
	周玉林	女儿	1970 年 4 月
	张永康	女婿	1970 年 1 月
	周心虹	孙女	1993 年 11 月
	陈尚上	孙婿	1991 年 12 月
家庭大事	1995 年，翻建楼房。 2016 年，购买汽车 1 辆。		

<table>
<tr><td rowspan="4">家庭成员</td><th>姓名</th><th>与户主关系</th><th>出生年月</th></tr>
<tr><td>陆元根</td><td>户主</td><td>1966 年 6 月</td></tr>
<tr><td>吴建英</td><td>配偶</td><td>1968 年 1 月</td></tr>
<tr><td>陆　伟</td><td>儿子</td><td>1989 年 11 月</td></tr>
<tr><td>家庭大事</td><td colspan="3">2013 年，购买汽车 1 辆。</td></tr>
</table>

<table>
<tr><td rowspan="8">家庭成员</td><th>姓名</th><th>与户主关系</th><th>出生年月</th></tr>
<tr><td>庄金荣</td><td>户主</td><td>1963 年 4 月</td></tr>
<tr><td>周翠珍</td><td>配偶</td><td>1964 年 11 月</td></tr>
<tr><td>庄造生</td><td>父亲</td><td>1929 年 2 月</td></tr>
<tr><td>俞密宝</td><td>母亲</td><td>1932 年 10 月</td></tr>
<tr><td>庄　磊</td><td>儿子</td><td>1986 年 4 月</td></tr>
<tr><td>张艳华</td><td>儿媳</td><td>1982 年 8 月</td></tr>
<tr><td>庄雨轩</td><td>孙女</td><td>2009 年 9 月</td></tr>
<tr><td>家庭大事</td><td colspan="3">1997 年，翻建楼房。</td></tr>
</table>

<table>
<tr><td rowspan="5">家庭成员</td><th>姓名</th><th>与户主关系</th><th>出生年月</th></tr>
<tr><td>陆银生</td><td>户主</td><td>1964 年 10 月</td></tr>
<tr><td>朱社英</td><td>配偶</td><td>1964 年 10 月</td></tr>
<tr><td>陈金妹</td><td>母亲</td><td>1928 年 8 月</td></tr>
<tr><td>陆昱汶</td><td>女儿</td><td>2003 年 6 月</td></tr>
<tr><td>家庭大事</td><td colspan="3"></td></tr>
</table>

	姓名	与户主关系	出生年月
家庭成员	王阿多	户主	1947 年 9 月
	陆密花	配偶	1948 年 5 月
	陆纪林	儿子	1970 年 9 月
	姚继红	儿媳	1970 年 11 月
	陆俊杰	孙子	1993 年 5 月
家庭大事	1998 年，翻建楼房。 2014 年，购买汽车 1 辆。		

	姓名	与户主关系	出生年月
家庭成员	周火林	户主	1949 年 7 月
	范小多	配偶	1950 年 11 月
	周建龙	儿子	1971 年 11 月
	顾密珍	儿媳	1971 年 8 月
	周晨露	孙女	1994 年 12 月
家庭大事	1989 年，翻建楼房。 1991 年，周建龙入伍；1994 年，退伍。 2012 年，购买汽车 1 辆。		

	姓名	与户主关系	出生年月
家庭成员	周小林	户主	1952 年 11 月
	陶林香	配偶	1952 年 10 月
	周　晓	儿子	1979 年 7 月
	邰雯婷	儿媳	1986 年 5 月
	周彦妤	孙女	2014 年 8 月
家庭大事	1989 年，翻建楼房。 2010 年，购买汽车 1 辆。		

	姓名	与户主关系	出生年月
家庭成员	陆文元	户主	1966 年 9 月
	王桂花	配偶	1964 年 9 月
	陆　强	儿子	1989 年 11 月
家庭大事	1994 年，翻建楼房。 2008 年，陆强入伍；2010 年，退伍。 2018 年，购买汽车 1 辆。		

	姓名	与户主关系	出生年月
家庭成员	周宗安	户主	1929 年 6 月
	吴水宝	配偶	1930 年 11 月
	周喜林	儿子	1962 年 2 月
	陆香花	儿媳	1962 年 1 月
	周黎敏	孙子	1986 年 3 月
家庭大事	1951 年，周宗安入伍；1952 年，退伍。		

	姓名	与户主关系	出生年月
家庭成员	王林生	户主	1949 年 11 月
	王密英	配偶	1949 年 2 月
	王惠花	女儿	1972 年 2 月
	王雨薇	孙女	1994 年 2 月
家庭大事			

	姓名	与户主关系	出生年月
家庭成员	陆汉泉	户主	1956 年 6 月
	庄香囡	配偶	1957 年 6 月
	陆水林	父亲	1938 年 4 月
	周招英	母亲	1936 年 9 月
	陆　琴	女儿	1981 年 11 月
	陈中全	女婿	1981 年 9 月
	陆宇峰	长孙子	2004 年 8 月
	陈宇瑞	次孙子	2012 年 5 月
家庭大事	1995 年，翻建楼房。 2015 年，购买汽车 1 辆。		

	姓名	与户主关系	出生年月
家庭成员	陆云根	户主	1942 年 11 月
	陆金秀	配偶	1943 年 2 月
	陆雪明	儿子	1967 年 12 月
	高卫珍	儿媳	1968 年 11 月
	陆高行	孙子	1990 年 8 月
	盛兰凤	孙媳	1989 年 7 月
	陆宸熙	长曾孙子	2014 年 7 月
	盛栋宸	次曾孙子	2017 年 1 月
家庭大事			

	姓名	与户主关系	出生年月
家庭成员	陆水根	户主	1944 年 12 月
	徐菊英	配偶	1945 年 9 月
	陆勤勇	儿子	1967 年 10 月
	杜丽春	儿媳	1969 年 7 月
	陆　飞	孙子	1990 年 10 月
	陆欣妍	长曾孙子	2018 年 3 月
	金欣昊	次曾孙子	2018 年 3 月
家庭大事			

	姓名	与户主关系	出生年月
家庭成员	庄雪狗	户主	1950 年 10 月
	徐小翠	配偶	1952 年 4 月
	庄瑞良	儿子	1975 年 11 月
	黄家聪	儿媳	1975 年 4 月
	庄瑞香	女儿	1974 年 1 月
	陆星昊	长孙子	1998 年 8 月
	庄鸿伟	次孙子	1999 年 1 月
家庭大事	2012 年，购买汽车 1 辆。		

	姓名	与户主关系	出生年月
家庭成员	金桂花	户主	1955 年 5 月
	周建华	儿子	1981 年 6 月
家庭大事			

家庭成员	姓名	与户主关系	出生年月
	陆云泉	户主	1946 年 1 月
	王金秀	配偶	1947 年 11 月
	陆凤生	儿子	1967 年 3 月
家庭大事			

家庭成员	姓名	与户主关系	出生年月
	陆凤卫	户主	1969 年 5 月
	宋花珍	配偶	1971 年 1 月
	陆　勇	儿子	1992 年 4 月
	孙玉燕	儿媳	1992 年 3 月
	陆昊宇	孙子	2017 年 12 月
家庭大事	1988 年，翻建楼房。 2015 年，购买汽车 1 辆。		

家庭成员	姓名	与户主关系	出生年月
	吴雪元	户主	1938 年 5 月
	吴建根	儿子	1970 年 1 月
	杨建英	儿媳	1972 年 10 月
	吴怡雯	孙女	1993 年 8 月
家庭大事	1989 年，翻建楼房。 2015 年，购买汽车 1 辆。		

	姓名	与户主关系	出生年月
家庭成员	吴小妹	户主	1952 年 3 月
	陆建华	长子	1977 年 1 月
	范乾琼	长媳	1975 年 9 月
	陆建中	次子	1978 年 12 月
	陆　婷	孙女	1999 年 10 月
	陆星宇	孙子	2012 年 3 月
家庭大事	1973 年，吴小妹的家人陆全元入伍；1976 年，退伍。 1992 年，翻建楼房。		

	姓名	与户主关系	出生年月
家庭成员	陆杏根	户主	1955 年 2 月
	周小花	配偶	1955 年 2 月
	陆　明	儿子	1982 年 1 月
	戴学芳	儿媳	1979 年 12 月
	陆雪芳	女儿	1979 年 12 月
	戴陆毅	长孙子	2005 年 4 月
	陆　曦	次孙子	2012 年 8 月
家庭大事	2015 年，购买汽车 1 辆。		

大众村第 4 村民小组

	姓名	与户主关系	出生年月
家庭成员	顾玉根	户主	1963 年 1 月
	许良英	配偶	1966 年 1 月
	顾秀芳	女儿	1986 年 11 月
	顾一宸	孙女	2011 年 6 月
家庭大事	1992 年，翻建楼房。 2011 年，购买汽车 1 辆。		

	姓名	与户主关系	出生年月
家庭成员	顾秋根	户主	1956 年 7 月
	蒋水英	配偶	1954 年 12 月
	顾大妹	母亲	1932 年 9 月
	顾秀凤	女儿	1979 年 12 月
	徐应红	女婿	1976 年 12 月
	顾昊洋	孙子	2006 年 11 月
家庭大事	1990 年，翻建楼房。 2008 年，购买汽车 1 辆。		

	姓名	与户主关系	出生年月
家庭成员	顾林元	户主	1962 年 7 月
	顾玉妹	配偶	1965 年 1 月
	顾丽君	女儿	1987 年 9 月
家庭大事			

	姓名	与户主关系	出生年月
家庭成员	顾香元	户主	1954 年 6 月
	周梅花	配偶	1955 年 8 月
	顾云娣	母亲	1932 年 9 月
	顾晓红	长女	1978 年 10 月
	顾晓华	次女	1982 年 5 月
家庭大事	1990 年，翻建楼房。 2009 年，购买汽车 1 辆。		

	姓名	与户主关系	出生年月
家庭成员	顾金福	户主	1953 年 11 月
	徐伏英	配偶	1953 年 6 月
	顾奕峰	儿子	1980 年 11 月
	王冬妹	儿媳	1981 年 11 月
	顾玉玥	孙女	2004 年 7 月
	王梓恒	孙子	2012 年 5 月
家庭大事	1992 年，翻建楼房。 1999 年，顾奕峰入伍，在部队任副班长；2001 年，退伍。 2014 年，购买汽车 1 辆。		

	姓名	与户主关系	出生年月
家庭成员	顾宗良	户主	1956 年 8 月
	吴惠英	配偶	1957 年 9 月
	顾莉吉	女儿	1982 年 1 月
	周永华	女婿	1978 年 12 月
	周籽宏	孙子	2007 年 12 月
	顾芷瑜	孙女	2011 年 1 月
家庭大事	1988 年，翻建楼房。		

	姓名	与户主关系	出生年月
家庭成员	杨凤龙	户主	1965 年 3 月
	沈冬妹	配偶	1965 年 1 月
	杨　斐	女儿	1990 年 8 月
家庭大事	1981 年，翻建楼房。 2010 年，购买汽车 1 辆。		

	姓名	与户主关系	出生年月
家庭成员	顾素根	户主	1962 年 6 月
	沈梅新	配偶	1963 年 1 月
	顾长元	父亲	1931 年 5 月
	顾金花	母亲	1934 年 12 月
	顾燕华	女儿	1985 年 9 月
家庭大事	1990 年，翻建楼房。 2007 年，购买汽车 1 辆。		

	姓名	与户主关系	出生年月
家庭成员	杨凤元	户主	1954 年 5 月
	沈花珍	配偶	1962 年 4 月
	杨继凤	长女	1979 年 1 月
	杨继红	次女	1989 年 1 月
家庭大事	1986 年，翻建楼房。 2013 年，购买汽车 1 辆。		

	姓名	与户主关系	出生年月
家庭成员	顾勤明	户主	1970 年 10 月
	周　芳	配偶	1971 年 10 月
	顾雪根	父亲	1944 年 7 月
	戴根妹	母亲	1946 年 5 月
	顾维欢	女儿	1995 年 9 月
家庭大事	1990 年，顾勤明入伍；1994 年，退伍。		

	姓名	与户主关系	出生年月
家庭成员	顾建平	户主	1966 年 8 月
	杜红英	配偶	1969 年 3 月
	顾小根	父亲	1940 年 8 月
	顾根妹	母亲	1945 年 5 月
	顾　咪	女儿	1990 年 12 月
家庭大事			

	姓名	与户主关系	出生年月
家庭成员	顾勤良	户主	1968 年 1 月
	王学琴	配偶	1967 年 12 月
	顾斯佳	女儿	1990 年 8 月
	朱　进	女婿	1990 年 11 月
	朱筱琪	孙女	2018 年 10 月
家庭大事	1989 年，翻建楼房。 2014 年，购买汽车 1 辆。		

家庭成员	姓名	与户主关系	出生年月
	顾建良	户主	1968 年 1 月
	范文花	配偶	1966 年 12 月
	顾　斌	儿子	1990 年 3 月
家庭大事	1990 年，翻建楼房。 2015 年，购买汽车 1 辆。		

家庭成员	姓名	与户主关系	出生年月
	朱耀明	户主	1954 年 7 月
	顾玖芳	配偶	1954 年 3 月
	顾芳敏	儿子	1982 年 5 月
	顾翠翠	儿媳	1986 年 11 月
	顾欣怡	孙女	2007 年 8 月
家庭大事	1990 年，翻建楼房。 2014 年，购买汽车 1 辆。		

大众村第 5 村民小组

	姓名	与户主关系	出生年月
家庭成员	钱文明	户主	1969 年 1 月
	田珍英	配偶	1968 年 2 月
	钱桃根	父亲	1944 年 4 月
	钱佳伟	儿子	1991 年 8 月
家庭大事	1982 年，翻建楼房。		

	姓名	与户主关系	出生年月
家庭成员	钱文刚	户主	1970 年 11 月
	杨中妹	母亲	1949 年 10 月
	钱丽丽	女儿	1996 年 6 月
家庭大事			

	姓名	与户主关系	出生年月
家庭成员	徐菊泉	户主	1949 年 12 月
	景密林	配偶	1950 年 6 月
	徐卫龙	儿子	1976 年 8 月
	徐家栋	孙子	2007 年 3 月
家庭大事			

	姓名	与户主关系	出生年月
家庭成员	徐志华	户主	1985 年 5 月
	顾火妹	配偶	1985 年 6 月
家庭大事	1979 年，徐志华的家人徐凤如入伍；1983 年，退伍。 2011 年、2018 年，分别购买汽车 1 辆。		

	姓名	与户主关系	出生年月
家庭成员	钱玉根	户主	1957 年 12 月
	刘玉珍	配偶	1959 年 2 月
	钱腊妹	母亲	1931 年 12 月
	钱　锋	儿子	1981 年 9 月
	邢娜娜	儿媳	1984 年 3 月
	钱依如	长孙女	2005 年 6 月
	钱依丽	次孙女	2009 年 8 月
家庭大事	1991 年，翻建楼房。 2001 年，钱锋入伍，在部队任副班长；2003 年，退伍。		

	姓名	与户主关系	出生年月
家庭成员	徐凤泉	户主	1955 年 10 月
	陆凤英	配偶	1955 年 7 月
	徐　琴	女儿	1978 年 4 月
	陆震龙	女婿	1977 年 1 月
	陆亭好	长孙女	2003 年 9 月
	徐艺玲	次孙女	2009 年 10 月
家庭大事	1986 年、1999 年，徐凤泉分别获县级、镇级“先进个人”称号。 1999 年，陆凤英被评为县级妇联劳动模范。 2010 年，购买汽车 1 辆。		

<table>
<tr><td rowspan="5">家庭成员</td><th>姓名</th><th>与户主关系</th><th>出生年月</th></tr>
<tr><td>郑小建</td><td>户主</td><td>1961 年 7 月</td></tr>
<tr><td>荣海珍</td><td>配偶</td><td>1977 年 8 月</td></tr>
<tr><td>郑　荣</td><td>儿子</td><td>1996 年 5 月</td></tr>
<tr><td>杨金君</td><td>儿媳</td><td>1998 年 4 月</td></tr>
<tr><td>家庭大事</td><td colspan="3">1988 年，翻建楼房。
2002 年，购买汽车 1 辆。</td></tr>
</table>

<table>
<tr><td rowspan="6">家庭成员</td><th>姓名</th><th>与户主关系</th><th>出生年月</th></tr>
<tr><td>袁云根</td><td>户主</td><td>1939 年 11 月</td></tr>
<tr><td>袁梅宝</td><td>配偶</td><td>1944 年 7 月</td></tr>
<tr><td>袁建根</td><td>儿子</td><td>1964 年 5 月</td></tr>
<tr><td>范文荣</td><td>儿媳</td><td>1967 年 2 月</td></tr>
<tr><td>袁晓栋</td><td>孙子</td><td>1987 年 11 月</td></tr>
<tr><td>家庭大事</td><td colspan="3">1982 年，袁建根入伍，在部队任班长；1986 年，退伍。
1987 年，翻建楼房。
2011 年，购买汽车 1 辆。</td></tr>
</table>

<table>
<tr><td rowspan="7">家庭成员</td><th>姓名</th><th>与户主关系</th><th>出生年月</th></tr>
<tr><td>徐水法</td><td>户主</td><td>1950 年 11 月</td></tr>
<tr><td>徐秀珍</td><td>配偶</td><td>1955 年 3 月</td></tr>
<tr><td>徐菊花</td><td>女儿</td><td>1977 年 10 月</td></tr>
<tr><td>刘小荣</td><td>女婿</td><td>1975 年 3 月</td></tr>
<tr><td>徐　琥</td><td>长孙子</td><td>1998 年 1 月</td></tr>
<tr><td>刘奕成</td><td>次孙子</td><td>2013 年 8 月</td></tr>
<tr><td>家庭大事</td><td colspan="3">2016 年，徐琥入伍；2018 年，退伍。</td></tr>
</table>

家庭成员	姓名	与户主关系	出生年月
	殷根英	户主	1963 年 10 月
	袁海燕	女儿	1987 年 10 月
家庭大事			

家庭成员	姓名	与户主关系	出生年月
	袁桂林	户主	1964 年 7 月
家庭大事			

家庭成员	姓名	与户主关系	出生年月
	袁老炳	户主	1943 年 8 月
	戴根妹	配偶	1943 年 1 月
	袁桂花	女儿	1962 年 10 月
家庭大事			

家庭成员	姓名	与户主关系	出生年月
	徐水林	户主	1954 年 12 月
	孙凤琴	配偶	1957 年 11 月
	徐　庆	儿子	1981 年 3 月
	周秀娟	儿媳	1981 年 5 月
	徐熙来	孙子	2005 年 11 月
	徐芯瑜	孙女	2015 年 6 月
家庭大事			

	姓名	与户主关系	出生年月
家庭成员	徐凤良	户主	1944 年 11 月
	徐凤英	配偶	1944 年 7 月
	徐美琴	女儿	1965 年 11 月
	孙小林	女婿	1964 年 11 月
	徐升华	孙子	1987 年 10 月
	李颖雅	孙媳	1988 年 1 月
	徐逸轩	长曾孙子	2015 年 8 月
	李逸恒	次曾孙子	2017 年 5 月
家庭大事	1990 年，翻建楼房。 2012 年、2017 年，分别购买汽车 1 辆。		

	姓名	与户主关系	出生年月
家庭成员	方金秀	户主	1937 年 4 月
	方志良	儿子	1969 年 6 月
	戴密红	儿媳	1968 年 12 月
	方　敏	孙子	1992 年 5 月
家庭大事	1989 年，翻建楼房。 2015 年，购买汽车 1 辆。		

	姓名	与户主关系	出生年月
家庭成员	唐香元	户主	1947 年 3 月
	徐小娥	配偶	1948 年 11 月
	唐建刚	儿子	1975 年 1 月
	王建华	儿媳	1977 年 2 月
	唐雪华	孙子	1999 年 1 月
家庭大事			

	姓名	与户主关系	出生年月
家庭成员	朱建华	户主	1959 年 7 月
	顾素珍	配偶	1960 年 6 月
	朱　娟	女儿	1982 年 10 月
	傅　昂	女婿	1979 年 8 月
	傅桢洵	长孙子	2009 年 4 月
	朱亦鋆	次孙子	2014 年 11 月
家庭大事			

	姓名	与户主关系	出生年月
家庭成员	王梅根	户主	1944 年 7 月
	马金妹	配偶	1943 年 7 月
家庭大事			

	姓名	与户主关系	出生年月
家庭成员	王雪平	户主	1968 年 1 月
	吴建芬	配偶	1966 年 12 月
	王　强	儿子	1990 年 7 月
	顾　燕	儿媳	1990 年 2 月
	王琳艺	孙女	2012 年 7 月
	王梓毅	孙子	2016 年 3 月
家庭大事			

	姓名	与户主关系	出生年月
家庭成员	季林根	户主	1964 年 4 月
	王佩娟	配偶	1966 年 8 月
	季　晨	儿子	1987 年 11 月
	季宣彤	孙女	2014 年 11 月
家庭大事	2018 年，购买汽车 1 辆。		

	姓名	与户主关系	出生年月
家庭成员	王佩建	户主	1970 年 12 月
	李存银	配偶	1974 年 8 月
	施水根	父亲	1946 年 3 月
	王小英	母亲	1946 年 2 月
	王　芸	女儿	1996 年 8 月
家庭大事			

	姓名	与户主关系	出生年月
家庭成员	方备刚	户主	1969 年 10 月
	宋林英	母亲	1945 年 6 月
	方奇力	儿子	1994 年 1 月
家庭大事	1991 年，翻建楼房。 2010 年，购买汽车 2 辆。		

	姓名	与户主关系	出生年月
家庭成员	景泉花	户主	1954 年 11 月
	陆香根	配偶	1953 年 4 月
	陆仁奇	儿子	1977 年 11 月
	蒋丽燕	儿媳	1980 年 2 月
	陆仁芳	女儿	1979 年 6 月
	陆韵雯	孙女	2005 年 12 月
家庭大事	1988 年，翻建楼房。 2001 年，购买汽车 1 辆。		

	姓名	与户主关系	出生年月
家庭成员	季林生	户主	1955 年 9 月
	顾林珍	配偶	1957 年 5 月
	季荣泉	父亲	1928 年 9 月
	季国华	儿子	1982 年 9 月
	张婷婷	儿媳	1988 年 8 月
	季哲浩	孙子	2009 年 1 月
	张馨月	孙女	2007 年 10 月
家庭大事	1975 年，翻建楼房。 1976 年，季林生入伍；1979 年，退伍。 2000 年，购买汽车 1 辆。		

	姓名	与户主关系	出生年月
家庭成员	张三男	户主	1954 年 8 月
	徐雪英	配偶	1956 年 2 月
	张泽瑞	长子	1979 年 12 月
	顾菊珍	长媳	1980 年 9 月
	徐　涛	次子	1985 年 9 月
	张　迪	次媳	1984 年 6 月
家庭大事			

	姓名	与户主关系	出生年月
家庭成员	龚全元	户主	1950 年 8 月
	胡凤花	配偶	1952 年 7 月
	龚红心	儿子	1974 年 1 月
	周　英	儿媳	1974 年 12 月
	龚致玮	孙子	2000 年 8 月
家庭大事	2013 年、2016 年，分别购买汽车 1 辆。		

	姓名	与户主关系	出生年月
家庭成员	马鸣芳	户主	1937 年 12 月
	马勇刚	儿子	1953 年 3 月
	范林宝	儿媳	1953 年 7 月
	马　莉	孙女	1982 年 7 月
	李　斌	孙婿	1982 年 3 月
	李梓彧	曾孙子	2008 年 6 月
	马梓橞	曾孙女	2009 年 12 月
家庭大事	1969 年，马勇刚入伍；1979 年，退伍。		

	姓名	与户主关系	出生年月
家庭成员	王香梅	户主	1949 年 1 月
	王佩勇	长子	1972 年 6 月
	王佩强	次子	1974 年 6 月
	王　斌	孙子	2003 年 2 月
家庭大事			

	姓名	与户主关系	出生年月
家庭成员	吴荣良	户主	1945 年 10 月
	王林妹	配偶	1948 年 3 月
	吴文华	女儿	1969 年 5 月
	吴　芳	孙女	1990 年 9 月
家庭大事			

	姓名	与户主关系	出生年月
家庭成员	方二男	户主	1955 年 3 月
	陆金仙	配偶	1956 年 7 月
	方　静	女儿	1981 年 2 月
	王方宇	孙子	2006 年 10 月
家庭大事			

<table>
<tr><td rowspan="6">家庭成员</td><td>姓名</td><td>与户主关系</td><td>出生年月</td></tr>
<tr><td>沈召英</td><td>户主</td><td>1962 年 7 月</td></tr>
<tr><td>王翠英</td><td>配偶</td><td>1961 年 11 月</td></tr>
<tr><td>王　锋</td><td>儿子</td><td>1985 年 2 月</td></tr>
<tr><td>仇冬节</td><td>儿媳</td><td>1984 年 10 月</td></tr>
<tr><td>王瑾渝</td><td>孙子</td><td>2011 年 1 月</td></tr>
<tr><td>家庭大事</td><td colspan="3">2011 年，购买汽车 1 辆。</td></tr>
</table>

<table>
<tr><td rowspan="2">家庭成员</td><td>姓名</td><td>与户主关系</td><td>出生年月</td></tr>
<tr><td>潘巧珍</td><td>户主</td><td>1950 年 1 月</td></tr>
<tr><td>家庭大事</td><td colspan="3"></td></tr>
</table>

<table>
<tr><td rowspan="8">家庭成员</td><td>姓名</td><td>与户主关系</td><td>出生年月</td></tr>
<tr><td>钱桃妹</td><td>户主</td><td>1937 年 11 月</td></tr>
<tr><td>钱金娥</td><td>女儿</td><td>1963 年 4 月</td></tr>
<tr><td>顾根男</td><td>女婿</td><td>1957 年 1 月</td></tr>
<tr><td>钱　华</td><td>孙子</td><td>1982 年 11 月</td></tr>
<tr><td>赵　静</td><td>孙媳</td><td>1983 年 4 月</td></tr>
<tr><td>钱乐凡</td><td>长曾孙女</td><td>2005 年 11 月</td></tr>
<tr><td>钱乐怡</td><td>次曾孙女</td><td>2016 年 7 月</td></tr>
<tr><td>家庭大事</td><td colspan="3">1951 年，钱桃妹的家人钱进发入伍；1952 年，退伍。
2002 年，钱华入伍；2004 年，退伍。</td></tr>
</table>

家庭成员	姓名	与户主关系	出生年月
	陆小妹	户主	1941 年 7 月
	吴惠芬	女儿	1965 年 2 月
	吴　婷	长孙女	1987 年 6 月
	吴　洁	次孙女	1992 年 1 月
家庭大事			

家庭成员	姓名	与户主关系	出生年月
	支水根	户主	1965 年 1 月
家庭大事			

大众村第 6 村民小组

	姓名	与户主关系	出生年月
家庭成员	刘云根	户主	1962 年 10 月
	王梅花	配偶	1965 年 9 月
	刘梅花	母亲	1939 年 5 月
	刘文强	儿子	1986 年 12 月
	谈晓燕	儿媳	1988 年 6 月
	朱刘思晨	孙子	2010 年 12 月
	谈芋菲	孙女	2013 年 11 月
家庭大事	1991 年，翻建楼房。 2014 年，购买汽车 1 辆。		

	姓名	与户主关系	出生年月
家庭成员	刘小元	户主	1961 年 10 月
	金玉珍	配偶	1964 年 4 月
	刘爱英	母亲	1925 年 3 月
	刘斌闰	儿子	1987 年 8 月
	沈　琳	儿媳	1989 年 9 月
	刘俗放	孙子	2012 年 6 月
家庭大事	2006 年，刘斌闰入伍；2008 年，退伍。		

	姓名	与户主关系	出生年月
家庭成员	刘香根	户主	1966 年 11 月
	金秀芳	配偶	1968 年 2 月
	刘文娅	女儿	1989 年 10 月
	朱照轩	长孙子	2015 年 5 月
	刘梓墨	次孙子	2017 年 5 月
家庭大事	1995 年，翻建楼房。		

	姓名	与户主关系	出生年月
家庭成员	刘林根	户主	1958 年 12 月
	张秋香	配偶	1958 年 7 月
	刘　冬	儿子	1981 年 10 月
	邵美芳	儿媳	1983 年 5 月
	刘梦歆	长孙女	2006 年 1 月
	刘梦琪	次孙女	2012 年 6 月
家庭大事			

	姓名	与户主关系	出生年月
家庭成员	刘杏元	户主	1940 年 2 月
	刘黑妹	配偶	1941 年 10 月
	刘志刚	儿子	1965 年 9 月
	陆惠花	儿媳	1965 年 11 月
	刘玉峰	孙子	1988 年 10 月
	姚燕芳	孙媳	1989 年 2 月
	刘亦嫣	曾孙女	2017 年 5 月
家庭大事	1991 年，翻建楼房。 2013 年，购买汽车 1 辆。		

<table>
<tr><td rowspan="6">家庭成员</td><th>姓名</th><th>与户主关系</th><th>出生年月</th></tr>
<tr><td>刘惠英</td><td>户主</td><td>1948 年 1 月</td></tr>
<tr><td>刘建新</td><td>儿子</td><td>1970 年 9 月</td></tr>
<tr><td>杜林香</td><td>儿媳</td><td>1968 年 3 月</td></tr>
<tr><td>刘嘉琪</td><td>孙女</td><td>1992 年 12 月</td></tr>
<tr><td>刘焙然</td><td>曾孙子</td><td>2019 年 2 月</td></tr>
<tr><td>家庭大事</td><td colspan="3">1990 年，翻建楼房。
2003 年，购买汽车 1 辆。</td></tr>
</table>

<table>
<tr><td rowspan="4">家庭成员</td><th>姓名</th><th>与户主关系</th><th>出生年月</th></tr>
<tr><td>刘小兴</td><td>户主</td><td>1965 年 10 月</td></tr>
<tr><td>张金妹</td><td>配偶</td><td>1965 年 2 月</td></tr>
<tr><td>刘红英</td><td>女儿</td><td>1988 年 10 月</td></tr>
<tr><td>家庭大事</td><td colspan="3">1999 年，翻建楼房。</td></tr>
</table>

<table>
<tr><td rowspan="6">家庭成员</td><th>姓名</th><th>与户主关系</th><th>出生年月</th></tr>
<tr><td>刘俭英</td><td>户主</td><td>1946 年 1 月</td></tr>
<tr><td>刘文男</td><td>儿子</td><td>1970 年 8 月</td></tr>
<tr><td>杜香玲</td><td>儿媳</td><td>1970 年 5 月</td></tr>
<tr><td>刘梦佳</td><td>孙女</td><td>1993 年 3 月</td></tr>
<tr><td>刘梦超</td><td>孙子</td><td>1998 年 6 月</td></tr>
<tr><td>家庭大事</td><td colspan="3">1986 年，翻建楼房。
2019 年，刘梦超入伍；至今，在役。</td></tr>
</table>

<table>
<tr><td rowspan="6">家庭成员</td><td>姓名</td><td>与户主关系</td><td>出生年月</td></tr>
<tr><td>蒋卫林</td><td>户主</td><td>1963 年 8 月</td></tr>
<tr><td>刘培花</td><td>配偶</td><td>1965 年 1 月</td></tr>
<tr><td>蒋　荣</td><td>儿子</td><td>1986 年 7 月</td></tr>
<tr><td>柴　英</td><td>儿媳</td><td>1986 年 10 月</td></tr>
<tr><td>蒋蕊伊</td><td>孙女</td><td>2012 年 12 月</td></tr>
<tr><td>家庭大事</td><td colspan="3"></td></tr>
</table>

<table>
<tr><td rowspan="6">家庭成员</td><td>姓名</td><td>与户主关系</td><td>出生年月</td></tr>
<tr><td>蒋小男</td><td>户主</td><td>1965 年 12 月</td></tr>
<tr><td>许学妹</td><td>配偶</td><td>1966 年 11 月</td></tr>
<tr><td>蒋方斌</td><td>儿子</td><td>1988 年 10 月</td></tr>
<tr><td>蒋语馨</td><td>长孙女</td><td>2011 年 7 月</td></tr>
<tr><td>蒋语萱</td><td>次孙女</td><td>2015 年 9 月</td></tr>
<tr><td>家庭大事</td><td colspan="3"></td></tr>
</table>

<table>
<tr><td rowspan="5">家庭成员</td><td>姓名</td><td>与户主关系</td><td>出生年月</td></tr>
<tr><td>支秀英</td><td>户主</td><td>1957 年 1 月</td></tr>
<tr><td>支　龙</td><td>儿子</td><td>1982 年 9 月</td></tr>
<tr><td>唐　敏</td><td>儿媳</td><td>1982 年 3 月</td></tr>
<tr><td>唐昭仪</td><td>孙女</td><td>2008 年 5 月</td></tr>
<tr><td>家庭大事</td><td colspan="3">2009 年，购买汽车 1 辆。</td></tr>
</table>

家庭成员	姓名	与户主关系	出生年月
	蒋卫明	户主	1958 年 10 月
	陆秀珍	配偶	1959 年 11 月
	蒋　结	儿子	1982 年 2 月
	王　丽	儿媳	1985 年 9 月
	蒋宇涵	孙子	2007 年 1 月
家庭大事			

家庭成员	姓名	与户主关系	出生年月
	刘香林	户主	1957 年 10 月
	刘多妹	配偶	1957 年 5 月
	刘振华	儿子	1981 年 10 月
	杨丽君	儿媳	1981 年 1 月
	刘　丹	孙女	2005 年 11 月
家庭大事	1988 年，翻建楼房。 2010 年，购买汽车 1 辆。		

家庭成员	姓名	与户主关系	出生年月
	刘炳福	户主	1963 年 7 月
	支玲秀	配偶	1961 年 12 月
	刘菊英	母亲	1934 年 2 月
	刘　征	儿子	1986 年 8 月
	戴　洁	儿媳	1989 年 9 月
	刘希媛	孙女	2011 年 12 月
	刘希华	孙子	2014 年 12 月
家庭大事	1990 年，翻建楼房。 2010 年，购买汽车 1 辆。		

	姓名	与户主关系	出生年月
家庭成员	刘祥元	户主	1954 年 4 月
	王金妹	配偶	1955 年 7 月
	刘建皓	儿子	1978 年 12 月
	刘宇辉	孙子	2002 年 2 月
家庭大事			

	姓名	与户主关系	出生年月
家庭成员	王水花	户主	1950 年 12 月
	支多男	儿子	1972 年 8 月
	胡菊英	儿媳	1970 年 11 月
	支丽琪	孙女	1994 年 12 月
家庭大事	1993 年，翻建楼房。 2013 年，购买汽车 1 辆。		

	姓名	与户主关系	出生年月
家庭成员	王荣宝	户主	1951 年 3 月
	孙秋英	配偶	1951 年 7 月
	王　峰	长子	1977 年 2 月
	夏翠花	长媳	1979 年 8 月
	王　松	次子	1979 年 3 月
	贾　佳	次媳	1980 年 9 月
	王奕迅	长孙子	2003 年 2 月
	贾昊霖	次孙子	2009 年 9 月
	王楷文	三孙子	2016 年 4 月
家庭大事	1969 年，王荣宝入伍；1976 年，退伍。		

<table>
<tr><td rowspan="6">家庭成员</td><th>姓名</th><th>与户主关系</th><th>出生年月</th></tr>
<tr><td>王三男</td><td>户主</td><td>1953 年 7 月</td></tr>
<tr><td>景金花</td><td>配偶</td><td>1954 年 3 月</td></tr>
<tr><td>王玉芳</td><td>女儿</td><td>1978 年 10 月</td></tr>
<tr><td>刘卫青</td><td>女婿</td><td>1974 年 2 月</td></tr>
<tr><td>王　靖</td><td>孙子</td><td>2000 年 8 月</td></tr>
<tr><td>家庭大事</td><td colspan="3">1989 年，翻建楼房。
2018 年，购买汽车 1 辆。
2019 年，王靖入伍；至今，在役。</td></tr>
</table>

<table>
<tr><td rowspan="5">家庭成员</td><th>姓名</th><th>与户主关系</th><th>出生年月</th></tr>
<tr><td>刘根生</td><td>户主</td><td>1942 年 6 月</td></tr>
<tr><td>刘长兴</td><td>儿子</td><td>1963 年 8 月</td></tr>
<tr><td>陆秀金</td><td>儿媳</td><td>1965 年 3 月</td></tr>
<tr><td>陆春芳</td><td>孙女</td><td>1986 年 9 月</td></tr>
<tr><td>家庭大事</td><td colspan="3"></td></tr>
</table>

<table>
<tr><td rowspan="8">家庭成员</td><th>姓名</th><th>与户主关系</th><th>出生年月</th></tr>
<tr><td>支梅根</td><td>户主</td><td>1934 年 10 月</td></tr>
<tr><td>支根泉</td><td>儿子</td><td>1967 年 7 月</td></tr>
<tr><td>顾秋芬</td><td>儿媳</td><td>1966 年 8 月</td></tr>
<tr><td>支梅花</td><td>女儿</td><td>1964 年 12 月</td></tr>
<tr><td>支　亚</td><td>孙女</td><td>1991 年 12 月</td></tr>
<tr><td>张　雄</td><td>孙婿</td><td>1987 年 10 月</td></tr>
<tr><td>张菀怡</td><td>曾孙女</td><td>2018 年 6 月</td></tr>
<tr><td>家庭大事</td><td colspan="3">2008 年，购买汽车 1 辆。</td></tr>
</table>

	姓名	与户主关系	出生年月
家庭成员	王黑男	户主	1958 年 5 月
	陆金花	配偶	1958 年 9 月
	王　英	长女	1981 年 11 月
	李玉红	长婿	1977 年 5 月
	王　芳	次女	1985 年 5 月
	王秋晨	孙子	2004 年 9 月
家庭大事	1990 年，翻建楼房。 2015 年，购买汽车 1 辆。		

	姓名	与户主关系	出生年月
家庭成员	支火根	户主	1963 年 7 月
	王秋香	配偶	1964 年 3 月
	支晓娟	女儿	1986 年 7 月
	张继龙	女婿	1985 年 10 月
	张李琨	孙子	2009 年 3 月
	张婧璇	孙女	2013 年 12 月
家庭大事	1990 年，翻建楼房。 2008 年、2013 年，分别购买汽车 1 辆。		

	姓名	与户主关系	出生年月
家庭成员	刘小夯	户主	1956 年 12 月
	曾招花	配偶	1968 年 1 月
	刘晓兵	儿子	1988 年 3 月
	刘骏宸	孙子	2015 年 1 月
家庭大事	1985 年，翻建楼房。 2006 年，刘晓兵入伍；2008 年，退伍。		

	姓名	与户主关系	出生年月
家庭成员	刘月男	户主	1948 年 5 月
	支密英	配偶	1951 年 2 月
	刘伟刚	儿子	1972 年 4 月
	孙　琴	儿媳	1976 年 2 月
	刘丽雯	孙女	1999 年 11 月
家庭大事	1987 年，翻建楼房。 2004 年，购买汽车 1 辆。		

	姓名	与户主关系	出生年月
家庭成员	张耀明	户主	1957 年 3 月
	周惠珍	配偶	1957 年 10 月
	张惠宝	母亲	1932 年 12 月
	张　群	儿子	1981 年 10 月
	张　青	儿媳	1982 年 4 月
	张泽宇	长孙子	2006 年 3 月
	张珂宇	次孙子	2013 年 8 月
家庭大事			

	姓名	与户主关系	出生年月
家庭成员	刘福元	户主	1944 年 8 月
	赵金妹	配偶	1946 年 9 月
	刘惠宗	儿子	1971 年 9 月
	陆建英	儿媳	1972 年 12 月
	刘晨飞	孙子	1995 年 6 月
家庭大事	2013 年，购买汽车 1 辆。		

	姓名	与户主关系	出生年月
家庭成员	刘祥根	户主	1964 年 12 月
	刘宏飞	儿子	1987 年 7 月
	刘依蒖	孙女	2014 年 11 月
家庭大事	2011 年，购买汽车 1 辆。		

	姓名	与户主关系	出生年月
家庭成员	支根元	户主	1966 年 1 月
	黄雪梅	配偶	1967 年 7 月
	支阿炳	父亲	1932 年 8 月
	支彩琴	女儿	1989 年 1 月
	陈建全	女婿	1986 年 6 月
	支晨超	孙子	2011 年 7 月
家庭大事	1993 年，翻建楼房。 2018 年，购买汽车 1 辆。		

	姓名	与户主关系	出生年月
家庭成员	刘香元	户主	1961 年 10 月
	沈梅英	配偶	1962 年 4 月
	刘　青	儿子	1985 年 1 月
	孙晓娅	儿媳	1981 年 1 月
	刘炜祺	孙子	2011 年 11 月
	刘嘉祺	孙女	2017 年 1 月
家庭大事	1979 年，刘香元入伍，在部队任班长；1983 年，退伍。 1990 年，翻建楼房。 2004 年，购买汽车 1 辆。		

	姓名	与户主关系	出生年月
家庭成员	刘三男	户主	1964 年 7 月
	张水花	—	1963 年 5 月
	刘小妹	母亲	1937 年 10 月
	刘　强	儿子	1987 年 5 月
	马琴琴	儿媳	1986 年 3 月
	刘旭睿	孙子	2010 年 9 月
	刘欣雨	孙女	2018 年 8 月
家庭大事	1991 年，翻建楼房。 2015 年，购买汽车 1 辆。 2018 年，刘强获昆山市级记大功荣誉。		

	姓名	与户主关系	出生年月
家庭成员	蒋卫根	户主	1954 年 8 月
	蒋阿狗	父亲	1932 年 12 月
	蒋菊妹	母亲	1935 年 9 月
	蒋荣方	儿子	1979 年 1 月
	陈翠娟	儿媳	1983 年 12 月
	蒋昱正	孙子	2011 年 11 月
家庭大事	1989 年，翻建楼房。 2010 年，购买汽车 1 辆。		

<table>
<tr><td rowspan="8">家庭成员</td><th>姓名</th><th>与户主关系</th><th>出生年月</th></tr>
<tr><td>刘白男</td><td>户主</td><td>1958 年 9 月</td></tr>
<tr><td>支月英</td><td>配偶</td><td>1956 年 8 月</td></tr>
<tr><td>刘小毛</td><td>母亲</td><td>1936 年 8 月</td></tr>
<tr><td>刘　建</td><td>儿子</td><td>1981 年 10 月</td></tr>
<tr><td>刘一行</td><td>长孙子</td><td>2009 年 4 月</td></tr>
<tr><td>刘一育</td><td>次孙子</td><td>2016 年 3 月</td></tr>
<tr><td>刘一熙</td><td>三孙子</td><td>2019 年 12 月</td></tr>
<tr><td>家庭大事</td><td colspan="3">1988 年，翻建楼房。
1993 年、2010 年，分别购买汽车 2 辆。</td></tr>
</table>

<table>
<tr><td rowspan="2">家庭成员</td><th>姓名</th><th>与户主关系</th><th>出生年月</th></tr>
<tr><td>杜文花</td><td>户主</td><td>1966 年 10 月</td></tr>
<tr><td>家庭大事</td><td colspan="3"></td></tr>
</table>

大众村第 7 村民小组

	姓名	与户主关系	出生年月
家庭成员	薛宗林	户主	1945 年 8 月
	胡林英	配偶	1947 年 9 月
	薛　刚	儿子	1967 年 11 月
	薛　龙	孙子	1991 年 12 月
家庭大事			

	姓名	与户主关系	出生年月
家庭成员	陆金元	户主	1953 年 2 月
	刘小秀	配偶	1953 年 10 月
	陆建良	儿子	1977 年 10 月
	尹有芸	儿媳	1982 年 1 月
	陆尹柔	孙女	2004 年 11 月
家庭大事			

	姓名	与户主关系	出生年月
家庭成员	金荣泉	户主	1951 年 3 月
	刘秀英	配偶	1950 年 11 月
	金　芳	长女	1973 年 6 月
	高忠星	长婿	1971 年 9 月
	金　珍	次女	1975 年 11 月
	张栋弟	次婿	1970 年 10 月
	高彦博	孙子	1998 年 3 月
	金欣艺	孙女	2009 年 3 月
家庭大事	1984 年，翻建楼房。 2005 年，购买汽车 1 辆。		

	姓名	与户主关系	出生年月
家庭成员	胡雪元	户主	1956 年 5 月
	王素凤	配偶	1957 年 8 月
	胡　国	儿子	1981 年 10 月
	朱文菊	儿媳	1981 年 10 月
	胡朱杰	长孙子	2003 年 9 月
	朱毅杰	次孙子	2013 年 8 月
家庭大事	1976 年，胡雪元入伍；1978 年，退伍。 1991 年，翻建楼房。		

	姓名	与户主关系	出生年月
家庭成员	钱步林	户主	1960 年 6 月
	薛梅玲	配偶	1962 年 11 月
	薛　华	儿子	1986 年 10 月
	王晶晶	儿媳	1986 年 8 月
	薛冬晨	孙子	2007 年 12 月
家庭大事	1989 年，翻建楼房。		

	姓名	与户主关系	出生年月
家庭成员	徐月度	户主	1948 年 12 月
	陆金凤	配偶	1949 年 3 月
	陆建刚	儿子	1969 年 11 月
	周玉秀	儿媳	1971 年 8 月
	陆佳辰	孙子	1992 年 7 月
家庭大事	1988 年，翻建楼房。		

家庭成员	姓名	与户主关系	出生年月
	陈兴福	户主	1954 年 1 月
	王夫英	配偶	1955 年 10 月
	陈水良	儿子	1981 年 3 月
家庭大事			

家庭成员	姓名	与户主关系	出生年月
	陈水明	户主	1989 年 7 月
	张昌秀	母亲	1965 年 11 月
家庭大事	2000 年，翻建楼房。		

家庭成员	姓名	与户主关系	出生年月
	胡才元	户主	1956 年 5 月
家庭大事			

家庭成员	姓名	与户主关系	出生年月
	薛宗泉	户主	1948 年 7 月
	朱杏花	配偶	1948 年 2 月
	薛　峰	儿子	1972 年 3 月
	俞晓虹	儿媳	1976 年 2 月
	薛　燕	女儿	1970 年 4 月
	薛　昆	孙子	1995 年 6 月
	薛茹天	孙女	2002 年 4 月
家庭大事	2015 年，薛昆入伍；2017 年，退伍。		

	姓名	与户主关系	出生年月
家庭成员	王花英	户主	1964 年 2 月
	胡清清	女儿	1987 年 1 月
	胡益卓	孙子	2012 年 7 月
家庭大事			

	姓名	与户主关系	出生年月
家庭成员	金兴根	户主	1954 年 12 月
	庄雪英	配偶	1953 年 10 月
	金　良	长子	1977 年 8 月
	姚芳妹	长媳	1979 年 1 月
	金　峰	次子	1980 年 4 月
	孙雯娟	次媳	1982 年 2 月
	金轶超	长孙子	2000 年 7 月
	孙晓金	次孙子	2004 年 1 月
	金晓兰	孙女	2011 年 4 月
家庭大事	1988 年，翻建楼房。 2005 年、2010 年，分别购买汽车 1 辆。		

	姓名	与户主关系	出生年月
家庭成员	邹凤珍	户主	1954 年 11 月
	金阿兴	配偶	1953 年 1 月
	金　星	儿子	1977 年 11 月
	王振妹	儿媳	1978 年 6 月
	金中一	孙子	2002 年 6 月
家庭大事			

大众村第 8 村民小组

	姓名	与户主关系	出生年月
家庭成员	张小奎	户主	1951 年 3 月
	陆秀梅	配偶	1952 年 8 月
	张　华	儿子	1974 年 1 月
家庭大事	1989 年，翻建楼房。		

	姓名	与户主关系	出生年月
家庭成员	张志伟	户主	1996 年 12 月
	粟红梅	母亲	1973 年 2 月
家庭大事			

	姓名	与户主关系	出生年月
家庭成员	袁小弟	户主	1955 年 9 月
	周招英	配偶	1956 年 12 月
	袁林芳	女儿	1981 年 2 月
	李紫妍	长孙女	2001 年 11 月
	袁向晴	次孙女	2008 年 8 月
家庭大事	1989 年，翻建楼房。		

	姓名	与户主关系	出生年月
家庭成员	袁中弟	户主	1953 年 1 月
	蒋金英	配偶	1952 年 2 月
	袁国明	儿子	1976 年 5 月
	王　建	儿媳	1977 年 9 月
	袁国琴	女儿	1978 年 12 月
	袁俊贤	孙子	2000 年 1 月
家庭大事	1987 年，翻建楼房。		

	姓名	与户主关系	出生年月
家庭成员	吴花宝	户主	1931 年 8 月
	吴惠泉	儿子	1966 年 8 月
	朱腊妹	儿媳	1965 年 1 月
	吴建芳	孙女	1994 年 6 月
家庭大事			

	姓名	与户主关系	出生年月
家庭成员	蒋雪香	户主	1962 年 6 月
	丁可山	配偶	1963 年 6 月
	蒋　琴	长女	1985 年 10 月
	蒋金金	次女	1990 年 5 月
	毛国强	次婿	1986 年 10 月
	蒋小汐	孙女	2014 年 4 月
家庭大事	1987 年，翻建楼房。 2016 年，购买汽车 1 辆。		

	姓名	与户主关系	出生年月
家庭成员	杨金宝	户主	1958 年 10 月
	方梅香	配偶	1963 年 7 月
	杨丽娟	女儿	1984 年 8 月
	耿万申	女婿	1978 年 3 月
	杨　程	孙女	2007 年 10 月
家庭大事	1993 年，翻建楼房。 2010 年，购买汽车 1 辆。		

	姓名	与户主关系	出生年月
家庭成员	杨金狗	户主	1954 年 12 月
	张志琴	配偶	1957 年 3 月
	杨　林	儿子	1980 年 12 月
	孙　明	儿媳	1986 年 4 月
	杨欣妍	孙女	2006 年 10 月
家庭大事	1987 年，翻建楼房。 2013 年，购买汽车 1 辆。		

	姓名	与户主关系	出生年月
家庭成员	杨小男	户主	1964 年 3 月
	黄学妹	配偶	1965 年 11 月
	陆凤花	母亲	1940 年 9 月
	杨金芳	女儿	1987 年 4 月
	覃黎明	女婿	1987 年 9 月
	杨　浩	长孙子	2011 年 12 月
	覃　喆	次孙子	2017 年 8 月
家庭大事	1994 年，翻建楼房。 2016 年，购买汽车 1 辆。		

	姓名	与户主关系	出生年月
家庭成员	吴惠弟	户主	1963 年 2 月
	罗瑞珍	配偶	1963 年 8 月
	罗　刚	儿子	1990 年 2 月
	王玉萍	儿媳	1989 年 4 月
	王友金	孙子	2013 年 4 月
家庭大事	1992 年，翻建楼房。 2011 年，购买汽车 2 辆。		

家庭成员	姓名	与户主关系	出生年月
	刘福良	户主	1965 年 6 月
	吴建英	配偶	1971 年 10 月
	刘晓洁	女儿	1993 年 11 月
家庭大事	1993 年，翻建楼房。		

家庭成员	姓名	与户主关系	出生年月
	袁同兴	户主	1943 年 7 月
家庭大事			

家庭成员	姓名	与户主关系	出生年月
	吴建新	户主	1969 年 12 月
	金文英	配偶	1969 年 5 月
	吴梅兰	母亲	1948 年 7 月
	吴晓敏	儿子	1992 年 10 月
家庭大事	1982 年，翻建楼房。 2012 年，购买汽车 1 辆。		

大众村第 9 村民小组

	姓名	与户主关系	出生年月
家庭成员	顾培云	户主	1937 年 1 月
	赵银花	配偶	1941 年 5 月
	顾惠良	长子	1962 年 2 月
	顾惠香	次子	1964 年 7 月
家庭大事			

	姓名	与户主关系	出生年月
家庭成员	顾长林	户主	1953 年 11 月
	季林珍	配偶	1953 年 7 月
	顾雪刚	儿子	1975 年 7 月
	顾殷誉	孙子	2014 年 7 月
家庭大事			

	姓名	与户主关系	出生年月
家庭成员	沈　良	户主	1969 年 12 月
	刘惠芬	配偶	1969 年 1 月
	沈长福	父亲	1948 年 6 月
	陆秀英	母亲	1947 年 2 月
	沈　婷	女儿	1992 年 10 月
	沈屹儒	孙子	2017 年 2 月
家庭大事			

	姓名	与户主关系	出生年月
家庭成员	顾良根	户主	1952 年 7 月
	张秀珍	配偶	1953 年 6 月
	顾金木	父亲	1930 年 6 月
	顾浩平	儿子	1977 年 8 月
	王　英	儿媳	1980 年 1 月
	顾函溪	孙女	2004 年 7 月
家庭大事	1977 年，顾良根的家人顾良明入伍；1980 年，退伍。		

	姓名	与户主关系	出生年月
家庭成员	顾林泉	户主	1954 年 6 月
	王菊花	配偶	1954 年 3 月
	顾　华	儿子	1979 年 3 月
	丁月兰	儿媳	1978 年 6 月
	顾伟弘	孙子	2002 年 3 月
家庭大事			

	姓名	与户主关系	出生年月
家庭成员	沈香荣	户主	1962 年 7 月
	姚金珍	配偶	1963 年 6 月
	姚　磊	儿子	1985 年 10 月
	徐婧文	孙女	2010 年 10 月
家庭大事	1981 年，沈香荣入伍；1983 年，退伍；2001 年 5 月、2001 年 9 月，分别获昆山市正仪见义勇为基金会奖励一次；2001 年 7 月、2001 年 12 月，分别获苏州市见义勇为基金会奖励一次；2001 年，抓获杀人、抢劫、强奸、盗窃犯罪分子多人，个人事迹刊登在 2002 年《昆山市文明礼仪市民读本》第 2 期。		

	姓名	与户主关系	出生年月
家庭成员	赵根水	户主	1955 年 9 月
	姚野妹	配偶	1956 年 6 月
	姚艳娟	女儿	1981 年 7 月
	季　峰	女婿	1980 年 3 月
	季子轩	长孙子	2010 年 8 月
	姚子辕	次孙子	2015 年 1 月
家庭大事			

	姓名	与户主关系	出生年月
家庭成员	姚亚明	户主	1964 年 8 月
	潘英青	配偶	1969 年 5 月
	姚宇杰	儿子	1992 年 11 月
	张静秋	儿媳	1993 年 10 月
家庭大事	2005 年，购买汽车 1 辆。		

	姓名	与户主关系	出生年月
家庭成员	王建良	户主	1965 年 5 月
	沈林秀	配偶	1966 年 5 月
	王　斌	儿子	1990 年 1 月
	王熠阳	孙子	2017 年 5 月
家庭大事	1985 年，王建良入伍；1989 年，退伍。 1988 年，翻建楼房。		

	姓名	与户主关系	出生年月
家庭成员	王建宗	户主	1968 年 7 月
	时雪娟	配偶	1969 年 3 月
	王锦生	父亲	1942 年 12 月
	王依莹	女儿	2002 年 9 月
家庭大事			

	姓名	与户主关系	出生年月
家庭成员	王林生	户主	1943 年 8 月
	顾林秀	配偶	1940 年 2 月
	王宗良	儿子	1966 年 3 月
	吴锡娣	儿媳	1971 年 5 月
	王德健	孙子	1994 年 11 月
家庭大事	2017 年，购买汽车 1 辆。		

	姓名	与户主关系	出生年月
家庭成员	王黑男	户主	1955 年 6 月
	吴二囡	配偶	1954 年 6 月
	王　刚	儿子	1978 年 12 月
	王小燕	女儿	1987 年 1 月
	王嘉怡	孙女	2001 年 9 月
家庭大事			

	姓名	与户主关系	出生年月
家庭成员	姚野男	户主	1948 年 6 月
	李火英	配偶	1947 年 8 月
	姚志刚	儿子	1973 年 2 月
	周　琴	儿媳	1974 年 12 月
	姚晨鸿	孙子	1996 年 7 月
家庭大事	1989 年，翻建楼房。 2003 年，购买汽车 1 辆。		

	姓名	与户主关系	出生年月
家庭成员	姚桃根	户主	1938 年 2 月
家庭大事			

	姓名	与户主关系	出生年月
家庭成员	姚卫男	户主	1958 年 2 月
	殷根花	配偶	1962 年 12 月
	姚寒贤	女儿	1985 年 1 月
	张　伟	女婿	1978 年 11 月
	张瑶瑶	长孙女	2008 年 8 月
	姚雨孜	次孙女	2015 年 6 月
家庭大事	2000 年，张伟入伍，在部队任班长；2002 年，退伍。 2007 年，翻建楼房。		

	姓名	与户主关系	出生年月
家庭成员	姚雪平	户主	1978 年 8 月
	彭顺玉	配偶	1979 年 12 月
	姚　齐	女儿	2004 年 2 月
家庭大事	1995 年，翻建楼房。 1998 年，姚雪平入伍；2000 年，退伍。 2006 年，购买汽车 1 辆。		

	姓名	与户主关系	出生年月
家庭成员	沈德林	户主	1943 年 9 月
	顾凤妹	配偶	1943 年 1 月
	沈秀根	儿子	1967 年 11 月
	黄妮新	儿媳	1968 年 7 月
	沈晨希	孙女	1992 年 11 月
	袁欧妮	曾孙女	2018 年 10 月
家庭大事	1987 年，沈秀根入伍；1991 年，退伍。 1991 年，翻建楼房。 2008 年，购买汽车 1 辆。		

	姓名	与户主关系	出生年月
家庭成员	顾金桃	户主	1943 年 10 月
	马引弟	配偶	1941 年 12 月
	顾瑞良	儿子	1965 年 3 月
	裴树芳	儿媳	1968 年 3 月
	顾　培	孙子	1992 年 12 月
家庭大事	1994 年，购买汽车 1 辆。		

	姓名	与户主关系	出生年月
家庭成员	顾迅良	户主	1968 年 12 月
	姚丽琴	配偶	1973 年 10 月
	顾　纯	女儿	1996 年 3 月
家庭大事	2009 年，购买汽车 1 辆。		

	姓名	与户主关系	出生年月
家庭成员	顾金泉	户主	1946 年 4 月
	顾凤秀	配偶	1949 年 1 月
	顾建明	儿子	1971 年 10 月
	徐　勤	儿媳	1972 年 1 月
	顾芷娟	孙女	1994 年 4 月
家庭大事	1993 年，翻建楼房。 2004 年，购买汽车 1 辆。		

	姓名	与户主关系	出生年月
家庭成员	顾瑞民	户主	1970 年 1 月
	陆白花	配偶	1969 年 1 月
	顾菲红	女儿	1992 年 12 月
家庭大事	1991 年，翻建楼房。 2018 年，购买汽车 1 辆。		

	姓名	与户主关系	出生年月
家庭成员	顾宝元	户主	1941 年 1 月
	金雪花	配偶	1941 年 12 月
	顾小良	儿子	1965 年 1 月
	张学琴	儿媳	1965 年 10 月
	顾承燕	孙女	1987 年 10 月
	管安超	孙婿	1985 年 10 月
家庭大事			

	姓名	与户主关系	出生年月
家庭成员	顾　良	户主	1963 年 10 月
	金凤香	配偶	1964 年 10 月
	顾晓华	儿子	1987 年 5 月
家庭大事			

	姓名	与户主关系	出生年月
家庭成员	顾金联	户主	1956 年 9 月
	凌密花	配偶	1960 年 3 月
	顾琴琴	女儿	1982 年 12 月
	顾祎文	孙女	2016 年 7 月
家庭大事	1951 年，顾金联的家人顾士明入伍；1952 年，退伍。 1976 年，翻建楼房。 1995 年，购买商品房。 2009 年，购买汽车 1 辆。		

	姓名	与户主关系	出生年月
家庭成员	顾生联	户主	1953 年 10 月
	杨桃英	配偶	1955 年 3 月
	顾小琴	女儿	1978 年 11 月
	顾志华	儿子	1982 年 3 月
	柯铭芳	儿媳	1984 年 10 月
	顾雨枫	孙子	2008 年 9 月
家庭大事	1992 年，翻建楼房。		

	姓名	与户主关系	出生年月
家庭成员	朱阿密	户主	1950 年 10 月
	顾卫华	儿子	1972 年 11 月
	孔　燕	儿媳	1975 年 12 月
	顾　异	孙女	2002 年 3 月
家庭大事			

	姓名	与户主关系	出生年月
家庭成员	顾桃良	户主	1948 年 1 月
	史凤金	配偶	1952 年 10 月
	顾卫刚	儿子	1975 年 9 月
	刘小月	儿媳	1975 年 11 月
	顾卫英	女儿	1978 年 4 月
	顾郎坤	孙子	2002 年 3 月
家庭大事	1992 年，翻建楼房。 2005 年，购买汽车 1 辆。		

家庭成员	姓名	与户主关系	出生年月
	陆二男	户主	1937 年 7 月
	顾根妹	配偶	1939 年 1 月
	顾林根	儿子	1960 年 7 月
	富招妹	儿媳	1961 年 10 月
	顾丽娟	孙女	1985 年 1 月
	董诗瑜	长曾孙女	2009 年 5 月
	顾诗琦	次曾孙女	2012 年 1 月
家庭大事			

家庭成员	姓名	与户主关系	出生年月
	韩金男	户主	1943 年 5 月
	顾凤宝	配偶	1941 年 11 月
	顾士良	儿子	1967 年 10 月
	赵月芳	儿媳	1966 年 11 月
	顾晓东	孙子	1991 年 1 月
家庭大事			

家庭成员	姓名	与户主关系	出生年月
	顾正良	户主	1970 年 6 月
	顾金花	配偶	1969 年 3 月
	顾晓晨	儿子	1994 年 1 月
家庭大事			

	姓名	与户主关系	出生年月
家庭成员	沈金良	户主	1957 年 4 月
	李凤仙	配偶	1956 年 7 月
	顾阿招	母亲	1936 年 4 月
	沈　伟	儿子	1982 年 3 月
	董劭悦	儿媳	1981 年 1 月
家庭大事			

	姓名	与户主关系	出生年月
家庭成员	顾纪良	户主	1967 年 9 月
	张玉芳	配偶	1967 年 3 月
	顾丹红	女儿	1990 年 8 月
家庭大事	2019 年，购买汽车 1 辆。		

	姓名	与户主关系	出生年月
家庭成员	顾长元	户主	1961 年 12 月
家庭大事			

	姓名	与户主关系	出生年月
家庭成员	姚巧花	户主	1954 年 5 月
	顾金卫	儿子	1978 年 12 月
	顾若森	长孙女	2003 年 12 月
	邵若怡	次孙女	2006 年 10 月
家庭大事			

	姓名	与户主关系	出生年月
家庭成员	顾香男	户主	1950 年 12 月
	顾秋云	配偶	1952 年 9 月
	顾培刚	长子	1975 年 11 月
	王云召	长媳	1980 年 7 月
	顾小刚	次子	1977 年 2 月
	顾心怡	孙女	2002 年 9 月
家庭大事	1990 年，翻建楼房。 1996 年，顾小刚入伍；1999 年，退伍。 2013 年，购买汽车 1 辆。		

	姓名	与户主关系	出生年月
家庭成员	顾正男	户主	1944 年 10 月
	杜金巧	配偶	1946 年 12 月
	顾学琴	女儿	1967 年 10 月
	顾建华	女婿	1968 年 6 月
	顾　杰	孙子	1991 年 4 月
	陆小慧	孙媳	1993 年 1 月
家庭大事	1988 年，翻建楼房。 1998 年，购买汽车 1 辆。		

	姓名	与户主关系	出生年月
家庭成员	顾素良	户主	1966 年 1 月
	袁建英	配偶	1966 年 11 月
	顾桃英	母亲	1941 年 5 月
家庭大事	2004 年，购买商品房。		

	姓名	与户主关系	出生年月
家庭成员	顾纪民	户主	1958 年 1 月
家庭大事			

	姓名	与户主关系	出生年月
家庭成员	顾雪良	户主	1958 年 3 月
	范凤仙	配偶	1956 年 7 月
	顾　静	女儿	1981 年 11 月
	朱丹西	女婿	1981 年 11 月
	顾欣宜	孙女	2007 年 11 月
	朱欣臣	孙子	2013 年 9 月
家庭大事	1987 年，翻建楼房。		

	姓名	与户主关系	出生年月
家庭成员	顾凤根	户主	1947 年 4 月
	万金花	配偶	1948 年 12 月
	顾学良	儿子	1969 年 10 月
	唐良英	儿媳	1969 年 5 月
	顾晓斌	孙子	1993 年 7 月
	邵叶萍	孙媳	1991 年 12 月
	顾墨淳	长曾孙子	2016 年 10 月
	顾墨清	次曾孙子	2019 年 4 月
家庭大事			

大众村第 10 村民小组

	姓名	与户主关系	出生年月
家庭成员	杜林元	户主	1955 年 7 月
	费社英	配偶	1956 年 6 月
	杜险刚	儿子	1981 年 6 月
	陆维洁	儿媳	1982 年 6 月
	杜艺雯	孙女	2005 年 6 月
	杜陆昊	孙子	2012 年 7 月
家庭大事			

	姓名	与户主关系	出生年月
家庭成员	杜林水	户主	1963 年 7 月
	刘花妹	配偶	1966 年 6 月
	杜敏华	儿子	1986 年 12 月
	邢　雅	儿媳	1987 年 1 月
	杜叶秋	孙子	2014 年 2 月
家庭大事	1991 年，翻建楼房。 2008 年，购买汽车 1 辆。		

	姓名	与户主关系	出生年月
家庭成员	杜卫国	户主	1972 年 12 月
	朱群芳	配偶	1973 年 12 月
	杜黑男	父亲	1951 年 12 月
	陆金英	母亲	1947 年 11 月
	杜静娟	女儿	1995 年 12 月
家庭大事			

	姓名	与户主关系	出生年月
家庭成员	杜林根	户主	1960年5月
	刘林凤	配偶	1962年5月
	杜玉其	儿子	1982年12月
	唐 娟	儿媳	1982年11月
	杜绎涛	孙子	2007年3月
	杜艺唐	孙女	2013年1月
家庭大事	2008年，购买汽车1辆。		

	姓名	与户主关系	出生年月
家庭成员	杜福妹	户主	1937年10月
	王卫明	儿子	1961年12月
	顾秀珍	儿媳	1962年8月
	王 佳	孙女	1985年8月
	王苢柠	曾孙女	2015年11月
家庭大事	1951年，杜福妹的家人王金根入伍；1952年，退伍。 1991年，翻建楼房。 2008年，购买汽车2辆。		

	姓名	与户主关系	出生年月
家庭成员	杜桃花	户主	1956年3月
	杜永海	儿子	1981年8月
	张溧溧	儿媳	1983年2月
	杜颜希	孙女	2014年2月
家庭大事	2009年，购买汽车1辆。		

家庭成员	姓名	与户主关系	出生年月
	杜荣泉	户主	1960 年 3 月
	徐桂珍	配偶	1961 年 8 月
	杜　娟	女儿	1986 年 9 月
	沈　杨	女婿	1982 年 5 月
	沈宇辰	长孙子	2011 年 12 月
	杜宇喆	次孙子	2014 年 2 月
	杜宇赫	三孙子	2014 年 2 月
家庭大事	1978 年，杜荣泉入伍，在部队任营级干部；1995 年，退伍。 2009 年，购买汽车 1 辆。		

家庭成员	姓名	与户主关系	出生年月
	杜荣昌	户主	1952 年 8 月
	周凤娥	配偶	1954 年 7 月
	杜美芳	女儿	1977 年 12 月
	胥　强	女婿	1976 年 10 月
	杜静芸	孙女	1999 年 11 月
家庭大事	2012 年，购买汽车 1 辆。		

家庭成员	姓名	与户主关系	出生年月
	杜秋云	户主	1965 年 5 月
	韩密英	配偶	1963 年 10 月
	杜仁晓	儿子	1988 年 9 月
	赵春艳	儿媳	1988 年 2 月
	杜宇浩	孙子	2012 年 10 月
家庭大事			

	姓名	与户主关系	出生年月
家庭成员	杜杏根	户主	1951 年 10 月
	胡翠英	配偶	1952 年 4 月
	杜国庆	儿子	1974 年 1 月
	顾美琴	儿媳	1974 年 7 月
	杜嘉欣	孙女	1997 年 3 月
家庭大事			

	姓名	与户主关系	出生年月
家庭成员	杨引妹	户主	1953 年 2 月
	蒋爱民	儿子	1975 年 10 月
	张　琴	儿媳	1975 年 8 月
	蒋爱珍	女儿	1978 年 4 月
	蒋丽雯	孙女	1999 年 1 月
家庭大事			

	姓名	与户主关系	出生年月
家庭成员	杜杏明	户主	1954 年 12 月
	陶章英	配偶	1960 年 2 月
	杜诗瑶	孙女	2012 年 11 月
家庭大事			

	姓名	与户主关系	出生年月
家庭成员	韩银男	户主	1955 年 4 月
	祝良英	配偶	1956 年 7 月
家庭大事	1985 年，翻建楼房。		

	姓名	与户主关系	出生年月
家庭成员	韩卫男	户主	1954 年 9 月
	徐凤珍	配偶	1959 年 5 月
	韩德宗	儿子	1981 年 9 月
	韩俊杰	长孙子	2005 年 9 月
	韩梓杰	次孙子	2017 年 5 月
家庭大事	1994 年，翻建楼房。		

	姓名	与户主关系	出生年月
家庭成员	方勤良	户主	1968 年 10
	杜秋香	配偶	1970 年 10 月
	陆密英	岳母	1950 年 6 月
	杜洪吉	儿子	1991 年 7 月
家庭大事	1988 年，翻建楼房。 2013 年，杜洪吉入伍，在部队任连长；至今，在役。		

	姓名	与户主关系	出生年月
家庭成员	杜金发	户主	1948 年 10 月
	庄雪花	配偶	1949 年 7 月
	杜勤良	儿子	1976 年 9 月
	王振花	儿媳	1978 年 5 月
	杜俊杰	孙子	2000 年 1 月
家庭大事	1969 年，杜金发入伍；1973 年，退伍。 1986 年，翻建楼房。 1993 年，购买汽车 1 辆。		

	姓名	与户主关系	出生年月
家庭成员	韩水男	户主	1951 年 12 月
	韩宗根	父亲	1934 年 11 月
	孙雪珍	母亲	1932 年 3 月
家庭大事			

	姓名	与户主关系	出生年月
家庭成员	王巧妹	户主	1936 年 12 月
	王文龙	儿子	1968 年 11 月
	孙桃珍	儿媳	1970 年 5 月
	王玉婷	孙女	1991 年 5 月
	王溢腾	曾孙子	2016 年 6 月
家庭大事	1996 年，翻建楼房。 2009 年，购买汽车 1 辆。		

	姓名	与户主关系	出生年月
家庭成员	周大男	户主	1965 年 10 月
	蒋菊英	配偶	1969 年 11 月
	周剑峰	儿子	1991 年 1 月
	沈亚萍	儿媳	1993 年 11 月
	周翊恒	孙子	2016 年 3 月
家庭大事	2013 年，购买汽车 1 辆。		

<table>
<tr><td rowspan="7">家庭成员</td><th>姓名</th><th>与户主关系</th><th>出生年月</th></tr>
<tr><td>王学根</td><td>户主</td><td>1962 年 11 月</td></tr>
<tr><td>周金珍</td><td>配偶</td><td>1963 年 2 月</td></tr>
<tr><td>王密宝</td><td>母亲</td><td>1940 年 1 月</td></tr>
<tr><td>王　艳</td><td>女儿</td><td>1985 年 8 月</td></tr>
<tr><td>吴雅欢</td><td>长孙女</td><td>2012 年 9 月</td></tr>
<tr><td>王雅乐</td><td>次孙女</td><td>2012 年 9 月</td></tr>
<tr><td>家庭大事</td><td colspan="3">2000 年，购买汽车 1 辆。</td></tr>
</table>

<table>
<tr><td rowspan="7">家庭成员</td><th>姓名</th><th>与户主关系</th><th>出生年月</th></tr>
<tr><td>周秀根</td><td>户主</td><td>1967 年 1 月</td></tr>
<tr><td>金存英</td><td>配偶</td><td>1967 年 3 月</td></tr>
<tr><td>周桃泉</td><td>父亲</td><td>1939 年 9 月</td></tr>
<tr><td>周小妹</td><td>母亲</td><td>1934 年 8 月</td></tr>
<tr><td>周芳艳</td><td>女儿</td><td>1991 年 3 月</td></tr>
<tr><td>曹姝涵</td><td>孙女</td><td>2018 年 11 月</td></tr>
<tr><td>家庭大事</td><td colspan="3">2000 年，购买汽车 1 辆。</td></tr>
</table>

<table>
<tr><td rowspan="4">家庭成员</td><th>姓名</th><th>与户主关系</th><th>出生年月</th></tr>
<tr><td>周小男</td><td>户主</td><td>1965 年 10 月</td></tr>
<tr><td>费秀琴</td><td>配偶</td><td>1969 年 7 月</td></tr>
<tr><td>周　静</td><td>女儿</td><td>1990 年 12 月</td></tr>
<tr><td>家庭大事</td><td colspan="3"></td></tr>
</table>

	姓名	与户主关系	出生年月
家庭成员	韩梅弟	户主	1952 年 1 月
	戴金娥	配偶	1952 年 10 月
	韩　英	女儿	1983 年 3 月
	韩　宇	孙子	2012 年 2 月
家庭大事			

	姓名	与户主关系	出生年月
家庭成员	费泉男	户主	1950 年 8 月
	张秋妹	配偶	1952 年 7 月
	费惠建	儿子	1975 年 11 月
	张天兰	儿媳	1976 年 3 月
	费　玥	长孙女	2000 年 1 月
	费　阳	次孙女	2009 年 1 月
家庭大事			

	姓名	与户主关系	出生年月
家庭成员	王雪荣	户主	1961 年 11 月
	马建芬	配偶	1964 年 10 月
	杜水妹	岳母	1939 年 8 月
	马　彪	儿子	1985 年 12 月
家庭大事			

	姓名	与户主关系	出生年月
家庭成员	王密根	户主	1955 年 5 月
	陈翠娥	配偶	1953 年 6 月
	王　强	儿子	1979 年 6 月
	李　云	儿媳	1980 年 4 月
	王宇哲	孙子	2007 年 4 月
家庭大事	1987 年，购买商品房。		

	姓名	与户主关系	出生年月
家庭成员	杜玉生	户主	1948 年 1 月
	浦凤金	配偶	1948 年 9 月
	杜　平	儿子	1974 年 11 月
	苏富华	儿媳	1977 年 5 月
	杜馨怡	孙女	1998 年 10 月
家庭大事	1970 年，杜玉生入伍；1973 年，退伍。		

	姓名	与户主关系	出生年月
家庭成员	蒋建良	户主	1971 年 6 月
	谯　萍	配偶	1973 年 8 月
	蒋冠群	女儿	1996 年 4 月
家庭大事	2012 年，购买汽车 1 辆。		

	姓名	与户主关系	出生年月
家庭成员	蒋建根	户主	1969 年 10 月
	李　花	配偶	1968 年 4 月
	蒋彦娉	女儿	1992 年 12 月
家庭大事	2017 年，购买汽车 1 辆。		

	姓名	与户主关系	出生年月
家庭成员	孙卫珍	户主	1950 年 2 月
	王　兵	儿子	1979 年 6 月
	陈立静	儿媳	1978 年 11 月
家庭大事	1970 年，孙卫珍的家人王土根入伍；1973 年，退伍。		

	姓名	与户主关系	出生年月
家庭成员	褚福林	户主	1945 年 1 月
	杜秀金	配偶	1946 年 10 月
家庭大事			

	姓名	与户主关系	出生年月
家庭成员	杜秋明	户主	1964 年 8 月
	胡秋香	配偶	1963 年 12 月
	杜娅婷	女儿	1987 年 3 月
	方　笑	女婿	1986 年 1 月
	方梓杨	长孙子	2013 年 1 月
	杜承欢	次孙子	2015 年 1 月
家庭大事	2018 年，购买汽车 1 辆。		

	姓名	与户主关系	出生年月
家庭成员	范惠根	户主	1962 年 3 月
	范士平	儿子	1986 年 2 月
家庭大事			

	姓名	与户主关系	出生年月
家庭成员	杜白男	户主	1952 年 10 月
	陆林花	配偶	1953 年 10 月
	杜永春	儿子	1976 年 7 月
家庭大事			

	姓名	与户主关系	出生年月
家庭成员	杜小男	户主	1954 年 7 月
	王三妹	配偶	1954 年 3 月
	杜菊芳	女儿	1978 年 11 月
	杜义诚	孙子	2003 年 12 月
	翁欣艺	孙女	2013 年 12 月
家庭大事	1987 年，翻建楼房。		

	姓名	与户主关系	出生年月
家庭成员	杜泉云	户主	1944 年 12 月
	杜杏花	配偶	1949 年 2 月
	杜丽明	儿子	1972 年 4 月
	刁玉花	儿媳	1971 年 5 月
	杜骋域	孙子	1995 年 10 月
家庭大事	1988 年，翻建楼房。 2000 年，购买汽车 1 辆。		

	姓名	与户主关系	出生年月
家庭成员	王金生	户主	1933 年 10 月
	王雪官	儿子	1965 年 1 月
	沈亚萍	儿媳	1970 年 3 月
	王冕姬	孙女	1992 年 9 月
家庭大事			

	姓名	与户主关系	出生年月
家庭成员	杜永良	户主	1956 年 7 月
	王雪英	配偶	1954 年 10 月
	杜伟峰	儿子	1975 年 4 月
	苏小梅	儿媳	1974 年 11 月
	杜嘉宁	孙子	2000 年 2 月
家庭大事			

	姓名	与户主关系	出生年月
家庭成员	王根云	户主	1945 年 8 月
	杜凤珍	配偶	1946 年 10 月
	杜梅芳	女儿	1967 年 11 月
	周惠明	女婿	1965 年 4 月
	杜周艳	孙女	1988 年 12 月
	杜俊贤	曾孙子	2014 年 9 月
家庭大事	2009 年，购买汽车 1 辆。		

	姓名	与户主关系	出生年月
家庭成员	杜云元	户主	1954 年 12 月
	杜陆伟	儿子	1974 年 5 月
	陈月青	儿媳	1975 年 3 月
	杜雨箫	孙女	1999 年 8 月
家庭大事	2015 年，购买汽车 1 辆。		

<table>
<tr><td rowspan="5">家庭成员</td><th>姓名</th><th>与户主关系</th><th>出生年月</th></tr>
<tr><td>王惠珍</td><td>户主</td><td>1955 年 3 月</td></tr>
<tr><td>杜宗良</td><td>儿子</td><td>1978 年 12 月</td></tr>
<tr><td>冯　霞</td><td>儿媳</td><td>1976 年 1 月</td></tr>
<tr><td>杜一飞</td><td>孙子</td><td>2001 年 10 月</td></tr>
<tr><td>家庭大事</td><td colspan="3"></td></tr>
</table>

<table>
<tr><td rowspan="7">家庭成员</td><th>姓名</th><th>与户主关系</th><th>出生年月</th></tr>
<tr><td>韩小男</td><td>户主</td><td>1951 年 11 月</td></tr>
<tr><td>顾秀英</td><td>配偶</td><td>1950 年 3 月</td></tr>
<tr><td>韩建卫</td><td>儿子</td><td>1974 年 11 月</td></tr>
<tr><td>马学利</td><td>儿媳</td><td>1980 年 3 月</td></tr>
<tr><td>韩沛东</td><td>长孙子</td><td>1999 年 9 月</td></tr>
<tr><td>韩心雨</td><td>次孙子</td><td>2008 年 6 月</td></tr>
<tr><td>家庭大事</td><td colspan="3">1989 年，翻建楼房。</td></tr>
</table>

<table>
<tr><td rowspan="6">家庭成员</td><th>姓名</th><th>与户主关系</th><th>出生年月</th></tr>
<tr><td>王选明</td><td>户主</td><td>1958 年 2 月</td></tr>
<tr><td>胡凤珍</td><td>配偶</td><td>1957 年 11 月</td></tr>
<tr><td>王胡山</td><td>儿子</td><td>1981 年 11 月</td></tr>
<tr><td>黄华红</td><td>儿媳</td><td>1982 年 2 月</td></tr>
<tr><td>王俊杰</td><td>孙子</td><td>2005 年 4 月</td></tr>
<tr><td>家庭大事</td><td colspan="3">1992 年，翻建楼房。
2015 年，购买汽车 1 辆。</td></tr>
</table>

	姓名	与户主关系	出生年月
家庭成员	王建民	户主	1961 年 12 月
	许金珍	配偶	1963 年 11 月
	王志刚	儿子	1985 年 11 月
	姚　琴	儿媳	1985 年 6 月
	王辰逸	长孙子	2010 年 7 月
	姚雨辰	次孙子	2016 年 6 月
家庭大事	1991 年，翻建楼房。 2010 年，购买汽车 1 辆。		

	姓名	与户主关系	出生年月
家庭成员	王志明	户主	1964 年 9 月
	宗学选	配偶	1966 年 9 月
	王婕妤	女儿	1991 年 10 月
家庭大事	1989 年，翻建楼房。 2000 年，购买汽车 1 辆。		

	姓名	与户主关系	出生年月
家庭成员	杜金木	户主	1949 年 11 月
	宋招花	配偶	1950 年 5 月
	杜菊明	儿子	1973 年 5 月
	宗秋英	儿媳	1974 年 3 月
	杜　晨	孙女	1996 年 10 月
家庭大事	2002 年，购买商品房。 2015 年，购买汽车 1 辆。		

	姓名	与户主关系	出生年月
家庭成员	杜国兴	户主	1954 年 10 月
	王根梅	配偶	1955 年 9 月
	杜永刚	儿子	1980 年 1 月
	李　茜	儿媳	1979 年 10 月
	杜礼安	孙子	2004 年 2 月
家庭大事	2015 年，翻建楼房。 2019 年，购买汽车 1 辆。		

	姓名	与户主关系	出生年月
家庭成员	杜玉根	户主	1955 年 7 月
	施雪花	配偶	1957 年 1 月
	杜红芳	女儿	1980 年 12 月
	王雪良	女婿	1978 年 5 月
	杜旭懿	孙子	2001 年 10 月
家庭大事			

	姓名	与户主关系	出生年月
家庭成员	蒋水根	户主	1962 年 6 月
	方秋花	配偶	1965 年 1 月
	蒋方刚	儿子	1987 年 4 月
	邹丽丽	儿媳	1988 年 3 月
	蒋雨豪	长孙子	2009 年 6 月
	蒋雨杰	次孙子	2013 年 6 月
家庭大事	1996 年，翻建楼房。 2019 年，购买汽车 1 辆。		

	姓名	与户主关系	出生年月
家庭成员	韩金男	户主	1949 年 10 月
	王菊英	配偶	1948 年 11 月
	韩霞芳	女儿	1975 年 3 月
	杜卫刚	女婿	1974 年 11 月
	韩俊辉	孙子	1997 年 11 月
家庭大事			

	姓名	与户主关系	出生年月
家庭成员	杜桃根	户主	1938 年 6 月
	宋金英	配偶	1938 年 10 月
	杜大弟	儿子	1969 年 1 月
	杜　玮	孙子	1991 年 12 月
家庭大事			

	姓名	与户主关系	出生年月
家庭成员	杜凤生	户主	1948 年 11 月
	杜建蓉	女儿	1978 年 7 月
	何小弟	女婿	1975 年 5 月
	杜思浩	孙子	1999 年 7 月
	何诗怡	孙女	2013 年 10 月
家庭大事	1994 年，何小弟入伍，在部队任班长；1997 年，退伍。		

	姓名	与户主关系	出生年月
家庭成员	杜凤弟	户主	1953 年 10 月
	邹秀芳	配偶	1960 年 10 月
	杜海波	儿子	1984 年 1 月
	周丽芳	儿媳	1986 年 1 月
	杜振轩	孙子	2009 年 6 月
家庭大事	2003 年，杜海波入伍；2006 年，退伍。		

	姓名	与户主关系	出生年月
家庭成员	朱小弟	户主	1951 年 12 月
	杜妹郎	配偶	1952 年 8 月
	杜炳芳	女儿	1972 年 9 月
	徐惠星	女婿	1970 年 10 月
	杜徐千	孙女	1993 年 10 月
	杨　义	孙婿	1993 年 10 月
	杨妍汐	曾孙女	2018 年 6 月
家庭大事			

	姓名	与户主关系	出生年月
家庭成员	周林泉	户主	1948 年 11 月
	凌雪花	配偶	1951 年 5 月
家庭大事			

	姓名	与户主关系	出生年月
家庭成员	周阿春	户主	1972 年 8 月
	冯春妹	配偶	1974 年 1 月
	周起迪	儿子	1998 年 10 月
家庭大事	1991 年，周阿春入伍；1995 年，退伍。		

	姓名	与户主关系	出生年月
家庭成员	周小龙	户主	1975 年 4 月
	王金华	配偶	1983 年 3 月
	周启梦	女儿	2003 年 3 月
家庭大事	2017 年，购买汽车 1 辆。		

	姓名	与户主关系	出生年月
家庭成员	杜金桃	户主	1937 年 12 月
	顾泉英	配偶	1938 年 2 月
	吴惠珍	儿媳	1957 年 7 月
	杜麒华	孙子	1980 年 11 月
	龚燕平	孙媳	1984 年 1 月
	龚可馨	长曾孙女	2010 年 1 月
	杜雨馨	次曾孙女	2011 年 1 月
家庭大事			

家庭成员	姓名	与户主关系	出生年月
	王学珍	户主	1956 年 12 月
	徐秀珍	配偶	1955 年 8 月
	王　勇	儿子	1979 年 3 月
	曹国平	儿媳	1981 年 12 月
	王钰涵	孙女	2007 年 12 月
家庭大事	1998 年，王勇入伍；2000 年，退伍。		

家庭成员	姓名	与户主关系	出生年月
	韩学男	户主	1964 年 2 月
	孙桃英	配偶	1967 年 10 月
	韩燕倩	女儿	1988 年 10 月
家庭大事			

家庭成员	姓名	与户主关系	出生年月
	邵琴珍	户主	1963 年 3 月
家庭大事			

家庭成员	姓名	与户主关系	出生年月
	姚普妮	户主	1984 年 12 月
家庭大事			

大众村第 11 村民小组

	姓名	与户主关系	出生年月
家庭成员	李敖生	户主	1950 年 7 月
	吴惠珍	配偶	1950 年 10 月
	李腊妹	母亲	1926 年 5 月
	李嘉懿	孙女	2002 年 5 月
家庭大事	1969 年，李敖生入伍，在部队任班长；1975 年，退伍。 2008 年，购买汽车 1 辆。		

	姓名	与户主关系	出生年月
家庭成员	沈建康	户主	1954 年 9 月
	曹云菊	配偶	1955 年 8 月
	沈　健	儿子	1982 年 2 月
	张　杉	儿媳	1982 年 8 月
	沈希泽	孙女	2007 年 6 月
家庭大事	2002 年，沈健入伍；2004 年，退伍。		

	姓名	与户主关系	出生年月
家庭成员	李熬根	户主	1954 年 12 月
	薛美英	配偶	1957 年 3 月
	李春兰	女儿	1979 年 3 月
	王　勇	女婿	1978 年 9 月
	李凯西	孙女	2003 年 7 月
家庭大事	2013 年，购买汽车 1 辆。		

<table>
<tr><td rowspan="6">家庭成员</td><th>姓名</th><th>与户主关系</th><th>出生年月</th></tr>
<tr><td>许巧根</td><td>户主</td><td>1963 年 7 月</td></tr>
<tr><td>陆瑞琴</td><td>配偶</td><td>1962 年 12 月</td></tr>
<tr><td>许密花</td><td>母亲</td><td>1943 年 11 月</td></tr>
<tr><td>许文娟</td><td>女儿</td><td>1987 年 9 月</td></tr>
<tr><td>王　睿</td><td>女婿</td><td>1986 年 2 月</td></tr>
<tr><td>家庭大事</td><td colspan="3">2010 年，购买汽车 1 辆。</td></tr>
</table>

<table>
<tr><td rowspan="6">家庭成员</td><th>姓名</th><th>与户主关系</th><th>出生年月</th></tr>
<tr><td>狄花英</td><td>户主</td><td>1953 年 8 月</td></tr>
<tr><td>李　华</td><td>儿子</td><td>1979 年 7 月</td></tr>
<tr><td>钱静英</td><td>儿媳</td><td>1982 年 10 月</td></tr>
<tr><td>李嘉祺</td><td>长孙子</td><td>2010 年 4 月</td></tr>
<tr><td>李子昂</td><td>次孙子</td><td>2012 年 2 月</td></tr>
<tr><td>家庭大事</td><td colspan="3">1999 年，李华入伍；2004 年，退伍。</td></tr>
</table>

<table>
<tr><td rowspan="7">家庭成员</td><th>姓名</th><th>与户主关系</th><th>出生年月</th></tr>
<tr><td>朱社根</td><td>户主</td><td>1962 年 8 月</td></tr>
<tr><td>王秀花</td><td>配偶</td><td>1963 年 7 月</td></tr>
<tr><td>朱晓萍</td><td>女儿</td><td>1985 年 10 月</td></tr>
<tr><td>沈　杰</td><td>女婿</td><td>1983 年 1 月</td></tr>
<tr><td>沈允谦</td><td>孙子</td><td>2009 年 6 月</td></tr>
<tr><td>朱允溪</td><td>孙女</td><td>2013 年 8 月</td></tr>
<tr><td>家庭大事</td><td colspan="3">1982 年，翻建楼房。
2008 年，购买汽车 1 辆。</td></tr>
</table>

	姓名	与户主关系	出生年月
家庭成员	许学明	户主	1961 年 8 月
	宣彩英	配偶	1960 年 6 月
	许翔荣	儿子	1984 年 12 月
	龚　婷	儿媳	1988 年 8 月
	许书研	孙女	2011 年 6 月
	许恒愉	孙子	2014 年 11 月
家庭大事	1990 年，翻建楼房。 2006 年，购买汽车 1 辆。		

	姓名	与户主关系	出生年月
家庭成员	高卫良	户主	1965 年 10 月
	王林云	配偶	1967 年 10 月
	周香妹	母亲	1937 年 11 月
	高福元	兄长	1963 年 6 月
	高晓芳	女儿	1988 年 12 月
	龙文进	女婿	1982 年 11 月
	高欣芮	孙女	2011 年 11 月
家庭大事	1989 年，翻建楼房。 2015 年，购买汽车 1 辆。		

	姓名	与户主关系	出生年月
家庭成员	吴秋根	户主	1952 年 7 月
	顾林英	配偶	1951 年 8 月
	吴　兰	女儿	1974 年 11 月
	吴志严	孙子	1998 年 9 月
家庭大事			

<table>
<tr><td rowspan="6">家庭成员</td><th>姓名</th><th>与户主关系</th><th>出生年月</th></tr>
<tr><td>蒋玉龙</td><td>户主</td><td>1947 年 10 月</td></tr>
<tr><td>李杏英</td><td>配偶</td><td>1950 年 3 月</td></tr>
<tr><td>李金伟</td><td>儿子</td><td>1977 年 1 月</td></tr>
<tr><td>姚雪芳</td><td>儿媳</td><td>1977 年 2 月</td></tr>
<tr><td>李松衡</td><td>孙子</td><td>2000 年 2 月</td></tr>
<tr><td>家庭大事</td><td colspan="3">1985 年，购买汽车 1 辆。
1997 年，李金伟入伍，在部队任班长；2000 年，退伍。</td></tr>
</table>

<table>
<tr><td rowspan="5">家庭成员</td><th>姓名</th><th>与户主关系</th><th>出生年月</th></tr>
<tr><td>朱凤英</td><td>户主</td><td>1942 年 5 月</td></tr>
<tr><td>刘美英</td><td>女儿</td><td>1981 年 12 月</td></tr>
<tr><td>陈国贤</td><td>女婿</td><td>1981 年 8 月</td></tr>
<tr><td>陈刘昊</td><td>孙子</td><td>2005 年 9 月</td></tr>
<tr><td>家庭大事</td><td colspan="3"></td></tr>
</table>

<table>
<tr><td rowspan="6">家庭成员</td><th>姓名</th><th>与户主关系</th><th>出生年月</th></tr>
<tr><td>刘土根</td><td>户主</td><td>1935 年 4 月</td></tr>
<tr><td>许小桃</td><td>配偶</td><td>1935 年 6 月</td></tr>
<tr><td>刘培根</td><td>儿子</td><td>1962 年 8 月</td></tr>
<tr><td>支翠花</td><td>儿媳</td><td>1964 年 7 月</td></tr>
<tr><td>刘晓琴</td><td>孙女</td><td>1985 年 11 月</td></tr>
<tr><td>家庭大事</td><td colspan="3">1990 年，翻建楼房。
2013 年，购买汽车 1 辆。</td></tr>
</table>

	姓名	与户主关系	出生年月
家庭成员	刘火根	户主	1938 年 2 月
	刘剑英	儿子	1969 年 8 月
	赵小芳	儿媳	1970 年 1 月
	刘　超	孙子	1992 年 5 月
	金鑫薇	孙媳	1991 年 8 月
	刘恬芮	曾孙女	2018 年 3 月
家庭大事	1989 年，翻建楼房。 2019 年，购买汽车 1 辆。		

	姓名	与户主关系	出生年月
家庭成员	许本忠	户主	1943 年 10 月
	周云妹	配偶	1947 年 11 月
家庭大事			

	姓名	与户主关系	出生年月
家庭成员	许冬明	户主	1968 年 7 月
	周文秀	配偶	1968 年 9 月
	许嘉诚	儿子	1991 年 5 月
家庭大事			

	姓名	与户主关系	出生年月
家庭成员	许坤明	户主	1972 年 3 月
	吴明霞	配偶	1979 年 3 月
	许辰毅	儿子	2005 年 5 月
家庭大事			

<table>
<tr><td rowspan="5">家庭成员</td><th>姓名</th><th>与户主关系</th><th>出生年月</th></tr>
<tr><td>李正东</td><td>户主</td><td>1949 年 11 月</td></tr>
<tr><td>李　永</td><td>儿子</td><td>1986 年 6 月</td></tr>
<tr><td>马永芳</td><td>儿媳</td><td>1982 年 12 月</td></tr>
<tr><td>李顺婕</td><td>孙女</td><td>1995 年 12 月</td></tr>
<tr><td>家庭大事</td><td colspan="3">1971 年，李正东入伍；1973 年，退伍。
1995 年，购买汽车 1 辆。</td></tr>
</table>

<table>
<tr><td rowspan="5">家庭成员</td><th>姓名</th><th>与户主关系</th><th>出生年月</th></tr>
<tr><td>顾良秀</td><td>户主</td><td>1949 年 3 月</td></tr>
<tr><td>刘义根</td><td>公公</td><td>1927 年 9 月</td></tr>
<tr><td>刘德芳</td><td>女儿</td><td>1973 年 7 月</td></tr>
<tr><td>姜　韬</td><td>孙女</td><td>1997 年 5 月</td></tr>
<tr><td>家庭大事</td><td colspan="3"></td></tr>
</table>

<table>
<tr><td rowspan="6">家庭成员</td><th>姓名</th><th>与户主关系</th><th>出生年月</th></tr>
<tr><td>支琴火</td><td>户主</td><td>1948 年 6 月</td></tr>
<tr><td>陆根花</td><td>配偶</td><td>1948 年 12 月</td></tr>
<tr><td>支雪良</td><td>儿子</td><td>1969 年 10 月</td></tr>
<tr><td>唐美仙</td><td>儿媳</td><td>1970 年 5 月</td></tr>
<tr><td>支晓华</td><td>孙子</td><td>1992 年 6 月</td></tr>
<tr><td>家庭大事</td><td colspan="3">1989 年，翻建楼房。
2015 年，购买汽车 1 辆。</td></tr>
</table>

	姓名	与户主关系	出生年月
家庭成员	李夯狗	户主	1955 年 4 月
	张凤秀	配偶	1955 年 7 月
	李正华	长子	1979 年 10 月
	龚　芳	长媳	1979 年 10 月
	李喜华	次子	1981 年 7 月
	王牡丹	次媳	1981 年 2 月
家庭大事	2002 年，购买汽车 1 辆。		

	姓名	与户主关系	出生年月
家庭成员	高银生	户主	1948 年 3 月
	方巧英	配偶	1951 年 4 月
	高　芳	女儿	1973 年 1 月
	周建根	女婿	1970 年 9 月
	高　峰	孙子	1993 年 5 月
家庭大事	1991 年，购买汽车 1 辆。		

	姓名	与户主关系	出生年月
家庭成员	刘惠明	户主	1954 年 3 月
	蒋金大	配偶	1954 年 3 月
	刘德宗	儿子	1979 年 1 月
	周　丽	儿媳	1978 年 12 月
	刘翊萱	孙女	2007 年 1 月
	刘羿含	孙子	2015 年 3 月
家庭大事	1989 年，翻建楼房。 2014 年，购买汽车 1 辆。		

家庭成员	姓名	与户主关系	出生年月
	吴长根	户主	1957 年 6 月
	翁妹珍	配偶	1958 年 9 月
	吴　瑛	女儿	1981 年 10 月
	孔明华	女婿	1979 年 10 月
	孔吴俊	长孙子	2004 年 4 月
	吴承轩	次孙子	2014 年 8 月
家庭大事	2000 年，购买汽车 1 辆。		

家庭成员	姓名	与户主关系	出生年月
	许月珍	户主	1957 年 10 月
	马金福	配偶	1954 年 2 月
	马燕萍	女儿	1978 年 12 月
	姚　静	孙女	2003 年 8 月
家庭大事	2004 年，购买汽车 1 辆。		

家庭成员	姓名	与户主关系	出生年月
	李林英	户主	1946 年 11 月
	李　明	儿子	1967 年 3 月
家庭大事	1987 年，翻建楼房。 2004 年，购买汽车 1 辆。		

	姓名	与户主关系	出生年月
家庭成员	吴林弟	户主	1969 年 2 月
	刘双花	配偶	1968 年 1 月
	吴　奇	长子	1991 年 1 月
	吴　喜	次子	1991 年 1 月
	吴雨泽	孙子	2015 年 1 月
家庭大事	2003 年，购买汽车 1 辆。 2011 年，吴喜入伍；2013 年，退伍。		

	姓名	与户主关系	出生年月
家庭成员	许爱明	户主	1968 年 6 月
家庭大事			

	姓名	与户主关系	出生年月
家庭成员	吴林根	户主	1965 年 2 月
	高阿宝	母亲	1942 年 12 月
家庭大事			

	姓名	与户主关系	出生年月
家庭成员	吴惠根	户主	1948 年 6 月
	支金娥	配偶	1948 年 8 月
	吴学军	儿子	1970 年 2 月
	蒋素贤	儿媳	1973 年 1 月
	吴隽文	长孙女	2001 年 8 月
	吴隽函	次孙女	2010 年 7 月
家庭大事			

	姓名	与户主关系	出生年月
家庭成员	吴拥军	户主	1968 年 5 月
	刘良英	配偶	1970 年 3 月
	吴俊超	儿子	1991 年 2 月
家庭大事	1986 年，吴拥军入伍，在部队任班长；1990 年，退伍。 2012 年，吴俊超入伍；2014 年，退伍。		

	姓名	与户主关系	出生年月
家庭成员	刘建明	户主	1963 年 3 月
	吴惠花	配偶	1964 年 3 月
	刘晓燕	女儿	1986 年 2 月
	袁雪中	女婿	1984 年 12 月
	袁馨蕊	长孙女	2013 年 9 月
	刘馨茹	次孙女	2015 年 4 月
家庭大事			

	姓名	与户主关系	出生年月
家庭成员	王花英	户主	1964 年 2 月
	胡清清	女儿	1987 年 1 月
	胡益卓	孙子	2012 年 7 月
家庭大事			

大众村第 12 村民小组

	姓名	与户主关系	出生年月
家庭成员	张水元	户主	1954 年 8 月
	刘爱妹	配偶	1952 年 11 月
	张建华	儿子	1979 年 9 月
	杨丽萍	儿媳	1980 年 6 月
	张智成	孙子	2006 年 10 月
家庭大事	1972 年，张水元入伍，在部队任副班长；1978 年，退伍。		

	姓名	与户主关系	出生年月
家庭成员	许水林	户主	1937 年 6 月
	张金花	配偶	1938 年 6 月
	许惠良	儿子	1963 年 12 月
	顾玲珍	儿媳	1964 年 8 月
	许晓庆	孙子	1986 年 2 月
	沈天琪	曾孙子	2014 年 8 月
家庭大事			

	姓名	与户主关系	出生年月
家庭成员	张金元	户主	1958 年 11 月
	管月英	配偶	1958 年 8 月
	张建龙	儿子	1979 年 6 月
	张李杰	孙子	2005 年 7 月
家庭大事			

家庭成员	姓名	与户主关系	出生年月
	谢得宝	户主	1958 年 2 月
	张红妹	配偶	1962 年 7 月
家庭大事			

家庭成员	姓名	与户主关系	出生年月
	张招元	户主	1949 年 2 月
	徐梅英	配偶	1950 年 9 月
	张土金	父亲	1936 年 6 月
	芮桂英	母亲	1931 年 9 月
	张晓明	孙子	1997 年 10 月
家庭大事			

家庭成员	姓名	与户主关系	出生年月
	赵国良	户主	1963 年 3 月
	张斐龙	配偶	1964 年 1 月
	张亚城	儿子	1991 年 3 月
	金　蕾	儿媳	1995 年 8 月
	张亚琴	女儿	1986 年 5 月
	张君泓	孙子	2019 年 12 月
家庭大事	2013 年，张亚城入伍；2017 年，退伍。		

	姓名	与户主关系	出生年月
家庭成员	许雪根	户主	1964 年 1 月
	黄炳妹	配偶	1964 年 10 月
	许 华	儿子	1987 年 7 月
	许博韬	孙子	2010 年 8 月
家庭大事			

	姓名	与户主关系	出生年月
家庭成员	许福金	户主	1963 年 5 月
	许招泉	父亲	1933 年 9 月
	许根妹	母亲	1937 年 2 月
	许银亚	女儿	1985 年 6 月
家庭大事			

	姓名	与户主关系	出生年月
家庭成员	许银根	户主	1958 年 12 月
	吴香花	配偶	1960 年 5 月
	许 明	儿子	1979 年 12 月
	刘玉琴	儿媳	1983 年 9 月
	许志豪	孙子	2003 年 7 月
家庭大事			

	姓名	与户主关系	出生年月
家庭成员	赵海水	户主	1955 年 7 月
	顾凤金	配偶	1954 年 12 月
	赵雪琴	女儿	1979 年 4 月
家庭大事			

家庭成员	姓名	与户主关系	出生年月
	赵金水	户主	1954 年 4 月
	顾良英	配偶	1953 年 6 月
	赵　琴	女儿	1978 年 8 月
家庭大事			

家庭成员	姓名	与户主关系	出生年月
	赵水根	户主	1944 年 8 月
	吴白妹	配偶	1942 年 12 月
	赵月英	女儿	1964 年 12 月
	王金来	女婿	1962 年 9 月
	赵　冰	孙子	1986 年 2 月
家庭大事			

家庭成员	姓名	与户主关系	出生年月
	赵良根	户主	1956 年 6 月
	赵梅弟	父亲	1932 年 5 月
	赵振华	儿子	1979 年 5 月
家庭大事			

家庭成员	姓名	与户主关系	出生年月
	赵黑男	户主	1953 年 9 月
	杜桃花	配偶	1953 年 3 月
	赵拥刚	儿子	1977 年 12 月
	顾惠英	儿媳	1977 年 4 月
	赵永珍	女儿	1978 年 6 月
家庭大事			

<table>
<tr><td rowspan="3">家庭成员</td><td>姓名</td><td>与户主关系</td><td>出生年月</td></tr>
<tr><td>许根林</td><td>户主</td><td>1932 年 12 月</td></tr>
<tr><td>袁根大</td><td>配偶</td><td>1934 年 4 月</td></tr>
<tr><td>家庭大事</td><td colspan="3"></td></tr>
</table>

<table>
<tr><td rowspan="5">家庭成员</td><td>姓名</td><td>与户主关系</td><td>出生年月</td></tr>
<tr><td>许香男</td><td>户主</td><td>1965 年 10 月</td></tr>
<tr><td>顾梅花</td><td>配偶</td><td>1967 年 2 月</td></tr>
<tr><td>许晓华</td><td>儿子</td><td>1989 年 4 月</td></tr>
<tr><td>许文硕</td><td>孙子</td><td>2014 年 10 月</td></tr>
<tr><td>家庭大事</td><td colspan="3"></td></tr>
</table>

<table>
<tr><td rowspan="5">家庭成员</td><td>姓名</td><td>与户主关系</td><td>出生年月</td></tr>
<tr><td>赵海根</td><td>户主</td><td>1957 年 11 月</td></tr>
<tr><td>狄杏花</td><td>配偶</td><td>1957 年 2 月</td></tr>
<tr><td>赵金伟</td><td>儿子</td><td>1989 年 8 月</td></tr>
<tr><td>赵亦辰</td><td>孙子</td><td>2011 年 9 月</td></tr>
<tr><td>家庭大事</td><td colspan="3"></td></tr>
</table>

<table>
<tr><td rowspan="4">家庭成员</td><td>姓名</td><td>与户主关系</td><td>出生年月</td></tr>
<tr><td>许金林</td><td>户主</td><td>1953 年 5 月</td></tr>
<tr><td>许金花</td><td>配偶</td><td>1953 年 6 月</td></tr>
<tr><td>许美根</td><td>儿子</td><td>1978 年 4 月</td></tr>
<tr><td>家庭大事</td><td colspan="3">1997 年，许美根入伍，在部队任班长；2002 年，退伍。</td></tr>
</table>

<table>
<tr><td rowspan="6">家庭成员</td><td>姓名</td><td>与户主关系</td><td>出生年月</td></tr>
<tr><td>许巧根</td><td>户主</td><td>1945 年 5 月</td></tr>
<tr><td>翁金妹</td><td>配偶</td><td>1945 年 12 月</td></tr>
<tr><td>许建良</td><td>儿子</td><td>1969 年 11 月</td></tr>
<tr><td>齐　嵘</td><td>儿媳</td><td>1969 年 12 月</td></tr>
<tr><td>许敏赡</td><td>孙女</td><td>1996 年 7 月</td></tr>
<tr><td>家庭大事</td><td colspan="3">2001 年，购买汽车 1 辆。</td></tr>
</table>

<table>
<tr><td rowspan="4">家庭成员</td><td>姓名</td><td>与户主关系</td><td>出生年月</td></tr>
<tr><td>支秀妹</td><td>户主</td><td>1949 年 11 月</td></tr>
<tr><td>许金根</td><td>配偶</td><td>1948 年 1 月</td></tr>
<tr><td>许　良</td><td>儿子</td><td>1973 年 1 月</td></tr>
<tr><td>家庭大事</td><td colspan="3"></td></tr>
</table>

<table>
<tr><td rowspan="5">家庭成员</td><td>姓名</td><td>与户主关系</td><td>出生年月</td></tr>
<tr><td>许金明</td><td>户主</td><td>1962 年 4 月</td></tr>
<tr><td>张小妹</td><td>配偶</td><td>1964 年 11 月</td></tr>
<tr><td>金引花</td><td>母亲</td><td>1938 年 9 月</td></tr>
<tr><td>许　文</td><td>女儿</td><td>1997 年 12 月</td></tr>
<tr><td>家庭大事</td><td colspan="3"></td></tr>
</table>

	姓名	与户主关系	出生年月
家庭成员	许火林	户主	1944 年 9 月
	姚妹花	配偶	1944 年 1 月
	许学良	儿子	1964 年 9 月
	许小妹	儿媳	1964 年 8 月
	许　峰	孙子	1987 年 5 月
	沈棋君	孙媳	1988 年 1 月
	许靖函	长曾孙女	2013 年 11 月
	沈灵萱	次曾孙女	2017 年 8 月
家庭大事	2014 年，购买汽车 1 辆。		

	姓名	与户主关系	出生年月
家庭成员	许惠明	户主	1964 年 1 月
	李冬梅	配偶	1973 年 1 月
	许　懿	儿子	1987 年 7 月
家庭大事	1994 年，翻建楼房。 2010 年，购买汽车 1 辆。		

	姓名	与户主关系	出生年月
家庭成员	张建龙	户主	1970 年 2 月
	夏开云	配偶	1976 年 4 月
	张凡晶	女儿	1998 年 10 月
家庭大事			

家庭成员	姓名	与户主关系	出生年月
	曾令英	户主	1973 年 9 月
	许　燕	女儿	1997 年 7 月
家庭大事			

家庭成员	姓名	与户主关系	出生年月
	许云良	户主	1985 年 11 月
	支见珍	母亲	1963 年 3 月
	许博涛	女儿	2010 年 4 月
家庭大事	2003 年，许云良入伍；2005 年，退伍。		

大众村第 13 村民小组

	姓名	与户主关系	出生年月
家庭成员	吴惠林	户主	1954 年 2 月
	刘全英	配偶	1954 年 11 月
	吴建平	长子	1978 年 6 月
	朱　娜	长媳	1979 年 1 月
	吴小平	次子	1980 年 7 月
	王　维	次媳	1981 年 11 月
	吴奕雯	孙女	2002 年 12 月
	吴镇麒	长孙子	2009 年 10 月
	王镇麟	次孙子	2010 年 11 月
家庭大事	1983 年，翻建楼房。 2011 年、2014 年，分别购买汽车 1 辆。		

	姓名	与户主关系	出生年月
家庭成员	吴剑良	户主	1964 年 12 月
	孙学琴	配偶	1965 年 9 月
	吴丽亚	女儿	1990 年 9 月
	刘启华	女婿	1990 年 3 月
	刘宸嫣	长孙女	2016 年 7 月
	吴宸颖	次孙女	2019 年 10 月
家庭大事	1994 年，翻建楼房。 2012 年，购买汽车 1 辆。		

	姓名	与户主关系	出生年月
家庭成员	狄明千	户主	1954 年 10 月
	狄密花	配偶	1954 年 11 月
家庭大事			

	姓名	与户主关系	出生年月
家庭成员	蒋卫男	户主	1952 年 1 月
	狄密金	配偶	1952 年 11 月
	蒋芸芸	女儿	1980 年 11 月
	於志刚	女婿	1975 年 12 月
	蒋承瑜	孙子	2003 年 10 月
	於若琳	孙女	2016 年 10 月
家庭大事	1992 年，翻建楼房。 2013 年，购买汽车 1 辆。		

	姓名	与户主关系	出生年月
家庭成员	王何英	户主	1960 年 4 月
	刘进宝	配偶	1957 年 10 月
	刘帅明	儿子	1982 年 3 月
	郭红云	儿媳	1983 年 5 月
	刘雅雯	长孙女	2009 年 4 月
	刘雅绮	次孙女	2015 年 6 月
家庭大事	1976 年，刘进宝入伍；1978 年，退伍。 1987 年，翻建楼房。 2015 年，购买汽车 1 辆。		

	姓名	与户主关系	出生年月
家庭成员	蒋金男	户主	1958 年 2 月
	狄四妹	配偶	1960 年 5 月
	蒋文燕	女儿	1982 年 3 月
	顾惠平	女婿	1981 年 10 月
	蒋　婷	孙女	2004 年 9 月
家庭大事			

<table>
<tr><td rowspan="7">家庭成员</td><td>姓名</td><td>与户主关系</td><td>出生年月</td></tr>
<tr><td>张炳元</td><td>户主</td><td>1964 年 12 月</td></tr>
<tr><td>朱小芳</td><td>配偶</td><td>1968 年 2 月</td></tr>
<tr><td>张国华</td><td>儿子</td><td>1989 年 3 月</td></tr>
<tr><td>刘靓菲</td><td>儿媳</td><td>1989 年 10 月</td></tr>
<tr><td>张芸熙</td><td>孙女</td><td>2012 年 6 月</td></tr>
<tr><td>张允泽</td><td>孙子</td><td>2016 年 11 月</td></tr>
<tr><td>家庭大事</td><td colspan="3">1998 年，翻建楼房。</td></tr>
</table>

<table>
<tr><td rowspan="4">家庭成员</td><td>姓名</td><td>与户主关系</td><td>出生年月</td></tr>
<tr><td>夏忠良</td><td>户主</td><td>1983 年 1 月</td></tr>
<tr><td>王　芹</td><td>配偶</td><td>1985 年 1 月</td></tr>
<tr><td>夏明涵</td><td>儿子</td><td>2007 年 1 月</td></tr>
<tr><td>家庭大事</td><td colspan="3"></td></tr>
</table>

<table>
<tr><td rowspan="6">家庭成员</td><td>姓名</td><td>与户主关系</td><td>出生年月</td></tr>
<tr><td>王小男</td><td>户主</td><td>1957 年 1 月</td></tr>
<tr><td>蒋水英</td><td>配偶</td><td>1957 年 4 月</td></tr>
<tr><td>王　华</td><td>儿子</td><td>1981 年 11 月</td></tr>
<tr><td>陆　娴</td><td>儿媳</td><td>1984 年 11 月</td></tr>
<tr><td>王艺轩</td><td>孙子</td><td>2009 年 9 月</td></tr>
<tr><td>家庭大事</td><td colspan="3">2011 年，购买汽车 1 辆。</td></tr>
</table>

	姓名	与户主关系	出生年月
家庭成员	凌秀宝	户主	1927 年 8 月
	狄宗福	儿子	1964 年 10 月
	高秀花	儿媳	1964 年 4 月
	狄英奇	孙子	1987 年 6 月
	沈晨燕	孙媳	1988 年 10 月
	狄子弈	曾孙子	2012 年 11 月
	沈子涵	曾孙女	2016 年 8 月
家庭大事	1991 年，翻建楼房。		

	姓名	与户主关系	出生年月
家庭成员	张永良	户主	1967 年 10 月
	黄月芳	配偶	1966 年 9 月
	张　燕	女儿	1990 年 4 月
家庭大事			

	姓名	与户主关系	出生年月
家庭成员	蒋长根	户主	1962 年 4 月
	吴雪英	配偶	1963 年 9 月
	蒋文彬	儿子	1985 年 11 月
	赵玉芳	儿媳	1983 年 8 月
	蒋依辰	孙女	2014 年 9 月
家庭大事	1989 年，翻建楼房。 2009 年、2010 年，分别购买汽车 1 辆。		

	姓名	与户主关系	出生年月
家庭成员	杨桃根	户主	1963 年 4 月
	张瑞珍	配偶	1963 年 8 月
	杨洪妹	母亲	1934 年 5 月
	杨浩然	儿子	1987 年 1 月
	周　洪	儿媳	1987 年 12 月
	杨怡然	孙女	2010 年 11 月
家庭大事	1990 年，翻建楼房。 2010 年，购买汽车 1 辆。		

	姓名	与户主关系	出生年月
家庭成员	吴登云	户主	1952 年 9 月
	张花妹	配偶	1955 年 9 月
	张吴荣	儿子	1979 年 11 月
	周　婧	儿媳	1981 年 5 月
	张淇钧	长孙子	2012 年 10 月
	周毅佳	次孙子	2014 年 9 月
家庭大事	2000 年，购买汽车 1 辆。		

	姓名	与户主关系	出生年月
家庭成员	孙　文	户主	1968 年 2 月
	赵月珍	配偶	1969 年 7 月
	孙伟国	儿子	1992 年 11 月
	罗冰倩	儿媳	1992 年 8 月
家庭大事			

家庭成员	姓名	与户主关系	出生年月
	吴惠根	户主	1953 年 9 月
	戴秀珍	配偶	1955 年 1 月
	吴叶平	儿子	1978 年 11 月
	李　琴	儿媳	1981 年 7 月
	吴梦蝶	孙女	2003 年 10 月
	吴思旭	孙子	2013 年 1 月
家庭大事			

家庭成员	姓名	与户主关系	出生年月
	马琴火	户主	1955 年 10 月
	张花英	配偶	1958 年 1 月
	马长妹	女儿	1981 年 10 月
	支戈敏	女婿	1981 年 5 月
	马莉雯	孙女	2005 年 4 月
	支博闻	孙子	2007 年 5 月
家庭大事			

家庭成员	姓名	与户主关系	出生年月
	狄密弟	户主	1964 年 12 月
	王金秀	配偶	1965 年 9 月
	狄凤燕	女儿	1987 年 11 月
	钱高峰	女婿	1987 年 7 月
	钱梦琪	孙女	2011 年 3 月
	狄高琪	孙子	2016 年 4 月
家庭大事	2014 年，购买汽车 1 辆。		

<table>
<tr><td rowspan="5">家庭成员</td><th>姓名</th><th>与户主关系</th><th>出生年月</th></tr>
<tr><td>曹兰英</td><td>户主</td><td>1964 年 5 月</td></tr>
<tr><td>袁　东</td><td>儿子</td><td>1984 年 4 月</td></tr>
<tr><td>袁亮亮</td><td>儿媳</td><td>1983 年 9 月</td></tr>
<tr><td>袁沐瑶</td><td>孙女</td><td>2012 年 2 月</td></tr>
<tr><td>家庭大事</td><td colspan="3">2012 年，购买汽车 1 辆。</td></tr>
</table>

<table>
<tr><td rowspan="9">家庭成员</td><th>姓名</th><th>与户主关系</th><th>出生年月</th></tr>
<tr><td>张土根</td><td>户主</td><td>1947 年 11 月</td></tr>
<tr><td>陆雪花</td><td>配偶</td><td>1950 年 1 月</td></tr>
<tr><td>张红英</td><td>长女</td><td>1969 年 10 月</td></tr>
<tr><td>沈明德</td><td>长婿</td><td>1966 年 11 月</td></tr>
<tr><td>张文英</td><td>次女</td><td>1971 年 10 月</td></tr>
<tr><td>沈海良</td><td>次婿</td><td>1969 年 8 月</td></tr>
<tr><td>张诚烨</td><td>孙子</td><td>1990 年 4 月</td></tr>
<tr><td>张晨燕</td><td>孙媳</td><td>1992 年 11 月</td></tr>
<tr><td>家庭大事</td><td colspan="3"></td></tr>
</table>

<table>
<tr><td rowspan="3">家庭成员</td><th>姓名</th><th>与户主关系</th><th>出生年月</th></tr>
<tr><td>蒋小龙</td><td>户主</td><td>1945 年 5 月</td></tr>
<tr><td>沈美英</td><td>配偶</td><td>1945 年 9 月</td></tr>
<tr><td>家庭大事</td><td colspan="3"></td></tr>
</table>

	姓名	与户主关系	出生年月
家庭成员	蒋冬华	户主	1967 年 12 月
	李建珍	配偶	1969 年 7 月
	蒋佳丽	女儿	1990 年 10 月
	刘子龙	女婿	1988 年 3 月
	刘诗语	长孙女	2013 年 3 月
	蒋子仪	次孙女	2015 年 9 月
家庭大事	2009 年，购买汽车 1 辆。		

	姓名	与户主关系	出生年月
家庭成员	丁小龙	户主	1964 年 10 月
	王秋珍	配偶	1968 年 9 月
	丁　洁	儿子	1989 年 11 月
	丁秀萍	儿媳	1989 年 11 月
	丁宇帆	孙子	2013 年 4 月
家庭大事	2010 年，购买汽车 1 辆。		

	姓名	与户主关系	出生年月
家庭成员	夏　妹	户主	1950 年 2 月
	蒋国强	儿子	1972 年 6 月
	王惠琴	儿媳	1971 年 5 月
	蒋筱雯	孙女	1995 年 7 月
家庭大事	1989 年，翻建楼房。 2007 年，购买汽车 1 辆。		

	姓名	与户主关系	出生年月
家庭成员	吴香林	户主	1963 年 8 月
	钱玉英	配偶	1963 年 8 月
	吴金芳	女儿	1988 年 3 月
	顾振飞	女婿	1981 年 3 月
	吴文娟	孙女	2006 年 8 月
家庭大事	2019 年，购买汽车 1 辆。		

	姓名	与户主关系	出生年月
家庭成员	张福男	户主	1962 年 6 月
	刘雪珍	配偶	1964 年 12 月
	张　婷	女儿	1987 年 3 月
	许　冲	女婿	1985 年 3 月
	许子彦	孙子	2012 年 6 月
家庭大事	1981 年，张福男入伍；1986 年，退伍。		

	姓名	与户主关系	出生年月
家庭成员	张金元	户主	1954 年 8 月
	朱社珍	配偶	1955 年 7 月
	张根林	父亲	1930 年 5 月
	张引花	母亲	1935 年 10 月
	张春芳	女儿	1978 年 10 月
	张正刚	女婿	1975 年 6 月
	张　昊	孙子	2000 年 2 月
家庭大事	2010 年，购买汽车 1 辆。		

	姓名	与户主关系	出生年月
家庭成员	蒋小男	户主	1938 年 11 月
	杜秀妹	配偶	1940 年 7 月
	蒋玲珍	长女	1961 年 12 月
	蒋见林	儿子	1964 年 8 月
	蒋建珍	次女	1968 年 4 月
家庭大事			

	姓名	与户主关系	出生年月
家庭成员	张学明	户主	1963 年 4 月
	吴水花	配偶	1963 年 2 月
	胡秀林	母亲	1937 年 2 月
	张丽娟	女儿	1986 年 3 月
	颜重阳	女婿	1987 年 10 月
	张纯玮	孙子	2010 年 7 月
家庭大事			

	姓名	与户主关系	出生年月
家庭成员	吴坤林	户主	1965 年 9 月
	夏妹郎	配偶	1964 年 5 月
	张桂英	母亲	1936 年 11 月
	吴佳平	儿子	1988 年 4 月
	倪　佳	儿媳	1987 年 6 月
	吴梓晨	长孙子	2015 年 1 月
	倪梓妍	次孙子	2015 年 1 月
家庭大事	2007 年，购买汽车 1 辆。		

	姓名	与户主关系	出生年月
家庭成员	张建明	户主	1964 年 5 月
	蒋金妹	配偶	1965 年 3 月
	张辉玲	女儿	1987 年 6 月
	许金海	女婿	1986 年 6 月
	许毅洋	孙子	2010 年 12 月
	张馨雨	孙女	2015 年 5 月
家庭大事	1989 年，翻建楼房。 2011 年，购买汽车 1 辆。		

	姓名	与户主关系	出生年月
家庭成员	宋金珍	户主	1965 年 9 月
	王惠良	配偶	1963 年 3 月
	顾玉英	婆婆	1943 年 11 月
	王静亚	女儿	1986 年 9 月
	陆俊程	女婿	1987 年 11 月
	陆孜瑜	孙子	2010 年 12 月
	王孜芮	孙女	2015 年 2 月
家庭大事	2018 年，购买汽车 1 辆。		

	姓名	与户主关系	出生年月
家庭成员	李焕明	户主	1963 年 9 月
	陆梅珍	配偶	1963 年 12 月
	李春华	儿子	1987 年 2 月
	夏晶晶	儿媳	1987 年 8 月
	李诗琪	孙女	2013 年 5 月
家庭大事			

	姓名	与户主关系	出生年月
家庭成员	彭玉华	户主	1958 年 6 月
	吴大通	配偶	1952 年 4 月
	杨华仙	儿子	1982 年 2 月
	张丽引	儿媳	1985 年 3 月
	杨若帆	孙女	2006 年 3 月
	杨　铮	孙子	2016 年 2 月
家庭大事			

	姓名	与户主关系	出生年月
家庭成员	张凤良	户主	1968 年 4 月
	王正花	配偶	1969 年 2 月
	吴小白	母亲	1936 年 11 月
	张　葛	儿子	1991 年 3 月
	陈　琳	儿媳	1989 年 6 月
	张　赫	孙子	2014 年 12 月
	张馨可	孙女	2019 年 1 月
家庭大事	1990 年，翻建楼房。 2005 年、2010 年、2018 年，分别购买汽车 1 辆。		

	姓名	与户主关系	出生年月
家庭成员	蒋冬明	户主	1964 年 12 月
	张金娥	配偶	1966 年 1 月
	蒋家昆	儿子	1987 年 9 月
	孙　洁	儿媳	1988 年 12 月
	蒋诗厚	长孙女	2011 年 11 月
	蒋诗涵	次孙女	2015 年 7 月
家庭大事	2019 年，购买汽车 1 辆。		

	姓名	与户主关系	出生年月
家庭成员	蒋三林	户主	1963 年 4 月
	孙学珍	配偶	1963 年 1 月
	蒋　中	儿子	1986 年 6 月
	俞莉雅	儿媳	1987 年 9 月
	蒋子杰	孙子	2014 年 11 月
	蒋可心	孙女	2016 年 11 月
家庭大事			

	姓名	与户主关系	出生年月
家庭成员	张菊根	户主	1962 年 6 月
	许梅香	配偶	1962 年 2 月
	张小根	父亲	1936 年 11 月
	张　斌	儿子	1985 年 11 月
	陈　萍	儿媳	1985 年 8 月
	张亦恒	孙子	2010 年 6 月
家庭大事	2005 年，购买汽车 1 辆。		

	姓名	与户主关系	出生年月
家庭成员	张阿林	户主	1939 年 9 月
	张小妹	配偶	1945 年 6 月
家庭大事			

	姓名	与户主关系	出生年月
家庭成员	王金男	户主	1949 年 11 月
	王伟龙	儿子	1973 年 7 月
	浦春妹	儿媳	1977 年 2 月
	王　奔	孙子	1997 年 12 月
家庭大事	1979 年，翻建楼房。 1995 年，购买汽车 1 辆。		

	姓名	与户主关系	出生年月
家庭成员	张白男	户主	1950 年 8 月
	陆金秀	配偶	1952 年 11 月
	张建国	儿子	1974 年 3 月
	吴惠芬	儿媳	1975 年 7 月
	张云梦	孙女	1997 年 4 月
家庭大事			

	姓名	与户主关系	出生年月
家庭成员	张水根	户主	1950 年 9 月
	张伟刚	儿子	1972 年 10 月
	狄翠萍	儿媳	1973 年 1 月
	张　磊	孙子	1995 年 9 月
家庭大事	1990 年，张伟刚入伍，在部队任班长；1994 年，退伍。 2016 年，购买汽车 1 辆。		

<table>
<tr><td rowspan="6">家庭成员</td><td>姓名</td><td>与户主关系</td><td>出生年月</td></tr>
<tr><td>蒋水香</td><td>户主</td><td>1956 年 7 月</td></tr>
<tr><td>张腊妹</td><td>配偶</td><td>1956 年 12 月</td></tr>
<tr><td>蒋建忠</td><td>儿子</td><td>1981 年 8 月</td></tr>
<tr><td>柴洛霞</td><td>儿媳</td><td>1984 年 10 月</td></tr>
<tr><td>蒋煜辰</td><td>孙子</td><td>2012 年 10 月</td></tr>
<tr><td>家庭大事</td><td colspan="3"></td></tr>
</table>

<table>
<tr><td rowspan="5">家庭成员</td><td>姓名</td><td>与户主关系</td><td>出生年月</td></tr>
<tr><td>刘进法</td><td>户主</td><td>1966 年 5 月</td></tr>
<tr><td>刘吴斌</td><td>儿子</td><td>1989 年 2 月</td></tr>
<tr><td>张　欢</td><td>儿媳</td><td>1988 年 11 月</td></tr>
<tr><td>刘懿轩</td><td>孙子</td><td>2011 年 9 月</td></tr>
<tr><td>家庭大事</td><td colspan="3"></td></tr>
</table>

<table>
<tr><td rowspan="6">家庭成员</td><td>姓名</td><td>与户主关系</td><td>出生年月</td></tr>
<tr><td>黄腊狗</td><td>户主</td><td>1950 年 12 月</td></tr>
<tr><td>王士珍</td><td>配偶</td><td>1951 年 5 月</td></tr>
<tr><td>黄　海</td><td>儿子</td><td>1974 年 5 月</td></tr>
<tr><td>王玉芳</td><td>儿媳</td><td>1974 年 1 月</td></tr>
<tr><td>黄璐怡</td><td>孙女</td><td>1997 年 10 月</td></tr>
<tr><td>家庭大事</td><td colspan="3">1990 年，翻建楼房。
2012 年，购买汽车 1 辆。</td></tr>
</table>

	姓名	与户主关系	出生年月
家庭成员	苏林兴	户主	1953 年 9 月
	狄林香	配偶	1953 年 9 月
	狄苏芳	长女	1977 年 9 月
	李国民	长婿	1976 年 1 月
	狄苏珍	次女	1981 年 2 月
	狄一涛	孙子	1999 年 1 月
家庭大事	1989 年，翻建楼房。 2010 年，购买汽车 1 辆。		

	姓名	与户主关系	出生年月
家庭成员	张永明	户主	1965 年 5 月
	陈祖梅	配偶	1968 年 7 月
	张春亚	女儿	1989 年 3 月
	杨永文	女婿	1987 年 10 月
	杨佳航	孙子	2013 年 10 月
	张佳琦	孙女	2017 年 12 月
家庭大事	1990 年，翻建楼房。 2012 年，购买汽车 1 辆。		

	姓名	与户主关系	出生年月
家庭成员	张汪弟	户主	1942 年 4 月
	张林妹	配偶	1945 年 12 月
家庭大事			

	姓名	与户主关系	出生年月
家庭成员	朱炳生	户主	1961 年 10 月
	杜瑞珍	配偶	1962 年 3 月
	陶爱娣	母亲	1941 年 5 月
	朱　磊	儿子	1987 年 5 月
	朱俏鑫	儿媳	1994 年 8 月
家庭大事			

	姓名	与户主关系	出生年月
家庭成员	朱汉生	户主	1965 年 3 月
	王小妹	配偶	1967 年 3 月
	朱　平	儿子	1988 年 2 月
	潘　姣	儿媳	1987 年 10 月
	朱嘉奕	长孙子	2010 年 7 月
	朱嘉睿	次孙子	2014 年 12 月
家庭大事			

	姓名	与户主关系	出生年月
家庭成员	王同林	户主	1964 年 7 月
	赵丕欢	配偶	1966 年 6 月
	王慰丰	女儿	1990 年 11 月
家庭大事			

	姓名	与户主关系	出生年月
家庭成员	狄惠明	户主	1942 年 6 月
	陆白妹	配偶	1947 年 7 月
	狄秀根	儿子	1971 年 9 月
	狄春明	孙子	1993 年 3 月
家庭大事			

	姓名	与户主关系	出生年月
家庭成员	吴老土	户主	1948 年 10 月
	沈正英	配偶	1954 年 9 月
	吴冬良	儿子	1976 年 12 月
	金光柳	儿媳	1981 年 2 月
	吴金艳	长孙女	2001 年 3 月
	吴　晔	次孙女	2008 年 8 月
家庭大事	1990 年，翻建楼房。		

	姓名	与户主关系	出生年月
家庭成员	张学男	户主	1954 年 2 月
	张苏明	儿子	1986 年 11 月
	张天月	孙子	2009 年 1 月
家庭大事	1980 年，翻建楼房。		

	姓名	与户主关系	出生年月
家庭成员	马琴华	户主	1945 年 8 月
	盛伏英	配偶	1950 年 1 月
	马长英	女儿	1971 年 11 月
	马洁萍	孙女	1992 年 11 月
家庭大事			

	姓名	与户主关系	出生年月
家庭成员	许志扬	户主	1942 年 9 月
	高阿花	配偶	1945 年 12 月
家庭大事			

	姓名	与户主关系	出生年月
家庭成员	许宗根	户主	1966 年 10 月
	钱玉珍	配偶	1969 年 3 月
	许华杰	儿子	1991 年 3 月
	许歆浩	孙子	2019 年 1 月
家庭大事	1997 年，翻建楼房。		

	姓名	与户主关系	出生年月
家庭成员	李品成	户主	1941 年 12 月
	杜美金	配偶	1945 年 12 月
	李　春	儿子	1971 年 3 月
	许惠花	儿媳	1972 年 4 月
	李玲玮	孙女	1994 年 6 月
家庭大事	1988 年，翻建楼房。 2014 年，购买汽车 1 辆。		

	姓名	与户主关系	出生年月
家庭成员	黄荣珍	户主	1952 年 6 月
	王　伟	儿子	1978 年 2 月
	谭苏利	儿媳	1987 年 11 月
	王子奕	孙子	2010 年 6 月
家庭大事			

	姓名	与户主关系	出生年月
家庭成员	黄素凤	户主	1957 年 12 月
	王兰兰	女儿	1981 年 12 月
	陈海军	女婿	1981 年 10 月
	王　晨	孙子	2005 年 7 月
家庭大事			

	姓名	与户主关系	出生年月
家庭成员	王　弟	户主	1951 年 4 月
	顾素莲	配偶	1951 年 8 月
	王香妹	母亲	1927 年 9 月
	王建龙	儿子	1971 年 6 月
	杨贤梅	儿媳	1972 年 3 月
	王圣冬	孙子	1994 年 1 月
家庭大事			

	姓名	与户主关系	出生年月
家庭成员	蒋卫明	户主	1957 年 9 月
	张桂花	配偶	1957 年 8 月
	蒋秋芳	女儿	1981 年 10 月
	蒋铖烨	孙子	2004 年 2 月
家庭大事			

	姓名	与户主关系	出生年月
家庭成员	狄根福	户主	1950 年 3 月
	张金宝	配偶	1951 年 9 月
	狄永康	儿子	1975 年 8 月
	张玉红	儿媳	1978 年 2 月
	狄张祺	孙子	1999 年 4 月
	狄芸萱	孙女	2013 年 12 月
家庭大事			

	姓名	与户主关系	出生年月
家庭成员	蒋密英	户主	1950 年 7 月
	王秋琴	女儿	1971 年 2 月
	王　雁	孙女	1996 年 9 月
家庭大事			

	姓名	与户主关系	出生年月
家庭成员	张士诚	户主	1941 年 1 月
	张香根	儿子	1965 年 3 月
	王素珍	儿媳	1966 年 11 月
	张伟杰	孙子	1989 年 1 月
	王　玲	孙媳	1991 年 1 月
	张欣悦	曾孙女	2012 年 7 月
	张峻宇	曾孙子	2017 年 2 月
家庭大事	1999 年，翻建楼房。 2017 年，购买汽车 1 辆。		

	姓名	与户主关系	出生年月
家庭成员	吴大弟	户主	1958 年 6 月
	彭玉兰	配偶	1960 年 7 月
	吴海刚	儿子	1984 年 7 月
	吴毅飞	孙子	2012 年 4 月
家庭大事	2003 年，吴海刚入伍，在部队任班长；2005 年，退伍。		

	姓名	与户主关系	出生年月
家庭成员	张坤元	户主	1962 年 11 月
	赵金英	配偶	1963 年 5 月
	张文华	儿子	1986 年 3 月
	柯晓敏	儿媳	1986 年 7 月
	张雨涵	孙子	2011 年 11 月
	张　乐	孙女	2017 年 12 月
家庭大事	1980 年，翻建楼房。 1999 年，购买汽车 1 辆。		

	姓名	与户主关系	出生年月
家庭成员	张金根	户主	1954 年 2 月
	王妹花	配偶	1955 年 9 月
	张　伟	儿子	1979 年 3 月
	沈丽娟	儿媳	1979 年 6 月
	张颖雯	孙女	2002 年 11 月
家庭大事	1979 年，翻建楼房。 1997 年，购买汽车 1 辆。		

	姓名	与户主关系	出生年月
家庭成员	吴建良	户主	1965 年 12 月
	陆优琴	配偶	1966 年 11 月
	吴水根	父亲	1945 年 4 月
	王　妹	母亲	1947 年 7 月
	吴爱婷	女儿	1988 年 12 月
	马　钢	女婿	1985 年 7 月
	马颢宸	孙子	2012 年 12 月
家庭大事			

	姓名	与户主关系	出生年月
家庭成员	朱炳良	户主	1967 年 3 月
	王惠芬	配偶	1968 年 6 月
	朱　峰	儿子	1990 年 2 月
	张　程	儿媳	1994 年 5 月
	朱咏葰	孙子	2013 年 3 月
	张咏琪	孙女	2017 年 1 月
家庭大事	1990 年，翻建楼房。 2009 年，购买汽车 1 辆。		

	姓名	与户主关系	出生年月
家庭成员	狄根男	户主	1962 年 5 月
	朱根花	配偶	1963 年 1 月
	狄丽霞	女儿	1985 年 10 月
	陆　新	女婿	1984 年 12 月
	陆子宇	孙子	2015 年 2 月
	狄子婷	孙女	2015 年 2 月
家庭大事	1995 年，翻建楼房。 2008 年，购买汽车 1 辆。		

	姓名	与户主关系	出生年月
家庭成员	狄小弟	户主	1963 年 8 月
	王凤花	配偶	1964 年 6 月
	狄静亚	女儿	1987 年 12 月
	浦庆晨	女婿	1986 年 10 月
	浦悦荻	孙女	2014 年 11 月
家庭大事	1951 年，狄小弟的家人狄福根入伍；1952 年，退伍。		

	姓名	与户主关系	出生年月
家庭成员	严云娥	户主	1951 年 3 月
	蒋　龙	儿子	1975 年 1 月
	张四毛	儿媳	1981 年 5 月
	蒋文浩	长孙子	2008 年 12 月
	蒋文弘	次孙子	2015 年 5 月
	蒋文慧	孙女	2015 年 5 月
家庭大事			

	姓名	与户主关系	出生年月
家庭成员	沙梅花	户主	1948 年 10 月
	王献根	儿子	1970 年 2 月
	吴德芳	儿媳	1968 年 10 月
	王　敏	孙子	1992 年 6 月
	王紫琦	曾孙子	2014 年 11 月
家庭大事			

	姓名	与户主关系	出生年月
家庭成员	王来宝	户主	1937 年 9 月
	颜桂英	配偶	1944 年 3 月
家庭大事			

	姓名	与户主关系	出生年月
家庭成员	许小弟	户主	1968 年 8 月
	许华琴	女儿	1996 年 12 月
	许昕夕	孙女	2019 年 7 月
家庭大事			

	姓名	与户主关系	出生年月
家庭成员	吴文红	户主	1971 年 10 月
	赵　哲	儿子	2011 年 5 月
家庭大事			

	姓名	与户主关系	出生年月
家庭成员	张凤根	户主	1962 年 7 月
	王雪珍	配偶	1964 年 12 月
	王巧妹	母亲	1941 年 2 月
	张　晓	女儿	1986 年 2 月
	江守利	女婿	1986 年 5 月
	张伶薇	长孙女	2010 年 1 月
	张江逸	次孙女	2013 年 12 月
家庭大事			

	姓名	与户主关系	出生年月
家庭成员	张学军	户主	1968 年 1 月
	杜山川	配偶	1970 年 10 月
	张　懿	女儿	1997 年 5 月
家庭大事			

	姓名	与户主关系	出生年月
家庭成员	许坤良	户主	1966 年 7 月
	李妹郎	母亲	1940 年 7 月
	许文君	女儿	1989 年 6 月
家庭大事			

	姓名	与户主关系	出生年月
家庭成员	蒋淳纯	户主	1987 年 6 月
	陆慧珠	配偶	1988 年 4 月
	蒋暻彦	长子	2013 年 1 月
	陆暻瑜	次子	2016 年 10 月
家庭大事			

	姓名	与户主关系	出生年月
家庭成员	吴惠芳	户主	1968 年 7 月
家庭大事			

家庭成员	姓名	与户主关系	出生年月
	黄惠琴	户主	1967年12月
家庭大事			

家庭成员	姓名	与户主关系	出生年月
	袁正天	户主	1959年8月
家庭大事			

家庭成员	姓名	与户主关系	出生年月
	顾桃花	户主	1962年1月
家庭大事			

家庭成员	姓名	与户主关系	出生年月
	曹菊方	户主	1975年2月
家庭大事			

家庭成员	姓名	与户主关系	出生年月
	王三根	户主	1969年1月
家庭大事			

大众村第 14 村民小组

	姓名	与户主关系	出生年月
家庭成员	狄惠良	户主	1965 年 6 月
	张素珍	配偶	1965 年 12 月
	狄春兰	女儿	1988 年 2 月
	金熙龙	女婿	1988 年 4 月
	金馨瑶	长孙女	2013 年 2 月
	狄馨悦	次孙女	2016 年 4 月
家庭大事	1993 年，翻建楼房。 2011 年，购买汽车 1 辆。		

	姓名	与户主关系	出生年月
家庭成员	胡炳根	户主	1957 年 7 月
	张金翠	配偶	1958 年 3 月
	胡雪刚	儿子	1981 年 9 月
	归建英	儿媳	1991 年 1 月
	胡雨辰	孙女	2005 年 1 月
家庭大事	2015 年，购买汽车 1 辆。		

	姓名	与户主关系	出生年月
家庭成员	胡泉龙	户主	1961 年 8 月
	王菊花	配偶	1962 年 6 月
	胡静兰	女儿	1985 年 7 月
	龚　青	女婿	1986 年 12 月
	龚梓涵	长孙女	2010 年 11 月
	胡语歆	次孙女	2013 年 9 月
家庭大事	2008 年，购买汽车 1 辆。		

	姓名	与户主关系	出生年月
家庭成员	王黄弟	户主	1955 年 7 月
	朱菊香	配偶	1955 年 8 月
	王荣根	父亲	1922 年 2 月
	王丽清	女儿	1980 年 4 月
	潘　铭	女婿	1978 年 5 月
	潘皓瑞	孙子	2008 年 5 月
家庭大事	2013 年，购买汽车 1 辆。		

	姓名	与户主关系	出生年月
家庭成员	凌惠根	户主	1956 年 9 月
	周雪花	配偶	1956 年 11 月
	凌　敏	儿子	1981 年 10 月
	姜　晶	儿媳	1980 年 6 月
	凌　成	孙子	2004 年 3 月
家庭大事	2002 年，购买汽车 1 辆。		

	姓名	与户主关系	出生年月
家庭成员	夏小元	户主	1957 年 3 月
	冯玲妹	配偶	1962 年 9 月
	夏国强	长子	1984 年 12 月
	顾玉珍	长媳	1983 年 9 月
	夏国康	次子	1984 年 12 月
	夏雨泽	孙子	2008 年 9 月
	顾雨轩	孙女	2016 年 9 月
家庭大事	2009 年，购买汽车 1 辆。		

	姓名	与户主关系	出生年月
家庭成员	夏志良	户主	1942 年 11 月
	陆白妹	配偶	1946 年 3 月
	夏香男	儿子	1964 年 11 月
	杜双花	儿媳	1966 年 2 月
	夏　懿	孙女	1987 年 10 月
	夏沐言	曾孙女	2019 年 5 月
家庭大事			

	姓名	与户主关系	出生年月
家庭成员	夏小男	户主	1952 年 7 月
家庭大事			

	姓名	与户主关系	出生年月
家庭成员	胡林宝	户主	1933 年 6 月
	凌三男	儿子	1963 年 7 月
家庭大事			

	姓名	与户主关系	出生年月
家庭成员	陆雪根	户主	1956 年 12 月
	殷伏宝	配偶	1956 年 1 月
	陆　芳	女儿	1981 年 8 月
	陆成飞	孙子	2003 年 3 月
家庭大事	2010 年，购买汽车 1 辆。		

	姓名	与户主关系	出生年月
家庭成员	狄水根	户主	1949 年 12 月
	杜美英	配偶	1951 年 7 月
	狄春花	女儿	1970 年 2 月
	狄陈杰	孙子	1996 年 4 月
	柳　婷	孙媳	1993 年 2 月
	狄俊逸	长曾孙子	2016 年 4 月
	柳韦语	次曾孙子	2018 年 10 月
家庭大事	2004 年，购买汽车 1 辆。		

	姓名	与户主关系	出生年月
家庭成员	凌林元	户主	1964 年 3 月
	李三妹	配偶	1965 年 12 月
	凌娅萍	女儿	1987 年 4 月
	沈　怡	女婿	1986 年 6 月
	沈轩宇	孙子	2012 年 1 月
家庭大事	1999 年，购买汽车 1 辆。		

	姓名	与户主关系	出生年月
家庭成员	凌林弟	户主	1957 年 4 月
	曾密花	配偶	1958 年 2 月
	凌丽英	女儿	1982 年 7 月
	凌德华	儿子	1989 年 3 月
	陈　燕	儿媳	1989 年 1 月
家庭大事	2010 年，购买汽车 1 辆。		

	姓名	与户主关系	出生年月
家庭成员	花裕根	户主	1945 年 5 月
	沈水宝	配偶	1949 年 12 月
	花伟刚	儿子	1976 年 1 月
	陈海霞	儿媳	1981 年 8 月
	花凯文	长孙子	1998 年 10 月
	陈　康	次孙子	2007 年 9 月
家庭大事	2017 年，花凯文入伍，在部队任班长；至今，在役。		

	姓名	与户主关系	出生年月
家庭成员	陆巧水	户主	1958 年 1 月
	沈福珍	配偶	1957 年 5 月
	陆烨华	儿子	1981 年 12 月
	陆　燕	儿媳	1986 年 11 月
	陆梦洁	长孙女	2010 年 7 月
	陆梦怡	次孙女	2014 年 9 月
家庭大事	2001 年，陆烨华入伍；2018 年，转业。		

	姓名	与户主关系	出生年月
家庭成员	陆惠明	户主	1954 年 5 月
	钟红妹	配偶	1955 年 7 月
	陆卫刚	儿子	1978 年 10 月
	刘　芳	儿媳	1979 年 6 月
	陆浩峰	孙子	2003 年 5 月
家庭大事	2010 年，购买汽车 1 辆。		

	姓名	与户主关系	出生年月
家庭成员	狄学明	户主	1972 年 11 月
	朱永妹	配偶	1972 年 12 月
	盛伏妹	母亲	1945 年 6 月
	狄　维	儿子	1995 年 12 月
家庭大事			

	姓名	与户主关系	出生年月
家庭成员	查小男	户主	1949 年 1 月
	冯雪妹	配偶	1950 年 12 月
	冯永春	儿子	1972 年 1 月
	林　珍	儿媳	1971 年 1 月
	冯泽晓	孙子	1995 年 1 月
家庭大事	1969 年，查小男入伍；1971 年，退伍。 2002 年，购买汽车 1 辆。		

	姓名	与户主关系	出生年月
家庭成员	冯林根	户主	1957 年 5 月
	许梅桂	配偶	1956 年 2 月
	冯木兰	女儿	1981 年 11 月
	黄小刚	女婿	1982 年 11 月
	冯渝睿涵	孙子	2006 年 1 月
	黄梓涵	孙女	2012 年 1 月
家庭大事			

家庭成员	姓名	与户主关系	出生年月
	周根元	户主	1958 年 2 月
	薛卫珍	配偶	1962 年 11 月
	周香宝	母亲	1930 年 1 月
	周　芸	女儿	1984 年 11 月
	储敏杰	女婿	1981 年 10 月
	周储佳	孙女	2008 年 4 月
	储周浩	孙子	2016 年 7 月
家庭大事	1978 年，周根元入伍；1981 年，退伍。 2019 年，购买汽车 1 辆。		

家庭成员	姓名	与户主关系	出生年月
	周根林	户主	1948 年 12 月
	黄林妹	配偶	1946 年 11 月
	周正华	儿子	1974 年 3 月
	蔡雪芳	儿媳	1977 年 12 月
	周星宇	孙子	1998 年 10 月
家庭大事	2013 年，购买汽车 1 辆。		

家庭成员	姓名	与户主关系	出生年月
	周成皇	户主	1965 年 3 月
	朱惠花	配偶	1967 年 10 月
	周　莉	女儿	1990 年 7 月
	陈　杰	女婿	1991 年 2 月
	周梓涵	长孙女	2014 年 7 月
	陈梓艺	次孙女	2017 年 8 月
家庭大事	2011 年，购买汽车 1 辆。		

	姓名	与户主关系	出生年月
家庭成员	杨再洪	户主	1949 年 12 月
	胡秀珍	配偶	1954 年 11 月
	杨　英	长女	1973 年 12 月
	杨文亚	次女	1977 年 4 月
	杨文云	儿子	1979 年 4 月
家庭大事			

大众村第15村民小组

家庭成员	姓名	与户主关系	出生年月
	周金良	户主	1963年10月
	朱金妹	配偶	1962年1月
	周　燕	女儿	1986年5月
家庭大事			

家庭成员	姓名	与户主关系	出生年月
	马志宏	户主	1941年9月
	马跃良	儿子	1965年3月
	顾熬珍	儿媳	1966年4月
	马燕翔	孙子	1988年7月
	马亦弘	曾孙子	2014年6月
家庭大事	1994年，翻建楼房。 2006年，购买汽车1辆。		

家庭成员	姓名	与户主关系	出生年月
	王银来	户主	1965年2月
	周招花	配偶	1966年10月
	王阿巧	母亲	1935年9月
	王　强	儿子	1988年3月
	张　静	儿媳	1987年10月
	王皓宇	孙子	2013年4月
家庭大事	1994年，翻建楼房。		

	姓名	与户主关系	出生年月
家庭成员	周爱元	户主	1957 年 3 月
	顾小林	配偶	1958 年 6 月
	周丽芳	女儿	1981 年 11 月
	樊利清	女婿	1975 年 12 月
	周欣玥	长孙女	2007 年 2 月
	樊欣珺	次孙女	2007 年 2 月
家庭大事			

	姓名	与户主关系	出生年月
家庭成员	周小元	户主	1965 年 5 月
	归敏秋	配偶	1967 年 1 月
	周晔炜	女儿	1991 年 2 月
家庭大事			

	姓名	与户主关系	出生年月
家庭成员	曾培林	户主	1964 年 7 月
	方秋妹	配偶	1966 年 8 月
	张金凤	母亲	1937 年 1 月
	曾仲先	儿子	1987 年 6 月
	张　静	儿媳	1987 年 4 月
	曾思浩	孙子	2010 年 2 月
	张思涵	孙女	2013 年 9 月
家庭大事	1994 年，翻建楼房。 2006 年，购买汽车 1 辆。		

	姓名	与户主关系	出生年月
家庭成员	马卫良	户主	1963 年 5 月
	杜小花	配偶	1964 年 8 月
	马健康	儿子	1986 年 7 月
	马　煊	孙女	2009 年 1 月
家庭大事	1994 年，翻建楼房。		

	姓名	与户主关系	出生年月
家庭成员	曾密弟	户主	1963 年 6 月
	查林香	配偶	1963 年 4 月
	曾维开	儿子	1987 年 7 月
	孙玉蓉	儿媳	1989 年 2 月
	曾屹涵	孙子	2013 年 10 月
家庭大事			

	姓名	与户主关系	出生年月
家庭成员	曾招元	户主	1958 年 5 月
	盛玉珍	配偶	1964 年 11 月
	曾　永	儿子	1987 年 7 月
	周筱涵	孙女	2013 年 7 月
家庭大事			

	姓名	与户主关系	出生年月
家庭成员	杜引元	户主	1954 年 10 月
	王素英	配偶	1955 年 4 月
	杜正才	儿子	1974 年 9 月
	杜玲芳	女儿	1977 年 6 月
家庭大事	1989 年，翻建楼房。 2012 年，购买汽车 1 辆。		

	姓名	与户主关系	出生年月
家庭成员	周密良	户主	1967 年 12 月
	陆美琴	配偶	1968 年 7 月
	周文楼	父亲	1945 年 12 月
	周吉成	儿子	1993 年 2 月
	周佳宇	孙子	2016 年 7 月
家庭大事	1984 年，翻建楼房。 2002 年，购买汽车 1 辆。		

	姓名	与户主关系	出生年月
家庭成员	周福明	户主	1966 年 5 月
	周引娥	配偶	1968 年 2 月
	周丽娟	女儿	1989 年 1 月
家庭大事			

	姓名	与户主关系	出生年月
家庭成员	周学明	户主	1963 年 3 月
	支小妹	配偶	1963 年 12 月
	周丽君	女儿	1986 年 4 月
家庭大事	1990 年，翻建楼房。 2008 年，购买汽车 1 辆。		

	姓名	与户主关系	出生年月
家庭成员	周培明	户主	1956 年 11 月
	陆海珍	配偶	1960 年 10 月
	周莉萍	女儿	1982 年 3 月
	吴　昊	女婿	1983 年 10 月
	周敬轩	孙子	2007 年 12 月
	吴星澄	孙女	2015 年 7 月
家庭大事	1991 年，翻建楼房。		

家庭成员	姓名	与户主关系	出生年月
	王密根	户主	1955 年 12 月
	戴玲珍	配偶	1956 年 9 月
	王喜刚	长子	1981 年 5 月
	王冬英	长媳	1981 年 11 月
	王　华	次子	1982 年 10 月
	王昕炜	孙子	2005 年 12 月
	王馨瑶	孙女	2007 年 3 月
家庭大事			

家庭成员	姓名	与户主关系	出生年月
	曾培生	户主	1962 年 7 月
	魏　珍	配偶	1964 年 11 月
	曾玲娟	女儿	1986 年 12 月
	龚洪亮	女婿	1986 年 7 月
	龚俊晞	孙子	2009 年 10 月
	曾语涵	孙女	2012 年 10 月
家庭大事	1980 年，曾培生入伍，在部队任班长；1985 年，退伍。		

家庭成员	姓名	与户主关系	出生年月
	周卫根	户主	1956 年 12 月
	顾林花	配偶	1954 年 8 月
	周金芳	长女	1980 年 2 月
	周霞芳	次女	1982 年 5 月
	周逸杰	孙子	2008 年 8 月
家庭大事			

	姓名	与户主关系	出生年月
家庭成员	周惠男	户主	1953 年 10 月
	冯雪娥	配偶	1955 年 2 月
	周密芳	女儿	1979 年 7 月
	周密刚	儿子	1981 年 12 月
	周嘉惟	孙子	2006 年 10 月
家庭大事			

	姓名	与户主关系	出生年月
家庭成员	周卫元	户主	1965 年 1 月
	周　晓	女儿	1993 年 12 月
家庭大事			

	姓名	与户主关系	出生年月
家庭成员	王福来	户主	1954 年 3 月
	曾招妹	配偶	1954 年 10 月
	王美琴	长女	1977 年 11 月
	王学琴	次女	1981 年 5 月
	王俊辉	孙子	1999 年 8 月
家庭大事			

	姓名	与户主关系	出生年月
家庭成员	周兴良	户主	1967年11月
	方翠珍	配偶	1970年10月
	周阿元	父亲	1938年8月
	马香妹	母亲	1937年11月
	周建文	儿子	1992年3月
	周桐雨	孙女	2016年9月
家庭大事	2011年，周建文入伍；2013年，退伍。		

	姓名	与户主关系	出生年月
家庭成员	王林根	户主	1963年4月
	褚云秀	配偶	1964年1月
	王　英	女儿	1986年4月
	王张逸	孙子	2011年11月
家庭大事			

	姓名	与户主关系	出生年月
家庭成员	周　良	户主	1990年3月
	王三妹	母亲	1967年3月
	周　宸	女儿	2014年5月
家庭大事			

	姓名	与户主关系	出生年月
家庭成员	周建根	户主	1968年7月
家庭大事			

	姓名	与户主关系	出生年月
家庭成员	曾长根	户主	1954 年 12 月
	周玉英	配偶	1955 年 2 月
	曾丽华	儿子	1978 年 12 月
	殷芬芬	儿媳	1979 年 1 月
	曾宇晴	长孙女	2001 年 12 月
	曾宇欣	次孙女	2014 年 10 月
家庭大事	1985 年，翻建楼房。 2012 年，购买汽车 1 辆。		

	姓名	与户主关系	出生年月
家庭成员	杜凤男	户主	1955 年 7 月
	狄秀妹	配偶	1954 年 11 月
	杜美刚	儿子	1982 年 3 月
	许建芬	儿媳	1981 年 10 月
	杜许飞	孙女	2006 年 9 月
家庭大事	1990 年，翻建楼房。 2010 年，购买汽车 1 辆。		

	姓名	与户主关系	出生年月
家庭成员	王巧珍	户主	1944 年 6 月
	杜秀花	女儿	1964 年 1 月
	凌福元	女婿	1963 年 9 月
	杜晓霞	长孙女	1987 年 1 月
	凌倩颖	次孙女	1992 年 7 月
家庭大事			

	姓名	与户主关系	出生年月
家庭成员	凌金凤	户主	1947 年 11 月
	周炳元	配偶	1947 年 2 月
	周振芳	女儿	1974 年 11 月
	周正刚	儿子	1977 年 4 月
家庭大事	1968 年，周炳元入伍；1971 年，退伍。		

	姓名	与户主关系	出生年月
家庭成员	周金元	户主	1955 年 7 月
	袁阿四	配偶	1952 年 3 月
	周正华	儿子	1979 年 8 月
	王丽娟	儿媳	1981 年 3 月
	周妍霏	孙女	2005 年 10 月
家庭大事	1998 年，翻建楼房。 2018 年，购买汽车 1 辆。		

	姓名	与户主关系	出生年月
家庭成员	支桂英	户主	1961 年 8 月
	许小弟	配偶	1959 年 2 月
	凌　华	儿子	1984 年 6 月
	崔静燕	儿媳	1988 年 11 月
	凌子轩	孙子	2010 年 9 月
	崔凌熙	孙女	2017 年 1 月
家庭大事			

	姓名	与户主关系	出生年月
家庭成员	张广勇	户主	1973 年 9 月
家庭大事			

大众村第16村民小组

家庭成员	姓名	与户主关系	出生年月
	梁　艳	户主	1983年10月
	支金桂	儿子	2005年8月
家庭大事			

家庭成员	姓名	与户主关系	出生年月
	刘金元	户主	1952年10月
	张招花	配偶	1954年5月
	刘雪芳	长女	1977年9月
	吴建康	长婿	1973年4月
	刘美芳	次女	1981年4月
	刘叶青	孙女	1999年2月
家庭大事	1991年，吴建康入伍；1995年，退伍。		

家庭成员	姓名	与户主关系	出生年月
	刘根生	户主	1952年9月
	周花英	配偶	1952年8月
	刘　刚	长子	1975年6月
	刘　康	次子	1978年4月
家庭大事			

家庭成员	姓名	与户主关系	出生年月
	徐林根	户主	1956 年 11 月
	蒋雪英	配偶	1960 年 6 月
	徐　春	儿子	1982 年 3 月
	徐　金	女儿	1987 年 8 月
	徐振宇	孙子	2005 年 1 月
家庭大事			

家庭成员	姓名	与户主关系	出生年月
	支文龙	户主	1973 年 7 月
	孙根妹	母亲	1949 年 1 月
	支文英	妹妹	1975 年 5 月
	熊晓天	孙子	1997 年 2 月
家庭大事	2017 年，熊晓天入伍；至今，在役。		

家庭成员	姓名	与户主关系	出生年月
	赵翠英	户主	1945 年 11 月
	刘惠良	儿子	1966 年 3 月
	顾宗花	儿媳	1966 年 3 月
	刘启明	孙子	1988 年 9 月
	刘禹辰	曾孙子	2014 年 8 月
	吴雨歆	曾孙女	2017 年 3 月
家庭大事	2015 年，购买汽车 1 辆。		

	姓名	与户主关系	出生年月
家庭成员	刘良明	户主	1971年8月
	刘成峰	儿子	1994年3月
	刘育睿	孙子	2019年7月
家庭大事	1988年，翻建楼房。 2007年，购买汽车1辆。		

	姓名	与户主关系	出生年月
家庭成员	糜养生	户主	1950年4月
	糜秀娥	配偶	1954年1月
	糜振华	儿子	1974年8月
	杜华珍	儿媳	1974年6月
	糜经纬	孙子	1997年8月
家庭大事	1988年，翻建楼房。 2013年，购买汽车1辆。		

	姓名	与户主关系	出生年月
家庭成员	刘福根	户主	1962年4月
	方梅琴	配偶	1963年1月
	刘　超	儿子	1986年5月
家庭大事			

	姓名	与户主关系	出生年月
家庭成员	支凤妹	户主	1952年11月
	徐雪萍	女儿	1977年5月
	陈志明	女婿	1975年8月
	徐晗茜	长孙女	2000年12月
	徐晗钰	次孙女	2000年12月
家庭大事	1987年，翻建楼房。 2015年，购买汽车1辆。		

	姓名	与户主关系	出生年月
家庭成员	刘桃泉	户主	1949 年 3 月
	支荣珍	配偶	1950 年 7 月
	刘　震	儿子	1971 年 12 月
家庭大事	1987 年，翻建楼房。 2009 年，购买汽车 1 辆。		

	姓名	与户主关系	出生年月
家庭成员	刘健良	户主	1967 年 1 月
	顾素英	配偶	1967 年 11 月
	刘小男	父亲	1944 年 9 月
	刘启华	儿子	1990 年 3 月
	刘宸嫣	孙女	2016 年 7 月
家庭大事			

	姓名	与户主关系	出生年月
家庭成员	刘海根	户主	1950 年 12 月
	曾金翠	配偶	1952 年 5 月
	刘建华	儿子	1973 年 12 月
	沈美芳	儿媳	1973 年 12 月
	刘逸涛	孙子	1996 年 10 月
家庭大事			

	姓名	与户主关系	出生年月
家庭成员	刘长根	户主	1962 年 6 月
	杜妹珍	配偶	1963 年 12 月
	徐巧仙	母亲	1931 年 6 月
	刘晓娟	女儿	1985 年 11 月
家庭大事	1991 年，翻建楼房。 2010 年，购买汽车 1 辆。		

	姓名	与户主关系	出生年月
家庭成员	糜央根	户主	1953 年 7 月
	沈秀英	配偶	1956 年 8 月
	糜琴芳	女儿	1978 年 10 月
	糜英培	儿子	1982 年 4 月
	糜羽婷	孙女	2010 年 5 月
家庭大事	2007 年，购买汽车 1 辆。		

	姓名	与户主关系	出生年月
家庭成员	刘志祥	户主	1941 年 2 月
	姜佩珠	配偶	1942 年 2 月
	刘　强	儿子	1971 年 5 月
	俞美华	儿媳	1976 年 6 月
	刘丹萌	孙女	2002 年 11 月
家庭大事	1960 年，刘志祥入伍；1968 年，退伍。 1990 年，刘强入伍；1992 年，退伍。 2015 年，购买汽车 1 辆。		

	姓名	与户主关系	出生年月
家庭成员	糜凤良	户主	1966 年 10 月
	顾多妹	配偶	1966 年 11 月
	糜菊萍	女儿	1989 年 9 月
	吕晓澄	女婿	1991 年 2 月
	吕子煜	长孙子	2015 年 7 月
	糜子琦	次孙子	2017 年 12 月
家庭大事	1982 年，翻建楼房。 2014 年，购买汽车 1 辆。		

	姓名	与户主关系	出生年月
家庭成员	糜学良	户主	1969 年 3 月
	李　华	配偶	1971 年 9 月
	糜仁章	父亲	1949 年 6 月
	杜小林	母亲	1950 年 8 月
	糜晓栋	儿子	1992 年 8 月
家庭大事	2008 年、2017 年，分别购买汽车 1 辆。		

	姓名	与户主关系	出生年月
家庭成员	支凤根	户主	1955 年 10 月
	朱妹郎	配偶	1956 年 12 月
	支建峰	儿子	1981 年 9 月
	杨　华	儿媳	1982 年 11 月
	支旭尧	孙子	2012 年 8 月
家庭大事	1992 年，翻建楼房。 2017 年，购买汽车 1 辆。		

	姓名	与户主关系	出生年月
家庭成员	刘惠根	户主	1957 年 2 月
	刘　英	女儿	1982 年 5 月
	赵小刚	女婿	1978 年 3 月
	刘嘉豪	孙子	2003 年 7 月
家庭大事	1990 年，翻建楼房。		

家庭成员	姓名	与户主关系	出生年月
	周先明	户主	1963年8月
	魏密金	配偶	1963年8月
	周巧根	父亲	1931年10月
	周云宝	母亲	1938年3月
	周 虹	女儿	1986年10月
	金昆龙	女婿	1981年10月
	周睿昊	孙子	2009年3月
	周睿彤	孙女	2014年6月
家庭大事	1989年，翻建楼房。 2009年，购买汽车1辆。		

家庭成员	姓名	与户主关系	出生年月
	支文明	户主	1981年12月
家庭大事			

家庭成员	姓名	与户主关系	出生年月
	支学明	户主	1968年9月
	李阿妹	配偶	1970年12月
	支静雯	女儿	1991年7月
家庭大事			

家庭成员	姓名	与户主关系	出生年月
	陈 琼	户主	1983年12月
家庭大事			

大众村第 17 村民小组

	姓名	与户主关系	出生年月
家庭成员	顾宗根	户主	1957 年 10 月
	褚长花	配偶	1957 年 8 月
	顾　萍	女儿	1982 年 1 月
	赵学松	女婿	1980 年 1 月
	顾思雨	孙女	2006 年 8 月
家庭大事			

	姓名	与户主关系	出生年月
家庭成员	胡建林	户主	1966 年 10 月
	朱三花	配偶	1967 年 12 月
	胡志强	儿子	1990 年 3 月
	张青青	儿媳	1991 年 3 月
家庭大事	1988 年，翻建楼房。 2014 年，购买汽车 1 辆。		

	姓名	与户主关系	出生年月
家庭成员	周玉珍	户主	1958 年 6 月
	许　刚	儿子	1982 年 2 月
	黄亚琼	儿媳	1983 年 3 月
	许丽婷	孙女	2005 年 10 月
家庭大事			

	姓名	与户主关系	出生年月
家庭成员	许明林	户主	1948 年 3 月
	顾妹珍	配偶	1951 年 5 月
	顾拥军	儿子	1968 年 12 月
	颜小英	儿媳	1969 年 11 月
	顾亚茜	长孙女	1991 年 11 月
	顾亚雯	次孙女	1997 年 6 月
家庭大事	1968 年，许明林入伍；1971 年，退伍。 1984 年，翻建楼房。 2004 年，购买汽车 1 辆。		

	姓名	与户主关系	出生年月
家庭成员	张夫兴	户主	1949 年 10 月
	殷花妹	配偶	1949 年 2 月
	张卫芳	女儿	1976 年 10 月
	戴永良	女婿	1969 年 6 月
	张禄奕	孙子	1997 年 12 月
家庭大事	1993 年，翻建楼房。		

	姓名	与户主关系	出生年月
家庭成员	魏密宝	户主	1950 年 6 月
	周建新	儿子	1973 年 6 月
	吴志英	儿媳	1977 年 12 月
	周奕阳	孙子	2008 年 5 月
家庭大事	2007 年，购买汽车 1 辆。		

家庭成员	姓名	与户主关系	出生年月
	胡建民	户主	1961 年 9 月
	杜瑞花	配偶	1962 年 10 月
家庭大事	1998 年，翻建楼房。		

家庭成员	姓名	与户主关系	出生年月
	周美根	户主	1966 年 4 月
	周丽娟	女儿	1989 年 5 月
	周钰宸	孙子	2013 年 2 月
家庭大事	1998 年，翻建楼房。		

家庭成员	姓名	与户主关系	出生年月
	许爱珍	户主	1955 年 10 月
	周黑男	配偶	1955 年 10 月
	周　萍	女儿	1981 年 6 月
家庭大事			

家庭成员	姓名	与户主关系	出生年月
	张苏红	户主	1957 年 5 月
	潘小妹	配偶	1957 年 9 月
	张春明	儿子	1983 年 3 月
	陈汉青	儿媳	1982 年 2 月
	张子安	孙子	2007 年 11 月
家庭大事	2015 年，购买汽车 1 辆。		

	姓名	与户主关系	出生年月
家庭成员	支香妹	户主	1937 年 2 月
	许培良	儿子	1963 年 1 月
	顾香妹	儿媳	1962 年 3 月
	许文强	孙子	1986 年 3 月
	曹雨梦	孙媳	1986 年 11 月
	许　可	曾孙女	2013 年 12 月
家庭大事	1991 年，翻建楼房。 2010 年，购买汽车 1 辆。		

	姓名	与户主关系	出生年月
家庭成员	周大男	户主	1942 年 11 月
	周金海	儿子	1963 年 11 月
	周　静	孙女	1987 年 11 月
	周　熔	孙子	1992 年 8 月
	周茵妤	长曾孙女	2017 年 2 月
	罗昕妤	次曾孙女	2018 年 11 月
家庭大事	1988 年，翻建楼房。 2011 年，周熔入伍；2013 年，退伍。 2016 年，购买汽车 1 辆。		

	姓名	与户主关系	出生年月
家庭成员	顾密良	户主	1963 年 12 月
	周密玲	配偶	1965 年 2 月
	顾阿二	母亲	1932 年 7 月
	顾　杰	儿子	1986 年 10 月
家庭大事	1990 年，翻建楼房。 2013 年，购买汽车 1 辆。		

家庭成员	姓名	与户主关系	出生年月
	宗传林	户主	1948 年 4 月
	宗火宝	配偶	1950 年 12 月
	宗秋花	女儿	1971 年 9 月
	周阿三	女婿	1969 年 5 月
	宗美霞	孙女	1992 年 8 月
家庭大事			

家庭成员	姓名	与户主关系	出生年月
	顾白弟	户主	1954 年 8 月
	沈招花	配偶	1956 年 10 月
	顾玲芳	女儿	1980 年 12 月
	顾敏怡	孙女	2002 年 4 月
家庭大事	1988 年，翻建楼房。		

家庭成员	姓名	与户主关系	出生年月
	戴洪宝	户主	1946 年 2 月
	顾妹英	配偶	1951 年 11 月
	顾勤华	儿子	1974 年 10 月
	朱小芳	儿媳	1975 年 10 月
	顾格致	孙子	1997 年 8 月
家庭大事			

<table>
<tr><td rowspan="5">家庭成员</td><th>姓名</th><th>与户主关系</th><th>出生年月</th></tr>
<tr><td>项小妹</td><td>户主</td><td>1923 年 12 月</td></tr>
<tr><td>周雪根</td><td>儿子</td><td>1965 年 9 月</td></tr>
<tr><td>许巧珍</td><td>儿媳</td><td>1965 年 1 月</td></tr>
<tr><td>周文洁</td><td>孙女</td><td>1990 年 4 月</td></tr>
<tr><td>家庭大事</td><td colspan="3">1985 年，周雪根入伍；1989 年，退伍。</td></tr>
</table>

<table>
<tr><td rowspan="7">家庭成员</td><th>姓名</th><th>与户主关系</th><th>出生年月</th></tr>
<tr><td>刘社根</td><td>户主</td><td>1954 年 10 月</td></tr>
<tr><td>顾根花</td><td>配偶</td><td>1956 年 9 月</td></tr>
<tr><td>狄忠妹</td><td>岳母</td><td>1936 年 9 月</td></tr>
<tr><td>顾伟强</td><td>儿子</td><td>1979 年 11 月</td></tr>
<tr><td>陈　燕</td><td>儿媳</td><td>1979 年 2 月</td></tr>
<tr><td>顾　森</td><td>孙子</td><td>2002 年 12 月</td></tr>
<tr><td>家庭大事</td><td colspan="3">1997 年，顾伟强入伍；2000 年，退伍。</td></tr>
</table>

<table>
<tr><td rowspan="6">家庭成员</td><th>姓名</th><th>与户主关系</th><th>出生年月</th></tr>
<tr><td>顾义生</td><td>户主</td><td>1936 年 10 月</td></tr>
<tr><td>支桃妹</td><td>配偶</td><td>1936 年 9 月</td></tr>
<tr><td>顾宗良</td><td>儿子</td><td>1963 年 8 月</td></tr>
<tr><td>朱仙女</td><td>儿媳</td><td>1968 年 5 月</td></tr>
<tr><td>顾秋龙</td><td>孙子</td><td>1991 年 9 月</td></tr>
<tr><td>家庭大事</td><td colspan="3">2016 年，购买汽车 1 辆。</td></tr>
</table>

<table>
<tr><td rowspan="6">家庭成员</td><th>姓名</th><th>与户主关系</th><th>出生年月</th></tr>
<tr><td>顾熬根</td><td>户主</td><td>1963 年 12 月</td></tr>
<tr><td>陆卫珍</td><td>配偶</td><td>1965 年 7 月</td></tr>
<tr><td>顾叶峰</td><td>儿子</td><td>1986 年 7 月</td></tr>
<tr><td>顾歆琦</td><td>长孙女</td><td>2010 年 1 月</td></tr>
<tr><td>顾歆羽</td><td>次孙女</td><td>2014 年 5 月</td></tr>
<tr><td>家庭大事</td><td colspan="3">1951 年，顾熬根的家人顾金根入伍；1953 年，退伍。</td></tr>
</table>

<table>
<tr><td rowspan="5">家庭成员</td><th>姓名</th><th>与户主关系</th><th>出生年月</th></tr>
<tr><td>周炳男</td><td>户主</td><td>1950 年 7 月</td></tr>
<tr><td>宗水宝</td><td>配偶</td><td>1953 年 1 月</td></tr>
<tr><td>周海明</td><td>儿子</td><td>1973 年 11 月</td></tr>
<tr><td>周晓慧</td><td>孙女</td><td>2001 年 3 月</td></tr>
<tr><td>家庭大事</td><td colspan="3"></td></tr>
</table>

<table>
<tr><td rowspan="4">家庭成员</td><th>姓名</th><th>与户主关系</th><th>出生年月</th></tr>
<tr><td>周勤良</td><td>户主</td><td>1966 年 11 月</td></tr>
<tr><td>许花珍</td><td>配偶</td><td>1965 年 8 月</td></tr>
<tr><td>周　君</td><td>女儿</td><td>1992 年 3 月</td></tr>
<tr><td>家庭大事</td><td colspan="3">2015 年，购买汽车 1 辆。</td></tr>
</table>

<table>
<tr><td rowspan="2">家庭成员</td><th>姓名</th><th>与户主关系</th><th>出生年月</th></tr>
<tr><td>王秀文</td><td>户主</td><td>1974 年 12 月</td></tr>
<tr><td>家庭大事</td><td colspan="3"></td></tr>
</table>

	姓名	与户主关系	出生年月
家庭成员	许惠林	户主	1944 年 4 月
	周勤俭	儿子	1968 年 10 月
	周　蒙	孙子	1999 年 8 月
家庭大事			

昆山高新区（玉山镇）村志系列丛书

大众村志

DAZHONG CUNZHI

昆山高新区（玉山镇）村志系列丛书编纂委员会 编

苏州大学出版社
Soochow University Press

图书在版编目（CIP）数据

大众村志 / 金芳主编；昆山高新区（玉山镇）村志系列丛书编纂委员会编. — 苏州：苏州大学出版社，2022. 12

（昆山高新区（玉山镇）村志系列丛书）

ISBN 978-7-5672-4177-0

Ⅰ. ①大… Ⅱ. ①金… ②昆… Ⅲ. ①村史–昆山 Ⅳ. ①K295. 35

中国版本图书馆 CIP 数据核字（2022）第 240866 号

大众村志

编　　者	昆山高新区(玉山镇)村志系列丛书编纂委员会
主　　编	金　芳
责任编辑	冯　云
装帧设计	刘　俊
出版发行	苏州大学出版社
地　　址	苏州市十梓街 1 号
邮　　编	215006
电　　话	0512-67481020
网　　址	http://www.sudapress.com
邮　　箱	sdcbs@suda.edu.cn
印　　刷	苏州市深广印刷有限公司
开　　本	787 mm×1 092 mm　1/16　插页 16　印张 33(共两册)　字数 556 千
版　　次	2022 年 12 月第 1 版 2022 年 12 月第 1 次印刷
书　　号	ISBN 978-7-5672-4177-0
定　　价	120.00 元(共两册)

昆山市地方文献丛书编纂委员会

顾　　问：徐华东　单　杰

主　　任：朱建忠

副 主 任：苏　晔　程　知

成　　员：徐　琳　杨伟娴　何旭倩　谢玉婷

昆山高新区（玉山镇）村志系列丛书编纂委员会

总 顾 问：孙道寻

主　　任：陈青林

副 主 任：孔维华　沈跃新　范洪春　石建刚

委　　员：董文芳　王志刚　龚奕奕　刘清涛

毛伟华　陆轶峰

审定单位

昆山高新技术产业开发区管理委员会

昆山市地方志编纂委员会办公室

昆山高新区（玉山镇）村志系列丛书编纂办公室

主　　任：刘清涛

副 主 任：姚　兰　高喜冬　张振华

成　　员：姚　晨　赵赋俊

编纂统筹：苏洪根

编　　务：张国良　金小华　朱小萍　周凤花

《大众村志》编纂委员会

主　　任：金　芳

副 主 任：周建龙

委　　员：杨　俊　马燕翔　支多男　张　静　张亚城
郁程芳

《大众村志》编纂组

主　　编：金　芳

副 主 编：刘炳福

特聘总纂：邬才生

撰　　稿：高祥生（主笔）　顾秋根　吴惠根

编　　务：杜金发　许明林　吴惠林　郁程芳

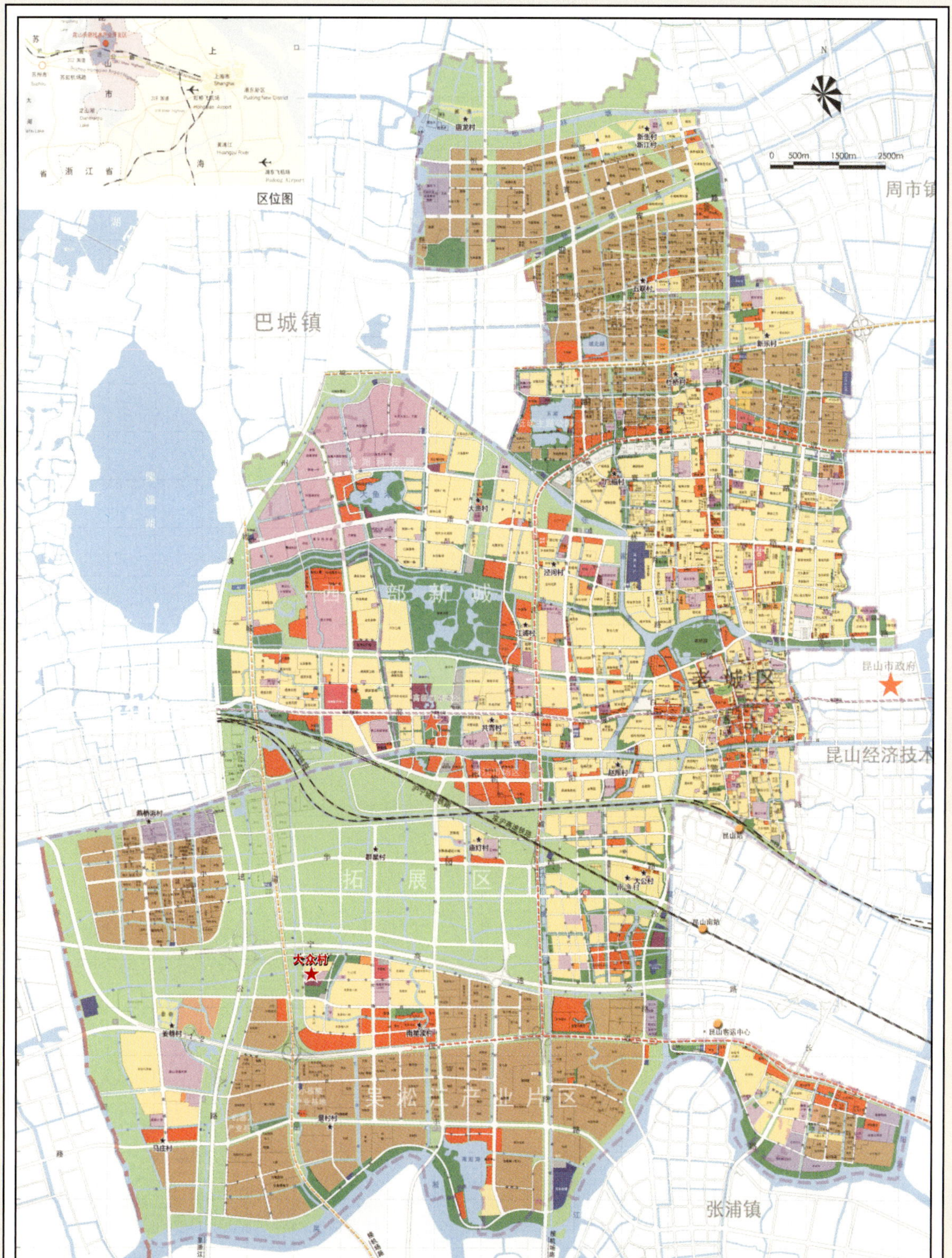

注：①本示意图由昆山高新区规划建设局提供（2020年）

②★表示大众村在昆山高新区（玉山镇）的位置

上 昆山高新区（玉山镇）区划示意图

全 大众村境域内高速公路立交转盘（罗英，2021年摄）

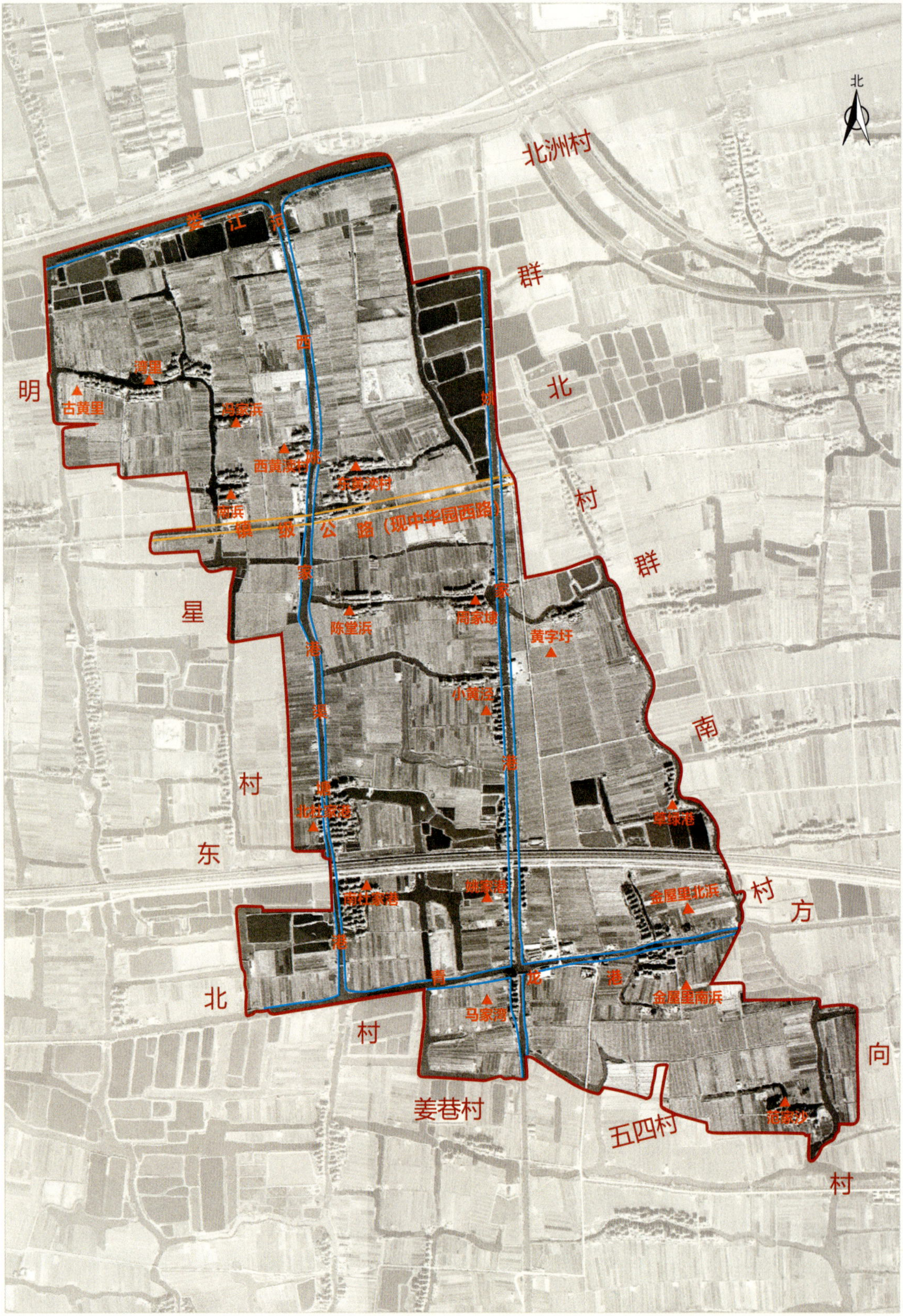

2001年大众村域内各自然村位置图（《大众村志》编纂组，2021年绘制）

大众村党群服务中心（顾秋根，2020年摄）

村民住宅区（罗英，2021年摄）

大众村新时代文明实践站（罗英，2021年摄）

环城路（罗英，2021年摄）

中华园路大众公交车站（罗英，2021年摄）

大众村域内的高压输电铁塔（罗英，2021年摄）

大众村主干道（镇级公路）（罗英，2021年摄）

美丰苑（罗英，2021年摄）

仁心苑（罗英，2021年摄）

嘉馨花园（罗英，2021年摄）

礼和苑（罗英，2021年摄）

义和苑（罗英，2021年摄）

小区电瓶车棚（罗英，2021年摄）

垃圾分类亭（罗英，2021年摄）

小区健身设施（罗英，2021年摄）

上　昆山尚坤智创产业园开发有限公司（罗英，2021年摄）

中　江苏华东造纸机械有限公司（罗英，2021年摄）

下　昆山大华机器制造有限公司车间（罗英，2021年摄）

上　昆山荣星传动有限公司（罗英，2021年摄）

中　昆山上汽大众4S店（罗英，2021年摄）

下　昆山市公安消防大队高新区中队（罗英，2021年摄）

白渔潭现代农业示范园（罗英，2021年摄）

麦田（罗英，2021年摄）

大众村金屋里美丽菜园（罗英，2021年摄）

昆山市供销合作总社玉山现代农业服务中心（罗英，2021年摄）

机械插秧（罗英，2021年摄）

姚家港站闸（罗英，2021年摄）

收割（罗英，2021年摄）

美丽菜园一角（罗英，2021年摄）

茗景苑幼儿园（罗英，2021年摄）

昆山市玉山镇民办大公小学（罗英，2021年摄）

小区内休闲长廊（罗英，2021年摄）

小区内慢行道（罗英，2021年摄）

小区内绿道（罗英，2021年摄）

大众村四星级档案室（罗英，2021年摄）

顾卫英剧照（顾卫英工作室，2019年摄）

大众村亲子活动（罗英，2021年摄）

位于昆山市巴城镇老街的顾卫英昆曲工作室一角
（顾卫英工作室，2017年摄）

便民服务中心（罗英，2021年摄）

大众村“两委”工作例会（杨俊，2020年摄）

中国共产党玉山镇大众村党员大会（杨俊，2020年摄）

昆山市人大代表金芳撰写代表提案（杨俊，2021年摄）

党总支换届选举大会（陆雪芳，2013年摄）

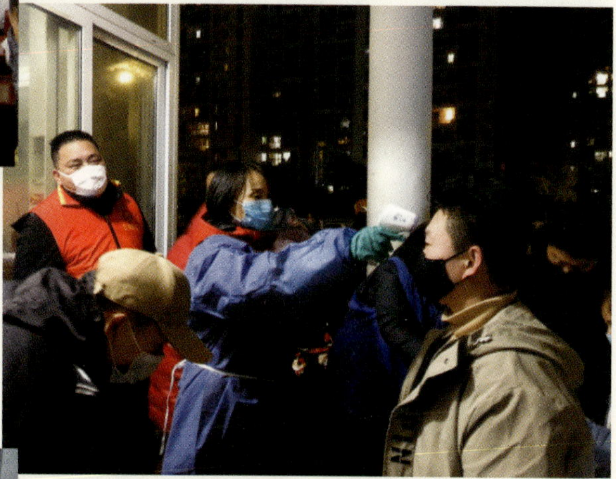

大众村抗疫行动支部在抗疫一线（郁程芳，2020年摄）

昆山市玉山镇大众村第十三届村民委员会选举大会（罗英，2021年摄）

大众村党总支党员活动（陆雪芳，2017年摄）

党员干部送杜洪吉入伍（陆雪芳，2013年摄）

党员赴沙洲党史教育展览馆参观（郁程芳，2019年摄）

主题党日活动（罗英，2020年摄）

尊老敬老活动（郁程芳，2021年摄）

党员干部给群众送温暖（陆雪芳，2015年摄）

粽子（罗英，2021年摄）

赤豆小圆子（罗英，2021年摄）

青团子（罗英，2021年摄）

泡泡馄饨和大排（罗英，2021年摄）

南瓜饼（罗英，2021年摄）

江苏省级荣誉（2021年，罗英摄）

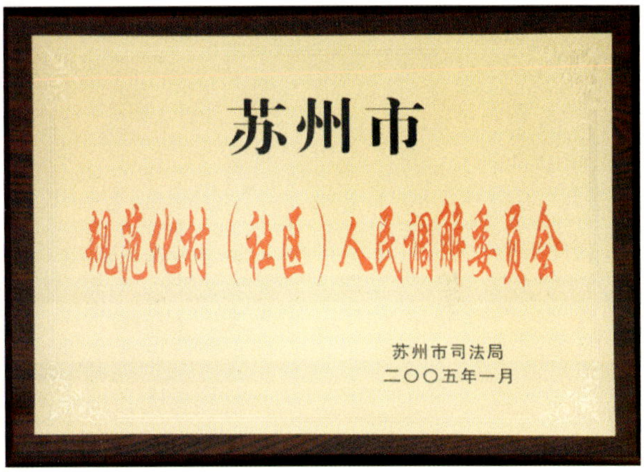

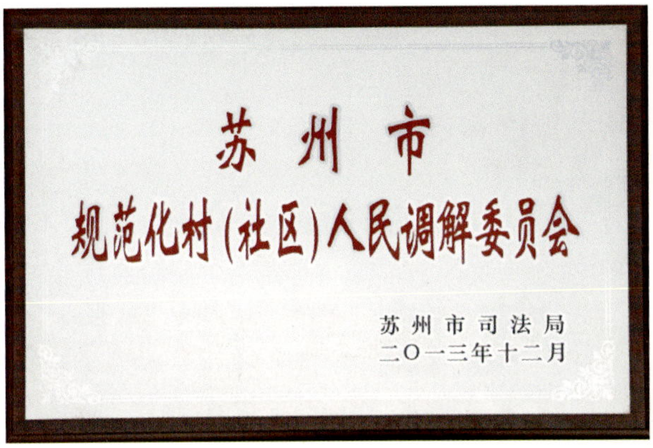

苏州市级、昆山市级荣誉（罗英，2021年摄）

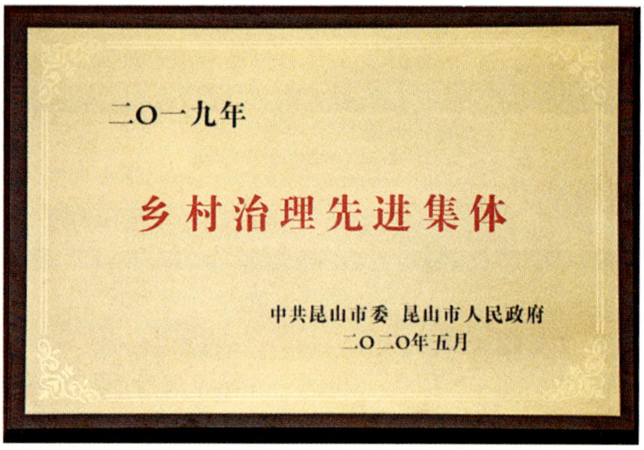

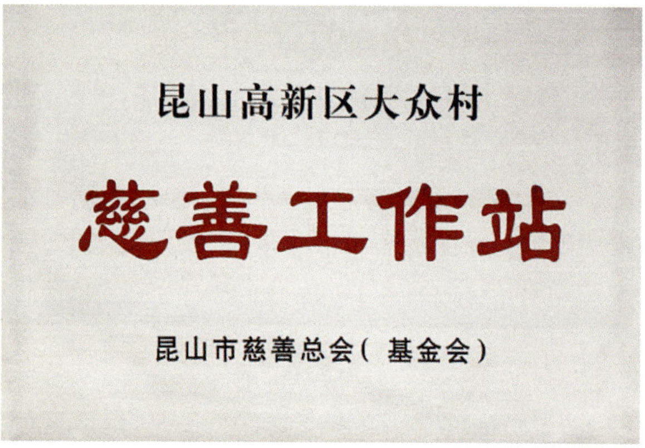

昆山市级荣誉（2021年，罗英摄）

上 大众村村“两委”委员合影（罗英，2021年摄）
前排左起：张静、郁程芳、金芳、杨俊，后排左起：支多男、周建龙、马燕翔、张亚城

下 《大众村志》编纂组成员合影（陆雪芳，2019年摄）
前排左起：吴惠根、高祥生、刘炳福，后排左起：郁程芳、许明林、顾秋根、杜金发、吴惠林

上 专家辅导点评（郁程芳，2021年摄）

下 《大众村志》初审会议（郁程芳，2021年摄）

总 序

盛世修志，志载盛世。

值此中国共产党第二十次全国代表大会胜利召开的喜庆之年，欣闻“昆山高新区（玉山镇）村志系列丛书”之《庙灯村志》《赵厍村志》《共青村志》《大渔村志》《五联村志》《大众村志》《景村村志》《唐龙村志》8部村志即将付梓。编修乡镇村志是落实国家“十四五”规划纲要，助力乡村文化振兴的一项重要内容，任务艰巨、意义重大。

2018年，昆山高新区（玉山镇）启动22个建制村的村志编修工作，为探索新型城镇化发展经验、发展模式、发展道路提供历史智慧和现实借鉴，也是响应国家“学党史、学新中国史、学改革开放史、学社会主义发展史”的生动实践。村落是乡土文化赖以生存的土壤，活态地保存着各种村庄形态、传统民居、传统美食和民俗风情。村庄里的一座座祠堂、一本本家谱、一口口古井、一条条古道，无一不是村落文化的印记。那些反映宗族文化的家风家训、乡规乡约，反映村民声音的方言俚语，反映传统生活方式的手工技艺、民俗节庆等，对生活在这片土地上的村民来说，是难以割舍的精神滋养。

史志合一，存史资政。“昆山高新区（玉山镇）村志系列丛书”脉络清晰，内容丰富；既有理论，又有实践；既有历史，又有现实，客观地再现了村民们在伟大历史进程中的奋进足迹和优异成绩。村志作为省、市、县三级志书的延伸和拓展，其丰富多彩的体裁形式在一定程度上体现了盛世修志工作的灵活性、包容性和多样性。

修史问道，以启未来。希望“昆山高新区（玉山镇）村志系列丛书”能讲好昆山高新区（玉山镇）乡村振兴的故事，并把昆山高新区（玉山镇）的故事和智慧传递得更远。同时，在新征程上，我们期待全区广大干部和村民能够持续聚焦乡村振兴，做这一历史伟业的见证者、记录者和传承者。

历史是人民创造的，也是人民书写的。在此，谨向在昆山高新区（玉山镇）发展改革进程中洒下了汗水、奉献了青春的先辈们致以崇高的敬意！向辛勤编纂“昆山高新区（玉山镇）村志系列丛书”的编纂人员表示衷心的感谢！

是为序。

中共昆山市委常委
昆山高新区党工委书记

2022年12月

序

盛世修志，志载村史。编纂《大众村志》是一项留住乡愁、传承历史、惠泽后人的重要文化工程，对大众村实现乡村振兴、建设文化强村、推进新时代文明实践具有重要意义。《大众村志》的编纂出版，是大众村发展史上的一件文化盛事，可喜可贺！

大众村有悠久的历史，村民世世代代在这块土地上繁衍生息，为了过上美好生活而历尽艰辛。中华人民共和国成立后，特别是改革开放以来，大众村村民在党的领导下，走上了一条摆脱贫困、富民强村的中国特色社会主义道路。全村干部、群众发扬艰苦奋斗和改革创新精神，积极推进农业和乡村企业发展，村级经济实力不断壮大；积极推进教育文化、环境卫生等社会事业建设，乡村落后面貌有了巨大改变；积极推进社会民生事业发展，大众村村民获得感和幸福感有了显著提升。在70多年的奋斗实践中，大众村村民在这块热土上，绘就了一幅波澜壮阔、绚丽多彩的时代画卷，展现出村强民富、文明美丽的社会主义新农村风貌。

《大众村志》集大众村的发展进程、创业历程、奋进历史于一体，是一部反映大众村百年巨变的乡土志。全书致力于叙大众村古今之民情风俗，述大众村各项建设事业之历史沿革，记大众村干部、群众艰苦奋斗之光辉业绩，忆大众村经济社会发展之宝贵经验，示轨迹于叙事，纳村情于一志，全面、真实、客观地记述了中华人民共和国成立后全村政治、经济、文化和社会事业各方面的发展过程及变革情况。

《大众村志》也是一部进行革命传统教育、爱国主义教育和社会主义教育的乡土教材。编纂出版《大众村志》，不仅有助于大众村村民全面了解大众村历史、知晓大众村村情、探究大众村发展的未来，而且有助于激发大众村村民特别是村中的年轻一代热爱家乡、建设家乡的热情。新时代、新征程，站在新的历史起点上，大众村要以更高定位、更高要求推进乡村振兴，建设美丽家园。我们要充分利用《大众村志》这部乡土教材，在村民中持续开展爱祖国、爱家乡的教育活动，继承和发扬大众村村民自强不息、敢破敢立、勇于担当、敢于争先的精神，为促进大众村的全面振兴提供强大的精神动力，为建设美丽的大众村提供强有力的文化支撑。

编纂出版《大众村志》是一项系统工程。在《大众村志》的编纂过程中，昆山高新区党工委、管委会予以高度重视，昆山市地方志办公室、昆山高新区村志办给予悉心指导，大众村历任老领导和全村村民给予关心和支持，村志编纂人员广泛收集资料，精心打磨、数易其稿、确保质量。在此，我代表大众村党总支、村民委员会，对关心和支持《大众村志》编纂的领导、专家表示衷心的感谢，对全体村志编纂人员表示诚挚的谢意！

是为序。

昆山高新区（玉山镇）大众村
党总支书记、村民委员会主任
2022 年 10 月

凡 例

一、本志以马克思列宁主义、毛泽东思想、邓小平理论、“三个代表”重要思想、科学发展观、习近平新时代中国特色社会主义思想为指导，坚持辩证唯物主义和历史唯物主义，贯彻存真求实、实事求是的原则，力求全面、系统、客观地记述时限内大众村的发展历程和现状，为存史、传承、资政、育人服务。

二、本志上限起于清宣统三年（1911），下限至2019年年末。大事记下限延至2020年年末，卷首彩页图照下限延至2021年年末。

三、本志记述地域范围以2019年年末大众村域为限。

四、本志运用述、记、志、传、图、表、录诸体，以志体为主。全志语言采用现代汉语语体文，大事记采用编年体与纪事本末体相结合的形式；其余均以类系事，以时为序，只记事实，不做评述。

五、本志卷首有地图、彩页、概述、大事记；专志以各章为主体，横排门类，纵述史实；编后记殿于志末。志体按章、节、目层次排列。

六、本志地名、政区及机构记述均采用当时的名称，若当时的名称与今名不一致的，在首次记述时括注今名。

七、本志遵循生不立传原则，有较大影响的本籍人物和对本村发展有较大贡献的在世人物以简介入志，部分专业人士以列表入志。

八、中华民国成立前采用历史纪年括注公元纪年，中华民国成立后采用公元纪年，凡未加世纪者，均指20世纪的相关年代。所言“中华人民共和国成立前（后）”，是以1949年10月1日中华人民共和国成立为界。所言“改革开放前（后）”，是以1978年12月中共十一届三中全会召开为界。所言“党”，却又未指明何种党派的，均指中国共产党。

九、本志的文字标点、数字数据、计量单位等，均按国家有关标准规定执行，根据村民的使用习惯，保留“亩”“斤”等传统计量单位。有关统计数据以统计部门所列的实际数据为主，统计部门未列数据者以工作部门提供的数据为准。

十、本志资料出自昆山市档案局和镇村档案室档案，旧志及年鉴等图书，报刊、音像等历史资料，以及村民口述资料。所有入志资料包括口述资料，均经考证与核实选用，不注出处。

目 录

第三章 人口婚育

第四章 村级组织

第五章 农　业

第六章 工商服务业

第七章 村庄建设

第八章 精神文明建设

第十二章 乡村人物

第十三章 村民记忆

概　述

大众村位于昆山高新区（玉山镇）西南10千米，东南与群星村和南星渎村接壤，西与燕桥浜村相邻，北靠娄江，东西相距1.4千米，南北相距2.9千米，呈不规则的长方形，村域面积4.06平方千米。村域内地势平坦，大小河流、溇浜纵横交错，是典型的江南水乡。中华人民共和国成立后，特别是改革开放后，村级集体经济不断迈上新台阶，社会事业不断进步，村民生活水平逐年提升，文明创建取得显著成效。2019年，全村辖17个村民小组，有村民481户，总人口1 748人；拥有耕地931.8亩①；村级可支配收入800万元；村民人均收入44 856元。大众村先后获得“江苏省卫生村”“昆山市文明村”等荣誉称号。

一

大众村域内有金屋里南浜、金屋里北浜、周家埭等17个自然村，历史悠久。清代，大众村域属新阳县信义镇朱塘乡管辖。民国时期，新阳县并入昆山县，朱塘乡改成真义乡后，大众村域属昆山县真义乡管辖。

昆山解放后，在党的领导下，大众村域废保甲，建立农民协会。农民协会组织村民开展土地改革运动，使贫困村民分得了土地。在农业合作化初期，大众村域先后建立25个互助组，并在互助组的基础上组建大众、民主、幸福、新港、红卫、向阳、新华7个初级农业生产合作社（以下简称“初级社”）。在合作化深入推进的过程中，大众、民主、幸福、新港4个初级社合并，组建为大众高级农业生产合作社（以下简称“大众高级社”），入社农户236户；红卫、向

① 1亩约为667平方米。

阳、新华3个初级社合并，组建为新华高级农业生产合作社（以下简称“新华高级社”），入社农户178户。

1958年9月，在农村人民公社化的热潮中，正仪人民公社成立，大众村域内的大众高级社和新华高级社分别改建为大众生产大队和新华生产大队。大众生产大队下设14个生产小队，新华生产大队下设13个生产小队。两个生产大队均属正仪人民公社管辖。

1983年6月，按照中央农村体制改革要求，恢复乡村行政建制，正仪人民公社改设为正仪乡，大众生产大队改设为大众村村民委员会（以下简称“大众村村委会”），新华生产大队改设为姚家港村村民委员会（以下简称“姚家港村村委会”）。此后，根据家庭联产承包责任制实施后的新情况，撤销生产小队，改建村民小组，大众村设16个村民小组，姚家港村设13个村民小组。大众村和姚家港村均属正仪乡。1988年，正仪乡撤乡建镇，大众村和姚家港村均属正仪镇管辖。

2001年8月，大众村和姚家港村合并，组建成新的大众村。2003年12月，在昆山市区划调整中，撤销正仪镇，大众村划归昆山市玉山镇，后属昆山高新区（玉山镇）管辖。同时，对村域内的村民小组进行撤并，由先前的29个村民小组调整为17个村民小组。

2003年后，随着城镇化建设的推进，大众村域内的17个自然村先后整体动迁，至2017年，自然村全部消失。至2019年年底，大众村建制未变，仍辖17个村民小组。村民分别迁入正仪嘉馨花园和南星渎茗景苑、义和苑、礼和苑、美丰苑等小区居住。村民居住小区配套设施齐全，绿化环境优美，大众村城镇化水平达到新高度。

二

大众村的村民世代以农业为本，历来以种植水稻、三麦、油菜为生。中华人民共和国成立前，在封建主义体制下，农业生产力水平低下，大众村域内绝大多数村民由于地少，收成也少，因而生活贫困。中华人民共和国成立后，经过土地改革，贫苦的村民分得了土地。在农业合作化运动中，通过组建互助组、初级社、高级社到人民公社，实现从生产资料私有制到社会主义公有制的体制变革，村民走上了社会主义集体经济之路。20世纪50—80年代初期，大众生产大队、新华生产大队的干部、群众在党支部的带领下，发挥集体经济优势，大搞农田水利建设，建立农业灌溉系统，大力开展积肥活动，推广农业生产技术，促使农业生产力不断提高，粮食产量逐年增长，水稻亩产从20世纪50年代的300多斤①提高到1982年的780多斤，小麦亩产也从不到200斤提高到800多斤。

1983年，大众村、姚家港村域内全面实施家庭联产承包责任制，实现农业集体经营到家庭经营的转变，建立起集体和家庭统分结合的农业经营管理体制，破除人民公社体制下的“大锅饭”管理模式，村民的生产积极性得到提升，促进分工分业的发展，实现村民就业的多样性。至20世纪90年代中期，大众村、姚家港村域内先后兴办村集体企业10家，村域内约70%的劳动力从农业中转移出来，从事第二、第三产业。大众村、姚家港村适时推进土地流转工作，培育种粮大户，发展农业规模经营。随着农业机械化程度和科学种田水平不断提升，两村农业稳步发展，粮食产量逐年攀升，多种经营也得到全面发展。

1996年前后，大众村和姚家港村顺应社会主义市场经济的发展要求，在积极推进村办集体企业进行转制、改制的同时，积极支持和鼓励民营经济发展，20世纪90年代，村域内民营企业和个体工商户蓬勃兴起。2003年，大众村划归昆山市玉山镇后，村域内开发建设的力度加大，新的产业园区吸引越来越多的外地企业入驻。同时，村里积极发展社区股份合作经济，通过建立富民合作社和村集体资产租赁，促进村级经济日益壮大，村民收入水平不断提升。

至2019年年底，大众村村民创办的民营企业有9家，入驻村域内的外地企业有40家，村民在本村及外地开设的商贸服务门店有15家。是年，村集体可支配收入超过800万元。村民人均纯收入持续增长，从20世纪50年代初期的20多元、1982年的243元、1993年的2 522元，到2006年首次超过1万元（10 508元）。2019年，村民人均纯收入增长到44 856元，实现强村富民的目标。

三

在村域经济发展和村民收入持续增长的同时，大众村域内的社会民生事业

① 1斤等于500克。

不断发展和进步，呈现出文化教育兴旺、医疗保障覆盖、文化生活繁荣、村民消费升级的局面，村民的获得感、安全感、幸福感得到显著提升。

大众村的教育事业不断发展，村民受教育程度不断提升。中华人民共和国成立前，大众村域内98%以上的村民是文盲，还有2%的村民也是半文盲。中华人民共和国成立后，大众村域内开办夜校、开展成人扫盲运动，帮助大多数村民学识字、学计算。1952年，大众村域内办起九联村小学和南杜家港小学，在上级政府的大力支持下，不断改善办学条件，提升办学水平，为村民子女创造良好就学环境。此外，大众村域内还创办了幼儿园，开展学龄前儿童教育。改革开放后，村民对子女的教育越来越重视，村里年轻人的文化程度越来越高，除每年通过高考进入大学就读之外，村里的一些青壮年还通过函授、自学等途径提升学历层次。至2019年年底，大众村取得大专及以上学历的人数已有479人。

随着大众村卫生事业的发展，村民看病既方便又有保障。中华人民共和国成立前，大众村域内医疗资源十分欠缺，血吸虫病肆虐，村民患病率居高不下。中华人民共和国成立后，村民响应毛泽东主席“一定要消灭血吸虫病”的指示，持续开展查螺灭螺、消灭血吸虫病群众运动和防病治病爱国卫生运动，分批对血吸虫病患者进行治疗。20世纪60年代，大众生产大队、新华生产大队开办合作医疗站，培养赤脚医生，建立农村合作医疗制度，为村民看病提供便利，减轻村民医疗负担。1987年，大众村、姚家港村成为消灭血吸虫病达标单位。20世纪80年代后期，大众村、姚家港村在农村合作医疗站的基础上建立村卫生室，大大改善村民医疗条件，同时积极实施医疗保险制度改革，在村民中推行新型农村合作医疗和社会医疗保障制度，制订村民医疗普惠补助方案。进入21世纪，村民看病基本实现小病不出村和社区，大病、重病可获得医疗救助，村民可享有与城镇市民一样用医保卡看病的待遇。

近年来，大众村的文化事业不断发展，村民的文化生活越来越丰富多彩。中华人民共和国成立前，大众村域内的文化设施较少，村民过着日出而作、日落而息的单调生活。中华人民共和国成立后，大众村域内的文娱活动逐渐丰富起来。20世纪50年代，大众生产大队、新华生产大队成立文艺队，村民自编自演文娱节目，宣传抗美援朝、保家卫国的伟大精神，展现土地改革、农业合作化取得的丰硕成果。20 世纪 60 年代，大众生产大队、新华生产大队文艺宣传队组织排练、演出革命样板戏，深受村民喜爱；县和人民公社组织的电影放映队经常到生产大队放映电影。20 世纪 70 年代，大众生产大队、新华生产大队集体安装了大喇叭，村民家中安装了有线广播设备，村民可及时收听县、人民公社甚至中央的新闻和文艺节目。改革开放后，随着村民生活条件的改善和科技水平的提升，村民不但看上了电视，而且用上了计算机和智能手机，文化生活更加丰富。村域内还建立了老年活动室，组建了老年舞蹈队，丰富了老年人的精神生活，真正使老年人老有所乐。

大众村的民生事业不断发展，村民生活质量也在逐步提高。中华人民共和国成立前，绝大多数村民缺吃少穿，近三分之一的家庭住的是茅草房，村域内没有一条像样的路，村民出行十分不便。中华人民共和国成立后，村民以农业为基础，积极发展社会主义集体经济，生活相对稳定。20 世纪 60 年代，村民普遍盖起了瓦房。改革开放后，村民在多业发展中不断开拓增收渠道。随着村民收入的不断增长，村民的吃、穿、住、行都发生了根本变化。2000 年后，村民“吃讲营养、穿要漂亮、住进楼房、行用汽车”成为生活的常态。村里加强基础设施建设，各居住小区内基础设施、公共服务及各项健身与休闲娱乐设施配套齐全；村域内道路宽敞，绿树成荫，鸟语花香，村民安居乐业，享受美好生活。

四

致富思源，富而思进。大众村的发展变化，靠的是党的领导和政策指引，靠的是各级政府的关心、支持，更离不开全村干部、群众的团结拼搏和艰苦奋斗。在社会主义建设和改革开放的实践中，大众村干部、群众开拓创新和锐意进取，凝聚了建设家乡的强大精神力量。

农业合作社和人民公社时期，村（大队）党组织始终把思想道德建设贯穿于社会主义建设全过程，把教育村民作为思想道德建设的首要任务。村民在党支部的带领下，掀起学文化知识、学农业科技的热潮。通过开展社会主义教育运动，干部、群众坚定走社会主义道路的信念。在学《毛泽东选集》（以下简称《毛选》）、学雷锋等活动中，党员干部增强为人民服务、艰苦奋斗的理念，村民争做学习模范、做好事不留名等现象蔚然成风。

改革开放时期，村党组织始终坚持物质文明和精神文明“两手抓，两手都要硬”的举措，在推动经济发展、建设物质文明的同时，大力推进精神文明建设。从组织开展“五讲四美三热爱”活动到培育社会主义核心价值观，从中国特色社会主义理论武装到“不忘初心、牢记使命”主题教育，持续推进思想道德建设，使全村党员干部和村民群众的思想意识和文明素质不断提高，民主法治意识、市场经济意识不断增强；从制定村规民约到“文明家庭”评选，从创建文明村镇到开展新时代文明实践，持续的文明创建使全村的文明程度得到提升，良好的村风得以弘扬。大众村先后被评为“江苏省民主法治示范村”和“昆山市文明村”。

大众村干部、群众在社会主义建设和改革开放实践中，发扬勤俭朴实、崇德向善的优良品德，努力践行为人民服务的宗旨和社会主义核心价值观，涌现出一批爱岗敬业、一心为民、助人为乐、尊老爱幼的党员干部和村民的榜样。他们中有为家乡建设发展做出重要贡献的，有出国留学回来报效祖国的，有在文化传承方面取得突出成就的，有在各自岗位上奋力拼搏、做出突出成绩的。他们为党、为国家的事业贡献了他们的青春和智慧，为大众村的发展和村民过上更加美好的生活做出了奉献。

村党总支在新时代文明实践中，坚持党建引领，广泛开展志愿者服务，大力表彰善行义举，营造更加浓厚的文明村、文明家庭氛围。通过开展“文明和谐家庭”“好儿女”“好儿媳”等评选活动，用身边的典型教育群众。通过设立善行义举榜，评选善行义举标杆人物 24 名，发挥上榜村民的表率作用，促进全村文明程度再提升；通过建立志愿者服务工作站，持续开展以关爱孤寡老人、贫困家庭为重点的帮扶活动，让“困难帮扶、环境卫生、社会安全、教育培训、学习娱乐”等活动辐射到每个村民。

踏石留印，砥砺前行。在中国特色社会主义新时代，大众村党总支和村委会坚持以习近平新时代中国特色社会主义思想为指导，坚持富民强村的发展理念，坚持自强不息、拼搏争先的奋斗精神，大力实施乡村振兴战略，大力推进“美丽乡村”建设，团结带领全村干部、群众，在社会主义现代化新农村建设的新征程上，描绘新宏图，谱写新篇章。

大事记

清 朝

清宣统三年（1911）

信义镇东至九里桥，接新阳县寒区26图界；西至界浦与元和县分界；南至吴淞江与昆山县分界；北至大方潭村，接新阳县收区17图界；东南至南星渎镇，接新阳县闰区15图界；西南至南莘田村与元和县分界；东北至唐泾村寒区4图界；西北至阳澄湖与元和县分界；共辖6区28图294圩。大众村域属新阳县信义镇。

中华民国

1912年

新阳县并入昆山县，朱塘改称真义乡，属昆山县管辖。大众村域属昆山县真义乡。

1929年

试行区、乡（镇）制，昆山改划10个区378个乡镇，真义乡与南星乡并为第八区。大众村域属第八区真义乡。

1934年

昆山改划8个区65个乡镇，并按百户以上村庄为乡，百户以上集市为镇的规定，真义始称镇。第七区辖真义、南星渎2个镇，以及绰墩、高墟、白渔潭、式庄4个乡。大众村域属第七区真义镇。

1947年

2月，实行新县制，昆山划为3个区8个直属乡镇（含1个示范镇、1个实验乡）。真义镇划归张浦区，大众村域属之。

9月，撤销区级建制，真义镇改为县属乡。大众村域属真义乡。

1949年

4月28日，中国人民解放军进驻真义乡。

5月13日，昆山解放。

7月，废除保甲制，成立区、乡人民政府，真义改名正仪，设正仪区，辖正仪、高塘、南星、城南（含小潭和乐港2个村）4个乡。大众村域隶属正仪区正仪乡。

7月中旬—8月初，遭受2次暴雨袭击后，吴淞江水位超过警戒线，江水倒灌，大众村域内大部分粮田受涝，灾情为历史罕见。

中华人民共和国

1949年

10月1日，中华人民共和国成立。大众村域内村民举行多种庆祝活动。

1950年

5月1日，正仪乡召开公审大会，宣判处决土匪陆阿福，大众村域内20多人参加此次公审大会。

是月，中共中央颁发新《中华人民共和国婚姻法》（以下简称《婚姻法》），在大众村域内开始贯彻实施。新《婚姻法》提倡婚姻自由，废除封建包办婚姻旧制度。

7月16日，正仪乡发现牛疫，即炭疽病。大众村域内有6头牛得病，病牛经正仪乡兽医赵步熬的医治，基本痊愈。

11月，根据昆山县土地改革工作要求，正仪乡开展土地改革运动，工作队进驻大众村，成立农民协会。会长胡阿大、袁阿弟协助工作队，按每户田地等生产资料的多少划分阶级成分。大众村域有340户，其中3户被划为地主、17户被划为富农。

1951年

1月，正仪供销合作社成立，大众村域内村民踊跃入股，每股为3元，每户平均2.5股。

5月，大众村域完成土地改革，每户村民领到政府颁发的土地证。

6月，为响应党中央、毛主席“抗美援朝、保家卫国”的号召，大众村域的狄福根、王金根、吴雪根、顾士明、陆佰云、周宗安、金宗均7名年轻村民报名参军入伍。

7月，大众村域受台风袭击连降大雨，水位猛涨至3.3米，部分稻田被淹。

1952年

2月，土地改革后，分到土地的村民组成互助组，大众村域先后成立25个互助组。

8月30日—9月19日，连续降雨，大众村域水位上升到3.57米，稻田积水严重，早、中稻部分倒伏，村民在上级组织下抢收抗灾。

9月，在村长（现称“村主任”）胡阿大和教师江秀峰的筹备下，大众村域新建第一所小学——九联村小学，地点设在胡阿大家，共招收学生12名。

是年，实施新《婚姻法》后，大众村域有3对恋人领取结婚证，并到正仪镇拍摄结婚照。

1953年

3月，大众村域内村民凌国良、袁阿弟出席正仪乡第一届人民代表大会。

7月，大众村域开展第一次全国人口普查，按姓名、性别、年龄、民族4个方面登记入册，村域内共有346户1 469人，其中男性721人、女性748人。

7—9月，持续高温干旱，9月下旬大众村域最低水位降至1.3米，旱情严重，人畜饮水困难，村民全力抗旱。

1954年

5月18日—7月24日，连续降雨66天，河水倒灌，农田被淹，大众村域受灾面积达2 300多亩。

9月，国家实行棉花和棉布统一收购、统一销售的统购统销政策，大众村域内粮油按国家政策执行，生产的粮油统一由国家收购。

秋季，大众村域内先后成立大众、民主、新华、幸福等7个初级社。

是年，大众村域内村民用拆除大众湾里庙的建材，在陆家坟建小学。该小学于1952年借办在村长胡阿大家中的单班校迁入，取名“湾里小学”，当年学生逐步增至50名。

1955 年

7 月，大众村域实行粮食生产定产、定购、定销的“三定一奖”办法，按人定粮供应，超产实行奖励。

是年，大众村域内 100 名村民参与新北乡火车站土建工程。该工程于 1956 年竣工。1976 年 4 月，沪宁线铁路实行双轨通车后，新北乡火车站被撤销。

1956 年

3 月 6 日，大众高级社成立，选举产生管理和监察委员会，凌国良担任大众高级社社长。

4 月，新华高级社成立，王白狗担任新华高级社社长。

6 月，大众高级社购买 22.5 马力煤机 1 台，用于农田排灌。

9 月初，正仪乡人民政府成立，大众村域属正仪乡人民政府管辖。

9 月 24 日，上午 8 时、下午 2 时，大众村域先后 2 次遭受龙卷风的袭击，20 户农户受灾，倒塌草屋 5 间、瓦屋 2 间。

11—12 月，新华高级社、大众高级社的 40 名民工参加太仓段七浦塘河拓浚工程，历时 50 天。

是年，大众村域开展查螺灭螺工作，防治血吸虫病，并建立预防血吸虫病领导小组，组长分别是大众高级社的徐阿玲和新华高级社的周妹妹。

是年，正仪供销合作社在大众高级社北杜家港自然村杜金福家中开设下伸店。正仪供销社安排朱文若、王正方负责店务。

1957 年

6 月 20 日—7 月 9 日，连续降雨，雨量达 266.8 毫米，内河水位猛涨，大众村域一部分低田、农作物被淹。

8 月 21 日，正仪乡第一次党员代表大会召开，大众村域的王白狗、吴雪根参加会议。

1958 年

3 月，大众村域内村民凌国良、吴惠良作为乡人大代表参加正仪乡第三届人民代表大会。

5 月，大众村域开展“除四害”运动，捕杀苍蝇、蚊子、老鼠、麻雀。

6 月，大众高级社、新华高级社分别组织灭钉螺队伍，用五氯酚钠喷洒河道、溇潭、河滩、沟渠进行灭螺，并开始对有血吸虫病的青年分批进行治疗。

9月，撤销乡人民委员会建制，建立工农商学兵五位一体、政社合一的人民公社。按军事建制，把原来正仪乡的31个高级社编为13个营，高级社改称为连，生产队改称为排。大众高级社与新华高级社合并为第10营。吴雪根担任营指导员，王白狗担任副书记兼副指导员，凌国良担任连长，吴惠良担任副连长，杜金桃担任会计，王怀德担任出纳。

11月，大众村域建造电力排灌站草芦站，狄福根担任第一任站长，孙毛毛担任电工。

是月，正仪人民公社分配大众大队22.5马力柴油抽水机1台，进行流动打水灌溉。顾阿泉、沈正福担任第一任机工。

12月，正仪人民公社建立苗圃场、畜牧场、水产场，第10营所辖的大众连、新华连的费木根、周桃泉、周水林、狄福泉等户搬迁至畜牧场，后搬迁至苗圃场。

是年，大众村域马家湾屋后的赛水泊头庙被拆除，拆下的材料用在燕桥浜建造畜牧场。

是年，大众村域掀起“大跃进”运动，大办公共食堂，吃饭不要钱，同时建5只小高炉，大炼钢铁。

是年，大众村域因地制宜制作有机肥料，用螺蛳粉碎后加入人畜粪便等埋入泥潭里发酵，在农户家里铲起地面泥土（称为“千脚泥”）作为肥料。

1959年

2月初，撤销军事化编制，实行“三级（人民公社、大队、生产队）所有，队为基础”体制，第10营所辖的大众连、新华连分别恢复为大众大队和新华大队，吴雪根担任大众大队党支部书记，王白狗担任新华大队党支部书记。

2月26日，大众大队由蒋大生带班，新华大队由袁云根带班，2个大队共80人赴常熟境内参加望虞河拓浚工程。

3月，王白狗卸任新华大队党支部书记职务，由吴惠良接任。

5月，大众村域电力排灌站草芦站竣工，并正式投入使用。

7月，大众村域学习贯彻中共中央郑州会议精神，纠正平均主义分配制度和无偿调拨农民财物的“一平二调”错误。

11 月，为贯彻落实中央精神，大众村域开展“反右倾”机会主义运动。

是年，正仪人民公社市镇居民李其中被下放到大众大队第 13 生产队落户。

1960 年

2 月，农业减产，加之在“高指标、高征购”的压力下，大众村域的村民口粮短缺，村民人均每日供应的大米仅五两三钱（265 克），持续约半年时间。

3 月，吴雪根卸任大众大队党支部书记，由狄福根接任。

8 月，大众村域开展“反贪污、反浪费、反官僚主义”运动（以下简称“新三反”运动）。

是年，国家实行计划供应政策，大众村域内村民凭粮票、油票、烟票、火柴票等购买各种日常生活用品。

1961 年

3 月，吴惠良卸任新华大队党支部书记，由袁云根接任。

4 月，狄福根卸任大众大队党支部书记，由顾金木接任。

6 月，正仪人民公社整顿农村公共食堂，允许农民称米回家自己烧饭，大众村域的公共食堂随即解散。

是月，夏熟收割季节，连续阴雨，三麦、油菜籽生霉，各生产队发动村民将其拿回家中晾干、烘烤，以减少损失。

1962 年

9 月 6 日，14 号台风过境，昼夜间降雨多达 220 毫米，大众村域水稻严重受涝，部分房屋倒塌，人员受伤，大众大队和新华大队的早稻受损 1 260 多亩，减产三四成。

10 月，新华大队和大众大队党支部组织干部、群众学习贯彻中共中央《农村人民公社工作条例（修正草案）》精神，各生产大队以队为基础，按土地、人口比例划分自留地每人 2 分，要求各家各户在“十边”（路边、河边、屋边、岸边、田边等）地，多种瓜菜，以弥补口粮不足。

12 月，正仪人民公社成立医疗队，治疗浮肿病、消瘦病。新华大队、大众大队共 120 人得到治疗。

是年，为响应国家精简城镇职工、减少城镇人口的号召，正仪镇居民马世昌被下放到新华大队第 6 生产队落户。

1963 年

5 月 8 日，冰雹持续下了 10 多分钟，大众村域的三麦、油菜等农作物大面积受损。

7 月，大众村域开展以“清理仓库、清理账目、清理财务、清理工分”为内容的“小四清”运动，并于年底结束。

8 月，新华大队第 3 生产队、第 8 生产队分别接收昆山城区知青华端泉、华端平插队落户。

是年，开展学雷锋运动，大众村域的青年发扬助人为乐精神，多做好人好事，且做好事不留名。

1964 年

3 月，顾金木卸任大众大队党支部书记，由狄福根接任。

是月，大众大队邀请昆山县锡剧团到北杜家港自然村演出锡剧古装戏《秦香莲》，附近东北、姜巷、五四、新华等大队 3 000 多人前来观看。

7 月 1 日，第二次全国人口普查工作正式开展。此次全国人口普查结果显示，新华大队有 157 户 598 人，其中男性 287 人、女性 311 人；大众大队有 238 户 960 人，其中男性 484 人、女性 476 人。

10 月，大众村域办起耕读小学，实行半耕半读，当年初等教育普及率由 40%提高到 85%。1966 年，耕读小学并入大众小学和新华小学。

是年，大众村域安装户外有线高音喇叭 4 只，供广大社员收听广播节目。

是年，新华大队第 5 生产队接收苏州朱万龙、戴纪良、吴继忠等 5 名知识青年插队落户。

是年，有线广播进入大众村域各自然村，社员可以收听人民公社广播站播放的节目。

1965 年

7 月，按照中央精神和要求，大众村域开展农村社会主义教育运动，即清政治、清经济、清组织、清思想的“四清”运动，上级派“四清”工作队进驻大队指导工作。

是年，大众村域建立贫下中农协会组织，大众大队的吴炳坤、新华大队的王林根分别担任各大队贫下中农协会主任。

是年，根据昆山县、正仪人民公社统一部署，大众村域开展大规模群众性消灭血吸虫病、查螺灭螺工作。各大队配备血防大队长，顾金木担任大众大队血防大队长，袁云根担任新华大队血防大队长。

是年，正仪信用社在各大队设立信用服务站。张和生担任大众大队服务站会计，徐菊英担任新华大队服务站会计。

1966 年

3 月，狄福根卸任大众大队党支部书记，由顾金木接任；袁云根卸任新华大队党支部书记，由吴惠良接任。

4 月，大众大队创办粮饲加工厂，该厂规定稻谷轧米、饲料加工不出村。许招林担任厂长、吴惠根担任电工。

5 月，大众村域开展“农业学大寨”运动。

6 月，“文化大革命”运动开始，大众村域开展破除“四旧”的运动。

7 月，大众大队和新华大队建立卫生室，夏志良担任大众大队卫生室保健员，范梅加担任新华大队卫生室保健员。

8 月，大众村域各生产队推行“大寨式”评工记分，每月底通过社员自报互评记工分取得报酬。

是年，各生产队设政治队长、生产队长、贫下中农协会组长，分别负责政治运动和生产活动。同一时期，掀起学《毛选》热潮，开办毛泽东思想大学校，组织学习《毛选》讲用会。

是年，大众村域设立兽医室，大众大队的杜木根、新华大队的陆水根分别担任 2 个大队的兽医。

是年，大众村域每家每户装上有线广播喇叭，王金男担任大众大队广播线路员，华端平担任新华大队广播线路员。

是年，新华大队建造新华排灌站，范阿毛担任站长，王阿多担任电工。

是年，大众村域用五氯酚钠灭螺，并按照上级指示精神，提倡吃井水。大众大队和新华大队挖深井 21 口。

1967 年

是年，新华大队成立“513”“昆革联”战斗队，并出现大字报。地主、富农、反革命分子、“右派分子”被戴高帽，并被拉去游乡、挂牌、示众。生产工作一时难以正常进行。

是年，大众大队各生产队通电，开始用电脱粒。

是年，新华大队、大众大队组织民工70多人参加庙泾河拓浚工程，历时25天，分别由范金宝、陆夫泉带队。

1968年

2月，新华大队建造粮饲加工厂，配有轧米机2台，以及饲料粉碎机、小钢磨各1台。范阿毛担任厂长。

4月，新华大队、大众大队成立大队革命委员会（以下简称“大队革委会”），朱阿二担任大众大队革委会主任，王招根担任新华大队革委会主任，大队书记被迫“靠边站”。

4月，大众大队成立东方红宣传队，排练演出革命样板戏。全队共30人，李品成担任队长，排演的主要节目有《沙家浜》《红灯记》。东方红宣传队曾去吴县胜浦三大队、正仪人民公社光荣大队、城南人民公社珠浜大队等地演出，受到观众好评。

7月，大众村域在各大队部和各生产队设置请示台，实行“早请示、中对照、晚汇报”的工作要求，搞“忠于毛主席、忠于毛泽东思想、忠于毛主席无产阶级革命路线”的“三忠于”活动。村民佩戴毛主席语录袋，随时学习毛主席语录。

秋季，中小学下放大队管理，由贫下中农管理学校。大众大队的顾波生和新华大队的王林根分别负责管理2个大队的学校。

是年，大众大队、新华大队接收苏州、昆山、正仪镇知识青年93名下乡落户，其中男性37人、女性56人。

1969年

1月，大众大队、新华大队开展“斗争、批判、改革”（以下简称“斗、批、改”）的运动。

5月24日，大众村域遭受冰雹灾害，当年，小麦亩产160斤、油菜亩产150斤。

是月，新华大队开始试种双季稻87.6亩，当年亩产445.5斤。

夏季，大众村域内各大队保健站改名为合作医疗站，医疗资金由集体、社员各分担 50%，社员每人每年交 4 元，实行队办队管政策。

10 月 6 日，新华大队的袁云根、大众大队的顾金木参加昆山县革委会召开的三级干部会议。这次会议提出“奋斗三年把昆山建成大寨式县”的号召。

12 月，大众大队第 6 生产队的蒋凤秀去世后，被送到昆山三里桥火葬场进行火化，这是大众村域的首例火葬。

1970 年

3 月，为响应上级号召，大众村域开展群众性查螺灭螺、查病治病血防运动，对河岸实施“三面光”工程，筑灭螺带。

12 月，新华大队、大众大队共派出 80 人，分别由范金宝、陆夫泉带班，参与庙泾河正仪段拓浚工程。

是年，推广种植双季稻，新华大队种植面积 435 亩，占全大队耕地面积的 29%；大众大队种植 789 亩，占全大队耕地面积的 30%。

1971 年

1 月 14—21 日，新华大队、大众大队恢复党支部。顾金木担任大众大队党支部书记；新华大队党支部书记吴惠良卸任，由俞瑞英接任。

4 月，大众村域开展“增肥”运动，大力养殖水花生、水葫芦、水浮莲、绿萍（“三水一绿”）。

6 月，大众村域各生产队开展“备战备荒”“深挖洞、广积粮”运动，新华大队、大众大队共建起土圆囤 40 个。

是年，昆山城区方正中全家被下放到大众大队第 9 生产队落户，并于 1980 年落实政策后返城。

1972 年

2 月，大众村域贯彻中共中央 4 号文件精神，开展“批林批孔”运动，批林彪《“571 工程”纪要》。

4 月，俞瑞英卸任新华大队书记，由王金林接任。

8 月 15 日，沪宁铁路复线土方工程破土动工，范金宝带领大众大队 100 多名村民参与筑路基、挑土方等工作，历时 25 天。

是年，正仪人民公社分配大众大队“东方红”大型拖拉机 1 台，拖拉机机手分别为赵金水、查小男、杜金木。

是年，大众村域各生产队开展清坟、整田、填浜、填潭行动，大众大队、新华大队共增加耕地约 150 亩。

是年，新华大队建造新华小学，建筑面积 140 平方米，教师为杜秀珍、马鸣芳 2 人。

1973 年

1 月，遵照毛泽东主席“全民皆兵”指示精神，大力加强基干民兵训练，大众村域基干民兵 80 人到正仪黄泥山靶场进行实弹射击训练。

是年，大众村域组织 80 人参加拓宽青龙港中心河工程。在工程建设中拆除青龙港石桥，在原址上建起三孔水泥板新桥。

1974 年

5 月，大众村域各生产队全面普及种植双季稻，新华大队种植 1 090.5 亩，大众大队种植 1 840 亩，分别占各大队耕地面积的 66.81%、70%。

是年，八一电影制片厂选择在国道三里桥至九里桥间的娄江河边拍摄电影《车轮滚滚》，大众大队由徐阿玲带班，各生产队抽选 10 名社员作为群众演员参加拍摄，参拍片段主要表现老百姓支援前线的场景。

1975 年

5 月 30 日，上午 7 时许，大众村域遭受冰雹、大风和暴雨的袭击，小麦、油菜大面积受损，损失约三四成。当年，小麦亩产 200 斤，减产 100 多斤；油菜亩产 100 斤，减产 50 多斤。

6 月，中共昆山县委书记常明到大众大队第 9 生产队视察灾情，了解受灾后烂麦、烂菜籽的情况，并召开座谈会，还在第 9 生产队公场一起参加翻麦、搬菜籽劳动。

10 月 28 日，顾金木、王金林参加昆山县委召开的三级干部大会，会议传达贯彻“全国学大寨”会议精神，会上提出昆山一年内建成大寨县的目标。

11 月，大众村域组织 105 人参加浏河第二期拓浚工程，大众大队由范金宝带班，新华大队由顾秋根带班。

1976 年

1 月 8 日，周恩来总理逝世，大众村域组织社员群众开展悼念活动。

1 月，正仪人民公社组织民工拓浚官塘河和青龙港河西段。大众大队的范金宝、新华大队的支阿炳带班，2个大队共出动120人，挖土方7 500立方米，历时20天。

4月22日，下午，大众村域遭受雷雨和大风的袭击，造成早稻秧田受灾，稻种谷损失3 000斤，小麦、油菜损失约三成。

5月，王金林卸任新华大队党支部书记，由袁云根接任。

6月，苏州路线教育工作队进驻大众村域内。进驻大众大队的工作队队长是王保祥，进驻新华大队的队长是菊相其。

7月28日，唐山发生大地震。大众大队、新华大队随后组织社员搭建防震棚，夜宿棚内，组织大队干部、民兵日夜巡逻。

9月9日，毛泽东主席逝世，大众村域组织广大社员收听广播，设立悼念毛泽东主席灵堂。

9月18日，正仪人民公社分配大众大队1台9英寸①黑白电视机，组织社员收看毛泽东主席追悼大会电视转播实况。

12月21日，大众村域组织干部、群众参加昆山县召开的庆祝粉碎“江青反革命集团”伟大胜利的万人大会。

12月底，新华大队、大众大队共120人参加北至娄江、南至吴淞江的姚家港河拓浚工程。

是年，大众大队家家户户通电，结束了煤油灯照明的历史，为正仪人民公社第一家。

是年，大众村域建造大众印刷厂，许惠林担任厂长，全厂有职工30人。

是年，大众小学附设初中班，学制2年，俗称“戴帽子中学”。

1977年

1月，大众大队党支部书记顾金木、新华大队党支部书记袁云根带领各大队生产队队长参加昆山县召开的8 000人四级干部大会，会上传达贯彻了第二次全国“农业学大寨”会议精神。

8月，苏州医学院（今苏州大学苏州医学院）到大众大队建造知青点，地址选在大众西黄渎村，建有宿舍10间、食堂2间、厕所2间，共480平方米。

---

① 1英寸等于2.54厘米。

11月，大众大队由许明林带班、新华大队由陆凤根带班，2个大队共120名民工开挖东娄江河，历时1个月。

是年，大众第8生产队刘伯琴在“文化大革命”后首次参加高考，鉴于身体原因，初试通过后体检未合格，最终未被学校录取。

1978年

6—8月上旬，持续高温干旱，大众村域降雨量为年平均降雨量的50%。

7月8日，最高气温达38摄氏度，创大众村域有史以来的最高纪录。

7月11日，遭受龙卷风的袭击，前季稻大面积倒伏，大众村域受灾面积1 200亩。

11月20日，大众大队的许明林、新华大队的支阿炳带领85名民工参加吴江境内太浦河二期拓宽工程。

是年，新华大队、大众大队开始试种杂优稻。新华大队种植面积435亩，占全大队耕地面积的25%；大众大队种植面积736亩，占全大队耕地面积的28%。

是年，大众大队陈堂浜村的陈堂浜桥由昆山县水利局出资建造。

1979年

2月15—26日，大众大队党支部书记顾金木、新华大队党支部书记袁云根参加昆山县召开的县、人民公社、大队三级干部大会。

5月，新华大队建种子仓库，面积290平方米。

10月，大众大队建五金厂，厂房面积200平方米，蒋小龙担任厂长，全厂有职工15人。

11月，大众村域新建新华农机厂，徐水林担任厂长，全厂有职工13人。

是年，大众村域部分插队知识青年和安家落户人员开始返城。

是年，大众大队第9生产队办起集体大型养猪场，王金根担任场长。

是年，新华大队有6个生产队开始种植蘑菇，种植面积740平方米，采摘的蘑菇销往正仪供销社。

1980年

2月14—25日，大众大队党支部书记顾金木、新华大队党支部书记袁云根参加昆山县委举办的冬训班和三级干部会议，学习中共中央“让一部分人先富起来”的指示精神。

是月，按照党的政策，大众村域退还“文化大革命”期间被查封的地主、富农的房子，平反历史上的冤假错案，给地主、富农全部摘帽。

10月，袁云根卸任新华大队党支部书记，由顾秋根接任。

是年，大众大队民兵营被昆山县人民武装部表彰为1979年度民兵工作“三落实”先进单位。

是年，为落实中央《关于控制我国人口增长问题致全体共产党员、共青团员的公开信》和新《婚姻法》的内容，大众村域提倡晚婚晚育，一对夫妻只生一个孩子。村域内有30对夫妇积极响应，率先领取了独生子女证。

1981年

8月，第一次全国地名普查工作正式开展，普查内容包括地名来源、含义、历史变迁和地理位置。新华大队的陆凤根、大众大队的吴惠根参加了这项工作。

9月26日，大众大队的许明林，新华大队的陆凤根、陆云元参加正仪人民公社第九届人民代表大会第一次会议。

11月，大众村域各生产队推广稻麦套种的“免耕法”新技术，在水稻未收割前把麦种播在稻田中，大众大队、新华大队播种面积共2 000多亩。

是年，大众村域扩大蘑菇种植面积，大众大队、新华大队种植面积2.25万平方米。

是年，新华大队在各自然村之间加宽并铺设砂石路，共计2 000米，改变了以前泥土路的历史。

1982年

4月17日，大众大队的顾金木、新华大队的顾秋根参加正仪人民公社党员代表大会。

4月底，顾金木卸任大众大队党支部书记，由赵水根接任。

7月，第三次全国人口普查工作正式开展。此次全国人口普查结果显示，大众大队有314户1 342人，其中男性667人、女性675人；新华大队有216户773人，其中男性384人、女性389人。

是年，大众村域2个大队不再种植双季稻，恢复种植单季稻。

是年，大众大队建大队办公室，上下共10间办公室，总面积480平方米。

1983 年

3 月，大众村域各生产队分田到户，实行按人口划分口粮田和自留地。各生产队农田总亩数扣除口粮田、自留地，按劳动力平均划分责任田，按人头平均划分口粮田，由家庭联产承包。

6 月，大众村域内村民许明林、龚全元参加正仪乡第九届人民代表大会第三次会议。

是月，大众村域成立村民委员会。大众大队改为大众村，新华大队改为姚家港村，生产队更名为村民小组，生产队小队长更名为村民小组长。大众大队的许明林担任大众村村委会主任，新华大队的王黑男担任姚家港村村委会主任。

9 月，正仪乡敬老院成立，姚家港村的顾万青、大众村的朱连生成为第一批入住敬老院的村民。

10 月，姚家港村建姚家港木器厂，厂房 100 平方米，张三男担任厂长，全厂有职工 8 人。

12 月，大众村、姚家港村 230 人参与在傀儡湖南端开挖鱼塘的工程建设。

是年，大众村和姚家港村均成立肥药站，姚家港村肥药站由王水荣、陆根梅、王翠英负责，大众村肥药站由杜玉生、顾宝元、许本忠负责。

是年，为解决村办厂送货问题，大众村购买 3 吨卡车 1 辆，这是村里购买的第一辆汽车，驾驶员为赵金水。

1984 年

5 月，正仪乡傀儡湖水产养殖场扩建。大众村域由顾金泉、陆宗木带班，组织村民 20 多人参加挖土方、围鱼塘、建房屋、筑闸门等工作。

12 月，赵水根卸任大众村书记，由杜金发接任。

是月，姚家港五金厂创办，厂房面积 150 平方米，王招根担任厂长，全厂有职工 15 人。

是年，新华小学翻建，总面积 220 平方米，共 7 间房屋，其中 2 间作为姚家港村办公室。

1985 年

7 月 31 日晚—8 月 1 日凌晨，6 号台风过境带来狂风暴雨，雨量达 218.3 毫米，大众村域部分低洼田被淹。

9月10日，系国家第一个教师节。正仪乡在正仪电影院召开庆祝第一个教师节大会，大众村的许明林、姚家港村的王黑男率大众村域全体教师参加庆祝大会。

1986年

9月中旬，中共昆山县委书记毛阳青到大众村察看稻飞虱防治工作。

10月，大众村在杜家港村北新建一座排灌站，资金由正仪机电站、大众村村委会各投资50%，解决了大众村第9、第12村民小组及东北村部分农田排灌问题。高根生担任站长。

是月，大众村域姚家港村连接大众村路段的2 000米镇级简易公路建成。

是年，正仪乡人民政府无偿拨给大众村75马力发电机组1台，正仪电力站出资3万元进行全村线路改造，大众村成为全乡第一个自发电村，改善了村里经常因避高峰而停电的状况。

1987年

3月，大众村正式实行居民身份证制度。大众村的吴惠根、姚家港村的龚全元分别负责村民的姓名、出生年月日、家庭住址等信息采集工作。

11月，大众村党支部书记杜金发被正仪乡人民政府评为农业先进个人。

是年，大众村域掀起平房翻建楼房热，至年底，翻建楼房户约占农户总数的45%。

是年，经昆山县专家组考核验收，大众村、姚家港村被评为消灭血吸虫病达标村。

1988年

5月3—4日，凌晨，大众村域遭受狂风暴雨袭击，小麦、油菜受灾严重。

6月，正仪撤乡建镇，实行镇管村体制，姚家港村、大众村属正仪镇。

7月，新华农机二厂开业，厂址在姚家港自然村，徐水林担任厂长，全厂有职工28人。

8月25日，正仪邮电大楼建成，500门程控电话开通，完善了大众村、姚家港村的通信设备，大众村域结束手摇电话的历史。

10月，姚家港村、大众村村民中有1 251人领到第一代居民身份证。

1989 年

3 月 29—31 日，大众村党支部书记杜金发、姚家港村党支部书记顾秋根参加昆山县委、县政府召开的村级经济经验交流大会。

9 月 28 日，昆山撤县建市，大众村、姚家港村属昆山市正仪镇。

1990 年

3 月，大众木器厂创办，厂房 180 平方米，吴惠林担任厂长，全厂有职工 6 人。

是月，杜金发卸任大众村党支部书记，调任正仪漂染厂书记兼副厂长，吴惠根接任大众村党支部书记。顾秋根卸任姚家港村党支部书记，调任阳澄水泥厂副书记，王柏楠接任姚家港村党支部书记。

7 月，第四次全国人口普查工作正式开展。此次全国人口普查结果显示，姚家港村有 228 户 786 人，其中男性 394 人、女性 392 人；大众村有 329 户 1 331 人，其中男性 667 人、女性 664 人。

是年，正仪镇人民政府出资，对全长 3 000 米的大众村域镇级公路全面实施水泥路面硬化工程，以确保村民出行更方便、更安全。

1991 年

1 月 24 日，姚家港村党支部书记王柏楠、大众村党支部书记吴惠根出席正仪镇第八次党员代表大会。

4 月，吴惠根卸任大众村党支部书记，由曾培生接任。

7 月上旬，连降暴雨，外河水位高达 3. 84 米，超警戒水位 0. 64 米，大众村域百亩农田被淹，部分农户家中进水，村民全力抗灾，努力将损失降至最低。

10 月，沪宁高速公路土方工程启动，涉及大众村 74. 93 亩、姚家港村 150. 54 亩土地。

是年，大众村域成立老年协会，大众村的顾金木、姚家港村的吴惠良分别担任两村老年协会会长。

1992 年

4 月，农业产业结构调整，大众村域响应镇政府号召开挖鱼塘，发展水产养殖业，努力增加村级经济收入。

是年，大众村域农村养老保险（以下简称“农保”）工作全面启动。

是年，因沪宁高速公路建设需要，姚家港站（排灌站）被拆除，建造新华北站（排灌站）。

1993 年

1 月，大众村域 381 户村民通上自来水（深井水），由杜金木负责安装维护。

5 月，曾培生卸任大众村党支部书记，由蒋三林接任。

8 月，大众村域遭受洪涝灾害，水位仅次于 1954 年洪峰水位。姚家港村和大众村发动党员干部及村民进行抗灾抢险，两村 200 多人参加加固河堤工程，加高防洪圩堤 2 000 多米。

1994 年

1 月 26 日，姚家港村党支部书记王柏楠、大众村党支部书记蒋三林参加正仪镇第九次党员代表大会。

4 月 1 日，全面取消粮油计划供应，大众村域村民停止使用粮票、油票。

4 月，大众村域响应正仪镇党委号召，推进兴建村办农场，推行农业适度规模经营。土地实行两田分离，即农户种口粮田，人均 0.6 亩；种田能手种责任田，实行个人承包经营。

是年，姚家港村建造村办公楼，该办公楼建筑面积 480 平方米。

是年，姚家港村被中共昆山市委评为“‘五有六统一’农业规模服务合格村”和“‘六有十无’双文明村”。

是年，大众村域开始实施改厕工程。截至年底，大众村 104 户、姚家港村 68 户进行了改厕。

是年，大众村 748.63 亩耕地、姚家港村 624 亩耕地发包给大农户耕种。

1995 年

9 月，王柏楠卸任姚家港村党支部书记，由郁香清接任。

1996 年

10 月，蒋三林卸任大众村党支部书记，由杜引元接任。

10—11 月，大众村、姚家港村 350 户安装固定电话，占农户总数的 80%，两村基本实现“电话村”的目标。

1997 年

2 月 25 日，大众村党支部书记杜引元、姚家港村党支部书记郁香清参加正仪镇第十次党员代表大会。

6月30日，大众村域组织党员干部收看当晚举行的香港回归祖国交接仪式的电视实况转播节目。

8月20日，受11号台风影响，大众村域农作物受灾面积达1 800亩，当年粮食产量减少超过20%。

9月，郁香清卸任姚家港村党支部书记，由刘香元接任。

1998年

3月，大众村域发放农村集体土地承包经营权证书，经营权期限为1998—2028年。

4月，大众村域开展清家园、清村庄、清河道的“三清”工作。

7月，姚家港村被正仪镇人民政府评为“工业经济工作先进单位”。

10月，大众村域内进行农户房产确权，为每户办理房产证、土地证。

是年，大众村连续3年被正仪镇人民政府评为“征兵先进村”。

是年，大众村的杜引元被正仪镇老龄工作委员会（以下简称“正仪镇老龄委”）评为“老龄工作先进工作者”，姚家港村的徐夫妹被正仪镇老龄委评为“好媳妇”。

1999年

9月，大众村被昆山市民政局评为“村民自治模范村”。

是月，姚家港村老年活动室被正仪镇老龄委评为“先进活动室”。

是月，大众村、姚家港村共组织1 200多人收看澳门回归祖国交接仪式的电视实况转播节目。

12月，大众村域开通有线电视。当年，大众村完成入网228户，姚家港村完成入网117户。

是年，姚家港村的马金妹被正仪镇老龄委评为“敬老好儿媳”先进个人。

是年，大众村老年协会会长顾金木被正仪镇老龄委评为“老龄工作先进工作者”。

2000年

11月，第五次全国人口普查工作正式开展，大众村由蒋建良负责，姚家港村由刘炳福负责。此次全国人口普查结果显示，大众村有315户1 059人，姚家港村有 186 户 663 人。

2001 年

7 月 27 日，大众村籍治安联防队员沈香荣、袁建根在 312 国道正仪治安卡口抓获强奸、抢劫犯罪嫌疑人 2 人，获得苏州市见义勇为基金会奖励。

8 月 13 日，正仪镇党委、政府制定出台《关于正仪镇行政区域调整工作实施意见》，大众村、姚家港村合并，组建新的大众村。刘香元担任大众村党支部书记，周先明担任大众村村委会主任，刘炳福担任大众村经济合作社社长，蒋建良担任大众村村委会会计兼团支部书记，许花珍担任大众村妇女主任，周建龙担任大众村民兵营长兼治保主任。

12 月 26 日，大众村籍治安联防队员沈香荣在 312 国道正仪治安卡口协助昆山市公安局民警抓获在逃犯罪嫌疑人 1 人，再次获得苏州市见义勇为基金会奖励。

2002 年

10 月，大众村获“正仪镇征兵先进单位”荣誉称号。

是年，张学明经营的昆山达华人造板机器制造有限公司被中共昆山市委授予“民营企业纳税大户”称号。

是年，大众村建起公共厕所 19 座，同时完成改厕工作。自 1994 年至 2002 年年底，全村有 444 户装上抽水马桶。

2003 年

4 月，大众村首批农村基本养老金发放，60 周岁老人每人每月可领 100 元，70 周岁以上老人每人每月可领 130 元，全村 158 人受益。

5 月 7 日，大众村成立预防和控制“非典”工作领导小组，配备工作人员，对村民每天进行体温测量。

7 月，因建设苏昆太高速公路工程，大众村南杜家港、北杜家港自然村整体动迁，村民被安置在正仪嘉馨花园。

12 月，昆山市区划调整，撤销正仪镇建制，以娄江河为界，娄江河以北划归巴城镇，娄江河以南 7 个村划归玉山镇，大众村属玉山镇管辖。

是年，大众村对村内失地农户实行每亩责任田补偿 300 元，每亩自留地补偿 600 元，每亩口粮田补偿 900 元的土地补偿政策。

2004 年

4 月，大众村开始推行社保、医保制度改革，村域内符合条件的村民踊跃参保。

6 月，大众村按政策对失地农户实施新补偿办法，责任田每亩补偿 400 元，自留地每亩补偿 800 元，口粮田每亩补偿 1 200 元。

是年，大众村全面实施道路、河道村级保洁工作，村域内配备河道保洁及道路保洁人员各 6 名。

2005 年

是年，大众村在正仪燕桥浜路建造标准厂房 2 000 多平方米，用于出租，以便增加村级集体经济收入。

是年，大众村在东黄渎村张学明家开设老年活动室，供老年人休闲活动。活动室配备有电视机、录像机、棋牌桌等设施。

2006 年

1 月，国家实行免征农业税政策，农民承包土地不再上缴农业税，大众村告别千百年来种田缴税的历史。

12 月 31 日，大众村开展第三次经济普查工作，普查行业范围包括农作物、林业、畜牧业、渔业和农牧服务业。大众村的蒋建良负责具体的普查工作。

2007 年

11 月，大众村党总支部委员会成立，书记为刘香元。党总支下设 2 个党支部，第一党支部书记为周先明，第二党支部书记为刘炳福。

是年，大众村的张素珍出席昆山市第十五届人民代表大会。

2008 年

1 月，连降暴雪，地面积雪 30 厘米，大众村域部分简易房、棚倒塌，村干部组织村民清除道路、桥梁积雪，并动员村民从危房撤离。

5 月 12 日，四川汶川发生 8.0 级大地震，大众村党员纷纷通过交纳特殊党费、捐衣捐物支援地震灾区。

12 月，刘香元卸任大众村党总支书记，调任景村村党总支书记。大众村党总支书记由周先明接任。

2009 年

是年，大众村的蒋建良参加第二次全国土地普查工作。

是年，大众村办公室租给大公小学，村办公室搬迁至原姚家港村办公室，至 2019 年年底未变。

2010 年

1 月，昆山市公交 204 路正式通车，在大众村域设立 4 个公交车站。

6 月，大众村试行机械化插秧。

10 月，第六次全国人口普查工作正式开展，刘炳福担任普查组组长，大众村调查本地人口、外来人口和二者之比及人口居住密度等数据，本地人口的常规统计也同步进行。

11 月，大众村组织第十届村民委员会换届选举，刘炳福当选大众村村委会主任，兼任大众村经济合作社社长。

是年，大众村建造村办公及公共服务用房，建筑面积为 468 平方米。

2011 年

1 月，大众村成立文艺宣传队，吴惠根担任队长，队员有刘全英、陆惠宝、吴惠花、徐密英、吴林花、周金娥、黄月芳、张小妹、沈荣花、黄富英 10 人。

3 月，大众村被昆山市国土资源局评为“土地执法示范村”。

是月，大众村被苏州市司法局评为“人民调解示范村”。

5 月，大众村范家沙自然村整体动迁，村民被安置在南星渎仁心苑新居。

12 月，大众村党总支坚持“三会一课”学习制度，被昆山高新区党工委评为学习型先进党组织。

2012 年

7 月，大众村建起农家书屋，面积为 50 平方米，存放图书 1 000 多册，供村民借阅。

9 月，大众村东黄渎、西黄渎、南浜、黄字圩 4 个自然村整体动迁，村民被安置在南星渎礼和苑、义和苑 2 个小区。

10 月，大众村党总支组织 54 名党员集中收看中共十八大开幕会电视实况转播。

12 月，昆山大华机器制造公司总经理张学明捐资 5 万多元，为大众村所有

70 周岁以上老人每人发放 200 元春节慰问金。

是年，大众村配合农房动迁，对全村 75 周岁以上老人免费安排过渡房居住，安置地点在南浜、金屋里 2 个自然村。

2013 年

10 月，昆山市 202 路公交车开通，在大众村域设 4 个公交车站。

12 月，大众村被苏州市司法局评为“人民调解示范村”。

是月，昆山高新区开展第三次经济普查工作，普查内容为单位基本属性、从业人员、生产经营情况、生产能力、能源、主要资源消耗和科技活动等。大众村普查工作由刘炳福负责。

2014 年

春初，大众村组织党员干部开展“三评三讲”星级文明新风户评选活动，全村评选出星级文明新风户 5 户。

仲春，大众村建成廉政展览室、远程教育室、农家书屋“三大”文化教育阵地，活动室每日开放。

9 月，姚家港、金屋里南浜、金屋里北浜、马家湾 4 个自然村整体动迁，村民被安置在南星渎礼和苑、美丰苑小区。

2015 年

5 月，大众村草绿港自然村动迁 13 户，村民搬迁至南星渎礼和苑、美丰苑小区。

是年，大众村配合第二次地名普查工作，对村域内地名、路名、桥名等全面调查，刘炳福、郁程芳参与此次普查工作。

2016 年

12 月，周先明卸任大众村党总支书记，由刘炳福接任。

2017 年

1 月，村级河道实行河长制，负责村域内河道水环境整治清理工作，刘炳福担任大众村河长。

3 月，大众村小黄泾、周家埭 2 个自然村整体动迁，村民分别被安置在南星渎义和苑、美丰苑、礼和苑 3 个小区。

8 月 10 日，为响应昆山市人民政府和昆山高新区管委会的部署，大众村开展“百日行动”，对生产安全、环境卫生、生态文明建设等进行专项整治。

10 月 18 日，大众村党总支组织全体党员集体收看中共十九大开幕会电视实况转播。

是年，大众村响应昆山市人民政府号召，开展“263”（二减、六治、三提升）环境整治行动，对不符合环保要求的企业进行整顿。

是年，大众村被昆山市精神文明建设委员会评为“文明村”，获得昆山高新区党工委、管委会颁发的“环境整治优胜”奖。

2018 年

4 月，大众村党总支组织全体党员赴苏州革命博物馆、新四军太湖游击队纪念馆参观学习，重温入党誓词，开展“不忘初心、牢记使命”主题教育。

11 月，刘炳福卸任大众村党总支书记，由金芳接任。

是年，昆山市公交 158 路公交车通车，在大众村域设 3 个停靠车站。

是年，大众村复耕土地 94.15 亩，并于当年耕种。

2019 年

5 月，大众村党总支组织全体党员赴沙家浜革命历史纪念馆参观学习，接受革命传统教育。

是月，大众村在中华园路向南至美丰路口长 2 千米的镇级公路上安装路灯，并于 8 月 2 日竣工。晚上，55 盏路灯齐放光芒，美化了该路段。

是月，大众村成立“扫黑除恶”专项斗争领导小组，由村党总支书记金芳担任组长，村委会主任周建龙担任副组长，明确分工，责任到人。

7 月，大众村党总支组织党员干部 30 人到昆山高新区观看“扫黑除恶”专项斗争图片展览。

是月，大众村动迁至正仪嘉馨花园的 100 多户村民家庭安装天然气管道。

9 月 11 日，昆山高新区党工委任命的大众村党总支副书记杨俊到村履职。

9 月 30 日，大众村党总支组织与中华人民共和国同龄的 25 名村民，在村部院内举行升国旗仪式，庆祝中华人民共和国成立 70 周年。

2020 年

1 月 15 日，中共昆山市委常委、昆山高新区党工委书记管凤良在大众村党总支书记金芳的陪同下，慰问村域内老党员袁云根。

1 月 29 日，大众村组织开展抗击新型冠状病毒（以下简称“新冠病毒”）行动，村“两委”严格执行昆山市和昆山高新区的抗疫要求，党员干部带头执勤，对村民和外来人员进出小区登记检查、测量体温，并要求戴好口罩。

6 月 9 日，大众村完成全村 797 人征地折算社保工作。

9 月，马燕翔参加第七次全国人口普查工作。此次全国人口普查结果显示，大众村户籍人口 1 810 人，其中男性 895 人、女性 915 人。

10 月，大众村于 6 月开始动工翻建的新华桥竣工。

是月，大众村创建“四星级档案工作室”通过江苏省档案馆验收。

12 月 5 日，大众村召开党员大会，换届选举产生新一届党总支委员会。选举金芳为党总支书记，周建龙、杨俊为副书记，马燕翔、支多男为党总支委员。

12 月，昆山高新区党工委任命郁程芳为大众村团支部书记、张亚城为大众村治保主任。

是月，大众村团支部被昆山高新区共青团工委命名为“五四”红旗团委（团支部）。

是年，大众村党总支获评昆山高新区党工委“2020—2021 年度基层党员冬训优秀党组织”。

是年，大众村被昆山市扫黑除恶专项斗争领导小组办公室命名为“‘无黑’（村）社区”。

是年，通过农村集体经济组织赋码登记工作，大众村农村社区股份合作社变更为昆山市玉山镇大众村股份经济合作社。

第一章　建制区划

大众村位于昆山高新区（玉山镇）西南 10 千米，东南与群星村和南星渎村接壤，西与燕桥浜村相邻，北靠娄江河，东西最长 1. 4 千米，南北最长 2. 9 千米，面积为 4. 06 平方千米。1949 年前，大众村域属昆山县真义乡。1949 年，昆山解放后，大众村域属昆山县正仪区正仪乡。1950 年 11 月，大众村域 5 个联村属昆山县正仪区新北乡。1958 年 9 月，大众村域设大众、新华 2 个大队，属正仪人民公社。1983 年 6 月，大众村域的大众大队、新华大队分别改设为大众村和姚家港村，2 个村共辖 29 个村民小组。2001 年 8 月，大众村和姚家港村合并，组建成新的大众村，大众村域有范家沙、金屋里南浜、金屋里北浜、马家湾、姚家港、小黄泾、黄字圩、草绿港、南杜家港、北杜家港、周家埭、陈堂浜、东黄渎村、西黄渎村、南浜、湾里、古黄里 17 个自然村。2003 年 12 月，撤销正仪镇，大众村划归玉山镇管辖。至 2017 年，大众村域的 17 个自然村先后整体动迁，自然村全部消失。2019 年年底，大众村党总支、村委会办公地仍为原姚家港村委会办公地。

第一节　建制沿革

一、村名由来

大众村村名，最早来自农业合作化。1954 年秋，昆山县正仪区新北乡九联村属下西黄渎村、南浜、湾里 3 个自然村在常年互助组的基础上，组建初级社，起名为大众初级社，社长为胡阿大，这是村域内建立的第一个初级社。同期，由昆山县正仪区新北乡八联村属下东黄渎村成立民主初级社，陈堂浜、周家埭 2 个自然村成立幸福初级社。1956 年，大众、民主、幸福、新港 4 个初级社合并，建立高级社，沿用大众名，即大众高级社。1958 年 9 月，正仪人民公社成立后，大众高级社改为大众大队。1983 年 6 月，全国恢复乡村建制后，生产大队都改为行政村建制，大众大队随即改设为大众村。2001 年 8 月，大众村与姚家港村合并，建立新的大众村。2003 年，昆山市撤销正仪镇，原正仪镇娄江河以南区域划归玉山镇管辖，娄江河以北区域划归巴城镇管辖，大众村域属玉山镇，大众村名未改，至 2019 年一直未变。

二、历史沿革

1912 年前，大众村域属新阳县信义镇。1912 年，新阳县并入昆山县，信义镇改名真义乡，属昆山县管辖。大众村域属昆山县真义乡。1929 年，试行区、乡（镇）制，真义乡与南星乡并为第八区，大众村域属昆山县第八区真义乡。1934 年，昆山按百户以上村庄设为乡，百户以上集市设为镇，改设 8 个区 65 个乡镇。真义乡改称真义镇，属第七区管辖。大众村域属昆山县第七区真义镇。1947 年 2 月，昆山县实行新县制，划为 3 个区 8 个直属乡镇，真义镇划归张浦区管辖。同年 9 月，撤销区级建制，真义改为县属乡，大众村域属昆山县真义乡。

1949 年，昆山解放后，7 月，建立中国共产党领导的区、乡（镇）人民政府，真义改名正仪，设正仪区，辖正仪、高墟、南星、城南（含小潭和乐港 2 个村）4 个乡。大众村域属昆山县正仪区正仪乡。1950 年 11 月，昆山全县改划小乡，正仪区原 4 个乡分为 10 个小乡，正仪乡分设新北乡，大众村域属昆山县正仪区新北乡。

1956 年 3 月，正仪区与巴城区合并为环城区。9 月，撤区并乡，新北乡重新并入正仪乡，辖 31 个高级社。大众村域内建立大众高级社、新华高级社，均属正仪乡管辖。1958 年 9 月，撤销正仪乡，建立工农商学兵五位一体、政社合一的正仪人民公社。按军事建制，把原来 31 个高级社编为 13 个营，高级社改称为连。大众村域属正仪人民公社第 10 营。1959 年 2 月，取消军事化编制，实行人民公社、大队、生产队“三级所有，队为基础”的体制，原正仪人民公社第 10 营所辖大众连和新华连，分别恢复为大众大队和新华大队。

1983 年 6 月，恢复乡村建制，正仪人民公社改设为正仪乡，以生产大队为基础建立 30 个行政村，辖 319 个生产队。翌月，生产队改建为村民小组。大众村域的大众大队和新华大队分别改设为大众村和姚家港村，均属正仪乡。1988 年，正仪乡撤乡建镇，大众村和姚家港村属正仪镇。

2001 年 8 月，大众村和姚家港村合并，建立新的大众村，村域范围内包括 17 个自然村。2003 年 12 月，撤销正仪镇，原正仪镇娄江以南地区划入玉山镇，娄江以北地区划入巴城镇。大众村改属玉山镇，下辖 17 个村民小组。2012 年，大众村属昆山高新区（玉山镇），至 2019 年年底未变。

第二节 境域区划

一、村域四至

2001年，大众村和姚家港村合并，建立新的大众村。新的大众村位于昆山玉山镇西南部，东南与群星村和南星渎村接壤，西与燕桥浜村相邻，北靠娄江，村域面积4.06平方千米，下辖29个村民小组，有17个自然村。大众村村委会设在金屋里南浜西侧。2003年后，大众村隶属昆山玉山镇管辖，下辖17个村民小组，村域四至和管辖区域均未变。

二、村域区划

1949年，大众村域涵盖昆山县新北乡（小乡）的五、六、七、八、九5个联村，辖15个自然村。(表1-1)

表1-1 1949年大众村域5个联村情况表

联村名	所辖自然村	村长	农委主任
五	草绿港、金屋里南浜、金屋里北浜、马家湾	王金林	吴惠良
六	小黄泾、姚家港、黄字圩	王白狗	陆金生
七	南杜家港、北杜家港	顾金木	杜全林
八	周家埭、陈堂浜、东黄渎村	吴雪根	张根福
九	西黄渎村、南浜、湾里	胡阿大	曾金土

20世纪50年代初期，随着互助合作化的推进，大众村域先后建起25个互助组、7个初级社和2个高级社。20世纪50年代末，随着人民公社体制的建立，

大众村域 2 个高级社改设为 2 个生产大队，即大众大队和新华大队。

1983 年，恢复建立乡村体制后，大众村域新华大队和大众大队改建为姚家港村和大众村 2 个行政村。2 个行政村以 29 个生产队为基础，改设为 29 个村民小组，其中姚家港村有 13 个村民小组，大众村有 16 个村民小组。2001 年，姚家港村和大众村合并，建立新的大众村。同时，对原来的村民小组进行调整合并。2003 年，29 个村民小组改设为 17 个村民小组，至 2019 年年底未变。(表 1-2、表 1-3)

表 1-2　大众村各时期村域区划情况表

合作化时期			自然村	2019 年年底	2001 年区域调整前			区域调整后	
						村民小组			
互助组数	初级社名	高级社名		组别	村名	组数	组别	组数	组别
11	—	—	范家沙	1	姚家港	2	1、11	1	1
	红卫	新华	金屋里南浜	2		2	2、12	1	2
			金屋里北浜	3		2	3、13	1	3
	向阳		马家湾	4		1	5	1	4
			姚家港	5		2	6、7	1	5
	新华		小黄泾	6		2	8、10	1	6
			黄字圩	7		1	9	1	7
			草绿港	8		1	4	1	8
14	新港	大众	南杜家港	9	大众	2	10、14	1	9
			北杜家港	10		2	9、12	1	10
	幸福		周家埭	11		2	8、15	1	11
			陈堂浜	12		1	7	1	12
	民主		东黄渎村	13		4	5、6、11、13	1	13
	大众		西黄渎村	14		1	4	1	14
			南浜	15		1	3	1	15
			湾里	16		2	2、16	1	16
	—	—	古黄里	17		1	1	1	17

表 1-3　大众村域调整变化情况表

年份	隶属	区划	下辖自然村
1949	正仪乡、新北乡	五至九联村	金屋里南浜、金屋里北浜、马家湾、草绿港、姚家港、小黄泾、黄字圩、南杜家港、北杜家港、周家埭、陈堂浜、东黄渎村、西黄渎村、南浜、湾里
1956	正仪乡	大众高级社	南杜家港、北杜家港、周家埭、陈堂浜、东黄渎村、西黄渎村、南浜、湾里、古黄里
		新华高级社	范家沙、金屋里南浜、金屋里北浜、马家湾、姚家港、小黄泾、黄字圩、草绿港
1959	正仪人民公社	大众大队	南杜家港、北杜家港、周家埭、陈堂浜、东黄渎村、西黄渎村、南浜、湾里、古黄里
		新华大队	范家沙、金屋里南浜、金屋里北浜、马家湾、姚家港、小黄泾、黄字圩、草绿港
1983	正仪乡	大众村	南杜家港、北杜家港、周家埭、陈堂浜、东黄渎村、西黄渎村、南浜、湾里、古黄里
		姚家港村	范家沙、金屋里南浜、金屋里北浜、马家湾、姚家港、小黄泾、黄字圩、草绿港
1988	正仪镇	大众村	南杜家港、北杜家港、周家埭、陈堂浜、东黄渎村、西黄渎村、南浜、湾里、古黄里
		姚家港村	范家沙、金屋里南浜、金屋里北浜、马家湾、姚家港、小黄泾、黄字圩、草绿港
2001	正仪镇	大众村	范家沙、金屋里南浜、金屋里北浜、马家湾、姚家港、小黄泾、黄字圩、草绿港、南杜家港、北杜家港、周家埭、陈堂浜、东黄渎村、西黄渎村、南浜、湾里、古黄里
2003	玉山镇	大众村	自然村未变

第三节　撤并村概况

一、大众村

大众村位于正仪镇东南1.4千米，东沿古城中路与姚家港村相邻，南与原东北村、明星村相连，西接明星村，北枕娄江河。村域面积为2.2平方千米。

2000年，大众村辖南杜家港、北杜家港、周家埭、陈堂浜、东黄渎村、西黄渎村、南浜、湾里、古黄里9个自然村。大众村下设16个村民小组。全村户籍315户，人口1 059人，耕地2 631.3亩。村域内南北有苏昆太高速公路、西姚家港河，东西有镇级公路穿村而过。是年，村级总收入101万元，人均5 255元。大众村荣获“昆山市村民自治模范村”称号。

1956年3月，成立大众高级社，下辖9个自然村。1959年2月，改为大众大队，所辖自然村未变，有16个生产小队。1983年，政社分设，更名为大众村，村委会所在地为东黄渎自然村。2001年，建制村撤并调整，姚家港村并入，组建新的建制村，新的建制村仍取名大众村。

二、姚家港村

姚家港村位于正仪镇东南3千米，东与原群南村接壤，南与原方向村、郁港村、五四村为界，西沿古城中路与老大众村相连，北至原大众村周家埭自然村。村域面积为1.86平方千米。

2000年，姚家港村辖范家沙、金屋里南浜、金屋里北浜、马家湾、姚家港、小黄泾、黄字圩、草绿港8个自然村。姚家港村下设13个村民小组。全村户籍186户，人口633人，耕地1 632.1亩。村域内南北有姚家港河，东西有沪宁高速、青龙港河穿村而过。是年，村级总收入为 89 万元，人均收入为 5 125 元。姚家港村先后获昆山市“‘五有六统一’农业规模服务合格村”和“‘六有十无’双文明村”称号。

姚家港村的前身为新华大队。1956 年 3 月，成立新华高级社，下辖 8 个自然村，1959 年 2 月，改为新华大队，所辖自然村未变，有 13 个生产小队。1983 年，政社分设，更名为姚家港村，村委会所在地为金屋里南浜自然村。2001 年，建制村撤并调整，姚家港村与原大众村合并，组建新的建制村，新的建制村取名大众村。

第四节　自然村

根据昆山历代地方志记载，在中华人民共和国成立前，范家沙、金屋里南浜、金屋里北浜、马家湾、姚家港、小黄泾、黄字圩、草绿港、南杜家港、北杜家港、周家埭、陈堂浜、东黄渎村、西黄渎村、南浜、湾里、古黄里这 17 个自然村都已形成。为了便于村民生活取水和利用船只水上通行，大众村域的自然村都建在河岸两侧。自然村与自然村之间距离一般都在 1~2 千米之间，中间有耕地或河塘湿地相隔，这样的村落布局，方便村民相互往来。村民拥有的耕地，一般都在居住村落周围，种田劳作路途较短，便于农业耕作。

20 世纪 50—70 年代，大众村域的自然村变化比较缓慢。1978 年后，随着改革开放和经济社会发展的加快，村民生活条件有较大的变化，村民自建房多了，草房改瓦房，平房改楼房，在自然村面貌有很大改变的同时，村落规模也有扩大。

2003 年，新的大众村划归玉山镇管辖后，加快了农村城镇化步伐。根据玉山镇建设规划和部署，村域内的 17 个自然村先后整体动迁。2017 年，随着最后一批村民房屋的动迁，大众村域的自然村全部消失，村民被集中安置在居住小区。

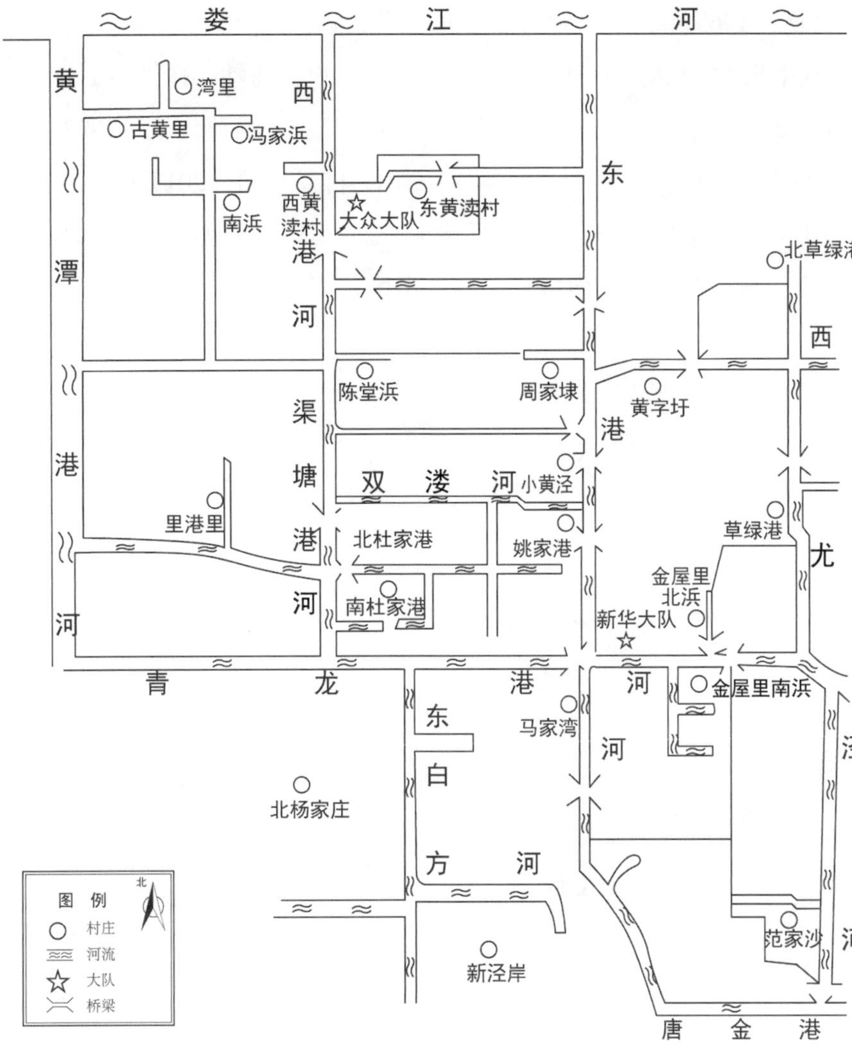

1983年前大众村域自然村分布草图

一、范家沙

村庄位于大众村最南端，东至南星渎小学，南至唐金港河，西至金家浜，北至金屋里南浜，占地10 015平方米，属大众村第1村民小组。

传说，清朝时苏州开米行的范姓一户人家到该地购买粮田和建造房屋，遂起名范家沙。1949年前，该村属新阳县朱塘区真义乡；中华人民共和国成立后，属昆山县正仪区正仪乡；1950年，划归正仪区新北乡；初级社时，划归新南乡；高级社时，属正仪乡新华高级社；人民公社时，属正仪人民公社新华大队第1、第11生产队。1965年，范家沙自然村属新华大队，为第1生产队。该村有18户112人，其中男性57人、女性55人；有范姓16户，杨姓、顾姓各1户。该村有耕地270.1亩，其中旱地11亩，以种植水稻、三麦、油菜为主。1983年，新华大队改为姚家港村后，属姚家港村第1、第11村民小组。2011年，该村动迁时有25户91人，其中楼房户21户、平房4户。姓氏中以范姓居多，动迁征用土地284.2亩，村民被安置在南星渎仁心苑小区。

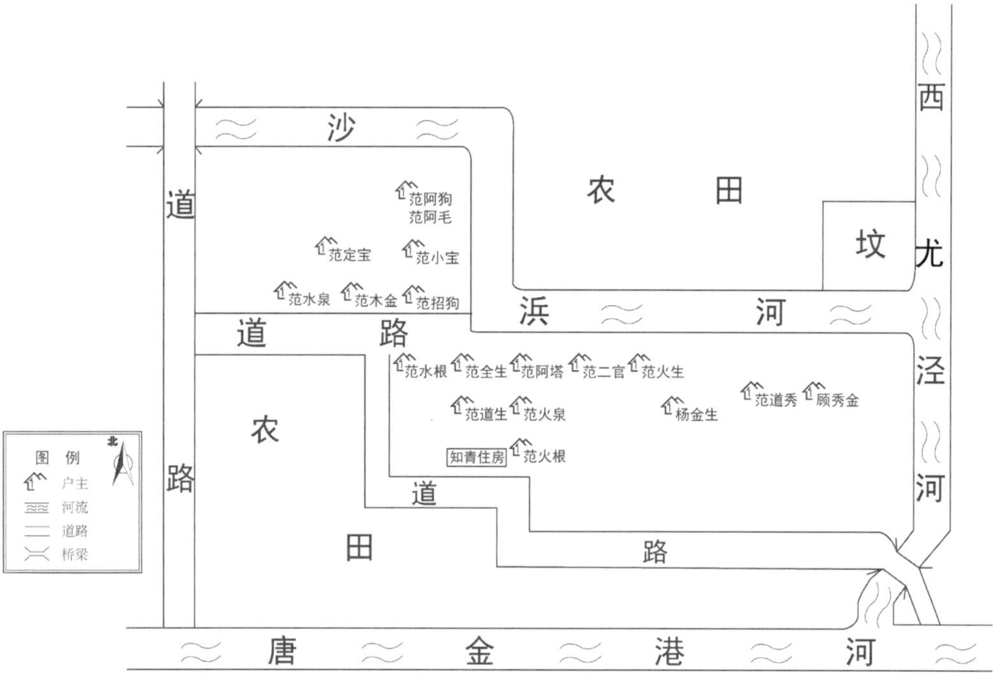

20世纪六七十年代范家沙村民住宅分布平面图

二、金屋里南浜

村庄位于大众村村委会东边，东至西尤泾河，南至美丰路，西至大众村村部，北靠青龙港河，占地11 700平方米，属大众村第2村民小组。

传说，从前金姓一户人家到该地购买土地，开设马场，起名金家浜。建造房屋后，该村被命名为金屋里南浜。1949年前，该村属新阳县朱塘区真义乡五联村；中华人民共和国成立后，属昆山县正仪区正仪乡；1950年，划归正仪区新北乡；初级社时，属红卫初级社；高级社时，属新华高级社；人民公社时，属正仪人民公社新华大队第2、第12生产队。1965年，金屋里南浜自然村属新华大队，为第 2 生产队。该村有 12 户 112 人，其中男性 63 人、女性 49 人；有陆姓 6 户，王姓 5 户，陈姓 1 户。全村有 2 户村民住草房，10 户村民住平瓦房。该村有耕地 251.2 亩，其中旱地 11.2 亩，以种植水稻、三麦、油菜为主。1983 年，新华大队改为姚家港村后，属姚家港村第 2、第 12 村民小组。2014 年，该村动迁时有 35 户 144 人，其中楼房 23 户、平房 12 户。姓氏中以陆姓居多。2014 年，昆山高新区建造景村路征用土地，村民被安置在南星渎礼和苑、美丰苑小区。

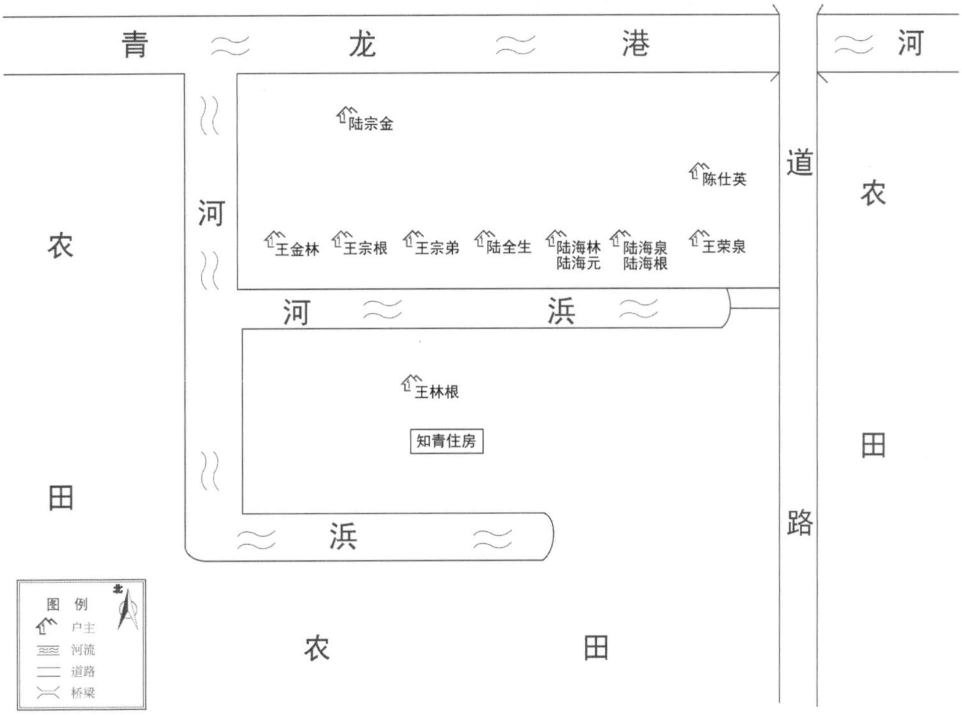

20 世纪六七十年代金屋里南浜村民住宅分布平面图

三、金屋里北浜

村庄东至西尤泾河，南至青龙港河，西至镇级公路，北至沪宁高速公路，占地 9 014 平方米，属大众村第 3 村民小组。

传说，古时已有金屋里南浜，后人遂为该村起名为金屋里北浜。1949 年前，该村属新阳县朱塘区真义乡五联村；中华人民共和国成立后，属昆山县正仪区正仪乡；1950 年，划归正仪区新北乡；初级社时，属红卫初级社；高级社时，属新华高级社；人民公社时，属正仪人民公社新华大队第 3、第 13 生产队。

1965 年，金屋里北浜自然村属新华大队，为第 3 生产队。村庄位于新华大队东北侧。该村有 19 户 108 人，其中男性 53 人、女性 55 人；有陆姓 10 户，周姓 4 户，庄姓 3 户，王姓、吴姓各 1 户。全村 3 户村民住草房。该村有耕地 236.5 亩，其中旱地 10.8 亩，以种植水稻、三麦、油菜为主。1983 年，新华大队改为姚家港村后，属姚家港村第 3、第 13 村民小组。2014 年，该村动迁时有 26 户 116 人，其中楼房 24 户、平房 2 户。姓氏中以陆姓居多。2014 年，昆山高新区建造景村路征用土地，村民被安置在南星渎礼和苑、美丰苑小区。

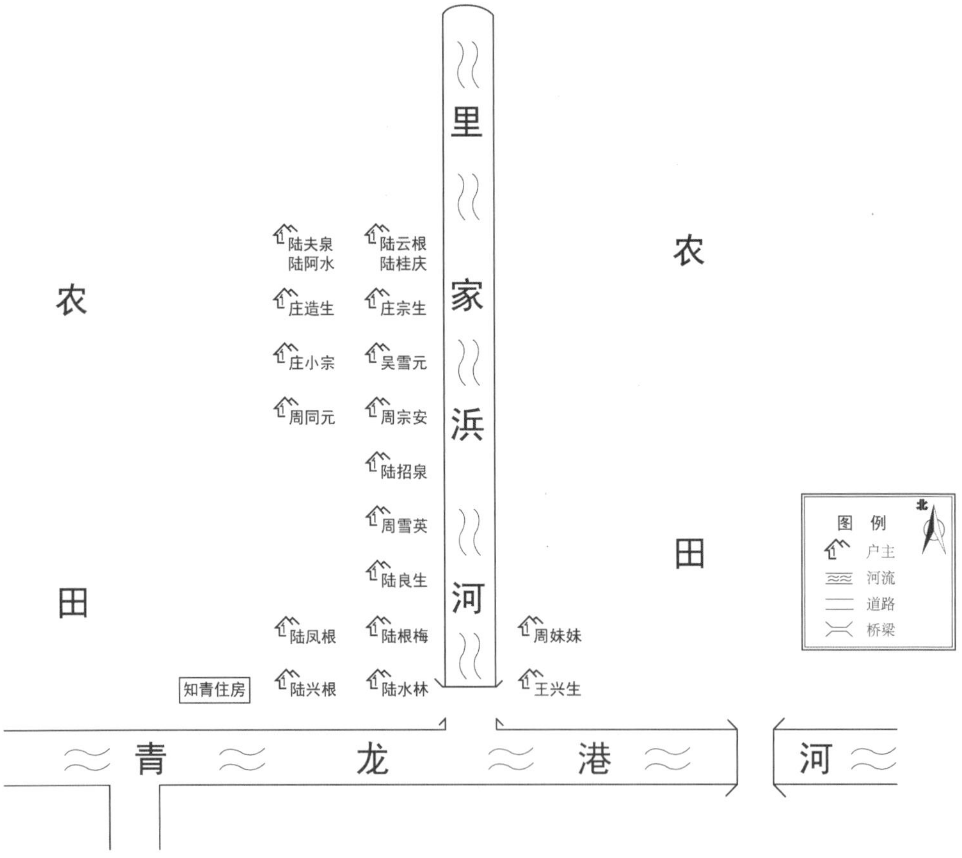

20 世纪六七十年代金屋里北浜村民住宅分布平面图

四、马家湾

村庄东至大众村村部，南至天环冷库，西至古城路，北至青龙港河，占地 4 012 平方米，属大众村第 4 村民小组。

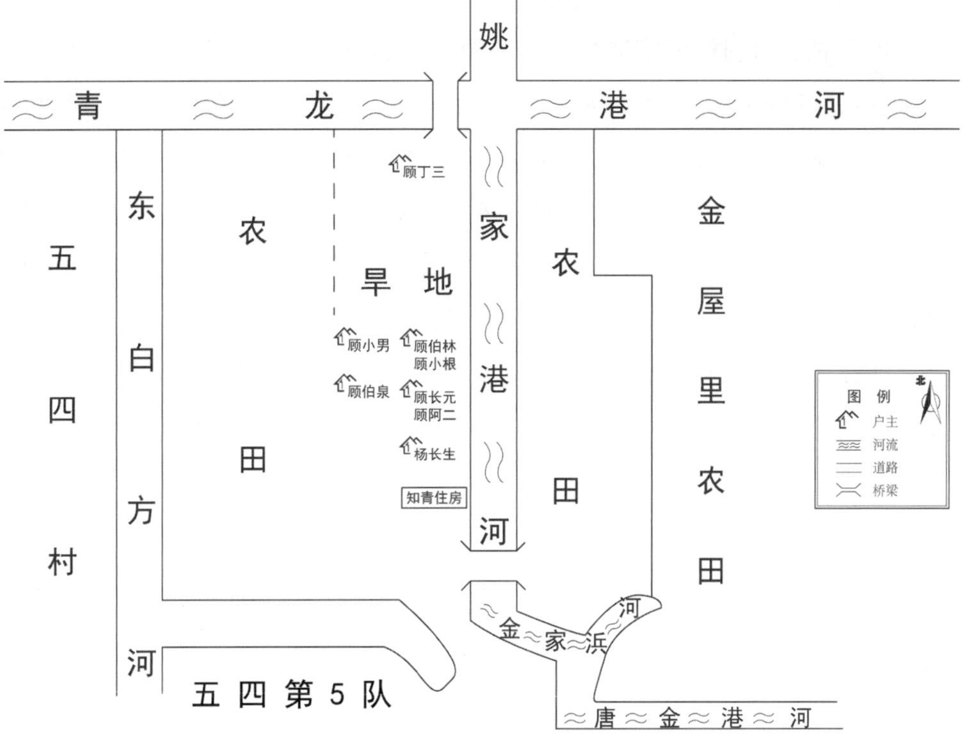

20世纪六七十年代马家湾村民住宅分布平面图

传说，20世纪初，有一马姓老太太居住在该地，遂取名马家湾村。1949年前，该村属新阳县朱塘区真义乡五联村；中华人民共和国成立后，属昆山县正仪区正仪乡；1950年，划归正仪区新北乡；初级社时，属向阳初级社；高级社时，属新华高级社；人民公社时，属正仪人民公社新华大队第5生产队。1965年，马家湾自然村属新华大队，为第5生产队。该村有8户52人，其中男性27人、女性25人；有顾姓7户，杨姓1户。全村有1户村民住草房，7户村民住平瓦房。该村有耕地125.9亩，其中旱地5.2亩，以种植水稻、三麦、油菜为主。1983年，新华大队改为姚家港村后，属姚家港村第5村民小组。2014年，该村动迁时有15户54人，其中楼房11户、平房4户。姓氏中以顾姓居多。动迁时，该村被征用土地108.4亩，村民被安置在南星渎礼和苑、美丰苑小区。

五、姚家港

村庄东至镇级公路，南至青龙港河，西至双溇河，北至小黄泾村，占地

7 203 平方米，属大众村第 5 村民小组。

1949 年前，该村叫汪家港村，后改为姚家港村；1949 年前，属新阳县朱塘区真义乡六联村；中华人民共和国成立后，属昆山县正仪区正仪乡；1950 年，划归正仪区新北乡；初级社时，属向阳初级社；高级社时，属新华高级社；人民公社时，属正仪人民公社新华大队第 6、第 7 生产队。1965 年，姚家港自然村属新华大队，为第 6、第 7 生产队。该村有 27 户 138 人，其中男性 71 人、女性 67 人；有徐姓 5 户，王姓、钱姓各 3 户，方姓、马姓、吴姓、朱姓、唐姓、陆姓、袁姓各 2 户，龚姓、季姓各 1 户。全村有 6 户村民住草房。该村有耕地 277. 7 亩，其中旱地 12. 7 亩，以种植水稻、三麦、油菜为主。1983 年，新华大

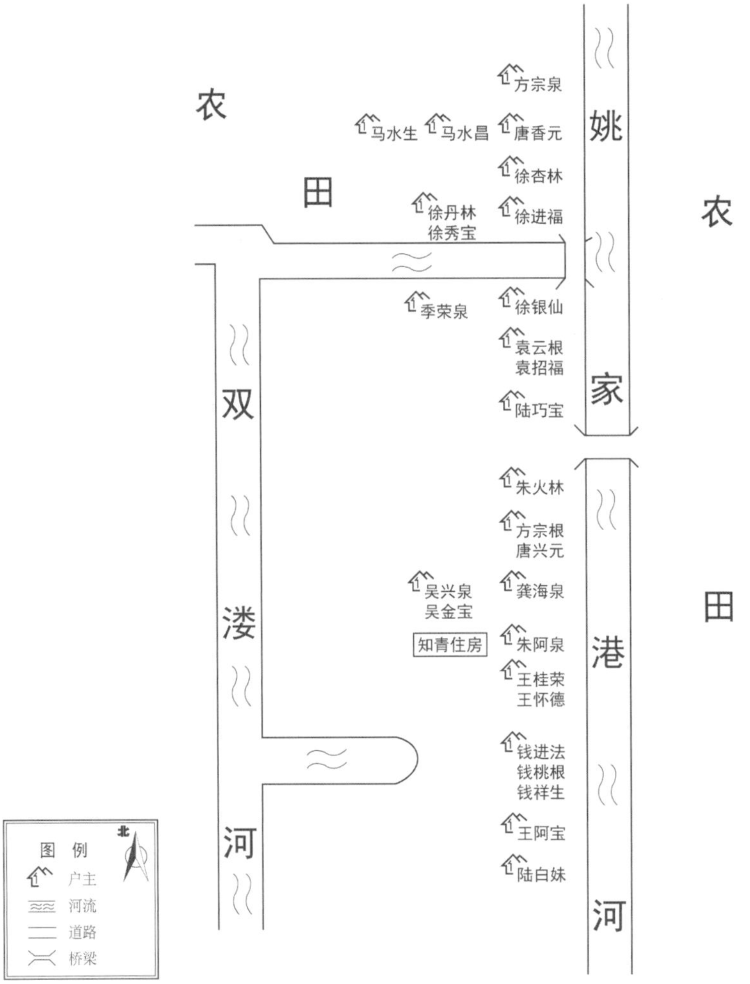

20 世纪六七十年代姚家港村民住宅分布平面图

队改为姚家港村后，属姚家港村第 6、第 7 村民小组。2014 年，该村动迁时有 31 户 102 人，其中楼房 26 户、平房 5 户。姓氏中以徐姓居多。动迁时，该村被征用土地 241.1 亩，村民被安置在南星渎礼和苑、美丰苑小区。

六、小黄泾

村庄东至镇级公路，南至姚家港自然村，西至双溇河，北至周家埭村，占地 8 537 平方米，属大众村第 6 村民小组。

传说，古时有一商人刘锡桂，从南京移居至此，取名刘家里，后因刘家里北面有一条东西横向的小河，又易名小横泾。昆山方言中，“横”与“黄”同

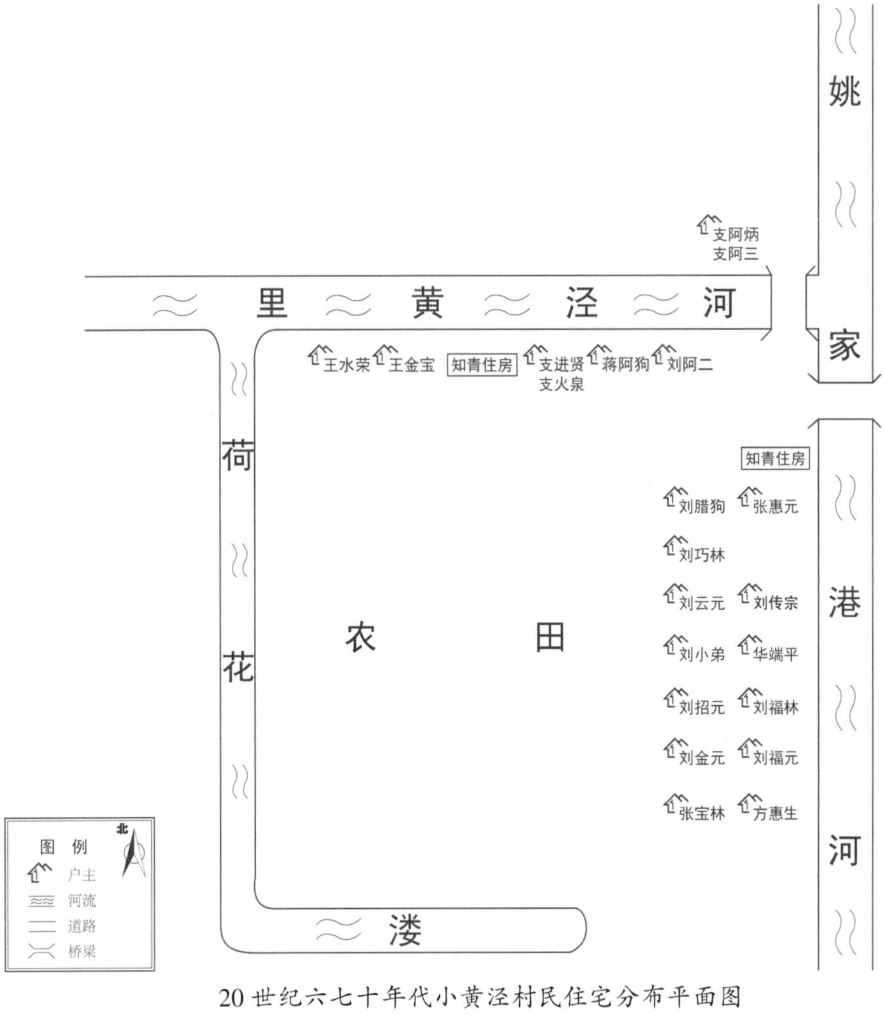

20 世纪六七十年代小黄泾村民住宅分布平面图

音，此处遂称小黄泾。1949年前，该村属新阳县朱塘区真义乡六联村；中华人民共和国成立后，属昆山县正仪区正仪乡；1950年，划归正仪区新北乡；初级社时，属新华初级社；高级社时，属新华高级社；人民公社时，属正仪人民公社新华大队第8、第10生产队。1965年，小黄泾自然村属新华大队，为第8、第10生产队。该村有21户127人，其中男性67人、女性60人；有刘姓10户，支姓4户，王姓、张姓各2户，蒋姓、华姓、方姓各1户。该村有耕地339.5亩，其中旱地11.8亩，以种植水稻、三麦、油菜为主。1983年，新华大队改为姚家港村后，属姚家港村第8、第10村民小组。2017年，该村动迁时有32户144人，其中楼房28户、平房4户。姓氏中以刘姓居多。动迁时，该村被征用土地105.8亩，村民被安置在南星渎义和苑、礼和苑、美丰苑小区。

七、黄字圩

村庄东至西尢泾河，南至群星路，西至镇级公路，北至北草绿港村，占地4 435平方米，属大众村第7村民小组。

1949年前，该村属新阳县朱塘区真义乡六联村；中华人民共和国成立后，属昆山县正仪区正仪乡；1950年，划归正仪区新北乡；初级社时，属新华初级社；高级社时，属新华高级社；人民公社时，属正仪人民公社新华大队第9生产队。1965年，黄字圩自然村属新华大队，为第9生产队。村庄位于新华大队部北侧，呈长方形。该村有8户48人，其中男性29人、女性19人；有金姓3户，陆姓2户，陈姓、胡姓、薛姓各1户。全村有7户村民住草房，1户村民住平房。该村有耕地123.8亩，其中旱地4.5亩，以种植水稻、三麦、油菜为主。1983年，新华大队改为姚家港村后，属姚家港村第9村民小组。2012年，该村动迁时有13户43人，其中楼房9户、平房4户。姓氏中以金姓、胡姓居多。动迁时，该村被征用土地14.5亩，村民被安置在南星渎仁心苑、义和苑小区。

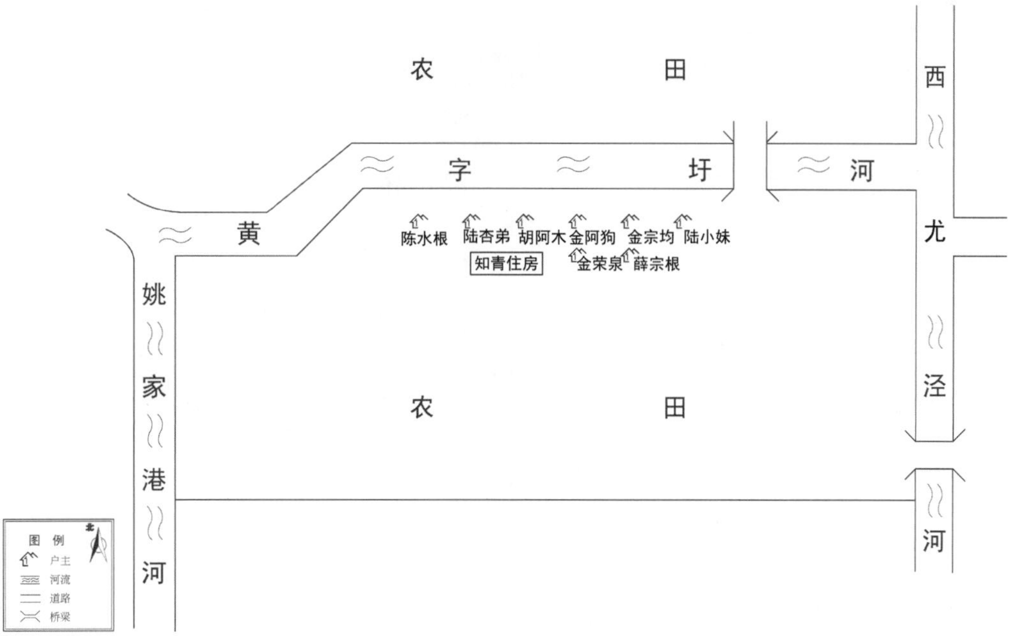

20世纪六七十年代黄字圩村民住宅分布平面图

八、草绿港

村庄东至西生田，南至沪宁高速公路，西至镇级公路，北至群星路，占地4 402平方米，属大众村第8村民小组。

传说，古时有吴姓一家迁移到该地生活，当时四周是一片草木丛生的荒地，遂起名草绿港。1949年前，该村属新阳县朱塘区真义乡五联村；中华人民共和国成立后，属昆山县正仪区正仪乡；1950年，划归正仪区新北乡；初级社时，属新华初级社；高级社时，属新华高级社；人民公社时，属正仪人民公社新华大队第4生产队。1965年，草绿港自然村属新华大队，为第4生产队。该村有8户57人，其中男性29人、女性28人；有吴姓、杨姓各2户，罗姓、张姓、袁姓、蒋姓各1户。全村8户村民全部住草房。该村有耕地129.1亩，其中旱地4.8亩，以种植水稻、三麦、油菜为主。1983年，新华大队改为姚家港村后，属姚家港村第4村民小组。2015年，该村动迁时有13户49人，其中楼房12户、平房1户。姓氏中以袁姓居多。动迁时，该村被征用土地34.6亩，村民被安置在南星渎礼和苑、美丰苑小区。

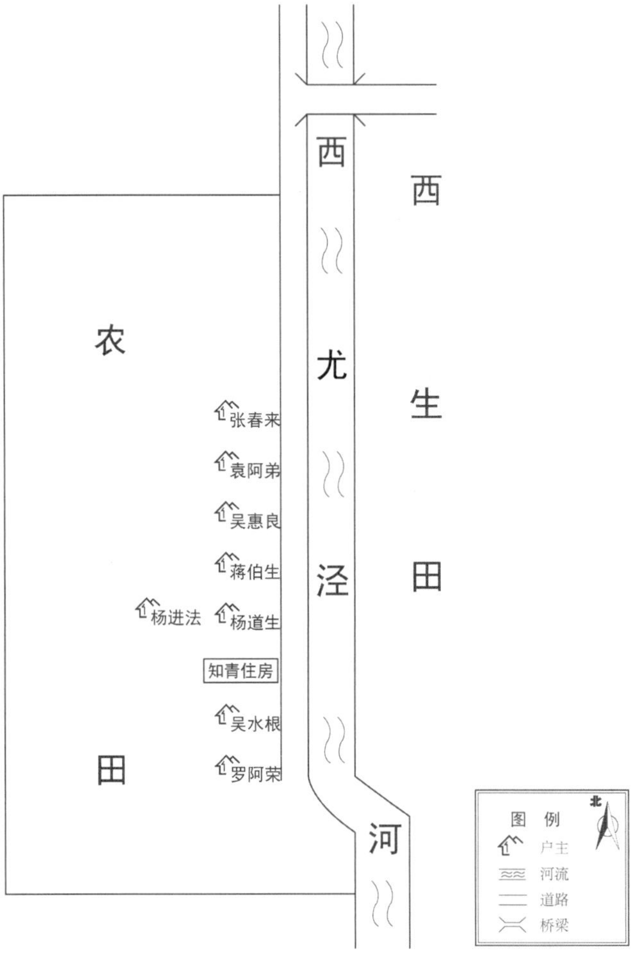

20世纪六七十年代草绿港村民住宅分布平面图

九、南杜家港

村庄东至双溇河，南至青龙港河，西至西姚家港河，北至北杜家港村，村庄占地约30 900平方米，村庄中心有一座桥，属大众村第9村民小组。

1949年前，该村属新阳县朱塘区真义乡；中华人民共和国成立后，属昆山县正仪区正仪乡；1950年，划归正仪区新北乡；初级社时，属新港初级社；高级社时，属大众高级社；人民公社时，属正仪人民公社大众大队第10、第14生产队。1965年，南杜家港自然村属大众大队，为第10和第14生产队。村庄呈“口”字形，有20户115人，其中男性63人、女性52人；有顾姓14户，姚姓3

户，王姓2户，沈姓1户。全村有1户村民住草房。该村有耕地365亩，其中旱地10亩，以种植水稻、三麦、油菜为主。1983年，大众大队改为大众村后，属大众村第10、第14村民小组。2003年8月，该村动迁时有38户106人，其中楼房34户、平房4户。姓氏中以顾姓居多。动迁时，该村被征用土地411.6亩，村民被安置在正仪嘉馨花园。

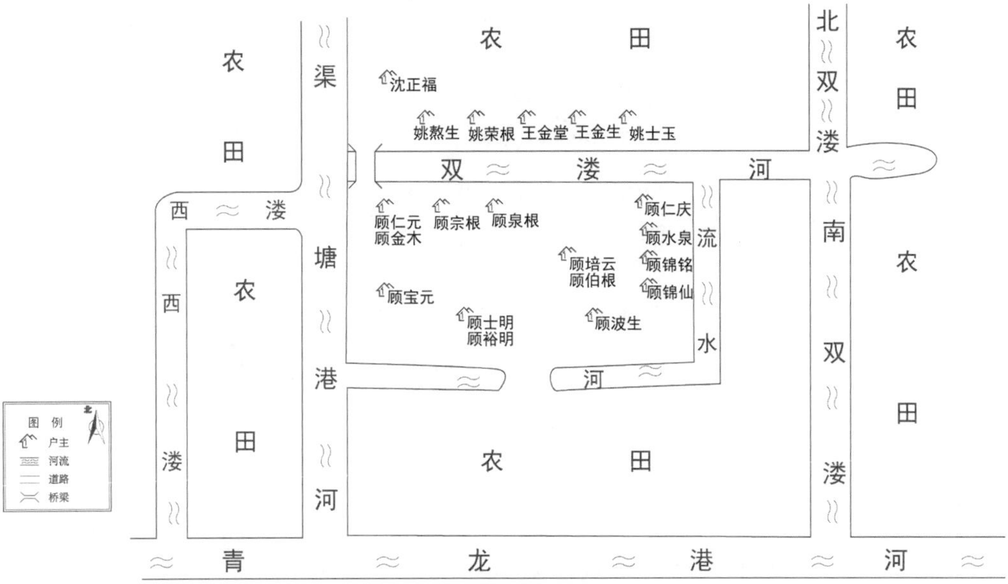

20世纪六七十年代南杜家港村民住宅分布平面图

十、北杜家港

村庄东至双溇河，南至南杜家港，西至西姚家港河，北至黄泾河，占地42 021平方米，属大众村第10村民小组。

1949年前，该村属新阳县朱塘区真义乡；1950年，划归正仪区新北乡；初级社时，属新港初级社；高级社时，属大众高级社；人民公社时，属正仪人民公社大众大队第9、第12生产队。1965年，北杜家港自然村属大众大队，为第9、第12生产队。该村有34户177人，其中男性96人、女性81人；有杜姓18户，王姓7户，韩姓3户，周姓2户，蒋姓、马姓、费姓、范姓各1户。全村有1户村民住草房。该村有耕地478亩，其中旱地17亩，以种植水稻、三麦、油菜为主。1983年，大众大队改为大众村后，属大众村第9、第12村民小组。2003年，为建苏州环城高速公路，该村动迁时有60户206人，其中楼房55户、平房 5 户，村民被安置在正仪嘉馨花园。

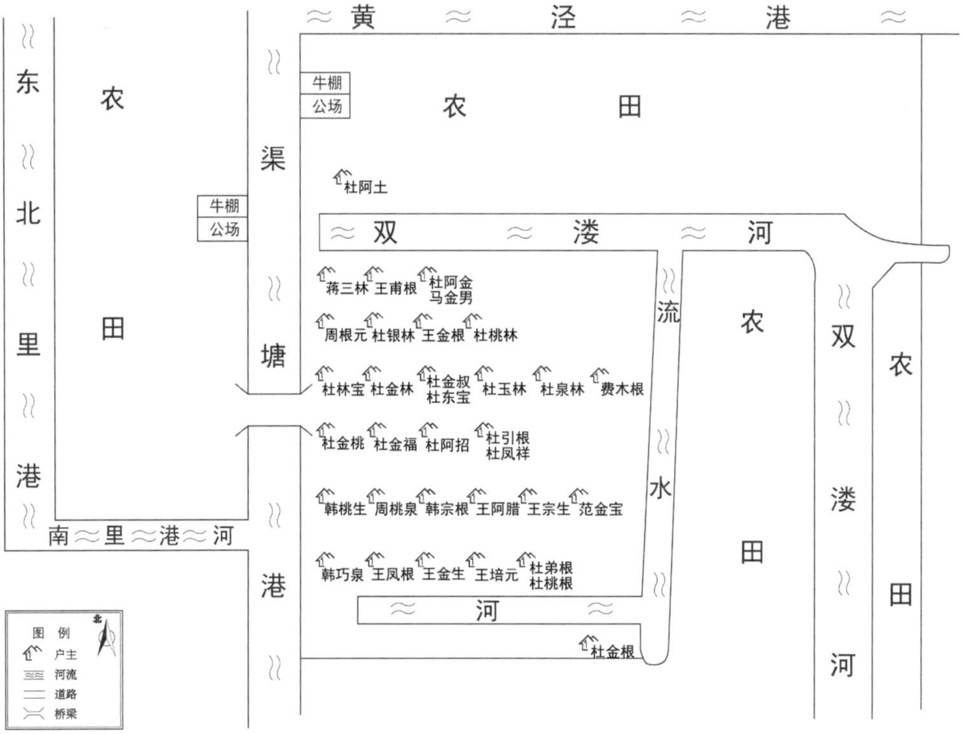

20 世纪六七十年代北杜家港村民住宅分布平面图

十一、周家埭

村庄东至东港河（今姚家港河），南至小黄泾，西至 312 国道，北至中华园西路，占地 31 000 平方米，属大众村第 11 村民小组。

1949 年前，该村属新阳县朱塘区真义乡；1950 年，划归正仪区新北乡；初级社时，属幸福初级社；高级社时，属大众高级社；人民公社时，属大众大队第 8、第 15 生产队。1965 年，周家埭自然村属大众大队，为第 8 生产队。该村有 23 户 119 人，其中男性 54 人、女性 65 人；有刘姓 7 户，高姓、许姓、吴姓、李姓各 3 户，支姓 2 户，朱姓、景姓各 1 户。全村有 2 户村民住草房。该村有耕地 260 亩，其中旱地 11 亩，以种植水稻、三麦、油菜为主。1983 年，大众大队改为大众村后，属大众村第 8、第 15 村民小组。2017 年，该村动迁时有 29 户 97 人，其中楼房 26 户、平房 3 户，村民被安置在南星渎美丰苑、义和苑、礼和苑小区。

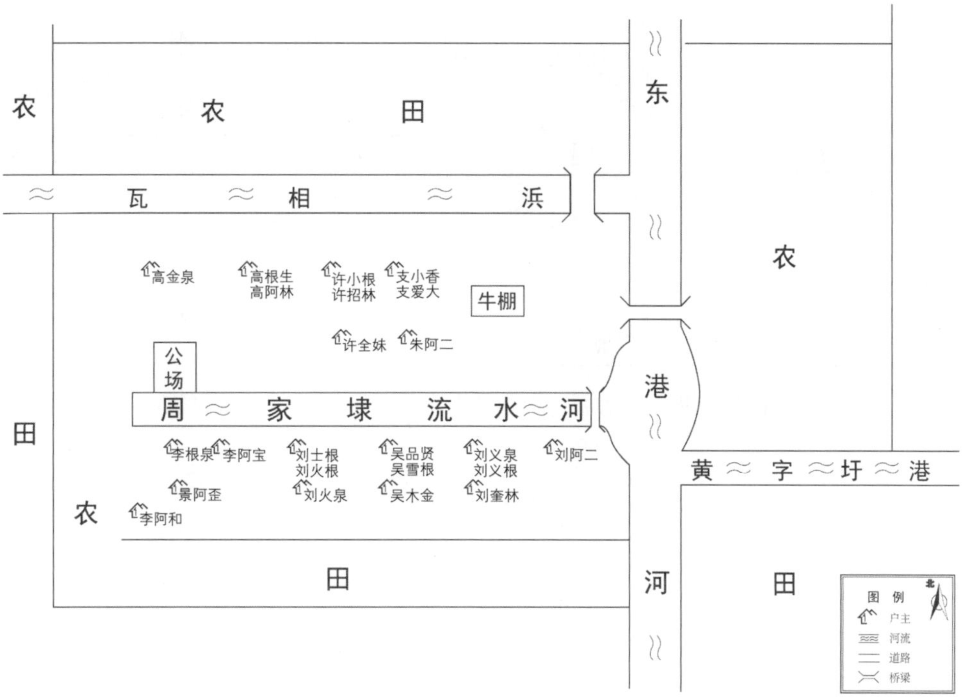

20世纪六七十年代周家埭村民住宅分布平面图

十二、陈堂浜

村庄东至312国道，南至晨淞路，西至苏州绕城高速公路，北至中华园西路，占地16 500平方米，属大众村第12村民小组。

1949年前，该村属新阳县朱塘区真义乡；1950年，划归正仪区新北乡；初级社时，属幸福初级社；高级社时，属大众高级社；人民公社时，属大众大队第7生产队。1965年，陈堂浜自然村属大众大队，为第7生产队。村庄南、北两边呈“U”字形，有13户70人，其中男性38人、女性32人；有许姓7户，赵姓3户，张姓2户，浦姓1户。全村有2户村民住草房。该村有耕地193.8亩，其中旱地7亩，以种植水稻、三麦、油菜为主。1983年，大众大队改为大众村后，属大众村第7村民小组。2005年5月，为建吴淞江工业园区，该村动迁时有22户92人，其中楼房20户、平房2户，村民被安置在南星渎茗景苑B区。

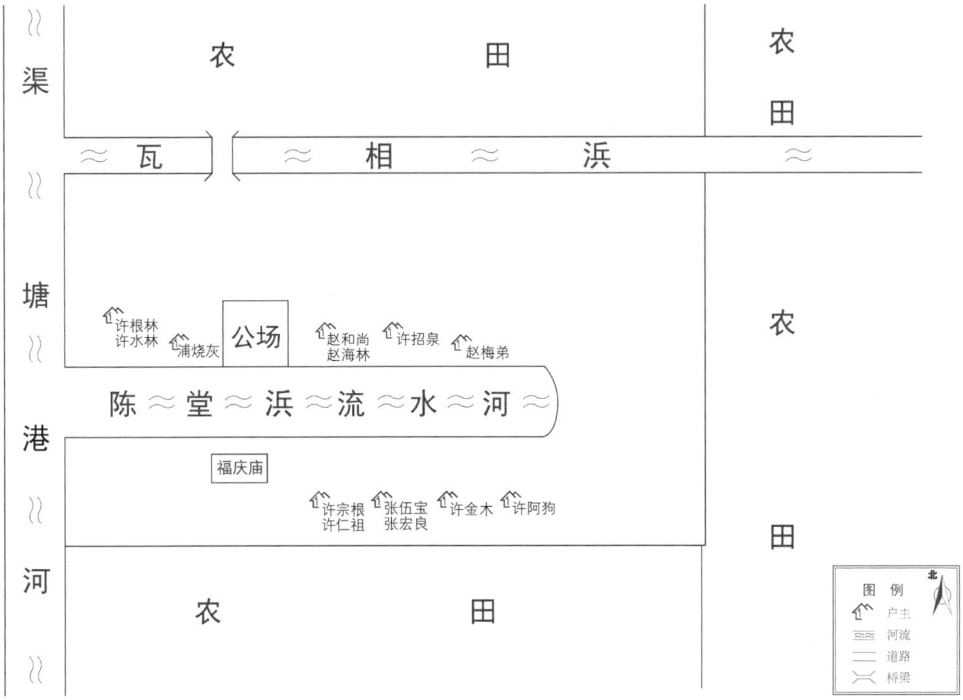

20世纪六七十年代陈堂浜村民住宅分布平面图

十三、东黄渎村

村庄东至312国道，南至中华园西路，西至西港河，北至华东造纸机械厂，占地51 436平方米，属大众村第13村民小组。

1949年，该村属新阳县朱塘区真义乡；1950年，划归正仪区新北乡；初级社时，属民主初级社；高级社时，属大众高级社；人民公社时，属大众大队第5、第6、第11、第13生产队。1965年，东黄渎自然村属大众大队，为第5、6生产队。村庄北至草芦站，呈“T”字形，有59户306人，其中男性147人、女性159人；有张姓14户，蒋姓10户，吴姓6户，狄姓、王姓各5户，许姓4户，李姓3户，杨姓、朱姓、刘姓各2户，陈姓、马姓、夏姓、查姓、黄姓、王姓各1户。全村有14户村民住草房。该村有耕地683亩，其中旱地30亩，以种植水稻、三麦、油菜为主。1983年，大众大队改为大众村后，属大众村第5、第6、第11、第13村民小组。2004年，为建中华园西路，该村动迁12户，村民被安置在南星渎茗景苑B区。2012年，该村动迁61户，村民被安置在南星渎义和苑小区。

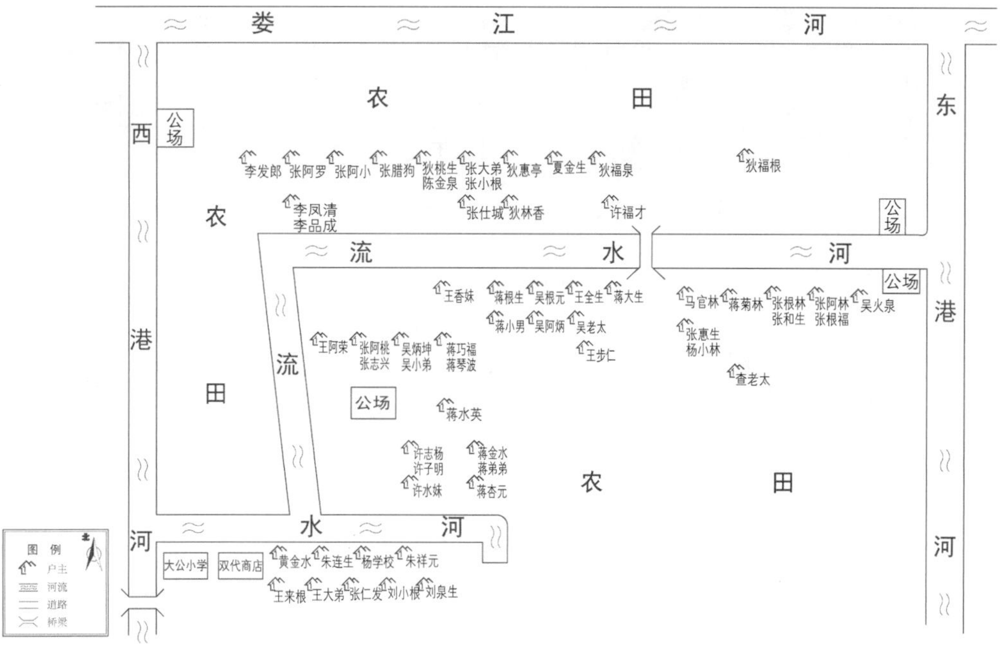

20 世纪六七十年代东黄渎村民住宅分布平面图

十四、西黄渎村

村庄东至西港河，南至中华园西路，西至苏州绕城高速公路，北至娄江河，占地 21 300 平方米，属大众村第 14 村民小组。

1949 年前，该村属新阳县朱塘区真义乡；1950 年，划归正仪区新北乡；初级社时，属大众初级社；高级社时，属大众高级社；人民公社时，属大众大队第 4 生产队。1965 年，西黄渎自然村属大众大队，为第 4 生产队。村庄呈手枪形，有 15 户 91 人，其中男性 47 人、女性 44 人；有陆姓、凌姓、狄姓、冯姓各 2 户，胡姓、夏姓、花姓、沙姓、王姓、杨姓、周姓各 1 户。全村有 5 户村民住草房。该村有耕地 209.1 亩，其中旱地 9 亩，以种植水稻、三麦、油菜为主。1983 年，大众大队改为大众村后，属大众村第 4 村民小组。2003 年，为建公路，该村动迁 5 户，村民被安置在正仪嘉馨花园。2012 年，为建吴淞江工业园，该村动迁 19 户，村民被安置在南星渎义和苑小区。

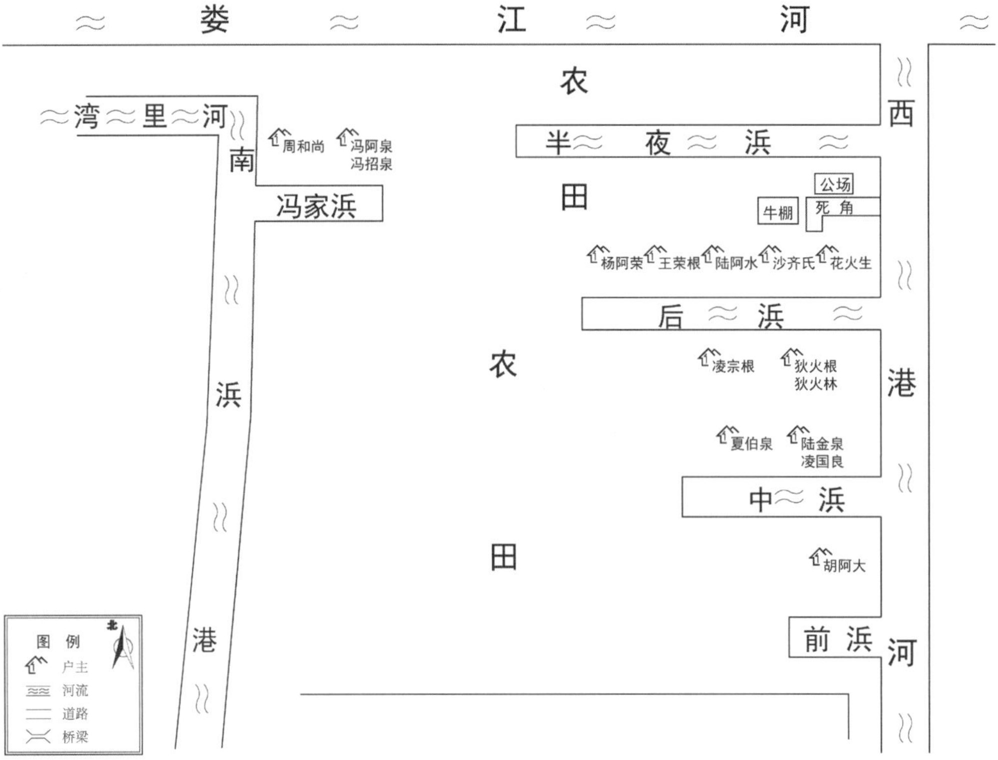

20世纪六七十年代西黄渎村民住宅分布平面图

十五、南浜

村庄东至苏州绕城高速公路，南至中华园西路，西至南浜河和西港河，北至冯家浜，占地8 671平方米，属大众村第15村民小组。

1949年前，该村属新阳县朱塘区真义乡；1950年，划归正仪区新北乡；初级社时，属大众初级社；高级社时，属大众高级社；人民公社时，属大众大队第3生产队。1965年，南浜自然村属大众大队，为第3生产队。村庄中心有流水河，有15户92人，其中男性53人、女性39人；有周姓6户，杜姓、曾姓各3户，王姓2户，马姓1户。该村有耕地234亩，其中旱地9亩，以种植水稻、三麦、油菜为主。1983年，大众大队改大众村后，属大众村第3村民小组。2003年，动迁前，该村有28户113人，其中楼房24户、平房4户。2003年，为建公路，该村动迁5户，村民被安置在正仪嘉馨花园。2012年，为建吴淞江工业园，该村动迁23户，村民被安置在南星渎义和苑小区。

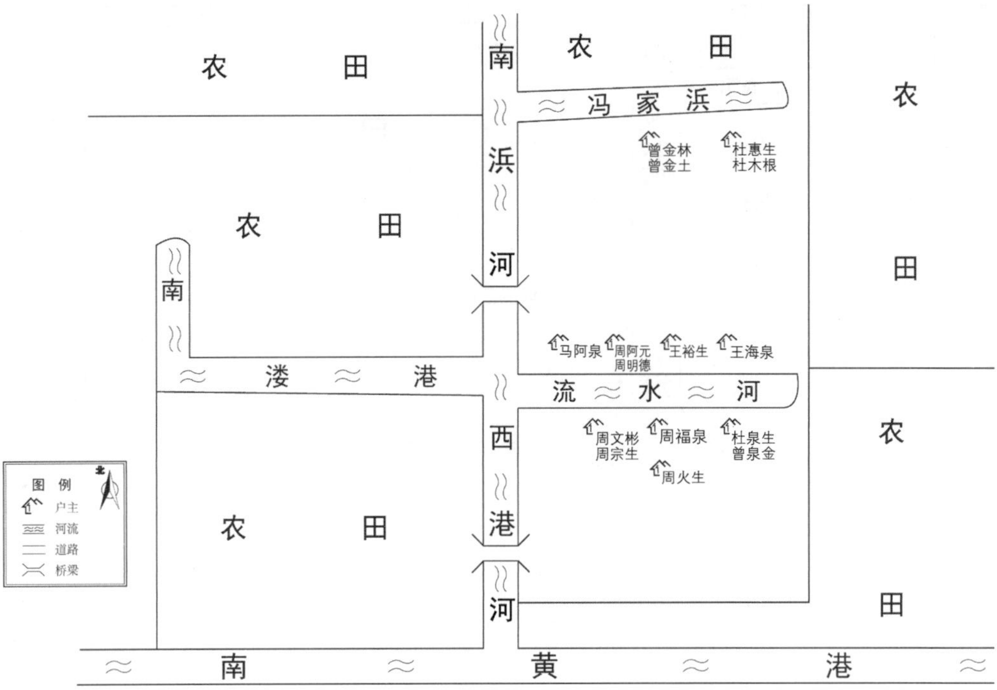

20 世纪六七十年代南浜村民住宅分布平面图

十六、湾里

村庄东至冯家浜，南至南浜港，西至古黄里，北至娄江河，占地 20 000 平方米，属大众村第 16 村民小组。

1949 年前，该村属新阳县朱塘区真义乡；1950 年，划归正仪区正南乡；初级社时，属黄港里管辖；高级社时，属大众高级社；人民公社时，属大众大队。1965 年，湾里自然村属大众大队，为第 2 生产队。村庄在古黄港河与南浜河连接弯道交叉口，故取名为湾里。该村有 17 户 82 人，其中男性 42 人、女性 40 人；有刘姓 7 户，支姓 4 户，糜姓 3 户，周姓、徐姓、方姓各 1 户。全村有 4 户村民住草房。该村有耕地 233. 3 亩，其中旱地 18 亩，以种植水稻、三麦、油菜为主。1983 年，大众大队改为大众村后，属大众村第 2、第 16 村民小组。2003 年，该村有 22 户 82 人，其中楼房 20 户、平房 2 户。同年，为建公路，该村动迁 5 户，村民被安置在正仪嘉馨花园。2012 年，为建吴淞江工业园，该村动迁 17 户，村民被安置在南星渎茗景苑小区。

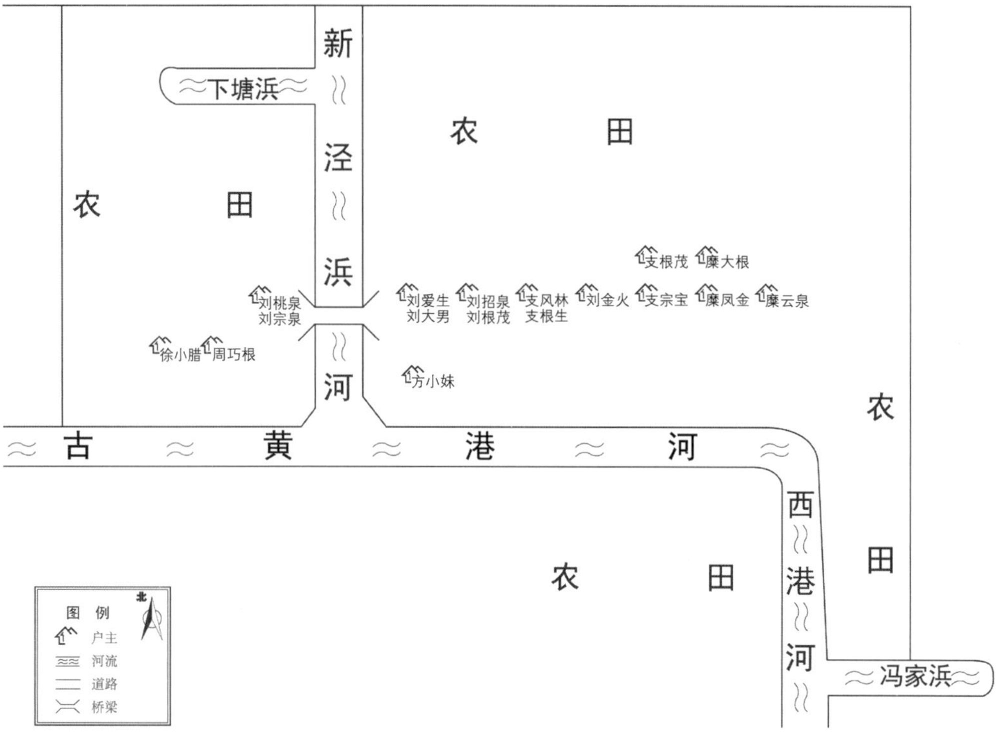

20世纪六七十年代湾里村民住宅分布平面图

十七、古黄里

村庄东至湾里村，南至黄潭村，西至黄潭港，北至古黄港，占地18 538平方米，属大众村第17村民小组。

1949年前，该村属新阳县朱塘区真义乡；1950年，划归正仪区正南乡；初级社时，属黄港里管辖；高级社时，属大众高级社；人民公社时，属大众大队第1生产队。1965年，古黄里自然村属大众大队，为第1生产队。村庄呈长方形，像一条长巷，故取名为古黄（巷）里。该村有20户79人，其中男性40人、女性39人；有顾姓8户，周姓7户，张姓2户，宋姓、胡姓、许姓各1户。全村有3户村民住草房。该村有耕地249.4亩，其中旱地9.4亩，以种植水稻、三麦、油菜为主。1983年，大众大队改为大众村后，属大众村第1村民小组。2003年，为建公路，该村动迁4户，村民被安置在正仪嘉馨花园。2005年4月，该村动迁19户，村民被安置在南星渎茗景苑B区。

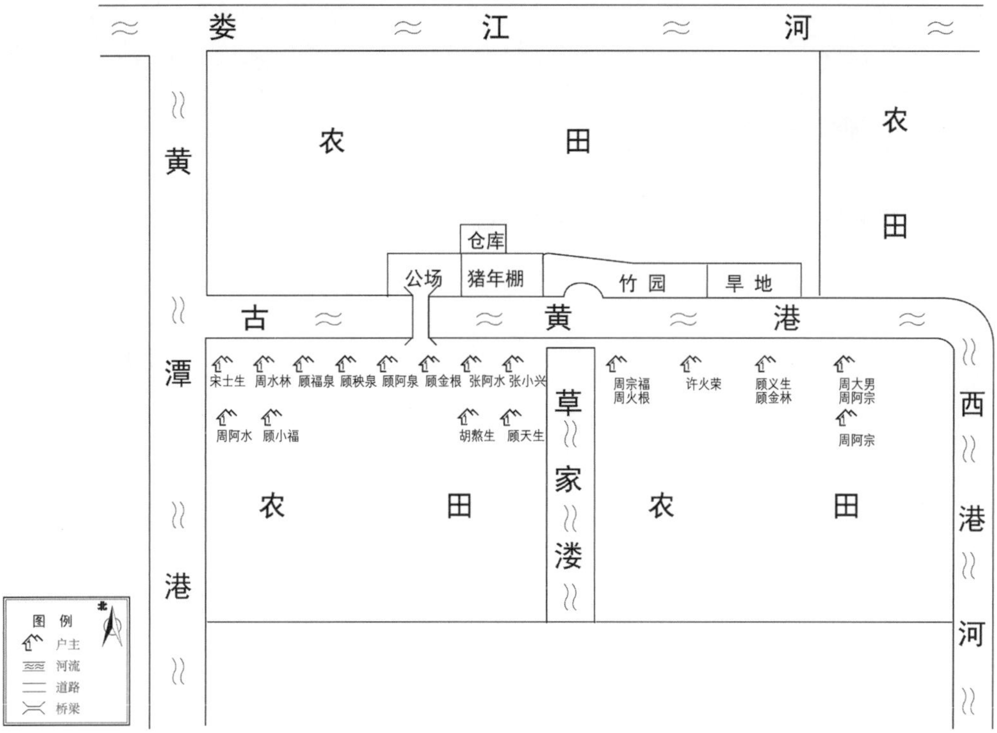

20世纪六七十年代古黄里村民住宅分布平面图

第二章　自然环境

大众村地处长江三角洲太湖流域，村域地势平坦，大小河流纵横，有耕地 4 800 多亩、水域近 1 000 亩；村域常年气候温和湿润，四季分明，是典型的江南鱼米之乡。中华人民共和国成立前，大众村因地势低洼，经常遭受洪涝灾害，给村民的生产生活带来严重影响。中华人民共和国成立后，通过建设水利设施，开展农田基本建设，大众村的抗洪救灾能力大大提升。大众村土地肥沃，绝大部分被植物覆盖，植物种类丰富，村民历来按季节变换，种植水稻、三麦、油菜、瓜果蔬菜。除种植粮食作物和经济作物之外，大众村还有多种多样的陆生植物（林木和花草）、水生植物、菌类植物。大众村的动物既有家养动物，又有很多野生动物，丰富的自然资源和良好的生态环境，适合各类动物的生存。随着农村城镇化和工业化的推进，不仅村民饲养的家畜家禽大大减少，而且野生动物的生存条件也发生了很大变化，有不少野生动物在逐渐消失。

第一节 地质地貌

地质 大众村土壤结构类型单一。由于地处长江下游的太湖流域，其成土母质为河湖相沉积物，覆盖有冲积物，一般为重壤土质。1980—1982 年第二次土壤普查结果显示，境内土壤属水稻土类、脱潜型水稻亚类，其土属于乌山土和青紫土。

地貌 大众村地势平坦，自然坡度小，陆地高程大多在3.21~3.5 米，少数低洼田地的地面高程在 2.81~3.19 米，雨水过多时，会使农田受灾。

大众村呈不规则的长方形，东西宽 1.4 千米，南北长 2.9 千米，村域面积为 4.06 平方千米。大众村河流纵横交错，是典型的江南水乡。20 世纪 70 年代以前，大众村各自然村落基本上还是分散独立的自然小圩，一遇洪涝，难以抵御灾害。20 世纪 70 年代初期，大众村大搞农田水利基本建设，开渠挖沟，平坟填潭，改造低洼田，建防洪闸及排灌系统，并不断完善。从 1991 年开始，随着沪宁高速公路、苏州绕城高速公路、古城路、中华园路建成通车，大众村的大批土地陆续被征用。至 2017 年，大众村的 17 个自然村全部动迁，自然村全部消失。同时，保存部分农田，并开展农田治理，至 2019 年年底，建有高产良田 931.8 亩。

第二节　气候气象

一、四季特征

大众村属北亚热带海洋性气候，季风环流是支配村域内气候的主要因素，夏季炎热多雨，冬季寒冷干燥，春、秋两季气候宜人，全年四季分明，雨量充沛，无霜期长。

春季　一般自3月21日至6月21日，气候多变，大多为东南风，来自海洋的暖湿气团逐渐加强，气温回升。但北方强冷空气时有南下，与暖湿气团交替影响，形成乍晴乍雨、时寒时暖的天气。3月底至4月初，往往会出现严重的晚霜冻，会对农作物造成极大危害。一直到清明时，气温才明显上升转暖。到5月下旬，最高气温在31摄氏度左右，最低气温在20摄氏度左右，称为“暖春”。但偶有初春期间不见返暖、反而寒冷的状况，气温下降到零摄氏度，称为“倒春寒”。

夏季　日平均气温稳定在22摄氏度时，便进入夏季，一般在6月21日入夏，于9月22日结束。初夏时节，从农历夏至开始，昆山人称之为“入时”，俗称“三时三送”。时分为头时、二时和末时三个阶段。夏至后半月内为三时，头时七日，中时五日，末时三日。7月中下旬到8月上旬为盛夏。最热的时候日均气温约28摄氏度，年极端最高气温在35摄氏度到38摄氏度。进入大暑时节后，极端最高气温和极端最低气温比小暑时节相对降低2摄氏度，有的年份不降反增。夏季是一年中最热的季节，初夏有一段集中降水阶段，称为“梅雨期”。刚入梅就下雨，则可能接下来的一到两个月总是下雨无晴日；而在出梅这天若不下雨，则接下来的一到两个月晴天无雨。梅雨期过后，受热带高压控制，进入盛夏高温天气，日照强烈。此后，过境的热带风暴（台风）会造成大风、暴雨危害，往往给农作物及人民生命财产造成损失。

秋季 日平均气温稳定在22摄氏度时为入秋。一般在9月23日至11月6日，历时45天，为四季中最短的季节。常年入秋后，气温开始下降。苏州市气象台观测资料显示，1998年入秋以后，气温明显高于常年，10月份平均气温仍比历史同期高出2.2摄氏度，创历史纪录。11月上旬，气温仍比历史同期高出2摄氏度，日最低气温也始终在10摄氏度。村头路边，人们着装仍以衬衣为主，毫无深秋气象。平常年份，较强冷空气以一个星期为周期轮番南下，每次南下通常都有明显的降水过程。而1998年9月，既无较强冷空气南下，又无寒潮影响。一般年份，这段时间暖湿气团逐渐南退，气温降低，出现秋高气爽的晴好天气，日照百分率在50%以上。这段时期往往会秋雨连绵，影响秋收播种。初霜冻也会在这个季节后期出现。

冬季 四季中，冬季持续时间最长。一般在11月7日入冬，气温稳定在10摄氏度以下，至翌年3月20日。农历冬至起"九"，大众村域开始进入严寒季节。大冬天如果吹东南风，一定是个暖融融的晴天；如果吹东北风，就会是绵绵阴雨的天气；如果吹西南风，天气就会干燥阴冷；如果吹西北风，就会带来漫天飞舞的雪花。冬季常受北方冷空气影响，气温骤降，最冷时段为1月下旬至2月上旬，也就是"三九"阶段。民谣讲："三九二十七，篱头吹觱篥；四九三十六，夜眠如露宿……"这时候是最冷的季节。2008年1月，连续下雪，积雪深达30厘米，压断电线、通信线路，阻断交通，压塌房屋，对农业生产和人民生活造成严重影响。

链接：

四季农事歌

立春雨水天转暖，新年一过忙备耕。
惊蛰春分一声雷，蛇虫百脚全苏醒。
清明上坟忙祭祖，谷雨不忘做秧田。
立夏小满磨镰刀，麦粒饱满忙收割。
芒种夏至无闲日，割麦插秧收种忙。

小暑大暑气温高，农民耕耘最辛苦。
立秋处暑热气消，秋禾茁壮长势好。
白露秋分多露水，早晚凉爽要加衣。
寒露霜降露变霜，收割秋谷又农忙。
立冬小雪天转冷，冬麦施肥培土忙。
大雪节气转眼到，天上又见雪花飘。
天寒地冻大小寒，农民休闲忙过年。

二、自然灾害

（一）水灾

中华人民共和国成立后，大众村域较大水灾共出现12次，分别在1949年、1950年、1951年、1952年、1954年、1957年、1962年、1975年、1980年、1983年、1999年、2009年。

1951年7月，台风来袭，连降大雨，水位上涨到3.3米，大众村域部分水稻田受淹。

1954年5—7月，连续降雨，水位达3.88米，大众村域受灾面积达2 300多亩。

1957年6月20日—7月9日，连降暴雨，雨量达266.8毫米，大众村域部分低田受淹。

1962年9月6日，受14号台风影响，雨量达220毫米，早稻受灾面积达1 260多亩。

1999年6月30日—7月1日，雨量大而猛，时间集中，昼夜降雨达145毫米，水位超过1954年同期水位。

2009年8月2日，普降大到暴雨，最大雨量达147毫米，少数住宅被淹，道路积水，大众村域的农田受涝严重。

（二）旱灾

1953年7月22日—9月10日，持续高温干旱，50天仅降雨38毫米，水稻生长受到严重影响。

1959年5—9月，未下过雨，天气久晴干热，风力微弱，风车无法转动，牛车、人力车吃紧，部分田块干涸，出现裂纹，旱象严重，大众村域农作物产量受到一定影响。

1967年6—9月，虽为汛期，但降雨量偏小，总降雨量为197.6毫米，其中8—9月，降雨量仅为37毫米，为中华人民共和国成立后汛期降雨量最少的一年，是正常年份的三分之一。由于灌溉设施配套齐全，避免了一场旱灾。

1978年6月下旬—8月上旬，连续40天维持35摄氏度左右的高温，降雨量仅为241.5毫米，是正常年份的二分之一，旱情十分严重。但由于抗旱措施得力，当年水稻仍获丰收。

1983年、1988年、1989年、1991年、1992年、1995年、2005年、2006年，这几个年份中，3—5月连续3个月降雨量小于15毫米，6—9月连续4个月降雨量小于20毫米，10—12月连续3个月降雨量小于10毫米，其间发生干旱，给大众村域农业生产带来一定影响。但由于农业灌溉体系完善，这些干旱并未成灾。

（三）风灾

1956年8月1—3日，大众村域连续3天受强台风袭击，给农业生产和村民生活带来严重影响。

1961年10月初，26号台风过境，阵风达10级，大众村域水稻倒伏，少数房屋倒塌，损失严重。

1980年5月14日，大众村域既遭受龙卷风的侵害，又遭受冰雹的袭击，双害齐下，使得村域内农业生产损失严重。

1985年7月，6号台风过境，并伴有大暴雨，降雨量达218.3毫米，水位上涨。

1997年8月20日，11号台风过境，大众村域受灾面积达1 800多亩。

2001年后，台风多次登陆。2001年2号台风、2004年7号台风、2005年9号台风和15号台风、2007年13号台风和16号台风，都给大众村域造成较大的风雨灾害。

（四）其他灾害

1955年秋旱，水稻受纵卷叶螟、稻苞虫、稻飞虱侵害。1958年，春雨连绵，小麦赤霉病大面积暴发；5月底，又遭受冰雹的袭击。1961年，三化螟虫害大面积暴发，引发水稻白穗病，受虫害面积较广。

强对流天气引发大众村域局部冰雹、龙卷风、雷暴、大风灾害，其发生突然，虽范围小、时间短，但危害严重。1981—2010 年，大众村域累计遭受冰雹的袭击 7 次；发生直接雷击 6 次，击毁通信、变电和居民家用电器等设施、设备。

2008 年 1 月，连续下雪，大众村域积雪达 30 厘米。

第三节 河流水系

一、过境河流

大众村域主要过境河流有 5 条，其中东西向的有娄江河、青龙港河，南北向的有姚家港河、黄潭港河和西尤泾河。

娄江河 俗称“苏州河”。西起苏州市，经苏州工业园区外跨塘、唯亭，向东穿越昆山市区、太仓，流入浏河口入海。大众村域内河长 1 800 米。娄江河是大众村域最北面的一条过境河流。

青龙港河 西起界浦河，经高新区姜巷村、燕桥浜村，东至西尤泾河，向东进入南星渎村官塘河。大众村域内河长 1 800 米，流经村域内金屋里南浜、金屋里北浜、马家湾、姚家港两侧、南杜家港等自然村。2016 年，根据水系规划调整，位于沪宁高速公路南侧新开青龙港（从姚家港至尤泾港段）1 800

青龙港河（2019 年，罗英摄）

米。大众村域内河长为800米。

姚家港河 俗称“东港河”。南起吴淞江，经昆山高新区景村村、姜巷村，向北经群星村，直至娄江河。大众村域内河长约2 000米，流经马家湾、姚家港、小黄泾、周家埭自然村。

黄潭港河 位于大众村域西部。南起青龙港河，经燕桥浜村至古黄里西，北通娄江河。大众村域内河长1 200米，流经古黄里自然村西侧。

西尤泾河 位于大众村域东南部。南起吴淞江，经昆山高新区景村村、南星渎村，北至群星村。大众村域内河长1 800米，流经范家沙、金屋里南浜、金屋里北浜、草绿港、黄字圩等自然村。

二、域内河道

大众村域除过境河流之外，还有不少在村域范围内的河。其中东西走向的有古黄里河、黄渎村河、陈堂浜河、瓦相浜河、周家埭河、小黄泾河、黄字圩河，南北走向的有西姚家港河、南浜河、老东港河。

古黄里河 也称“古黄港”，位于古黄里村庄北面，村民沿古黄里河而居。古黄里河，东与西港河相连，西接黄潭港，全长500米。2005年，古黄里村庄整体动迁，此河被填平，成为产业园。2015年，根据水系规划调整，在华淞路南侧新开古黄里河（黄潭港至南浜河），全长500米。

黄渎村河 东接古城路（312国道），西接西港河，是黄渎村自然村的流水河。黄渎村河南北两岸是民房，全长500米，于2014年被填平，成为农田。

陈堂浜河 东接周家埭自然村的流水河，西接西姚家港河，南靠农田，北靠高新区消防中队，全长600米。

瓦相浜河 东接姚家港河，西接西姚家港河，全长630米。其中，430米在古城路建设时被填平，200米于2016年被填平，成为农田。

周家埭河 东接姚家港河，西接陈堂浜河，全长400米。周家埭河南北两岸是周家埭自然村民房。

小黄泾河 东从小黄泾村边里黄泾河向西，与姚家港河相连通，全长约350米，河宽12米，河上有1座水泥桥。至2019年年底，河、桥仍在。

黄字圩河 东接群星村西尤泾河，西通姚家港河，全长400米，河宽12米。

至2019年年底，河仍在。

西姚家港河 南接青龙港河，北接西港河，东靠农田，西靠苏昆太高速公路，全长1 200米，其中700米于2003年被填平。

南浜河 南接里港河，北接燕桥浜路，全长500米。

老东港河 北接娄江河，南接周家埭河，东靠码头、交运驾校，西靠华东造纸机械厂，全长1 000米。2004年，建古城路时，此河被填平，成为312国道的一部分。

三、溇浜

新泾浜 在大众村域内湾里自然村北面，流至娄江河，全长约500米，宽12米，于2006年被填平。

荷花溇 在大众村域内小黄泾自然村西侧，北至里黄泾河，南至双溇，全长约250米，宽20米，于2004年被填平。

双溇 在大众村域内南北杜家港自然村东面，姚家港自然村西面，全长约700米，宽16米，苏昆太高速公路开工后，于2003年被填平。

东白方 在大众村域内马家湾自然村西面，青龙港南面，新泾岸自然村北面，杨家庄东面，全长约950米，河宽15米，于2004年被填平。

金屋里北浜 在大众村域内青龙港北侧，沪宁高速公路南面，全长约200米，宽12米，于2017年被填平，成为农田。

金屋里南浜 在大众村域内青龙港南侧，通往义和苑北侧，全长约250米，宽13米，于2017年被填平。

金家浜 在大众村域内通往义和苑南侧，美丰路北侧，全长约200米，宽13米，于2013年被填平，成为农田。

沙浜 在大众村域内老西尤泾港西面，现义和苑西面，新开西尤泾港东面，全长约300米，宽12米，于2017年被填平。

第四节　动植物

一、动物

（一）野生动物

哺乳类动物　大众村域内的哺乳类动物主要有家鼠、田鼠、蝙蝠、黄鼠狼、野兔、水老鼠、水獭、猪獾等。

鸟类动物　大众村域内的鸟类动物主要有喜鹊、麻雀、布谷鸟、白头翁、燕子、乌鸦、猫头鹰、雉鸡（野鸡）、黄鹂、八哥、鹦鹉、白鹭、老鹰、灰喜鹊、翠鸟、野鸭、野鸽、鸬鹚（水老乌）、斑鸠、鹁鸪、叫天子、黄莺、百灵、啄木鸟等。

爬行类动物　大众村域内的爬行类动物主要有乌龟、鳖（甲鱼）、壁虎、蜥蜴、水赤链蛇、青梢蛇、蝮蛇（地扁虺）、虎斑游蛇（竹竿青）、翠青蛇（小青蛇）、黑眉锦蛇（秤星蛇）、火赤链蛇、水蛇等。

两栖类动物　大众村域内的两栖动物主要有青蛙、虎纹蛙、蟾蜍等。

昆虫类动物　大众村域内的昆虫类动物主要有蜜蜂、黄蜂、蜘蛛、蜈蚣、蚕、蝉、地鳖、螳螂、苍蝇、蟋蟀、蝼蛄、牛虻、蟑螂、毛虫、白蚁、蚂蚁、稻螟、萤火虫、金龟子、蚊子、蚂蚱、瓢虫、蚜虫、蜻蜓、纺织娘、刺毛、稻苞虫、稻飞虱、麦象虫、蝗虫、红铃虫、棉铃虫、蝴蝶、壁蟢、蝎子、跳搏虫、西瓜虫（鼠妇）、麦蛾、米虫、扁虱、蚯蚓（曲蟮）、蚂蟥、蜒蚰、土蚕（地老虎）等。

（二）水生动物

水产动物　大众村域内的水产动物有野生的，但大多是村民饲养的。主要水产动物有青鱼、草鱼、鳙鱼（花鲢）、鲤鱼、鳜鱼、鲫鱼、乌鳢（黑鱼）、鲇鱼、昂刺鱼、水晶虾、基围虾、黄鳝、鳗鲡等，其中青鱼、草鱼、鳙鱼、鲫鱼是村民养殖的水产动物的当家品种。

除以上村民养殖的水产动物之外，河湖港汊中，还有银鱼、泥鳅、彩石鲋（鳑鲏）、窜条鱼、郎果鱼、螺蛳、田螺、河蚌、蟛蜞和一些浮游生物。

（三）驯养动物

家畜家禽 大众村域内饲养的家畜家禽主要有猪、牛、羊、兔、猫、狗、鸡、鸭、鹅、鸽等。饲养的牛有黄牛、水牛，过去主要用来耕地、灌溉，后来随着农业灌溉和农业机械化的发展，人力、畜力逐渐被取代，村民养牛越来越少，自20世纪80年代起不再养牛了。村民因征地动迁被安置到居住小区后，也不再饲养猪、羊、兔、鸡、鸭、鹅等家畜家禽了，但还有村民把猫、狗作为宠物来饲养，也有少数人养鸽。

二、植物

粮食作物 大众村域内的粮食作物主要有水稻、麦类，也有玉米、高粱、红薯等作物。水稻根据品质可分为粳稻、籼稻与糯稻等。麦类也可分为小麦、大麦、元麦等不同品种。

经济作物 大众村域内种植的经济作物主要有棉花、油菜、蔬菜等。1969—1982年，村域内种植席草，作为织席的原材料。

村民种植的蔬菜品种很多，主要有青菜、小白菜、大白菜、卷心菜、菠菜、苋菜、蕹菜（空心菜）、生菜、荠菜、韭菜、苜蓿（金花菜、草头）、芥菜、雪里蕻、药芹、白萝卜、胡萝卜、莴苣、西红柿（番茄）、茄子、黄瓜、大蒜、大葱、扁婆、扁豆、青葱、紫角叶、马铃薯（土豆）、芋艿、甘薯（山芋）、南瓜、蓬蒿菜、大头菜、丝瓜、冬瓜、赤豆、绿豆、豇豆、蚕豆、四季豆等。

陆生植物 大众村域内仅农户在房前屋旁零星种植一些树木，无成片树林。普遍是杨树、柳树、楝树、槐树、桑树、桃树、梨树、橘子树、银杏、松树、柏树、黄杨、冬青、水杉、泡桐、刺槐、枫杨、香樟、雪松、梧桐、桂树、白玉兰、广玉兰、五针松等。

竹类常见的有蒲基竹、石竹、凤尾竹、红头竹，也有少量名贵竹子。

大众村域内的花草品种很多，大多数是野生的，也有村民栽培的。

花卉盆景类主要有月季、蔷薇、海棠花、杜鹃、山茶、凤仙花、菊花、仙人球、仙人掌、紫荆花、鸡冠花、栀子花、茉莉、蜡梅、野百合、向日葵、兰花、牵牛花、美人蕉、万年青、芦荟、文竹、吊兰、君子兰、灯芯草。

野生草本类主要有马兰头、枸杞、菖蒲、半边莲、野菊、野蔷薇、红花草、鹅观草、麦兰、爬山虎（爬墙草）、紫云英、鸭舌草、雀麦草、麻秆草、画眉草（收子草）、牛繁缕、窃衣（水防风）、野荠菜、野豌豆、铁苋菜、地锦草、毒麦草、青蒿、艾蒿、皂荚、茅草、田菁、稗草、马鞭草、筋骨草、蒲公英、鱼腥草、车前草、益母草、马攀茎草、狗尾巴草、龙柏、蟋蟀草、金钱草、马齿苋、葛人藤、蛇莓、猪泱泱草、辣蓼草等。

水生植物 大众村域内有丰富的水面和湿地资源，适宜水生植物生长，主要水生植物有茭白、慈姑、菱、藕、芡实（鸡头米）等。另外，野生水草有水花生、水葫芦、浮萍、绿萍、芦苇、鞭子草、水游草等。

菌类植物 大众村域内的菌类植物主要有金针菇、平菇、蘑菇、香菇、木耳等。

第三章　人口婚育

中华人民共和国成立前，大众村域内人口自然增长较慢。1950 年 5 月，新《婚姻法》颁布，提倡男女平等、婚姻自由，加上生活环境稳定，使得大众村域人口增长加快。20 世纪 60—70 年代，一批城镇知识青年插队落户大众大队和新华大队，一些城镇精简、下放人员落户迁入大众村域，使得大众村域人口呈现阶段性机械增长趋势。其间，因积极提倡计划生育、晚婚晚育，人口增长进入有效控制阶段。改革开放后，区域人口的流动性加大，人口迁入、迁出明显增加，人口结构发生了较大变化。2000 年前后，在城镇购买商品房的家庭增多，村籍人口大量迁出，村域户籍人口又有所下降。随着计划生育政策的宣传落实，大众村域人口自然增长一度出现负增长。2019 年年底，大众村有 481 户，总人口 1 748 人，比 1964 年增长 190 人，比 1982 年减少 374 人；全村 60 周岁及以上人口有 611 人，占全村总人口的 35%，人口老龄化情况比较突出。

第一节　人口总量

一、人口数量

1951 年，大众村域 17 个自然村，有 340 户 1 362 人。1953 年，第一次全国人口普查资料显示，大众村域有 346 户 1 469 人，其中男性 721 人、女性 748 人。20 世纪 50—60 年代，除 1959—1961 年，人口出现负增长之外，其余年份村里的人口正常自然增长。1964 年，第二次全国人口普查资料显示，大众村域 2 个大队的在籍农户有 395 户，总人口达 1 558 人。家庭户数比 1951 年增加 55 户，增长 16.2%；总人口比 1951 年增加 196 人，增长 14.4%。

1970 年前，大众村域人口增长呈平稳趋势。从 1972 年开展计划生育工作后，大众村域人口得到控制，出生率比较稳定。1980 年，大众村域总人口达 2 054 人，比 1970 年总人口 1 909 人，增加 145 人，增长 7.6%。据新华大队各生产队秋季分配方案资料，1978 年新华大队有 215 户，总人口达 788 人，比 1964 年增加 149 人，增长 23.3%；家庭户数比 1964 年增加 38 户，增长 21.5%。

随着国家计划生育政策的贯彻落实，控制了人口增长的势头，大众村域人口进入缓增阶段。1982 年，据大众村域各生产队秋季分配方案资料统计，新华大队和大众大队共有 562 户，总人口达 2 122 人。家庭户数比 1978 年增加 23 户，户数增长 4.3%；总人口比 1978 年增加 25 人，人口增长率仅为 1.2%。

1980—2019 年，大众村域自然增长最多的是 1986 年；大众村出生 25 人，死亡 6 人，增长 19 人；姚家港村出生 16 人，死亡 2 人，增加 14 人，两村共增加 33 人。其间，大众村域人口出生最多的年份是 1987 年，大众村出生 30 人、姚家港村出生 14 人。

1982 年后，大众村域人口出现负增长，1982—2019 年，全村人口由 2 122 人降至 1 748 人。其中，2011—2019 年，大众村域出生 92 人，死亡 146 人；2012 年是村域人口负增长率最高的一年，全村出生 15 人，死亡 23 人。

2019 年，大众村有 481 户，总人口达 1 748 人，比 1964 年增长 12.2%，比 1982 年减少 17.6%。

具体可参见 1964—1981 年新华大队各生产队户数和人口统计表（表 3-1）、1982—2000 年大众村域户籍人口统计表（表 3-2）、2011—2019 年大众村域户籍人口统计表（表 3-3）、大众村域四次全国人口普查结果统计表（表 3-4）。

表 3-1　1964—1981 年新华大队各生产队户数和人口统计表

年份	生产队别																									
	1		2		3		4		5		6		7		8		9		10		11		12		13	
	户数/户	人口/人	户数/户	人口/人	户数/户	人口/人	户数/户	人口/人	户数/户	人口/人	户数/户	人口/人	户数/户	人口/人	户数/户	人口/人	户数/户	人口/人	户数/户	人口/人	户数/户	人口/人	户数/户	人口/人	户数/户	人口/人
1964	25	103	24	92	22	90	12	45	11	42	20	53	15	60	21	66	14	46	13	42	—	—	—	—	—	—
1965	25	102	24	93	22	90	12	45	11	45	20	52	15	62	21	66	14	47	13	41	—	—	—	—	—	—
1966	25	108	25	97	22	99	12	48	13	49	18	61	14	60	34	112	12	38	—	—	—	—	—	—	—	—
1967	25	108	25	98	24	105	13	49	13	47	21	59	16	64	33	113	12	39	—	—	—	—	—	—	—	—
1968	22	104	24	105	24	105	13	48	13	49	21	61	17	67	33	117	12	39	—	—	—	—	—	—	—	—
1969	25	110	25	109	23	106	14	51	15	51	21	64	20	72	39	123	16	47	—	—	—	—	—	—	—	—
1970	28	112	25	112	26	108	14	52	15	52	19	63	20	75	36	127	16	48	—	—	—	—	—	—	—	—
1971	28	110	25	111	26	113	16	52	15	53	19	65	19	67	38	126	15	48	—	—	—	—	—	—	—	—
1972	30	112	26	111	26	111	14	53	15	53	18	67	20	78	38	127	15	50	—	—	—	—	—	—	—	—
1973	30	113	28	111	29	111	15	54	15	54	20	65	21	75	39	125	16	51	—	—	—	—	—	—	—	—
1974	31	111	26	112	28	112	15	55	15	54	18	67	21	75	41	122	16	50	—	—	—	—	—	—	—	—
1975	26	115	24	113	22	116	12	56	12	52	17	70	18	76	31	123	14	50	—	—	—	—	—	—	—	—
1976	35	113	28	113	32	122	14	54	14	51	22	67	20	76	33	122	14	48	—	—	—	—	—	—	—	—
1977	31	111	31	116	32	121	14	52	13	52	18	68	17	76	32	120	13	54	—	—	—	—	—	—	—	—
1978	34	115	32	117	33	124	14	55	15	58	17	68	19	75	37	121	14	55	—	—	—	—	—	—	—	—
1979	32	111	31	114	31	121	12	48	15	58	15	71	19	76	34	116	13	52	—	—	—	—	—	—	—	—
1980	16	54	33	116	34	119	14	49	13	57	16	71	19	76	17	60	14	52	15	56	15	54	—	—	—	—
1981	17	53	15	56	17	58	14	48	17	57	19	73	20	75	21	64	16	52	19	61	17	53	20	66	18	59

注:资料来自各生产队秋季分配方案。

表 3-2 1982—2000 年大众村域户籍人口统计表

年份	大众村（大众大队）		姚家港村（新华大队）	
	户数/户	人口/人	户数/户	人口/人
1982	339	1 337	223	785
1983	307	1 317	200	780
1984	327	1 336	215	765
1985	328	1 343	214	763
1986	377	1 361	215	762
1987	385	1 352	205	774
1988	330	1 339	208	779
1989	330	1 339	210	776
1990	329	1 331	228	786
1991	329	1 327	228	789
1992	328	1 311	247	778
1993	326	1 267	243	764
1994	327	1 251	247	825
1995	325	1 170	197	700
1996	322	1 146	192	688
1997	319	1 118	191	670
1998	317	1 090	190	675
1999	315	1 059	189	646
2000	315	1 059	186	633

表 3-3　2011—2019 年大众村户籍人口统计表

年份	户数/户	人口/人	其中	
			男性/人	女性/人
2011	520	1 880	918	962
2012	515	1 861	907	954
2013	512	1 842	898	944
2014	506	1 838	892	946
2015	502	1 823	883	940
2016	495	1 799	871	928
2017	486	1 777	861	916
2018	482	1 745	844	901
2019	481	1 748	867	881

表 3-4　大众村域四次全国人口普查结果统计表

年份	大众村（大众大队）				姚家港村（新华大队）			
	户数/户	总人口/人	其中		户数/户	总人口/人	其中	
			男性/人	女性/人			男性/人	女性/人
1964	238	960	484	476	157	598	287	311
1982	339	1 337	667	670	223	785	392	393
1990	329	1 331	667	664	228	786	394	392
2000	315	1 059	516	543	186	633	329	304

二、人口迁移

中华人民共和国成立后，农村实行农业人口的户籍管理政策，人口的跨区域迁移被严格限制，人口从大众村域内迁入、迁出，主要是男女婚配娶入嫁出、青年应征入伍、知识青年上山下乡等，总体人口迁移变动比较少。改革开放后，人员流动性加大，知识青年回城、跨区域婚配、大学生入学等，使得人员迁入、迁出明显增加。20 世纪 90 年代，农民交钱买户口（农业户口转非农业户口），造成人口变动较大。根据初步统计，1950—2019 年，全村大学生入学 479 人，青年应征入伍 93 人，退伍 87 人，城镇知识青年插队落户大众村域 93 人，城镇家庭精简下放大众村域 1 户、全家落户大众村域 3 户。

1982—2000 年，大众村域累计迁入 152 人，迁出 138 人。2011—2019 年，全村迁入 53 人，迁出 120 人。（表 3-5、表 3-6）

表 3-5　1982—2000 年大众村域人口变动指标统计表

单位：人

年份	村名	自然变动			机械变动	
		出生	死亡	增长数	迁入	迁出
1982	大众村	16	4	12	2	6
	姚家港村	7	3	4	2	1
1983	大众村	9	8	1	1	4
	姚家港村	4	7	-3	7	—
1984	大众村	9	8	1	4	—
	姚家港村	3	7	-4	7	—
1985	大众村	18	8	10	3	5
	姚家港村	—	—	—	—	—
1986	大众村	25	6	19	4	—
	姚家港村	16	2	14	11	—
1987	大众村	30	11	19	—	2
	姚家港村	14	8	6	—	2
1988	大众村	13	5	8	10	—
	姚家港村	12	6	6	4	—
1989	大众村	12	6	6	6	6
	姚家港村	12	11	1	4	2

续表

年份	村名	自然变动			机械变动	
		出生	死亡	增长数	迁入	迁出
1990	大众村	15	5	10	2	10
	姚家港村	8	8	0	2	3
1991	大众村	17	8	9	13	—
	姚家港村	7	5	2	4	4
1992	大众村	—	—	—	—	—
	姚家港村	11	3	8	1	13
1993	大众村	7	4	3	6	6
	姚家港村	7	9	-2	6	5
1994	大众村	5	3	2	32	—
	姚家港村	5	5	0	4	4
1995	大众村	6	5	1	—	2
	姚家港村	3	5	-2	3	3
1996	大众村	5	9	-4	1	—
	姚家港村	6	4	2	2	5
1997	大众村	11	11	0	1	—
	姚家港村	1	4	-3	—	—
1998	大众村	5	10	-5	4	6
	姚家港村	1	3	-2	1	2
1999	大众村	6	4	2	2	15
	姚家港村	2	0	2	3	10
2000	大众村	1	15	-14	—	14
	姚家港村	0	4	-4	—	8

表 3-6　2011—2019 年大众村人口变动指标统计表

单位：人

年份	出生人口	其中		死亡人口	其中		迁入人口	其中		迁出人口	其中	
		男性	女性		男性	女性		男性	女性		男性	女性
2011	17	10	7	7	2	5	4	2	2	3	2	1
2012	15	8	7	23	14	9	3	0	3	14	5	9
2013	7	4	3	16	8	8	5	3	2	15	8	7
2014	21	10	11	9	4	5	5	4	1	21	16	5
2015	10	5	5	18	9	9	3	1	2	10	6	4
2016	11	9	2	19	11	8	2	1	1	18	11	7
2017	11	9	2	20	11	9	4	2	2	17	10	7
2018	—	—	—	21	13	8	2	2	0	13	6	7
2019	—	—	—	13	4	9	25	9	16	9	4	5

注：2018—2019 年，大众村出生人口不含动迁小区出生人口。

三、外来人口

中华人民共和国成立前，有少量外地逃荒难民落户在大众村域。20 世纪 60—70 年代，外来人口主要是精简下放老职工、城镇知识青年、下放干部及有关人员等。1979 年，政策落实后，插队知识青年大多返回城镇。

20 世纪 90 年代，外地人员务工、经商，租住在大众村域，这些人员都在镇派出所办有暂住证。2013 年，大众村域外来人口有 414 人，其中务工 399 人、经商 6 人、务农 9 人。

2017 年，大众村的自然村全部动迁后，外来人员租用村民动迁后的空余房子居住。据统计，2019 年，全村有外来人口 800 多人。

第二节 人口结构

一、性别构成

1964—2000年全国人口普查资料显示，大众村域户籍人口的男女性别结构变化很小，反映出计划生育对大众村域的男女性别比的影响较小。

1964年，大众村域总人口达1 558人，其中男性771人、女性787人，分别占总人口的49.5%、50.5%。

1982年，大众村域总人口达2 122人，其中男性1 059人、女性1 063人，分别占总人口的49.9%、50.1%。

1990年，大众村域总人口达2 117人，其中男性1 061人、女性1 056人，分别占总人口的50.1%、49.9%。

2000年，大众村域总人口达1 722人，其中男性845人、女性877人，分别占总人口的49.1、50.9%。

2019年，大众村总人口达1 748人，其中男性867人、女性881人，分别占总人口的49.6%、50.4%。

二、姓氏构成

截至2019年12月31日，大众村人口为2 435人（含已迁出及外来人口），有姓氏120个，其中超过百人的姓氏有7个，王姓在大众村最多，共246人，居第一位。以下依次是顾姓182人、陆姓166人、张姓158人、刘姓149人、周姓146人、杜姓114人等。2019年，全村姓氏个数与1965年的48个相比，增长了2.5倍，而且出现了本地少有的姓氏。这是改革开放后随着经济社会的发展，人

口流动加快、跨区域婚姻增多带来的结果。(表 3-7)

表 3-7 2019 年大众村姓氏结构情况表

单位：人

姓氏	人数	姓氏	人数	姓氏	人数	姓氏	人数	姓氏	人数
王	246	韩	22	姜	5	浦	2	龙	1
顾	182	钱	21	殷	5	何	2	谢	1
陆	166	曾	20	盛	5	於	2	芮	1
张	158	孙	19	邵	4	倪	2	齐	1
刘	149	方	17	吕	4	归	2	郭	1
周	146	庄	16	苏	4	柳	2	潭	1
杜	114	夏	16	颜	4	查	2	严	1
吴	90	凌	16	俞	4	储	2	沙	1
蒋	83	黄	15	罗	4	樊	2	江	1
范	82	糜	14	魏	3	邹	2	钟	1
许	74	薛	13	彭	3	管	2	秦	1
徐	51	季	12	孔	3	柯	2	部	1
李	51	龚	12	褚	3	董	1	熊	1
沈	46	高	10	翁	3	仇	1	项	1
朱	44	戴	10	花	3	粟	1	梁	1
杨	39	冯	10	石	2	毛	1	郑	1
狄	39	唐	9	田	2	耿	1	林	1
支	39	费	7	宣	2	时	1	蔡	1
赵	34	宗	7	陶	2	裴	1	刀	1
陈	30	宋	6	邢	2	史	1	尹	1
姚	29	曹	6	傅	2	富	1		
马	29	景	6	谈	2	万	1		
金	28	潘	6	柴	2	胥	1		
袁	26	丁	6	贾	2	祝	1		
胡	25	施	5	覃	2	谯	1		

三、年龄构成

至2019年年底，大众村共有1 748人，其中，0—5周岁33人，6—17周岁149人，18—35周岁281人，36—59周岁674人，60—79周岁503人，80周岁及以上108人。全村有60周岁及以上人口611人，占总人口的35%，人口老龄化情况比较突出。(表3-8)

表3-8 1982年、2019年大众村域人口年龄结构情况表

单位：人

1982年		2019年	
年龄	人数	年龄	人数
0—5周岁	218	0—5周岁	33
6—17周岁	538	6—17周岁	149
18—35周岁	698	18—35周岁	281
36—59周岁	511	36—59周岁	674
60—79周岁	148	60—79周岁	503
80周岁及以上	9	80周岁及以上	108
合计	2 122	合计	1 748

四、文化结构

中华人民共和国成立前，成年人大多不识字，村民家的孩子入学读书的较少，受到重男轻女等封建思想的影响，女性入学的更少，全村村民绝大部分是文盲、半文盲。中华人民共和国成立后，村里组织办夜校和民校，开展扫盲运动，农民晚饭后进夜校读书学文化，经过10多年的努力，成年人中文盲、半文盲人数逐渐减少。同时，村里兴办学校，学龄儿童基本入学，具有小学文化程度的人越来越多。第二次全国人口普查资料显示，1964年大众村域总人口为1 558人，其中文盲611人，占总人口的39.2%；初小和高小352人，占总人口的22.6%；初中22人，占总人口的1.4%；高中2人；大学1人。

改革开放后，特别是实行九年制义务教育后，大众村年轻人的文化程度越

来越高。村里很多学历比较低的青壮年村民，通过昆山电视大学函授及其他学校的学习培训等途径，取得了中专或者大专毕业证书。大众村村民通过高考读大学的越来越多，有的还考上了研究生。全村村民的文化程度有了很大程度的提升。

截至 2019 年年底，大众村有学龄前儿童 227 人，占总人口的 9.3%；文盲、半文盲 137 人，占总人口的 5.6%；小学 656 人，占总人口的 26.9%；初中 589 人，占总人口的 24.2%；高中 189 人，占总人口的 7.8%；中专中技 139 人，占总人口的 5.7%；职高 19 人，占总人口的 0.8%；大专 238 人，占总人口的 9.8%；本科 212 人，占总人口的 8.7%；本科以上 29 人，占总人口的 1.2%。（表 3-9 至表 3-12）

表 3-9　1964 年大众大队村民文化程度统计表

单位：人

队别	不识字	初识字	初小	高小	初中	高中	大学
1	31	6	15	0	1	0	0
2	23	5	18	3	1	0	0
3	26	2	11	4	2	0	0
4	25	7	11	4	1	0	0
5	30	4	10	2	0	0	0
6	24	6	12	1	2	0	0
7	16	4	12	5	2	0	0
8	27	6	10	9	6	1	0
9	27	7	14	2	1	0	0
10	37	3	19	1	0	0	1
11	29	5	10	2	1	0	0
12	21	7	19	0	2	0	0
13	20	2	10	3	1	0	0
14	23	5	7	1	1	0	0
合计	359	69	178	37	21	1	1

注：资料来源于第二次全国人口普查资料。

表 3-10　1964 年新华大队村民文化程度统计表

单位：人

队别	不识字	初识字	初小	高小	初中	高中	大学
1	38	6	20	3	1	0	0
2	39	5	10	6	0	0	0
3	39	7	9	4	0	0	0
4	19	1	5	0	0	0	0
5	13	0	10	3	0	0	0
6	21	2	10	4	0	1	0
7	23	2	12	6	0	0	0
8	28	0	9	3	0	0	0
9	16	0	11	1	0	0	0
10	16	0	9	2	0	0	0
合计	252	23	105	32	1	1	0

注：资料来源于第二次全国人口普查资料。

表 3-11　2019 年大众村村民文化程度统计表

文化程度	人数/人	占比/%	文化程度	人数/人	占比/%
学龄前儿童	227	9.3	中专中技	139	5.7
文盲、半文盲	137	5.6	职高	19	0.8
小学	656	26.9	大学专科	238	9.8
初中	589	24.2	大学本科	212	8.7
高中	189	7.8	本科以上	29	1.2

注：资料来源于《大众村志·村民家庭记载》，统计人口 2 435 人（成员包括已迁出户籍及家属）。

表 3-12 2019 年大众村各村民小组文化程度统计表

单位：人

文化程度	村民小组																	合计
	1	2	3	4	5	6	7	8	9	10	11	12	13	14	15	16	17	
学龄前儿童	16	23	14	7	14	30	5	5	10	25	9	7	31	11	11	6	3	227
文盲	16	15	13	7	8	9	0	3	8	12	5	8	17	2	5	6	3	137
小学	26	40	29	8	40	42	17	19	52	67	37	31	113	35	40	23	37	656
初中	21	37	30	20	35	47	13	12	35	74	30	32	97	33	30	19	24	589
高中	5	13	14	4	6	6	9	4	23	26	15	2	25	5	8	14	10	189
中技	5	10	14	4	6	6	9	4	13	12	5	5	23	6	6	8	3	139
职高	1	1	0	1	0	1	2	0	0	0	0	4	4	2	1	1	1	19
大专	12	12	8	7	19	19	3	7	16	18	20	4	48	13	12	11	9	238
本科	11	9	8	6	15	14	4	2	16	28	16	10	27	12	14	10	10	212
本科以上	1	1	0	1	3	6	0	0	6	6	2	0	2	0	1	0	0	29

五、劳动力构成

中华人民共和国成立前，大众村村民以农业生产为主，少有小手工业者。村内只有少数木匠、竹匠和泥水匠等。中华人民共和国成立后，村内男、女劳动力全部集中在农业生产上面。改革开放前，村民外出做工要向生产队缴纳公积金、公益金。农忙时，所有外出人员都要回生产队劳动。

1964 年，在以生产队为核算单位的管理体制下，新华大队户籍人口 598 人，农业劳动力 291 人，占总人口的 48.7%。1978 年，新华大队户籍人口 788 人，农业劳动力 471 人，占总人口的 59.8%。1982 年，大众大队户籍人口 1 337 人，农业劳动力 843 人，占总人口的 63.1%。新华大队户籍人口 785 人，农业劳动力 542 人，占总人口的 69.0%。

改革开放后，特别是 1983 年实行家庭联产承包责任制后，农业生产由家庭经营，村民选择职业的限制被打破，农村劳动力开始加快向非农业领域转移。

村里一部分劳动力由农村转向城镇，从事服务性行业，有的进厂当工人，有的拜师学艺，在村内、村外做工程，或成为专业的手艺人。随着农村分工分业的发展，全村劳动力分布在农业、副业、工业、交通运输业、服务业等各个领域。1982年，大众村域从事农业、副业的劳动人数占总劳动人数的91.8%。（表3-13）到1992年，大众村域从事农业、副业的劳动人数占总劳动人数的比例降至30.9%，而在非农业和副业领域就业的劳动人数占总劳动人数的比例由1982年的8.2%升至1992年的69.1%。（表3-14）

表3-13　1982年大众村域劳动者从业统计表

行业类别	劳动人数/人	占总劳动人数的比例/%
工业	91	6.6
五匠	23	1.6
农业	1 192	86.1
副业	79	5.7

表3-14　1992年大众村域劳动者从业情况表

行业类别	劳动人数/人	占总劳动人数的比例/%
工业	784	59.1
交通运输	65	4.9
副业	114	8.6
农业	296	22.3
服务业	68	5.1

第三节 人口控制

中华人民共和国成立前，生儿育女被视为个人家庭之事。由于生活条件差、早婚早育、农村缺医少药、各种疾病流行，婴儿成活率低，人口自然增长缓慢。中华人民共和国成立后，由于社会环境安定，人民生活和医疗水平逐步提高，受人多力量大观念的影响，大众村域在20世纪60年代出现人口出生高峰。

1963年，国家开始提倡计划生育、晚婚晚育。昆山县颁发《关于计划生育若干问题的暂行规定》。1964年，正仪卫生院设立计划生育指导门诊，在昆山县妇幼保健所的组织和指导下，开展绝育手术试点工作。正仪卫生院开始施行计划生育手术。此后，正仪卫生院推广口服避孕药。

1971年7月8日，国务院转发卫生部军管会、商业部、燃料化学工业部《关于做好计划生育工作的报告》，强调人类在生育上无政府主义是不行的，也要有计划生育，要切实控制人口的盲目增长，提出“一个不少，两个正好，三个多了”的生育政策，提倡“结婚晚一点、间隔稀一点、生得少一点、抚养好一点”。1973年，国家规定，男性25周岁、女性23周岁以上结婚为晚婚年龄，女性24周岁以上生育为晚育年龄。正仪人民公社及大众大队、新华大队组织宣传计划生育政策，在村民中积极倡导计划生育、晚婚晚育。

自1974年起，大众大队、新华大队积极落实国家计划生育政策，配合正仪人民公社在村里做好避孕药具免费供应工作。

1979年，国家规定晚婚年龄为男、女双方相加年龄满50周岁，开始推行“一对夫妻只生一个孩子”政策，并发放独生子女证。

1980年9月25日，中共中央发表《关于控制我国人口增长问题致全体共产党员、共青团员的公开信》，动员和号召广大党员、团员积极响应，以自己的模范行动带动周围群众，推动了人口控制工作，并取得了明显的效果，实现人口自然增长率逐年下降。村里的新婚夫妇在办理结婚登记手续时，先接受婚育知识培训，育龄妇女怀孕后，办理生育保健卡，定期到医院妇产科做检查，以确保孕妇和胎儿的健康。

1982年，大众大队和新华大队按照昆山县《关于计划生育若干问题的暂行规定》及其补充规定，向同意终身只生育一个孩子，并落实节育措施的夫妇发放独生子女证，并每年发给独生子女保健费40元，年限从获得此证当年算起，发至孩子年满14周岁；对孩子入托、入学、医疗费等方面给予优惠；实行计划生育的育龄妇女享受56天产假，施行节育手术的育龄妇女给予适当的休息日；男、女双方均为晚婚者，各增加1周婚假，婚假期间工资照发；晚育者于规定产假外增加15天假期，难产者产假延长10天，为66天。此后，大众大队和新华大队执行《江苏省计划生育条例实施细则》的规定，优待和奖励符合晚婚年龄的依法登记结婚的初婚夫妇，增加婚假7天；优待和奖励符合晚育年龄的夫妇，增加女方产假15—30天，给予男方护理假3—7天。职工按上述规定所享受的假期工资、奖金照发。

由于宣传教育到位，奖惩措施落实到位，村民的计划生育观念得到增强，独生子女家庭越来越多。1990年年底，大众村域有独生子女家庭227户，其中姚家港村86户、大众村141户。

自2005年起，村“两委”对全村再次进行调查摸底，确定计划生育家庭奖励三种对象：本村村民已领取独生子女父母光荣证，且未参加城镇养老保险的年满60周岁老人，子女是1963年1月1日后出生的；年满50周岁“只生一个孩子”，且孩子在未婚或已婚未育前已死亡，未再生育和收养的；未参加城镇养老保险、年满60周岁已婚未育，且未收养子女的本村村民。之后，村里按每人每月50元的标准给予奖励。在政策激励下，2006年新增19户，2007年新增15户，2009年新增5户。2009年年底，全村有独生子女家庭266户，占全村501户总户数的53%。计划生育使全村人口的增长得到控制。

第四节　寿星名录

1982年，第三次全国人口普查资料显示，大众村域80周岁以上老年人9人，年龄最高者88岁。随着生活质量和医疗卫生条件的改善，村民的健康水平不断提高，长寿老人越来越多。从年龄构成来看，2019年12月，全村60周岁及以上的寿星有611人，占总人口的35%，其中80周岁及以上的寿星有108人，占总人口的6.2%。年龄最高者是大众村第13村民小组的吴雪妹（女）。（表3-15、表3-16）

表3-15　1982年大众村域80周岁及以上的寿星名录

大队	队别	姓名	性别	出生年月	自然村	病故年月
大众大队	6	朱连生	男	1898年4月	东黄渎村	1987年4月
	6	盛引宝	女	1894年6月	东黄渎村	1983年1月
	8	王阿妹	女	1900年7月	周家埭	1983年12月
	13	李小妹	女	1900年3月	东黄渎村	1987年7月
	15	关凤珠	女	1897年4月	周家埭	1983年11月
新华大队	3	陆巧全	女	1894年2月	金屋里北浜	1984年10月
	8	王大妹	女	1899年6月	小黄泾	1984年2月
	11	朱巧妹	女	1897年6月	范家沙	1983年12月
	12	王小妹	女	1901年10月	金屋里南浜	1983年5月

表 3-16　2019 年大众村 80 周岁及以上的寿星名录

姓名	性别	出生日期	组别	姓名	性别	出生日期	组别
吴雪妹	女	1920 年 1 月 13 日	13	顾大妹	女	1932 年 9 月 4 日	4
王荣根	男	1922 年 2 月 3 日	14	顾云娣	女	1932 年 9 月 18 日	4
顾小娘	女	1923 年 12 月 8 日	9	俞密宝	女	1932 年 10 月 1 日	3
项小妹	女	1923 年 12 月 29 日	17	沈全根	男	1932 年 11 月 6 日	10
刘爱英	女	1925 年 3 月 25 日	6	许根林	男	1932 年 12 月 9 日	12
庄小宗	男	1926 年 4 月 27 日	3	张惠宝	女	1932 年 12 月 28 日	6
王大妹	女	1927 年 2 月 10 日	15	刘梅加	女	1933 年 2 月 14 日	15
凌秀宝	女	1927 年 8 月 11 日	13	胡林宝	女	1933 年 6 月 8 日	14
刘义根	男	1927 年 9 月 7 日	11	许招泉	男	1933 年 9 月 15 日	12
王香妹	女	1927 年 9 月 27 日	13	王金生	男	1933 年 10 月 14 日	10
陈金妹	女	1928 年 8 月 27 日	3	韩宗根	男	1934 年 1 月 3 日	10
季荣泉	男	1928 年 9 月 26 日	5	刘菊英	女	1934 年 2 月 11 日	6
庄造生	男	1929 年 2 月 19 日	3	周文彬	男	1934 年 3 月 11 日	15
周香宝	女	1930 年 1 月 5 日	14	袁根大	女	1934 年 4 月 10 日	12
张根林	男	1930 年 5 月 2 日	13	杨小林	男	1934 年 5 月 7 日	13
吴水宝	女	1930 年 11 月 23 日	3	杨洪妹	女	1934 年 5 月 12 日	13
蒋阿狗	男	1930 年 12 月 13 日	6	支梅根	女	1934 年 10 月 23 日	6
顾长元	男	1931 年 5 月 14 日	4	周根元	男	1934 年 12 月 23 日	10
徐巧仙	女	1931 年 6 月 14 日	16	顾金花	女	1934 年 12 月 29 日	4
吴花宝	女	1931 年 8 月 15 日	8	刘土根	男	1935 年 4 月 12 日	11
芮桂英	女	1931 年 9 月 7 日	12	许小桃	女	1935 年 6 月 13 日	11
钱腊妹	女	1931 年 12 月 26 日	5	刘水大	女	1935 年 7 月 13 日	17
范秀宝	女	1932 年 2 月 21 日	1	周小妹	女	1935 年 8 月 2 日	10
孙雪珍	女	1932 年 3 月 28 日	10	王阿巧	女	1935 年 9 月 9 日	15
顾阿二	女	1932 年 7 月 15 日	17	蒋菊妹	女	1935 年 9 月 27 日	6
支阿炳	男	1932 年 8 月 1 日	6	张引花	女	1935 年 10 月 4 日	13

续表

姓名	性别	出生日期	组别	姓名	性别	出生日期	组别
杜凤妹	女	1936年3月23日	10	姚桃根	男	1938年2月2日	9
顾阿招	女	1936年4月8日	9	刘火根	男	1938年2月20日	11
费密英	女	1936年5月16日	1	顾泉英	女	1938年2月28日	10
张土金	男	1936年6月11日	12	陆水林	男	1938年4月13日	3
刘小毛	女	1936年8月1日	6	陆多生	男	1938年4月25日	2
陆阿秀	女	1936年8月3日	3	吴雪元	男	1938年5月21日	3
狄忠妹	女	1936年9月14日	17	杜桃根	男	1938年6月20日	10
周招英	女	1936年9月28日	3	张金花	女	1938年6月20日	12
支桃妹	女	1936年9月29日	17	周阿元	男	1938年8月18日	15
顾义生	男	1936年10月11日	17	陆大妹	女	1938年9月13日	2
吴小白	女	1936年11月9日	13	金引花	女	1938年9月23日	12
张桂英	女	1936年11月17日	13	宋金英	女	1938年10月19日	10
杨金生	男	1936年11月28日	1	蒋小男	男	1938年11月23日	13
王巧妹	女	1936年12月30日	10	顾根妹	女	1939年1月21日	9
张金凤	女	1937年1月2日	15	陆云宝	女	1939年3月9日	2
许根妹	女	1937年2月4日	12	刘梅花	女	1939年3月20日	6
胡秀林	女	1937年2月12日	13	杜水妹	女	1939年8月25日	10
支香妹	女	1937年2月28日	17	周桃泉	男	1939年9月6日	10
方金秀	女	1937年4月16日	5	张阿林	男	1939年9月13日	13
许水林	男	1937年6月24日	12	袁云根	男	1939年11月15日	5
王来宝	男	1937年9月17日	13	王密宝	女	1940年1月15日	10
刘小妹	女	1937年10月17日	6	范素英	女	1940年2月7日	1
杜福妹	女	1937年10月19日	10	刘杏元	男	1940年2月7日	6
马香妹	女	1937年11月10日	15	顾林秀	女	1940年2月15日	9
周香妹	女	1937年11月13日	11	李妹郎	女	1940年7月19日	13
钱桃妹	女	1937年11月26日	5	杜秀妹	女	1940年7月22日	13
顾培云	男	1937年11月30日	9	顾小根	男	1940年8月16日	4
杜金桃	男	1937年12月12日	10	陆凤花	女	1940年9月15日	8

第四章 村级组织

大众村村级组织建设始于中华人民共和国成立后。20 世纪 50 年代，村域内建立中共党支部。同时期，村域内的经济组织、自治组织、群团组织等相继建立，形成以中共党组织为核心的基层组织架构，共同推进村域内的农业生产和各项社会事业发展。改革开放后，村党支部在不断加强自身建设的同时，充分发挥村委会、村团支部、妇女代表大会、民兵营等组织作用，全面推进经济建设、政治建设、社会建设、生态文明建设，推动物质文明建设与精神文明建设协调发展。2007 年，大众村党总支成立后，村党总支部坚持党建引领，全力做好村域内征地、动迁工作，不断创新经济发展思路，开拓村民增收渠道，组织全村创建文明家庭和文明村，大众村先后被评为“昆山市文明村”和“乡村治理先进集体”。

第一节　中共基层组织

一、党支部

1956 年，大众高级社和新华高级社成立党小组，开展党组织活动。1958 年 9 月，大众高级社与新华高级社合并为第 10 营，成立党支部。1959 年 2 月，撤销第 10 营，分别设立大众大队党支部和新华大队党支部。大众大队党支部书记为吴雪根，党员有徐阿玲、凌国良、狄火林、顾波生、王金根。新华大队党支部书记为王白狗，党员有吴惠良、王林根、王金林。大队党支部成立后，各项党支部活动正常开展。至 2007 年 11 月，吴雪根、狄福根、顾金木、赵水根、杜金发、吴惠根、曾培生、蒋三林、杜引元、刘香元先后担任大众大队（大众村）党支部书记，至 2001 年 8 月，王白狗、吴惠良、袁云根、俞瑞英、王金林、顾秋根、王柏楠、郁香清、刘香元先后担任新华大队（姚家港村）党支部书记。（表 4-1）

1983 年，恢复乡村建制后，大众大队党支部更名为大众村党支部，赵水根担任书记，许明林、许志明、高根生、吴惠珍（大）担任支委。是年，大众村党支部有党员 21 名。同时期，新华大队党支部更名为姚家港村党支部，顾秋根担任书记，龚全元、陆凤根、支阿炳、范香花担任支委。是年，姚家港村党支部有党员 18 名。

2001 年 8 月，大众村与姚家港村合并，成立新的大众村，同时建立新的大众村党支部，刘香元担任书记。

表 4-1 1958-2007 年大众村域基层党支部负责人任职情况表

支部名称	书记	任　期	副书记	任　期
大众大队（大众村）党支部	吴雪根	1958 年 9 月—1960 年 3 月	—	—
	狄福根	1960 年 3 月—1961 年 4 月	徐阿玲	1960 年 3 月—1976 年 9 月
	顾金木	1961 年 4 月—1964 年 3 月	许惠林	1976 年 9 月—1977 年 9 月
	狄福根	1964 年 3 月—1966 年 3 月	赵水根	1976 年 9 月—1977 年 9 月
	顾金木	1966 年 3 月—1982 年 4 月	许明林	1977 年 9 月—1982 年 8 月
	赵水根	1982 年 4 月—1984 年 12 月	—	—
	杜金发	1984 年 12 月—1990 年 3 月	—	—
	吴惠根	1990 年 3 月—1991 年 4 月	—	—
	曾培生	1991 年 4 月—1993 年 5 月	—	—
	蒋三林	1993 年 5 月—1996 年 10 月	—	—
	杜引元	1996 年 10 月—2001 年 8 月	—	—
新华大队（姚家港村）党支部	王白狗	1958 年 9 月—1959 年 3 月	—	—
	吴惠良	1959 年 3 月—1960 年 3 月	陆凤根	1971 年 4 月—1976 年 6 月
	袁云根	1960 年 3 月—1966 年 3 月	顾秋根	1976 年 6 月—1980 年 10 月
	吴惠良	1966 年 3 月—1971 年 1 月	—	—
	俞瑞英	1971 年 1 月—1972 年 4 月	—	—
	王金林	1972 年 4 月—1976 年 5 月	—	—
	袁云根	1976 年 5 月—1980 年 10 月	—	—
	顾秋根	1980 年 10 月—1990 年 3 月	—	—
	王柏楠	1990 年 3 月—1995 年 9 月	—	—
	郁香清	1995 年 9 月—1997 年 9 月	—	—
	刘香元	1997 年 9 月—2001 年 8 月	—	—
大众村党支部	刘香元	2001 年 8 月—2007 年 11 月	—	—

注：1968 年 4 月—1971 年 1 月，朱阿二、王招根分别任大众大队、新华大队革委会主任。

二、党总支

2007年11月，大众村党支部升格为大众村党总支委员会（以下简称“大众村党总支”），刘香元担任党总支书记，周先明、刘炳福、蒋建良、许花珍担任党总支委员。大众村党总支下设2个党支部：第一党支部的党员主要是原大众村的，周先明担任第一党支部书记；第二党支部的党员主要是原姚家港村的，刘炳福担任第二党支部书记。

大众村党总支和所属党支部，按照党章规定进行换届选举。其间，大众村党总支于2016年12月进行换岗，刘炳福担任党总支书记。2018年11月，金芳担任党总支书记。2019年9月，杨俊担任党总支副书记。第一党支部书记为马燕翔，第二党支部书记为陆雪芳。（表4–2）是年年底，大众村党总支有党员67人，其中男性50人、女性17人。从党员年龄结构来看，60周岁以下的44人、60周岁及以上的23人。（表4–3）从党员性别结构来看，在党50年党员中，男性6人、女性1人。（表4–4）

大众村党总支按照党章要求，全面履行职责，宣传和执行党的路线、方针、政策和上级党组织及本村党员大会决议；讨论决定本村经济和社会发展中的重大问题，组织和带领干部、群众深化农村改革，大力发展农村经济，加强农村社会主义物质文明和精神文明建设，加快实现共同富裕和农村社会事业的全面进步；抓好党组织自身思想、组织和作风建设，建立健全党建工作制度，规范党建党务工作，做好发展党员工作；负责村、组和村集体经济组织干部的教育、管理、考核和监督，做好后备干部的培养教育工作；领导和推进村级民主选举、民主决策、民主管理、民主监督，支持和保障村民依法开展自治活动；领导村民委员会、村集体经济组织和共青团、妇女代表大会、民兵营等群众组织，支持和保证这些组织依照国家法律法规及各自章程充分行使职权；搞好本村社会治安、计划生育工作，做好村民思想工作，维护群众的正当权利和利益，加强社会主义民主政治建设，维护本村社会稳定；负责召集党员大会，向党员大会负责并报告工作，自觉接受其监督；完成上级党委和政府交办的其他任务。大众村党总支充分发挥村委会、村经济合作社和村各群团组织作用，带领村民推动全村经济建设、社会建设、文化建设、生态建设，促进村域经济不断迈上新台阶，村民持续增收，村民的获得感和幸福感持续提升，成功创建为“昆山市文明村”。2019 年，大众村党总支被昆山高新区党工委表彰为“先进基层党组织”。

表 4-2　2007—2019 年大众村党总支领导成员名录

党总支书记	任期	党总支委员	第一党支部书记	第二党支部书记
刘香元	2007 年 11 月—2008 年 12 月	周先明、刘炳福 蒋建良、许花珍	周先明	刘炳福
周先明、 刘炳福 （副书记）	2008 年 12 月—2016 年 12 月、 2016 年 10 月—2016 年 12 月	刘炳福、蒋建良 周建龙、陆雪芳	刘炳福	周建龙
刘炳福	2016 年 12 月—2018 年 11 月	马燕翔、周建龙 陆雪芳	马燕翔	周建龙
金　芳、 杨　俊 （副书记）	2018 年 11 月—2019 年 12 月、 2019 年 9 月—2019 年 12 月	周建龙、马燕翔	马燕翔	陆雪芳

表 4-3　2019 年大众村党总支党员名录

姓名	性别	民族	入党年月	预备党员转正年月
顾金木	男	汉	1958 年 10 月	1959 年 10 月
杨金生	男	汉	1960 年 4 月	1961 年 4 月
袁云根	男	汉	1960 年 4 月	1961 年 4 月
王梅根	男	汉	1966 年 3 月	1967 年 3 月
支阿炳	男	汉	1966 年 3 月	1967 年 3 月
许招泉	男	汉	1966 年 3 月	1967 年 3 月
周宗安	男	汉	1966 年 3 月	1967 年 3 月
杜桃根	男	汉	1966 年 3 月	1967 年 3 月
宋林英	女	汉	1966 年 3 月	1967 年 3 月
刘志祥	男	汉	1966 年 8 月	1967 年 8 月
许明林	男	汉	1969 年 7 月	1969 年 7 月

续表

姓名	性别	民族	入党年月	预备党员转正年月
杜玉生	男	汉	1971 年 2 月	1971 年 2 月
许惠林	男	汉	1971 年 2 月	1971 年 2 月
杜金发	男	汉	1971 年 7 月	1971 年 7 月
吴惠珍	女	汉	1975 年 5 月	1975 年 5 月
张水元	男	汉	1975 年 8 月	1975 年 8 月
周喜明	男	汉	1975 年 9 月	1975 年 9 月
顾秋根	男	汉	1976 年 3 月	1976 年 3 月
吴惠根	男	汉	1976 年 9 月	1976 年 9 月
龚全元	男	汉	1976 年 5 月	1976 年 5 月
胡雪元	男	汉	1977 年 10 月	1978 年 10 月
季林生	男	汉	1978 年 12 月	1979 年 12 月
王林元	男	汉	1979 年 1 月	1980 年 1 月
袁建根	男	汉	1984 年 4 月	1985 年 4 月
王黑男	男	汉	1984 年 6 月	1985 年 6 月
顾金泉	男	汉	1984 年 10 月	1985 年 10 月
范建刚	男	汉	1986 年 8 月	1987 年 8 月
吴惠珍	女	汉	1987 年 7 月	1988 年 7 月
吴拥军	男	汉	1989 年 2 月	1990 年 2 月
王建良	男	汉	1989 年 6 月	1990 年 6 月
刘炳福	男	汉	1992 年 4 月	1993 年 4 月
陆文荣	男	汉	1992 年 7 月	1993 年 7 月
蒋金男	男	汉	1992 年 10 月	1993 年 10 月
杜引元	男	汉	1994 年 4 月	1995 年 4 月
周建龙	男	汉	1994 年 10 月	1996 年 5 月
张三男	男	汉	1995 年 5 月	1996 年 5 月
许花珍	女	汉	1996 年 5 月	1997 年 5 月
吴惠英	女	汉	1996 年 7 月	1997 年 7 月

续表

姓名	性别	民族	入党年月	预备党员转正年月
何小弟	男	汉	1996 年 12 月	1997 年 12 月
陆瑞英	女	汉	1998 年 6 月	1999 年 6 月
姚雪平	男	汉	2000 年 11 月	2001 年 11 月
周学明	男	汉	2001 年 7 月	2002 年 7 月
许美根	男	汉	2001 年 9 月	2002 年 9 月
钱　锋	男	汉	2003 年 11 月	2004 年 11 月
顾伟强	男	汉	2005 年 5 月	2006 年 5 月
许文强	男	汉	2005 年 6 月	2006 年 12 月
金　芳	女	汉	2005 年 6 月	2006 年 6 月
顾建明	男	汉	2005 年 11 月	2006 年 11 月
韩　英	女	汉	2006 年 4 月	2007 年 4 月
曹海荣	男	汉	2006 年 6 月	2007 年 6 月
陆雪芳	女	汉	2007 年 6 月	2008 年 6 月
周丽君	女	汉	2007 年 12 月	2008 年 12 月
支晓鹃	女	汉	2008 年 5 月	2009 年 5 月
张　婷	女	汉	2008 年 5 月	2009 年 5 月
刘春芳	女	汉	2008 年 6 月	2009 年 6 月
刘晓兵	男	汉	2008 年 10 月	2009 年 10 月
周　静	女	汉	2010 年 1 月	2011 年 1 月
马燕翔	男	汉	2010 年 3 月	2011 年 3 月
支多男	男	汉	2010 年 6 月	2011 年 6 月
支　亚	女	汉	2013 年 5 月	2014 年 5 月
吴俊超	男	汉	2013 年 7 月	2014 年 7 月
周　熔	男	汉	2013 年 11 月	2014 年 11 月
周建文	男	汉	2013 年 11 月	2014 年 11 月
杨　俊	男	汉	2014 年 6 月	2015 年 6 月
张　静	女	汉	2014 年 6 月	2015 年 6 月
张亚城	男	汉	2015 年 6 月	2016 年 6 月
郁程芳	女	汉	2015 年 7 月	2016 年 7 月

表 4-4　2019 年大众村光荣在党 50 年党员名录

姓名	性别	民族	入党年月	预备党员转正年月
杨金生	男	汉	1960 年 4 月	1961 年 4 月
王梅根	男	汉	1966 年 3 月	1967 年 3 月
许招泉	男	汉	1966 年 3 月	1967 年 3 月
杜桃根	男	汉	1966 年 3 月	1967 年 3 月
宋林英	女	汉	1966 年 3 月	1967 年 3 月
刘志祥	男	汉	1966 年 8 月	1967 年 8 月
许明林	男	汉	1969 年 7 月	1969 年 7 月

第二节　村民自治组织

一、村委（大队、合作社）

1954 年秋，大众村域先后成立 7 个初级社，承担一定的行政职能。红卫初级社，吴惠良担任社长，陆凤根担任会计；向阳初级社，陆金生担任社长，王怀德担任会计；新华初级社，王白狗担任社长，王水荣担任会计；新港初级社，王金根担任社长，王金生担任会计；幸福初级社，许招林担任社长，许根林担任会计；民主初级社，张根福担任社长，陈仕良担任会计；大众初级社，凌国良担任社长，狄火林担任会计。

1956 年 3 月，由红卫、向阳、新华 3 个初级社合并成立新华高级社，王白狗担任社长，王怀德担任会计。新港、幸福、民主、大众 4 个初级社合并成立大众高级社，凌国良担任社长，杜金桃担任会计。高级社以下设生产队，生产队有队长、副队长、会计，负责本队日常生产和管理工作。高级社和生产队承担一定的行政职能。

1958 年 9 月，撤乡建社，正仪人民公社成立后，实行政社合一，建立军事体制。大众高级社和新华高级社合并为第 10 营，吴雪根担任第 10 营指导员，副书记王白狗兼任副指导员，凌国良担任连长，吴惠良担任副连长，杜金桃担任会计，王怀德担任出纳。1959 年 2 月，撤销第 10 营军事管理建制，按原来大众高级社和新华高级社管理范围，改设为大众大队和新华大队，大队成立管理委员会，承担行政管理职能。

1968 年中期，人民公社实行军事管制。大众村域相继成立大众大队革委会和新华大队革委会，各生产队建立革命生产领导小组。大队革委会的领导职能与大队管理委员会的领导职能基本相同。

1983 年 6 月，按照中央统一改革要求，恢复乡村建制，正仪人民公社改为正仪乡。与此同时，大众大队改为大众村，建立大众村村委会，许明林担任大众村村委会主任；新华大队改为姚家港村，建立姚家港村村委会，王黑男担任姚家港村村委会主任。村委会负责全村的行政工作。1988 年 6 月，正仪乡撤乡建镇，隶属关系不变。1988 年 6 月—2001 年 8 月，大众村先后由吴惠根、蒋三林、杜引元担任村委会主任，姚家港村先后由王黑男、刘香元担任村委会主任。

2001 年 8 月，正仪镇行政村区域调整，姚家港村并入大众村，组建新的大众村村委会和大众村经济合作社，周先明担任大众村村委会主任，刘炳福担任大众村经济合作社社长。2003 年 12 月，昆山市撤销正仪镇建制，以娄江河为界，娄江河以北划归巴城镇管辖，娄江河以南划归玉山镇管辖。大众村地处娄江河南面，改为玉山镇管辖。此后至 2019 年 12 月，玉山镇大众村先后由周先明、刘炳福、周建龙担任村委会主任。(表 4-5、表 4-6)

大众村村委会在村党支部、总支部的领导下，负责推进村级民主选举、民主决策、民主管理、民主监督；在法律、政策的范围内，办理本村的公共事务和公益事业，调解民间纠纷，协助维护社会治安，向人民政府反映村民意见和要求及提出建议；支持和组织村民依法发展多种形式的合作经济和其他经济，承担本村生产的服务和协调工作，促进农村生产建设和市场经济的发展；依照法律规定，管理本村属于村民集体所有的土地和其他财物，教育村民合理利用自然资源，保护和改善生态环境；宣传宪法及相关法律法规和国家的政策，教育和推动村民履行法律规定的义务，维护村民的合法权益，发展文化教育，普及科技知识，开展多种形式的精神文明建设活动；负责召集村民会议和村民代表会议，向村民会议、村民代表会议负责并报告工作，贯彻执行村民会议和村民代表会议的决议、决定；完成上级党委和政府交办的行政工作和村党组织下达的工作任务。2019 年，大众村被昆山市委、市政府评为“乡村治理先进集体”。

表 4-5　1956—2001 年大众村域行政负责人员名录

单位	姓名	职务	任期
新华高级社（新华大队、姚家港村）	王白狗	高级社社长	1956 年 3 月—1959 年 9 月
	袁云根	血防大队长	1960 年 3 月—1966 年 4 月
	王金林	大队长	1960 年 3 月—1972 年 4 月
	龚全元	大队长	1980 年 10 月—1983 年 8 月
	王黑男	村委会主任	1983 年 8 月—1992 年 8 月
	刘香元	村委会主任	1992 年 8 月—2001 年 8 月
	陆宗木	社长	1983 年 8 月—1992 年 8 月
	王怀德	大队会计	1956 年 3 月—1965 年 7 月
	陆凤根	大队会计	1965 年 7 月—1970 年 4 月、1976 年 4 月—1986 年 10 月
	王梅根	大队会计	1970 年 4 月—1971 年 4 月
	支阿炳	大队会计	1971 年 4 月—1976 年 4 月
	龚全元	村会计	1986 年 10 月—1989 年 5 月
	刘炳福	村会计	1989 年 5 月—2001 年 8 月
大众高级社（大众大队、大众村）	凌国良	高级社社长、大队长	1956 年 3 月—1961 年 9 月、1961 年 9 月—1963 年 9 月
	顾金木	血防大队长	1964 年 4 月—1966 年 4 月
	许宗根	大队长	1963 年 9 月—1966 年 8 月
	蒋大生	大队长	1966 年 8 月—1977 年 9 月

续表

单位	姓名	职务	任期
大众高级社（大众大队、大众村）	许明林	大队长、主任	1973 年 9 月—1987 年 9 月、1974 年 5 月—1976 年 9 月
	吴惠根	会计、主任	1976 年 9 月—1987 年 9 月、1987 年 9 月—1990 年 3 月
	蒋三林	村委会主任	1990 年 4 月—1993 年 5 月
	杜引元	村委会主任	1993 年 5 月—2001 年 8 月
	顾金泉	社长	1983 年 8 月—1992 年 8 月
	周先明	社长	1992 年 8 月—2001 年 8 月
	杜金桃	大队会计	1956 年 3 月—1970 年 7 月
	赵水根	大队会计	1970 年 7 月—1974 年 4 月
	顾长林	村会计	1987 年 10 月—1991 年 10 月
	蒋建良	村会计	1991 年 10 月—2001 年 8 月

表 4-6　2001—2019 年村委会和经济合作社负责人员名录

姓名	职务	任期
周先明	主任	2001 年 8 月—2008 年 12 月
刘炳福	主任	2008 年 12 月—2016 年 12 月
周建龙	主任	2016 年 12 月—2019 年 12 月
刘炳福	社长	2001 年 8 月—2012 年 6 月
周建龙	社长	2012 年 6 月—2018 年 11 月
陆雪芳	社长	2018 年 11 月—2019 年 12 月
蒋建良	会计	2001 年 8 月—2013 年 10 月
马燕翔	会计	2013 年 10 月—2019 年 12 月

二、村民小组

1983 年，在乡村行政体制改革中，生产大队改设为村民委员会的同时，生产队改为村民小组。大众村域设有 29 个村民小组。2001 年，大众村与姚家港村合并后，29 个村民小组合并为 17 个村民小组。至 2017 年年底，大众村内自然村全部动迁，而村民小组的建制至 2019 年年底依然没变。(表 4-7)

表 4-7　2001—2019 年大众村各村民小组组长一览表

组别	自然村	村民小组组长
1	范家沙	杨金生、范全狗（自 2014 年起）
2	金屋里南浜	陆宗木
3	金屋里北浜	周小林
4、8	马家湾、草绿港	吴惠英、顾秋根（自 2013 年起）
5	姚家港	王梅根、龚全元（自 2019 年起）
6、7	小黄泾、黄字圩	支阿炳、刘林根（自 2012 年起）
9	南杜家港	顾金桃、顾金泉（自 2011 年起）
10	北杜家港	褚福林
11	周家埭	许本忠、吴惠根（自 2019 年起）
12	陈堂浜	张水元
13	东黄渎村	王步仁、吴惠林（自 2018 年起）
14	西黄渎村	夏志良、冯林根（自 2019 年起）
15	南浜	马志宏、杜引元（自 2019 年起）
16、17	湾里、古黄里	许惠林、许花珍（自 2019 年起）

第三节　群众团体组织

一、共青团

大众村域中国共产主义青年团成立于 20 世纪 50 年代，1956 年 3 月，新华高级社和大众高级社分别建立团支部。大众高级社团支部书记是徐阿玲、新华高级社团支部书记是袁云根。团支部围绕党的中心工作，发动青年团员读夜校，学习科学文化知识，开展各项竞赛活动。1956—1982 年，在大众大队先后担任团支部书记的分别是徐阿玲、高根生、赵水根、王阿三，在新华大队先后担任团支部书记的分别是袁云根、王林根、方伯中、范伟标、马勇珍、王黑男。1983—2019 年，在大众村先后担任团支部书记的分别是王阿三、许花珍、蒋建良、陆雪芳，在姚家港村先后担任团支部书记的分别是王黑男、范香花、徐美琴、陆瑞英。（表 4-8）

表 4-8　1956—2019 年大众村域团支部书记名录

大众高级社（大众大队、大众村）		新华高级社（新华大队、姚家港村）	
姓名	任期	姓名	任期
徐阿玲	1956 年 3 月—1962 年 4 月	袁云根	1956 年 3 月—1960 年 4 月
高根生	1962 年 4 月—1965 年 12 月	王林根	1960 年 4 月—1968 年 3 月
赵水根	1965 年 12 月—1975 年 4 月	方伯中	1968 年 3 月—1970 年 4 月
王阿三	1975 年 4 月—1983 年 8 月	范伟标	1970 年 4 月—1975 年 9 月
许花珍	1983 年 8 月—2001 年 9 月	马勇珍	1975 年 9 月—1977 年 4 月
蒋建良	2001 年 9 月—2011 年 12 月	王黑男	1977 年 4 月—1983 年 8 月
陆雪芳	2011 年 12 月—2019 年 12 月	范香花	1983 年 8 月—1986 年 1 月
—	—	徐美琴	1986 年 1 月—1996 年 12 月
—	—	陆瑞英	1996 年 12 月—2001 年 8 月

注：从 2001 年 8 月开始，大众村域团支部书记为大众村和姚家港村合并后建立起的新的大众村团支部书记。

村团支部在村党支部和村党总支的领导下，主要负责组织全村青年团员学习党的路线、方针、政策，经常对团员进行思想政治、革命传统、共产主义道德教育；贯彻本村党组织和上级团组织的决议、指示，开展团的活动，配合有关部门，组织青年团员学习业务、技术，努力完成各项任务；做好发展新团员、收缴团费、接转团的关系、办理超龄团员离团手续等工作；抓好组织建设，积极为党组织培养和推荐先进分子。同时，经常向党组织和上级团组织请示、汇报工作，反映团员的思想和要求，关心青年的进步和生活，经常开展适合青年特点的活动。

20世纪60—70年代，大众大队团支部和新华大队团支部组织“学雷锋、见行动”竞赛，组织青年团员做好事。改革开放时期，村团支部以经济建设为中心，发动并带领青年团员勤劳致富奔小康。20世纪90年代，组织团员青年开展热爱党、热爱社会主义、热爱集体的“三热爱”活动，在“树新风”教育、争创文明新风户和创建文明村等活动中，积极发挥作用。2000年，组织青年团员开展多项争优、创先活动。2010年后，在村党总支的指导下，积极开展青年志愿者服务和各项突击性重点工作。

二、妇女联合会（妇女代表大会）

大众村域的妇女联合会（以下简称“妇联会”）成立于20世纪50年代初期。1952—1958年，妇联会随着乡区机构撤并而撤销。农业合作社期间，初级社和高级社中均设妇女委员。1956年，大众高级社妇女主任是唐金媛。1958年，大众大队和新华大队均设妇女主任。1959—1982年，大众大队唐金媛、杜腊妹、吴惠珍（大）、吴惠珍（小）先后担任妇女主任；新华大队周妹妹、金桃妹、陈花宝、范林宝、范香花先后担任妇女主任。其间，大队妇女主任组织妇女开展学文化、学技术的“双学”和比贡献、比实绩的“双比”活动，帮助和鼓励妇女树立自立、自强的观念，处理好家庭纠纷和婚姻问题，在计划生育工作中发挥重要作用。

从1983年开始，改设村妇女主任，此后村成立妇女代表大会（以下简称“妇代会”）。1983—2000年，大众村吴惠珍（小）、许花珍先后担任妇代会主任；姚家港村妇代会主任先后是范香花、吴惠英。2001—2019年，大众村妇代会主任先后是许花珍、张静。（表4-9）

表4-9　1956—2019年大众村域历任妇女主任（妇代会主任）名录

大众高级社（大众大队、大众村）		新华高级社（新华大队、姚家港村）	
姓名	任期	姓名	任期
唐金媛	1956年3月—1967年4月	周妹妹	1959年9月—1966年3月
杜腊妹	1967年4月—1975年9月	金桃妹	1966年3月—1970年4月

续表

大众高级社（大众大队、大众村）		新华高级社（新华大队、姚家港村）	
姓名	任期	姓名	任期
吴惠珍（大）	1975 年 9 月—1982 年 9 月	陈花宝	1970 年 4 月—1975 年 9 月
吴惠珍（小）	1982 年 9 月—1993 年 9 月	范林宝	1975 年 9 月—1980 年 12 月
许花珍	1993 年 9 月—2017 年 12 月	范香花	1980 年 12 月—1986 年 5 月
张　静	2017 年 12 月—2019 年 12 月	吴惠英	1986 年 5 月—2001 年 8 月

注：从 2001 年 8 月开始，大众村域妇代会主任为大众村和姚家港村合并后建立起的新的大众村妇代会主任。

村妇代会在村党支部、总支部的领导下，贯彻执行上级妇代会和本村妇代会决议；宣传有关妇女和儿童的法律法规，使全村妇女都学法、懂法、守法，正确行使自己的权利和义务；组织本村妇女围绕党的中心工作，开展主题活动，提高文化科技水平，积极投身社会主义新农村建设；关心妇女身心健康，经常对妇女进行科普知识、环境保护、计划生育和卫生保健宣传，与打骂、虐待、摧残妇女身心健康、剥夺妇女权利的行为做斗争，维护妇女合法权益；组建以妇女为主体的团队、协会等群众组织，提高妇女组织化程度，充分地发挥妇女作用，提高妇女地位；协助党组织，做好培养、推荐妇女入党积极分子和村后备女干部工作；加强村妇代会自身建设，建立和完善学习培训、工作会议、代表联系、检查考核、评比表彰等工作制度。

根据妇代会的职责，村妇代会组织妇女开展争当好媳妇、好婆婆、好母亲的“争三好”活动。在计划生育方面，妇代会做了大量细致的工作。1995 年，许花珍被正仪镇评为“妇女工作先进个人”。

三、老年协会

大众村域各村老年协会从 20 世纪 90 年代开始组建。改革开放后，随着经济社会发展，村民生活水平和生活质量普遍提高，人均寿命延长，村里老年人口增多，在全村人口中占比较大。为了开展老年人的服务工作，更好地关爱老年人，大众村和姚家港村的党支部、村委会分别于 1990 年组织建立村老年协会。

1990—2001 年，原大众村老年协会会长是顾金木，姚家港村老年协会会长是吴惠良；2001 年 8 月，大众村和姚家港村合并后建立起的新的大众村老年协会会长，先后由顾金木（2001—2005 年）、袁云根（2006—2010 年）、吴惠根（2011—2016 年）担任。

老年协会在村“两委”的领导下，弘扬敬老、为老服务的中华民族美德，发扬助老善举精神，集中社会力量，为老年人提供安享晚年的生活环境；负责组织辖区内老年人学习国家法律和政策，开展老龄工作信息、咨询服务和宣传教育等社会活动；组织开展有益于老年人的养生保健、文体娱乐、文化学习等活动；做好老年人生病住院、上门慰问等服务工作，并开展重阳节、春节送温暖等活动；维护老年人的合法权益，反映老年人的意见和要求。

四、贫下中农协会

1965 年，在社会主义教育运动中，大众大队和新华大队分别组建贫下中农协会（以下简称“贫协”）。大众大队贫协由吴炳坤担任首任主任；1966—1983 年，范金宝担任大众大队贫协主任。新华大队贫协由王林根担任首任主任；1968—1983 年，陆夫泉担任新华大队贫协主任。在“文化大革命”期间，两个大队的贫协在开展“破四旧、立四新”“抓革命、促生产”等活动中发挥巨大作用。1983 年，大众大队和新华大队的贫协完成历史使命。

第四节　民兵治保组织

一、民兵组织

20 世纪 50 年代，大众村域开始建立民兵组织。1956 年，大众高级社和新华高级社分别建立民兵营，蒋大生担任大众高级社民兵营长，王金林担任新华高级社民兵营长。至 1980 年年底，大众大队的杜桃根、刘志祥、许惠林、吴惠根、许志明先后担任民兵营长，新华大队的王招根、周宗安、周喜明先后担任民兵营长。1981—2001 年，大众村的许志明、蒋三林、沈香荣先后担任民兵营长，姚家港村的周喜明、刘炳福、刘香元、周建龙先后担任民兵营长。2001 年 8 月并村后，周建龙、支多男先后担任民兵营长。（表 4-10）

表 4-10　1956—2019 年大众村域历任民兵营长名录

大众高级社（大众大队、大众村）		新华高级社（新华大队、姚家港村）	
姓名	任期	姓名	任期
蒋大生	1956 年 3 月—1966 年 9 月	王金林	1956 年 4 月—1961 年 3 月
杜桃根	1966 年 9 月—1971 年 4 月	王招根	1961 年 3 月—1970 年 9 月
刘志祥	1971 年 4 月—1972 年 12 月	周宗安	1970 年 9 月—1976 年 4 月
许惠林	1972 年 12 月—1976 年 7 月	周喜明	1976 年 4 月—1983 年 8 月
吴惠根	1976 年 7 月—1977 年 9 月	刘炳福	1983 年 8 月—1992 年 8 月
许志明	1977 年 9 月—1986 年 4 月	刘香元	1992 年 8 月—1997 年 9 月
蒋三林	1986 年 4 月—1992 年 9 月	周建龙	1997 年 9 月—2001 年 8 月
沈香荣	1992 年 9 月—2001 年 8 月	—	—
周建龙	2001 年 8 月—2017 年 4 月	—	—
支多男	2017 年 4 月—2019 年 12 月	—	—

注：从 2001 年 8 月开始，大众村域民兵营长为大众村和姚家港村合并后建立起的新的大众村民兵营长。

大众村域的民兵组织在上级军事部门和本村党组织的双重领导下开展工作，落实上级下达的任务；做好民兵思想政治工作，搞好国防教育，增强民兵的国防意识和战备观念；协助抓好民兵军事训练，努力提高民兵执行任务的能力；协助镇人民武装部抓好民兵组织整顿工作；抓好兵员征集的信息收集工作，协助相关部门抓政治审查和服役教育，负责民兵预备役人员有关情况的登记、统计和上报工作；组织和发动民兵及预备役人员，积极参加两个文明建设，发挥民兵在生产建设中的突击作用；组织和带领民兵完成战备执勤、抢险救灾、治安维稳等任务，在抵御自然灾害中起着重要作用。

1966 年，大众大队（大众村）和新华大队（姚家港村）的民兵营响应中央提出民兵工作的“组织落实、政治落实、军事落实”（以下简称“三落实”），开展民兵整组、制度健全和民兵训练工作。

1972 年春，在民兵营长刘志祥的指挥下，大众村域组织了一次以基干民兵为主的野外长途拉练行动，每人自带干粮、水等。这次拉练行动纪律严密，从大队出发到终点路程来回将近 40 千米，参加人数 250 多人，受到正仪人民公社武装部的好评。

武装民兵每年参加由正仪人民公社武装部组织的训练。1975 年，大众村域武装基干民兵参加由正仪人民公社武装部组织的在马鞍山的实弹射击，参加人数 6 人，全部被评为优秀。1979 年度大众大队民兵营获正仪人民公社民兵工作“三落实”先进单位称号。

1995 年后，民兵训练以民兵军事训练大纲为依据，坚持走基地化、科学化、专业化训练之路，做到召之即来、来之能战、战之必胜。

2000 年后，村民兵营着重对民兵进行政治教育，抓好以科学发展观为主要内容的政治理论教育，以人民战争为主要内容的光荣传统教育，以增强使命职能意识为目的的形势战备教育，以培养民兵战斗精神为核心的爱国主义和革命英雄主义教育，以“社会主义荣辱观”为主要内容的社会主义荣辱观教育，以履行国防义务为根本的国防教育，并制定政治教育方法、教育基本制度的考核标准。

1998 年、2002 年，大众村分别获得正仪镇“连续三年出兵先进村”和“征兵先进单位”荣誉称号。

二、治保组织

中华人民共和国成立初期，为配合参与镇压反革命工作，大众村域组建了治保组织。1956 年，大众高级社和新华高级社均开始配备治保主任，专门负责高级社所属村庄的治安工作。大众高级社首任治保主任由民兵营长蒋大生兼任，新华高级社的治保主任由民兵营长王林根兼任。（表 4-11）

表 4-11 1956—2019 年大众村域历任治保主任名录

大众高级社（大众大队、大众村）		新华高级社（新华大队、姚家港村）	
姓名	任期	姓名	任期
蒋大生	1956 年 3 月—1966 年 9 月	王林根	1956 年 4 月—1959 年 3 月
杜桃根	1966 年 9 月—1971 年 4 月	范火根	1959 年 3 月—1962 年 9 月
高根生	1971 年 4 月—1976 年 9 月	顾丁山	1962 年 9 月—1965 年 8 月
刘根生	1976 年 9 月—1986 年 9 月	张宝林	1965 年 8 月—1971 年 4 月
蒋三林	1986 年 9 月—1992 年 3 月	马鸣芳	1971 年 4 月—1976 年 4 月
沈香荣	1992 年 3 月—2001 年 9 月	支阿炳	1976 年 4 月—1983 年 8 月
周建龙	2001 年 9 月—2017 年 4 月	刘炳福	1983 年 8 月—1992 年 8 月
支多男	2017 年 4 月—2019 年 12 月	刘香元	1992 年 8 月—1997 年 9 月
		周建龙	1997 年 9 月—2001 年 8 月

注：从 2001 年 8 月开始，大众村域治保主任为大众村和姚家港村合并后建立起的新的大众村治保主任。

20 世纪 60—70 年代，为重点保一方平安，除大队配备治保主任之外，还组建大队联防队，负责夜间安全检查。特别是在 1976 年唐山地震时期，治保主任负责安排联防队员昼夜值班巡逻，保护各家各户的财产和生命安全。

改革开放后，随着经济社会发展，人员流动性加大，外来人员增多，发展中的矛盾也日益突显，社会治安综合治理的任务越来越重。2001 年并村后，村“两委”不仅强化治保主任的工作责任制，而且不断创新，按照 2018 年昆山市和昆山高新区提出的社会治安综合治理网格化的要求，村书记担任网格长，配备网格员，落实大众村范围内的安全信息上报，完成上级网格下达的工作指示，确保村域内的治安稳定，及时处理村民的诉求。2008 年后，大众村先后获评“昆山市零犯罪社区（村）”和“昆山市‘无黑’（村）社区”。

第五章　农　业

大众村村民世代以农业为本，以种植水稻、三麦和油菜为生。中华人民共和国成立后，在党的领导下开展土地改革和农业合作化，农业体制发生了根本改变。在人民公社时期，发挥集体经济优势，大兴农田水利建设，推广农业生产技术，农业生产力不断提高，粮食产量逐年增长。1983 年，实行家庭联产承包责任制，村民生产积极性得到提升，大众村农业稳步发展，种植业、养殖业等多种经营全面发展。1990 年后，土地流转和农业规模经营应运而生。至 2009 年，全村土地流转面积 1 032. 8 亩，涌现了多个种植大户，其中一户承包耕地 199. 6 亩，后因昆山高新区规划建设需要，村里的农田大多被征用。2019 年年底，全村耕地面积降至 931. 8 亩，农业整体规模缩小，但优良品种的推广、农业科技的进步、现代农机具的使用，使水稻亩产量持续超过 1 200 斤，小麦亩产量持续超过 800 斤，全村农业现代化水平达到新高度。

第一节　生产关系变革

一、土地私有制

中华人民共和国成立前，土地私有，村民占有土地不均，大多数贫困人家少地或无地，至1950年土地改革前，地主家庭人均占有土地9.2亩，贫农家庭人均占有土地2.48亩。根据昆山市档案馆保存的土地改革资料，1950年土地改革时，大众村域共有耕地面积4 802.5亩，3户地主占有土地138亩，占耕地总面积的2.87%；17户富农占有土地670亩，占耕地总面积的13.95%。而且地主、富农占有的土地大多地势高，土质好，旱涝保收。（表5-1）

表5-1　1950年土地改革时，大众村域各阶层土地占有数量统计表

阶层	户数/户	人口		耕地		人均亩数/亩
		人数/人	占总人口/%	亩数/亩	占总亩数/%	
地主	3	15	1.10	138	2.87	9.20
富农	17	83	6.09	670	13.95	8.07
上中农	32	143	10.50	668	13.91	4.67
中农	135	537	39.43	1 868.5	38.90	3.48
下中农	14	59	4.33	154	3.21	2.61
贫农	139	525	38.55	1 304	27.16	2.48
合计	340	1 362	100	4 802.5	100	3.52

注：资料来源于土地改革资料之一。

地主、富农由于田多劳少，土地多用于出租。租田农户每年向地主、富农

缴纳地租。地租分为定租、活租、小租、分租和田底租等。定租又称“死租”，由土地出租人按田块远近、土质优劣来规定每年每亩的地租额，在租期内无论年成好坏都要按约定的地租数额缴齐。这类租种关系相对比较稳定，出租人不会中途收回，除非租田人不按时缴租，出租人才会停止出租关系，把田另租他人。定租一般为每年每亩 8 斗（约 100 斤）糙米。活租相对定租而言，租期比较短，地租数额不固定。活租一般是每年每亩缴纳 1 石（约 120 斤）糙米，也有每年每亩要缴纳 1.5 石（约 180 斤）糙米。小租是一些以转租剥削为生的“二地主”，从地主那里租进土地，再转租给无田或少田的农民，每亩除缴给地主租米之外，再另收租米 2~3 斗。分租又称“混种田”，地主或富农家出土地、出肥料，无地的农户出劳力、出种子，每年收割后，按三七或四六分成，地主、富农得 60%~70%，无地农户得 30%~40%。

田面权和田底权 田面权属于自己所有，而田底权属于他人所有。有田面权的农户，一般是富农和富裕中农，他们将田面权的土地转租给他人，从中收取田面租，俗称“二地主”。

地主占有土地，通过地租盘剥农民，也有通过警察上门捉人，将其关进监狱，称为“吃租米官司”，佃户必须缴清租米才可释放。有些到期限还不清租米的佃户，不但要被终止租田，还得以工抵债，到地主家去做长工或短工。有的大户人家还雇用童工，尽管童工吃饭可以不付工钱，但是只要不合东家心意则可被随时辞退。

二、土地改革

1950 年 11 月，大众村域开展土地改革运动。县委派出土地改革工作队，进驻正仪各乡，到村里指导土地改革工作。大众村域的各村庄在土地改革工作队的具体指导下，根据“依靠贫农、雇农，团结中农，中立富农，有步骤地、有分别地消灭封建剥削制度，发展农业生产”的土地改革总路线，分步实施土地改革工作。

第一步，广泛宣传发动，摸清基本情况，划分阶级成分。新北乡派土地改革工作人员到村里，协助乡村干部组建土地改革委员会，通过民校组织农民学习《中华人民共和国土地改革法》；摸清各农户占地数量、自耕、出租、用工及房屋、家具、大中型农具、生活来源和剥削程度（主要指雇工剥削与收取租米、放债）等情况，根据占有土地、耕畜、农具、房屋“四大财产”和雇工情况，划分出地主、富农、上中农、中农、下中农、贫农、雇农等阶级成分，经区委批准后出榜公布。

第二步，查封地主、富农的多余财产，没收其田地、财产，发动农民诉苦，召开批斗地主大会。

第三步，确定分田标准，丈量土地，抽签分田；召开大会，颁发土地证。同时，镇压不法地主，巩固土地改革成果。

1951 年 10 月，大众村域土地改革全面结束。土地改革工作历时约 1 年，村域内划定地主 3 户，富农 17 户，上中农 32 户，中农 135 户，下中农、贫农 153 户，人均分得土地约 3.5 亩。

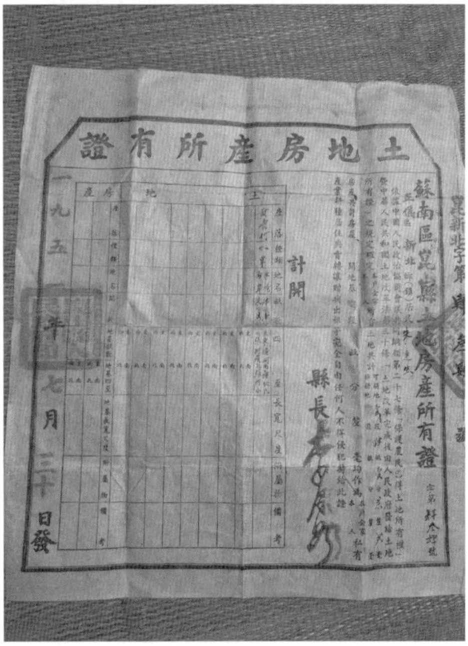
土地房產所有證
蘇南區昆山縣土地房產所有證
計開
縣長
一九五 年 七月 三十日發

土地房产所有证（2019 年，顾秋根供图）

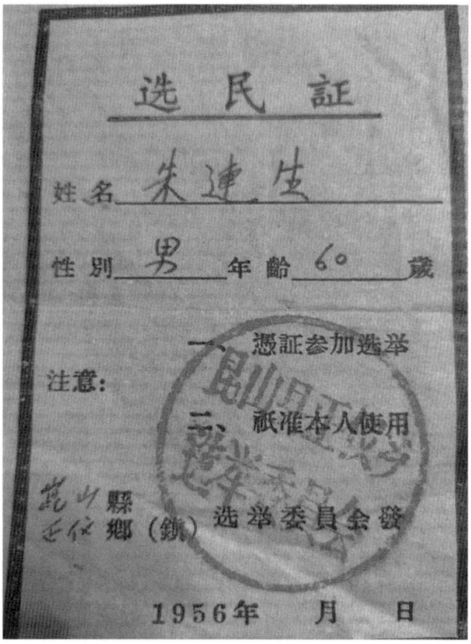
选民証
姓名 朱連生
性别 男 年龄 60 歲
注意：一、憑証参加选举
二、祇准本人使用
昆山 縣
正仪 鄉（鎮）选举委员会發
1956年 月 日

选民证（2019 年，顾秋根供图）

三、农业合作化

互助组 大众村域农民在长期的生产实践中，每逢农忙季节就有用劳力、耕牛、农船相互之间进行盘工、换工的传统做法。土地改革后，大多数村民分得土地，生产热情高涨。但生产过程中，户与户之间出现劳动力、生产资料和资金分配不平衡的现象；有的农户出于各种原因，甚至卖掉分得的土地、农船、耕牛、房屋，离家当雇工；有的农户求借高利贷，重现两极分化现象，严重影响农业生产发展。人民政府禁止土地买卖，引导农民走互助合作道路，优先从组织互助组开始。

1951年秋，大众村域开始组织互助组，主要是亲帮亲、邻帮邻的农忙互助组，忙时立，闲时散，计酬办法是以工还工，属于临时互助性质。1952年春，大众村域西黄渎村胡阿大率先建立了第一个常年互助组，在生产中开展固定的互助形式，由农户自愿结合，农具、耕畜、劳力协商安排，调剂使用，作物种植由各家自定，农作物收入归各户所有，自负盈亏；计酬方法是出工记工，年终结算。在胡阿大建立的第一个常年互助组的影响下，大众村域内互助组日渐增多。至1953年春，大众村域共建起25个互助组，参加互助组的农户占整个村域内农户数的75%。常年互助组也得到了政府的支持，乡信用社和供销社在财力、物力等方面也给予了一些支持。

初级社 互助组为少劳力户解决了劳动力短缺等困难，使农作物能够及时耕种，季节抓得牢，其产量比单干户所得产量有所提高。但组织规模小，经济薄弱，无力购置大型成套农具，作物种植不能合理规划。上级党委政府贯彻党的过渡时期总路线，按照“积极引导，稳步前进”的方针，推动农业合作社发展。1954年秋，在常年互助组的基础上，西黄渎村、南浜、湾里3个自然村联合组建大众初级社。这是整个村域内建起的第一个初级社，入社农户76户，耕地976亩，胡阿大担任社长，狄火林担任会计。

是年11月，大众村域先后成立6个初级社。小黄泾、黄字圩、草绿港3个自然村组建新华初级社，入社户数48户，农田420亩，社长为王白狗，会计为王水荣。东黄渎村58户农户组建起民主初级社，入社土地683亩，社长为张根福，会计为陈仕良。周家埭、陈堂浜2个自然村36户农户联合办起幸福初级社，入社土地500亩，社长为许招林，会计为许根林。南杜家港、北杜家港2个自然村66户农户办起了新港初级社，入社土地995亩，社长为王金根，会计为王金生。马家湾、姚家港2个自然村47户农户办起了向阳初级社，入社土地390亩，社长为陆金生，会计为王怀德。金屋里南浜、金屋里北浜2个自然村59户农户办

起了红卫初级社，入社土地606亩，社长为吴惠良，会计为陆凤根。(表5-2)

表5-2 1954年大众村域初级社情况表

初级社名	自然村	建社年月	户数/户	土地面积/亩	社长	会计
大众初级社	西黄渎村 南浜 湾里	1954年10月	76	976	胡阿大	狄火林
新华初级社	小黄泾 黄字圩 草绿港	1954年11月	48	420	王白狗	王水荣
民主初级社	东黄渎村	1954年11月	58	683	张根福	陈仕良
幸福初级社	周家埭 陈堂浜	1954年11月	36	500	许招林	许根林
新港初级社	南杜家港 北杜家港	1954年11月	66	995	王金根	王金生
向阳初级社	马家湾 姚家港	1954年11月	47	390	陆金生	王怀德
红卫初级社	金屋里南浜 金屋里北浜	1954年11月	59	606	吴惠良	陆凤根

大众村域的7个初级社都是根据“自愿互利”的原则建立起来的，采取土地评估后统一入股、统一种植、统一经营管理、统一安排劳动力，劳动评工记分，大中型农具、牛、船等作价归社等办法。也有的初级社采取耕牛由原主饲养，统一使用，另付租金的办法。初级社的年终收益按30%土地股分配，70%以劳动力的出勤工分分配，称为“土劳分配”“土劳分红”。初级社通过民主选举产生社长、副社长、会计，下设若干生产组。初级社建立后，种植的水稻、三麦、油菜等农作物产量比互助组时提高10%以上。

高级社 初级社因土地所有权归各家各户农民所有，分配仍具有生产资料私有制性质，不利于调动生产资料较少的社员的生产积极性。1956年春，随着农民合作化积极性的高涨，大众村域内大众、民主、幸福、新港4个初级社率先合并，组建成立大众高级社，入社农户236户，土地3 154亩，分设14个生产队。红卫、向阳、新华3个初级社也合并起来，组建成立新华高级社，入社农户178户，土地1 696.5亩，分设10个生产队，后增至13个生产队。

在大众高级社和新华高级社内，土地为高级社集体所有，分设生产队，并划分工作区，实行土地、劳力、耕畜、大农具“四固定”，实施定产量包干、定工分包工、定成本包本，超产增收部分直接纳入社员奖励之中，夏熟预分和秋季决算。全年从净收入中提取部分公积金、公益金，用于高级社的扩大再生产和社员集体福利。高级社的建立，使村民真正走上了社会主义集体经济道路。

四、人民公社

1958年9月，在全国各地贯彻党的社会主义总路线、建立人民公社大背景下，正仪乡改建为正仪人民公社。1959年2月，大众高级社、新华高级社改建为大众大队和新华大队，按自然村设生产队（大的自然村设2个或2个以上生产队），其中大众大队下设14个生产小队、新华大队下设13个生产小队。（1983年改设为村民小组，大众村下设16个村民小组，姚家港村下设13个村民小组。）这种政社合一的人民公社体制持续了25年。

在人民公社体制下，人民公社设党委和管理委员会，下设办公室及农业、副业、工业、武装、保卫、文卫、民政等科。大队设党支部和管理委员会。人民公社成立初，以人民公社为单位“一步跨入共产主义”，开展“大兵团作战”。组织军事化：以大队为连，生产队为排，统一信号，统一标准，统一行动，生产、生活集体化。生产资料归人民公社一级所有，物资、资金和粮食等由人民公社统一无偿调配，贫富拉平，平均分配。以生产队为单位，大办公共食堂，实行吃饭不要钱的供给制。分配由人民公社统一核算，全社范围内按平均主义分配，平调社员的私有财产和集体财产。当时，共产风、命令风、浮夸风、瞎指挥风盛行，多吃多占风现象突出。大众村域生产战斗化，开展土地深翻运动，大兴积肥造肥运动，家家户户在屋内铲千脚泥作为肥料。全村劳动力无定数，随时抽调劳动力进行大兵团作战，集体经济受到侵害，农民财产受到重大损失。脱离农业生产力发展的实际水平和违背农民的意愿，严重挫伤了农民的生产积极性，加上三年困难时期，粮食大幅减产，大众村域出现了饥荒，人均粮食每天仅5两3钱。

1962年10月，大众大队和新华大队贯彻落实《农村人民公社工作条例〈修正草案〉》（以下简称《六十条》），基本核算单位下放到生产队，确定“三级所有，队为基础”的管理体制。生产队实行土地、劳动力、耕牛、农具“四固定”，统一经营管理、自负盈亏，收益分配承认差别。在劳动力管理上，采取“定额包工，评工记分，多劳多得，按劳分配”的原则，调动农民的生产积极性，粮食生产状况有所好转。全村采用按人分基本粮、按劳分工分粮的制度，取消了“吃大锅饭”的形式。

1965年1月，中央开展社会主义教育运动（又称“四清运动”），颁发《农村社会主义教育运动中目前提出的一些问题》（以下简称《二十三条》）。1965年7月，农村开始社会主义教育运动。社会主义教育工作队全面进驻大众大队和新华大队，主要解决“四清”与“四不清”的矛盾。大队组建贫协，“四清”对象是大队干部及生产队干部，在政治上、经济上采取“人人过关”的方式。在该运动中，有少数干部受到处分。在经济上，要求部分多吃多占的干部进行退赔。在该运动中，发展了表现好的积极分子入党。各生产队社员进行民主选举，产生新的领导班子，同时配备政治队长1名。

自1966年起，推广“大寨式”评工记分办法。根据山西省昔阳县大寨大队经验，生产队实行评工记分办法，自报互评，并强调以粮食为纲。新华大队于1969年试种双季稻87.6亩，亩产445.5斤。大众村域强调“兴无灭资”，农民在业余时间发展家庭副业，被视为有资本主义倾向，并受到抵制，被称为“割资本主义尾巴”。饲养家禽限定人均1只，5人以上不超过5只，农业生产又出现低潮。1971年12月，按照中央的指示，恢复劳动定额、评工记分、按劳分配的制度，农业生产又有了起色。

1978年，中共十一届三中全会召开后，农业生产推广“定额到人，按件记工，小段包工，死分活评”，农民的生产积极性有所提高，然而还是没有破除“吃大锅饭”的思想。1982年4月，大众村域少数生产队再分小组，采用包工、包产、包费用的“三包”到组办法，实行联产计酬责任制（超产奖励、减产赔偿）。新华大队夏熟共奖励5 695元。但此次改革并不彻底，“大锅饭”换“小锅饭”，农民的生产积极性还是不能得到充分调动。

五、家庭联产承包责任制

1983 年 3 月，大众大队、新华大队试行家庭联产承包责任制，大众大队、新华大队农民人均占有土地 2.01 亩。按农业人口划分口粮田，按生产队划分自留田，按劳动力划分责任田，划分面积按生产队拥有使用权土地面积多少计算，各生产队不相同。大众大队、新华大队劳动力人均划分责任田 2.08 亩。新华大队第 5 生产队，总人口 58 人，劳动力 38 人，耕地面积 116.8 亩，口粮田人均 0.60 亩，总计约 34.80 亩，责任田 82 亩，人均 2.16 亩，自留田 2.16 亩。承包粮食 5.69 万公斤，包购粮食任务 3.30 万公斤，留粮 2.39 万公斤，其中种子 0.35 万公斤、口粮 1.65 万公斤、饲料粮 0.39 万公斤。比 1982 年出售的粮食 2.68 万公斤、留粮 2.03 万公斤，分别增加 6 256 公斤和 3 636 公斤。各农户完成国家征购任务外还有余粮。

1983 年，大众村域实行家庭联产承包责任制，按农业人口划分口粮田，按劳动力划分责任田，把生产队所有集体土地全部划到每家每户；分田到户做到公平、公开、公正，尽量让村民满意，尊重群众意愿。在国家政策的指导下，全村实行自主经营、自负盈亏，依法缴纳农业税、集体公积金、公益金和管理费，余下部分归农户所有，土地一包到底，结束了集体化生产经营方式，改变了“大锅饭”的生产管理模式，农户生产积极性得到充分调动。

大众村域建立农业经济合作社和农业服务站，把作物布局、良种供应、机械作业、灌溉排水、防病治虫、肥药供应等工作统一起来，实施配套服务。农业服务站还组织机耕队，建立常年管水队，由大队进行指导。大队组织肥药供应，实行农户包任务、集体包服务，形成并完善以家庭联产承包责任制为主的统分结合的双层经营管理体制。

1988 年，大众村和姚家港村按照正仪镇党委关于承包土地调整的意见，考虑到大众村域内各村民小组人口和劳动力的增减、进出，导致有的农户劳多田少，而有的农户劳少田多，出现种田困难户等情况，对家庭承包土地进行首次调整。1993 年 8 月，根据人口、劳动力的变化，进行第二次土地承包调整。1998 年，大众村、姚家港村贯彻中央《关于进一步稳定和完善农村土地承包关系的通知》精神，按照苏州市关于做好延长土地承包期和承包农户确权的要求，按照1998年7月31日前在册的农业人口享有土地承包权的规定，29个村民小组核准发证人数1 895人，确权发证面积3 507.2亩，人均确权土地面积1.85亩。（表5-3至表5-6）

表5-3　1988年大众村村民承包土地调整情况表

组别	户数/户	人数/人	调整土地/亩
1	23	103	205.9
2	15	59	97.2
3	30	109	197.1
4	29	102	172.1
5	26	93	165.7
6	22	84	136.6
7	23	90	165.0
8	17	66	113.9
9	30	112	228.7
10	18	79	164.5
11	15	67	146.5
12	32	127	231.4
13	16	59	130.4
14	22	76	194.1
15	15	50	128.7
16	13	45	91.0

表5-4　1988年姚家港村村民承包土地调整情况表

组别	户数/户	人数/人	调整土地/亩
1	14	50	128.7
2	13	56	101.8
3	16	56	112.2
4	14	59	120.6
5	15	54	116.6

续表

组别	户数/户	人数/人	调整土地/亩
6	19	67	121.3
7	22	77	125.3
8	18	70	157.9
9	16	50	118.9
10	16	64	146.5
11	14	51	133.6
12	18	73	127.9
13	15	58	117.1

表 5-5　1998 年大众村村民承包土地确权情况表

组别	户数/户	人数/人	调整土地/亩
1	25	92	162.9
2	12	48.5	70.3
3	33	99	158.7
4	24	85	121.4
5	27	76	139
6	25	69	94.8
7	26	73	139.7
8	15	48	100.2
9	27	102	194.7
10	21	60	78.2
11	21	64	96.7
12	37	112	195.4
13	12	37	58
14	21	65	129.9
15	14	43	71.8
16	12	36.5	67.1

表 5-6　1998 年姚家港村村民承包土地确权情况表

组别	户数/户	人数/人	调整土地/亩
1	14	45	108. 3
2	18	59	83. 9
3	14	52	66. 4
4	17	51	79. 1
5	15	51	98. 3
6	13	46	58. 7
7	17	46	79. 1
8	23	60	130. 9
9	14	36	80. 1
10	20	54	122. 8
11	13	44	115. 2
12	22	71	85. 5
13	14	51	52. 6

六、土地流转和规模经营

实行家庭联产承包责任制后，农民生产积极性得到进一步调动。1983 年，第一轮土地承包后，大众村域出现了各种不同情况：有的农户孩子长大，或娶进媳妇，家庭劳动力增加；相反，有的农户女儿出嫁，长辈年迈，家庭劳动力减少。1988 年，针对出现的不同情况，进行小调整，重点是让有些村民互相之间进行调整。1994 年，随着正仪镇工业生产的发展、商业的繁荣，政府出台了关于加强规模经营管理的通知。大众村域当年规模经营种植面积 1 372 亩，包括大众村发包 748 亩、姚家港村发包 624 亩，最多的一户村民承包经营 240 多亩，初步形成规模种植格局。

1997 年，大众村的农业产业化调整步伐加快，农业规模种植、水产养殖、畜禽饲养等专业生产形成新的格局，在做好土地流转的基础上，规模种植面积达 1 656 亩。2009 年，大众村根据中共昆山市委《加快推进土地流转促进规模种植的实施意见》的精神，为保障农民的合法权益，增加农民收入，维护农村社会稳定，根据农村改革要求，成立土地股份合作社。通过广泛动员和发动村民，增补土地确权，增加自留田面积，扣除国家和集体用田，实行土地流转，全村村民自愿把自己承包的土地，通过协议形式加入村土地股份合作社，入股土地1 032.8亩。（表5-7）此后，大众村耕地都由村土地股份合作社统一布局、统一经营、统一发包给大农户承包种植管理。

表5-7 2009年大众村土地流转情况表

组别	户数/户	人数/人	流转土地/亩
1	35	99	225
2	44	142.5	90.8
3	42	123.5	106.6
4	21	62	20.9
5	26	72.5	66.1
6	47	139.5	246.3
7	18	50	124.6
8	18	54	99.8
11	19	62	52.7

注：第9、第10、第12、第13村民小组因资料缺失，数据暂未录入。

2013年，大众村发包给村民6户771.8亩；2019年，发包给村民10户900.2亩。通过实行规模经营，村民也可实现土地流转分红。2017年，昆山高新区建立白渔潭生态园，大众村602.3亩耕地纳入规划区，完善农田水利设施，建成高产、高效的粮食基地。2019年，全村耕地面积931.8亩。

第二节 耕作制度

中华人民共和国成立前，大众村域的农业耕作一般都是每年夏、秋两熟。

夏熟作物主要有三麦、油菜，还有蚕豆、大豆等，实行三麦、油菜、豆类轮作或间作；秋熟作物以水稻为主。大众村域少数田地因地势低、地下水位高只种一熟水稻，冬季沤水休田。

20世纪50年代，大众村域开始实行耕作制度“三改”：通过改造低洼地，一熟改为两熟，或是稻和麦，或是稻和油菜，或是稻和绿肥。其时，夏熟作物曾一度采取三麦与绿肥（主要是红草花）轮作，这对增加土地肥力、促进粮食增产起到积极的作用。同期，籼稻改粳稻，早稻改晚稻。随着水利建设的发展，平坟填潭改造低洼田，这些低洼田也种上了两熟稻，扩大与提升了作物种植面积和产量。

1969年，大众村域开始试种双季稻，以绿肥为茬口。后来，双季稻种植面积由少变多，由绿肥茬发展到大麦、元麦及油菜茬，连种两季水稻，实施一年三熟制。由于前季早稻易遭低温烂秧，后季晚稻又易遭霜雪的侵害，造成秕谷增多，因而开始时双季稻种植面积比较受限。20世纪70年代，在“以粮为纲”的指导下，片面追求复种指数，大众大队、新华大队也大量扩种双季稻。1974年，大众大队、新华大队双季稻种植面积占水稻面积的58%。

由于扩种双季稻带来了季节紧张、秧田增多等诸多问题，因而不得不减少小麦和油菜的种植面积，扩大绿肥田的种植面积，在播种三麦中扩大元麦的种植面积，将部分单季稻改种籼稻（杂优稻），但种植杂优稻稻秆时常容易倒伏和柴软，至1982年，大众村域停止种植。由于种植双季稻后使得经济价值较高的小麦、油菜和粳稻的种植面积相对减少，虽然种植双季稻后，总产量有所增长，但种植双季稻需要的种子、化肥、农药、薄膜等成本上升，且农活用工量大，劳动强度增加，米质差，经济效益低，所谓“三三得九不如二五得十”，至1983年，大众村域停止种植双季稻，恢复两熟制。（表5-8、表5-9）

表 5-8 1980 年新华大队秋播规划表

单位：亩

队别	总面积	三麦		油菜	绿肥				水稻		
		元麦	小麦		单季秧田	前季秧田	花草	萍母田	前季稻	单季稻	后季稻
1	124.8	27	40	35	12	5	3	2.8	31	84.8	40
2	203.8	50	75	65	23	9	5	3.8	58	155.8	75
3	222.9	48	72	62	23	9	5	3.9	55	151.9	71
4	120.4	26	39	34	12	5	3	1.4	30	84.1	36.3
5	116.8	25	38	33	11	4.5	3	2.3	29	78.8	38
6	128.5	28	41	36	13	5	3	2.5	32	86.5	42
7	129.7	28	42	36	13	5	3	2.7	32	87.7	42
8	159.4	34	52	45	16	6	4	2.4	40	107.4	52
9	115.3	25	37	32	11	4.5	3	2.8	29	77.3	38
10	154	33	50	43	15	6	4	3	39	103	51
11	129.5	28	42	36	12.5	5	3	3	32	87.5	42
合计	1 605.1	352	528	457	161.5	64	39	30.6	407	1 104.8	527.3

注：秧田与大田比例为前季稻 1∶6.5、单季稻 1∶8、后季稻 1∶4.5。

表 5-9　1969-1982 年大众村域水稻种植面积统计表

单位：亩

年份	种植单位	总面积	单季稻	杂优稻	双季稻	
					前季稻	后季稻
1969	新华大队	1 654. 1	1 566. 5	0	—	87. 6
1970	新华大队	1 654. 8	1 201. 8	0	425. 5	453
1971	新华大队	1 632. 1	638. 4	0	914	993. 7
1972	新华大队	1 632. 1	556. 1	0	959. 5	1076
1973	新华大队	1 632. 1	570. 4	0	930	1 061. 7
1974	新华大队	1 632. 1	541. 6	0	939. 5	1 090. 5
1975	新华大队	1 632. 1	603. 4	0	873. 8	1 028. 7
1976	新华大队	1 632. 1	588. 4	0	870. 5	1 043. 7
1977	新华大队	1 632. 1	587. 5	0	858	1 044. 6
1978	新华大队	1 632. 1	228. 6	435. 2	772. 5	968. 3
1979	新华大队	1 632. 1	400. 5	439	598. 2	792. 6
1980	新华大队	1 632. 1	753. 1	300	442. 2	579
	大众大队	2 630. 9	1 357. 9	224	835	1 049
1981	新华大队	1 632. 1	1 166. 9	75. 2	299. 4	390
	大众大队	2 631. 3	2 054. 1	12	424. 5	565. 2
1982	新华大队	1 632. 1	1 301. 2	0	270. 8	330. 9
	大众大队	2 631. 3	2 907. 3	0	403. 6	534

注：资料来源于生产队分配方案，大众大队从 1969 年到 1979 年资料缺失。

第三节 作物种植

一、水稻种植

培育秧苗与秧板制作 一般选择备用田或红花草田做秧田，在立夏前翻耕秧田，施基肥。5月中旬，平整秧田，整平秧板，秧板一般为1.3~1.4米宽，做好后拖平，再落谷（播种）。

种子处理 浸种催芽。把稻种装入草包，白天浸入河滩边水中，晚上捞起，上面盖上稻草，连续3—4天，直至稻芽发白，即可落谷。20世纪70年代用石灰水浸种，80年代改为多菌灵浸种，90年代选用线菌清浸种。

落谷 20世纪60年代，一般施好秧田后，随即落谷。落谷后，用稻柴灰覆盖。20世纪70年代，双季稻前作采用尼龙薄膜育种，上面盖上稻草帘子，待秧苗4叶时，揭开薄膜，再上水管理。20世纪80年代，采用泥浆落谷，每亩播种

耕地（2019年，顾秋根供图）

播种（2017年，顾秋根摄）

量 20~25 斤。1983 年，新华大队首创水稻直播种植（直接在大田落谷播种，省去了秧田育苗环节）。现今，还有不少大农户仍沿用此法。

秧田管理 早期秧田是水肥管理。原则是日灌夜排，见黄施肥。20 世纪 70 年代初期，秧田实行科学化管理，在秧苗长成一叶一芯前，晴天满沟水，雨天半沟水，水不上秧板。一叶一芯施断奶肥，留浅水层。在秧苗长成三叶一芯时，施接力肥，移栽前 3—4 天施起身肥。同时，防病治虫，及时拔除杂草，确保壮秧。2000 年后，采用秧盘育秧技术。由于前期植入营养土，加上在苗期合理施肥，即便是秧龄短的秧苗，同样能茁壮成长，这为机械化大田栽秧提供保障。

移栽与合理密植 20 世纪 50 年代前期，推广陈永康小株密植，要求株距保持在 5 寸×4 寸方形，每亩约 3 万株。20 世纪 70 年代，种植双季稻，每亩约 4 万株。1978 年种植杂优稻，每亩约 2 万株。

栽秧 又称“莳秧”。在机械化栽秧前，一般秧龄满月，就可将秧苗移栽至大田，移栽需定好行距，准备一根秧尺（又称“行尺”）。秧尺定位后，进行拉绳（经绳）。经绳的目的是保证行距，并使秧行笔直，便于后期管理及通风透光。莳秧时，每行 6 棵，左边栽 2 棵，中间栽 2 棵，右边栽 2 棵，均匀分布。初学莳秧时，会出现面水秧。因此，农户一般采用浅水莳秧，深水活棵。莳秧时，既不能深栽，又不能浅栽，深则不利发棵，浅则容易氽棵。20 世纪 70 年代，农户采用株距拉线定点莳秧，以确保秧苗横向整齐和株数充足，便于耘耥。单季稻移栽一般从夏至前 5—7 天开始，双季稻则根据品种而定。2000 年后，大众村域人力莳秧基本消失，改为机械插秧。

插秧（2019 年，顾秋根供图）

田间管理 水稻移栽后的田间管理有灌水、耘稻、耥稻、除草、防病、治虫和施肥等。秧苗移栽后 15 天左右开始除杂草，后进行耘稻、耥稻，保证田块中无下脚杂草。一般在小暑前搁田，搁田后要拔除稗草等杂草。20

世纪70年代中期，田间管理省去耥稻工序，采用化学治草。适时灌水、排水是保证水稻正常生长的关键，管水员责任重大。施肥也很有讲究，一般移栽后10—15天要施分蘖肥，25—30天施长粗肥。20世纪70年代，一般采用猪粪、黑泥、氨水，之后采用化肥。搁田过后，施拔节肥，最后施穗肥。防病治虫须按具体情况精准使用农药。20世纪90年代以后，为减少农药残留对人们生活的影响，必须按要求使用低毒农药。

水稻产量 20世纪60年代以前，农户基本是靠天吃饭，水稻亩产量一般在200~300斤。1960年后，采取农田建设、施农药化肥和积农家肥等措施，使得水稻产量有所提高。1965年，新华大队水稻种植面积1 696.5亩，单产621.6斤，总产105.45万斤。1978年，新华大队水稻种植面积1 632.1亩，单产883斤，总产144.19万斤，水稻单产和总产比1965年增长42%和36%。1982年，大众村域种植水稻面积4 263亩，单产781.8斤，总产333.28万斤，水稻单产和总产分别比1978年减少8.9%和12.7%。1982年，由于自然灾害及大幅度削减双季稻种植面积，粮食产量比1978年有所下降。20世纪90年代以后，由于良种的推广和农业科技的进步，水稻亩产不断提高。2019年，部分田块水稻亩产超1 800斤。

脱粒（2019年，顾秋根供图）

水稻品种 中华人民共和国成立前，有籼稻、糯稻、粳稻。籼稻有罗籼、长条籼。糯稻有红糯、麻劲糯。粳稻有太湖青。中华人民共和国成立后，逐步引进优良品种。1958年，推广高产晚稻老来青为主要品种，该品种产量高，但株高茎软，易倒伏，后改为白芒短种。

20世纪60年代，引进苏粳1号、2号。1962年，引进农垦58。该品种秆短，抗倒伏，产量高。20世纪70年代，推广双季稻种植，早熟品种有原丰早、广六矮4号、二九青，中熟品种有昆农8号、农虎6号，晚熟品种有农虎7号等。1978—1981年，曾一度推广302杂优稻。20世纪80年代以后，品种有昆农8号、昆农选、广六矮4号、二九青。2000年后，推广苏粳1号等品种。

现代耕作 相对传统耕作，现代耕作采用机械插秧。2010年，昆山市玉山镇农业技术推广站培训操作技术人员，大众村域的周小林、蒋卫根报名参加。是年，大众村规模种植大户使用机械插秧。实践证明，机械插秧不仅速度快，每台插秧机每天大约能插45亩，保证了水稻生长和不误农时，而且秧苗成活快，还可以保证水稻密植要求。机械插秧深受农户欢迎，从此结束了农户面朝黄土背朝天莳秧的体力劳动。

实现机械插秧，关键要进行育苗改革，培育适宜机械栽秧规格的秧苗，按常规方式做好秧田通气。秧田按大田1∶10比例安排，秧板宽1.3米，秧板之上放置宽30厘米、长60厘米的长方形塑料盘，每亩大田20~22盘，盘中放入2厘米厚的粉末细泥，在四周开好沟，便于灌溉排水。5月中旬，适时分批播种，种子先按大田每亩8斤，根据常规药剂浸种处理、催芽露白后，再播种在秧田塑料盘的细泥上面，然后覆盖粉末细泥2厘米，最后铺盖透气无纺布，盖好后进行灌水。在秧盘中，细泥吸足水分后立即排水，秧苗在大田移栽前5天揭膜，秧龄在18天时可进行移栽。

1983年，大众村域开始在夏种中采用直播秧技术，先把田整平，然后用好除草剂，最后待稻谷露白后进行撒播。实践证明，直播秧技术推广后效果很好，此方法一直沿用至今。

二、三麦种植

中华人民共和国成立前后，种麦产量很低，故称“小熟”。种麦用牛犁或人工翻土筑垰头，垰狭沟宽，播种稀，露籽多，产量很低，每亩产量在100斤左右。此现状一直延至20世纪60年代中后期。到1969年，大众村域三麦种植采用沙洲县塘桥人民公社的高产经验，做到“一方麦田，两头出水，三沟配套，四面托起，沟沟通河，雨停田干”，结果增产效果明显。1979年，大众大队第13生产队试种板田麦，在水稻收割前3—5天播下种子，水稻收割时麦苗已出齐，之后进行施肥、除草、开沟等，加上后期管理，促使三麦全苗、匀苗、壮苗，确保冬壮冬发，来年秆壮穗大，且产量高。1983年，大众村域实行家庭联产承包责任制后，板田麦在村域内得到全面推广，既保证了三麦产量，又大大节省了农业用工成本。

20世纪70年代以前，三麦播种前的麦种不经任何处理，播种密度无要求，任凭个人所好。三麦田间管理比较粗放，一般冬季清沟2次，拍麦泥，铺平压实，并施肥，不重视排水，三麦产量较低。1965年，新华大队三麦种植面积845亩，单产238斤，总产20.11万斤。自20世纪70年代起，先用石灰水浸种，后改为多菌灵浸种，对促进三麦生长、防治病虫害均有显著效果。田间管理逐步形成麦田开深沟排水、保湿，盖上老灰（煤灰），采用施肥、除草等一整套田间管理措施，三麦产量明显提高。1978年，新华大队三麦种植面积853亩，单产308.1斤，总产26.28万斤，三麦单产和总产分别增加29.45%和29.3%。自20世纪80年代起，麦田开沟，机械化压麦，再加上合理施肥、除草、防治病虫害等措施，三麦连续稳产、高产。1982年，大众村域种植三麦面积2419亩，单产432.7斤，总产104.67万斤。三麦单产和总产分别比1978年增加41.56%和47.74%。20世纪90年代以后，由于良种、免耕法、除草剂的推广和使用，三麦亩产稳定在650~750斤。2019年，三麦亩产接近800斤。

三、油菜种植

油菜是大众村域主要的油料作物。20世纪60年代，村域内油菜年平均亩产80斤。20世纪70年代，油菜年平均亩产150~200斤。20世纪80年代引进优良品种，油菜年平均亩产200~250斤。

中华人民共和国成立初期，大众村域沿用旧法育苗移栽，利用旱地做菜秧地。9月底至10月初，农户会进行播种，播种后以清水加之人粪做面肥（盖籽肥），并覆盖草木灰，齐苗后追施稀人粪，移栽前4—5天施好起身肥。移栽前，以人力或畜力翻耕土地，筑成垅头，然后用菜花硁打潭、黑泥点潭，然后栽菜秧。20世纪70年代前期，做好垅头套勒，先加入磷肥、点上黑泥，然后栽菜秧。1978年，大众大队第10生产队试种板田菜籽，即在水稻收割后不翻耕，直接在稻板上套勒，施上肥料，随后栽苗。油菜栽培主要抓好三个环节：一是培育秧苗。出苗后，及时间苗、匀苗，合理使用肥料。当时，民间以矮脚4~5叶为油菜苗壮苗标准。二是合理密植。移栽时间在10月底至11月，移栽密度为每亩8 000~10 000穴。三是田间管理。冬季耕培土防冻，及时开沟防渍，施好抽薹肥、淋花肥，用好磷肥，提高结实率，及时防病治虫，及时收割，做到“八成熟，十成收”。

20世纪60年代以前，油菜品种单一，种植白菜型早熟品种。20世纪60年代后期，引进胜利52号，种植较长一段时间。20世纪80年代，引进宁油7号、宁油50号等品种，油菜种植一直以这几个品种为主。1983年，大众村域实行家庭联产承包责任制后，村域内油菜种植面积逐年减少。20世纪90年代中期以后，村民只在零星的空地上种些油菜，收获菜籽后调食用油家用。（表5-10、表5-11）

表5-10　1965年新华大队各生产队粮油产量统计表

队别	水稻		三麦		油菜	
	面积/亩	单产/斤	面积/亩	单产/斤	面积/亩	单产/斤
1	258	620.3	128	248.7	35	77
2	246	598.7	120	264	23	90
3	236	625.7	118	238.2	21	124.7
4	124	623	71	103.6	18	37.7
5	123.5	603.1	63	84.5	20	38.3
6	133	614.4	78	102	26	49
7	134	610	70	116	20	44
8	191	629.5	104	117.7	19	34
9	131	608	63	130	13	96
10	120	583.3	62	98.5	11	65

表 5-11　1965—1982 年新华大队粮油产量选年情况表

年份	水稻			三麦			油菜		
	面积/亩	单产/斤	总产/斤	面积/亩	单产/斤	总产/斤	面积/亩	单产/斤	总产/斤
1965	1 696. 5	621. 6	1 054 544	845	238	201 110	176. 8	85	15 028
1967	1 665. 5	623. 2	1 037 939	863	63. 1	54 455	219	31. 4	6 876
1969	1 654. 1	735	1 215 763	883	157. 2	138 807	227	157. 4	35 729
1970	1 954. 8	711. 5	1 390 840	851	211	179 561	222	175. 8	39 027
1971	1 632. 1	821. 6	1 340 933	856	245	209 720	229	223	51 067
1972	1 632. 1	852. 4	1 391 202	863. 5	257. 3	222 178	252	227. 2	57 254
1973	1 632. 1	890. 1	1 452 732	863. 5	164. 9	142 391	252	114. 3	28 803
1974	1 632. 1	859. 2	1 402 300	863. 5	268. 6	231 936	252	207. 2	52 214
1975	1 632. 1	819. 9	1 338 158	853	150. 3	128 205	252	140	35 280
1976	1 632. 1	852. 7	1 391 691	853	237. 8	202 843	252	131. 2	33 062
1977	1 632. 1	721	1 176 744	853	108. 6	92 635	252	87. 5	22 050
1978	1 632. 1	883. 5	1 441 960	853	308. 1	262 809	252	260. 3	65 595
1979	1 632. 1	856. 8	1 398 383	853	401. 7	342 650	252	273. 1	68 821
1980	1 632. 1	744. 3	1 214 772	870. 5	363. 5	316 426	285	186. 2	53 067
1981	1 632. 1	690. 7	1 127 291	869. 5	381. 5	331 714	494. 4	208. 6	103 131
1982	1 632. 1	783. 8	1 279 239	890. 2	436. 3	388 394	518. 3	252. 1	130 663

注：资料来源于秋季分配方案。

第四节　多种经营

中华人民共和国成立前，大众村村民除种植粮油作物之外，还重视多种经营。家庭养殖鸡、鸭、鹅、猪、羊、兔等，自留地上种植蔬菜，河内放养各种鱼苗或种些菱角和茭白等，既是为了家庭生活所需，又可拿到市场上卖，换些钱补贴家用。中华人民共和国成立后，政府鼓励村民采用多种经营方式，除种植蔬菜瓜果之外，还种植席草和麻，组织水产和畜禽养殖。

一、蔬菜瓜果种植

村民家中有种植蔬菜瓜果的传统。种植的蔬菜品种主要有青菜、韭菜、菠菜、雪里蕻、金花菜、扁豆、长豆、荠菜、茭白、莴笋、萝卜、大蒜、香葱、茄子、芋艿、辣椒、丝瓜、玉米、苋菜、卷心菜、大白菜、花菜、生菜、番茄、马铃薯、芹菜、香菜、刀豆、蚕豆、冬瓜、娃娃菜等；种植的瓜果主要有西瓜、香瓜、南瓜、菜瓜、黄瓜等，西瓜品种一般有黑皮瓜、白皮瓜，香瓜品种有青皮绿肉、小白娘、老来黄等。

在大众村域内，蔬菜瓜果主要是自给自足，很少出售。20 世纪 50 年代，村民利用旱地、“十边地”种植一些瓜果，有少数村民种植 1～2 亩西瓜，自产自销，增加经济收入。20 世纪 70 年代，每个生产队都种植 2～3 亩西瓜，品种主要有黑皮瓜等。同时，村民的栽培技术有所提升，既不减少粮食生产，又增加经济收入，西瓜的经济效益较高，每亩约 500～800 元。

1970 年后，少数生产队利用低洼田种植几亩茭白，供社员食用外，余下产品会拿到市场上出售。1979 年，有的生产队开始种植蘑菇。到 1982 年，大众大队和新华大队共种植蘑菇 2. 98 万平方米，增加集体收入 24 万元。

二、席草和麻种植

1969年，在正仪人民公社的要求和多种经营服务公司的统一安排下，大众大队和新华大队全面种植席草，由多种经营服务公司提供草苗和技术指导，并采用统一收购的模式。1976年，为了降低生产成本，大众大队和新华大队根据上级的统一安排，集体种植麻，解决罱网和拖袋用料自给。大众大队、新华大队利用旱地和宅基地共种植麻35亩。（表5-12）

表5-12 1969—1982年大众村域主要经济作物种植统计表

作物名称	种植单位	种植年份	种植面积
席草	大众大队	1969—1982	20.3亩
	新华大队		15.1亩
麻	大众大队	1976—1980	20.0亩
	新华大队		15.0亩
蘑菇	大众大队	1979—1982	19.1亩
	新华大队		25.7亩
西瓜	大众大队	1979—1982	40.0亩
	新华大队		35.4亩

注：资料来源于生产队分配方案。

三、水产养殖

20世纪80年代初期，大众村域利用漤、浜开展水产养殖，主要养殖鱼、虾、蟹等。到2000年，整个村域的水产养殖承包户承包面积476.6亩。随着农村经济的发展需要，特别是2003年后，大众村根据农田基本建设和农田保护规划，大部分鱼塘重新被填平，改为粮田，此后鱼塘养殖面积逐渐减少。

四、畜禽养殖

大众村域的畜禽养殖主要是养猪、牛和家禽。

养猪 中华人民共和国成立前，养猪的农户很少。20世纪50年代，为贯彻公养与私养并举方针，大众村域的养猪业逐步发展，村域内有30%～50%的农户家养殖生猪，一般农户年饲养生猪1～3头，也有饲养母猪繁殖苗猪，在市场出售。人民公社初期，农户不再单独饲养生猪，仅有大队设副业基地集体饲养生猪。1962年，政府号召“大力发展养猪事业”，以此调动农民养猪的积极性，大众村域的养猪户占总户数的70%以上，户均养猪2～3头，少数农户还饲养母猪。同时，生产队集体也开展大规模饲养生猪工作，各生产队搭建养猪棚，形成队办饲养场。1966年，大队有专职畜技员，人民公社有兽医站，专门进行技术指导及防病防疫治疗。20世纪70年代初期，每个生产队集体饲养生猪20～50头、母猪3～5头，实行自繁自养。集体养猪的饲料，除杂粮、精饲料之外，还混有稻草糠。集体大量放养水花生、水葫芦、水浮莲为青代饲料。养殖业的发展，既解决了农田基肥来源，又增加了经济收入。1979年，大众大队第9生产队发展百头养猪场，场长为王金根。1983年，土地承包到户，集体养猪场解散，农户私人养猪规模有所发展。随着农业两田分离，农村劳动力转向第二、第三产业。2000年后，农户以家庭为单位的养猪模式逐渐消失。（表5-13）

表5-13　1967—1981年新华大队集体饲养和农户单独饲养生猪出栏选年一览表

单位：头

年份	队别												
	1	2	3	4	5	6	7	8	9	10	11	12	13
1967	40	30	63	19	18	30	17	52	16	—	—	—	—
1969	58	47	48	27	20	29	32	70	17	—	—	—	—
1970	59	73	60	34	31	46	25	65	38	—	—	—	—
1971	118	70	89	40	29	39	54	60	30	—	—	—	—
1972	173	63	95	46	42	47	19	101	19	—	—	—	—
1973	147	92	85	77	43	50	55	144	39	—	—	—	—
1974	85	71	70	63	57	84	70	85	29	—	—	—	—
1975	116	102	91	54	62	46	44	116	35	—	—	—	—
1976	71	67	83	21	21	64	31	65	31	—	—	—	—
1977	61	57	53	24	40	41	37	65	26	—	—	—	—
1978	72	76	73	38	36	50	26	79	35	—	—	—	—

续表

年份	队别												
	1	2	3	4	5	6	7	8	9	10	11	12	13
1979	66	72	74	29	32	31	31	74	32	—	—	—	—
1980	31	60	59	27	28	34	59	53	35	55	56	—	—
1981	36	26	30	29	24	34	30	29	32	14	40	33	34

注：资料来源于生产队分配方案。

养牛 旧时村民养牛，主要用于耕地和灌溉等，所以这种牛又被称为“耕牛”。中华人民共和国成立前，只有村里比较富裕的人家才有耕牛。中华人民共和国成立后的合作化时期，生产资料折价归公，属集体所有，各生产队有耕牛2~6头。1971年，大众大队有耕牛56头，新华大队有耕牛31头。1983年，大众大队、新华大队仅剩下耕牛36头。随着农业机械化的发展，耕地使用拖拉机，灌溉依靠机械、电力，原本耕牛干的农活全被机械所取代，耕牛逐步减少。20世纪80年代后期，耕牛全部被淘汰。（表5-14）

表5-14　1971—1981年新华大队饲养耕牛统计表

单位：头

年份	生产队												
	1	2	3	4	5	6	7	8	9	10	11	12	13
1971	6	5	3	2	3	2	2	5	3	—	—	—	—
1972	4	6	3	2	3	2	3	4	4	—	—	—	—
1973	4	6	4	1	2	2	3	3	3	—	—	—	—
1974	5	4	2	1	2	1	2	3	1	—	—	—	—
1975	4	3	3	1	2	1	2	4	1	—	—	—	—
1976	4	2	2	1	1	1	1	3	1	—	—	—	—
1977	3	1	2	1	1	1	2	2	1	—	—	—	—
1978	3	2	1	1	1	1	1	3	1	—	—	—	—
1979	3	3	1	1	1	1	1	4	1	—	—	—	—
1980	1	1	1	1	1	1	1	2	1	2	1	—	—
1981	1	2	1	1	1	1	1	1	1	2	1	1	1

注：资料来源于生产队分配方案。

养家禽 中华人民共和国成立前，大众村域内农户主要饲养鸡、鸭、鹅等家禽，基本上以自养自食为主，略有剩余，去市场售卖，以换点零钱。中华人民共和国成立后，家禽的饲养量逐步增大，90%以上的农户都有饲养，每户平均饲养5~15只。1969年，大队成立副业基地，开始集体饲养鸡、鸭、鹅等家禽，但规模不大。1995年，姚家港村村民徐凤泉投资1万元，从上海嘉定引进美国白羽王鸽100对，率先开展鸽子饲养。至2005年年底，大众村先后有10户农户养鸽，有的农户饲养菜鸽还小有规模。随着城镇化、工业化的快速推进，至2014年年底，大众村农户家禽和菜鸽饲养基本消失。

第五节 农技推广

一、良种培育

大众村域农民历来重视培育良种，中华人民共和国成立前，注重大田选种，选取籽粒饱满的大穗作为来年种子。中华人民共和国成立后，政府重视培育良种。20世纪50—60年代，水稻品种主要是苏粳1号，小麦品种主要是华东6号。20世纪70年代，水稻品种主要是昆农8号，小麦品种主要是昆麦672号。20世纪80年代，水稻品种主要是昆农选，小麦品种主要是扬麦4号。20世纪90年代，水稻品种主要是太湖粳2号，小麦品种主要是扬麦6号。2000年后，水稻品种主要是苏香粳1号和南粳46号，小麦品种主要是扬麦8号和扬麦16号。每推广一个新品种，农业生产、粮食产量都不断得到提升。（表5-15）

表 5-15　1960—2010 年大众村域种子与产量对照情况选年表

年份	水稻品种	亩产/斤	小麦品种	亩产/斤
1960	苏粳 1 号	621	华东 6 号	63
1970	昆农 8 号	711	昆麦 672 号	211
1980	昆农选	783	扬麦 4 号	363
1990	太湖粳 2 号	960	扬麦 6 号	437
2000	苏香粳 1 号	1 380	扬麦 8 号	620
2010	南粳 46 号	1 230	扬麦 16 号	830

二、化肥使用

20 世纪 60 年代，大众村域开始逐步推广化肥。最早，各生产队到苏州白洋湾装运氨水，后来使用碳酸氢铵化肥，再后来购买尿素。

碳酸氢铵作为基肥，尿素作为追肥。化肥使用要科学、合理，农作物不同，使用的化肥品种和用法用量都有所不同。长期单施化肥，易使农田土层板结僵化，作物产量不仅不会增产，反而会递减。村民在生产实践中总结出化肥和以自然肥料为主的有机肥料搭配起来使用效果最好。

村民使用的化肥品种有硫酸铵、碳酸氢铵、尿素、磷肥、钾肥、复合肥等。当含有磷、钾的复合肥出现后，农户转而使用这种复合肥。复合肥施用灵活，既可作为基肥，又可作为追肥，一般一茬施 2 次。2000 年后，大众村复合肥用量约占化肥总用量的 70%。

三、病虫害防治

水稻病虫防治　水稻虫害主要有螟虫，包括三代螟、二代螟、大螟及纵卷叶虫和稻飞虱等。水稻虫害防治，用苏化二〇三、甲胺磷等有机磷农药水乳剂防治，也可用“二二三”和“六六六”等农药粉剂防治。从 20 世纪 90 年代开始，用高效低毒生物农药防治虫害。

水稻病害主要有稻瘟病、水稻纹枯病、条纹叶枯病和黑条矮缩病等。稻瘟病包括叶瘟和穗茎瘟两种，叶瘟造成叶片死亡而缺棵，穗茎瘟在稻穗灌浆期会造成穗死亡。20世纪70年代，用稻瘟净和井冈霉素防治。20世纪90年代以后，用克井药水在水稻抽穗10%时进行防治。水稻纹枯病主要在重肥田块和低肥田块发生，用井冈霉素防治。条纹叶枯病和黑条矮缩病采用“二二三”加“六六六”农药粉剂混配或用马拉松药水防治。20世纪80年代，用甲胺磷防治前季稻秧田和大田早期灰飞虱与条纹叶枯病。

三麦病虫防治 三麦病虫为蚜虫、行军虫，这些病虫专食麦叶、咬断麦穗。20世纪70年代，用敌百虫或“二二三”农药粉剂，也用敌百虫或“六六六”农药粉剂混配防治。1983年后，病虫害减少，一般不予治理，严重的田块用甲胺磷防治。20世纪90年代，用高效低毒的生物农药防治。三麦病虫害以赤霉病为主，发生频率高。20世纪60年代，用石硫合剂防治。20世纪70年代中期，用多菌灵防治。20世纪90年代，农户基本掌握了三麦发病的规律，用多菌灵浸种防治。

油菜病虫防治 油菜病虫以蚜虫为主，它生长在叶片上，影响油菜结果。20世纪70年代初期，用“二二三”农药粉剂或乐果防治。20世纪70年代后期，用甲胺磷防治。20世纪90年代，用高效低毒的生物农药防治虫害。病害主要有菌核病和霜核病，流行最高年份的病株率达10%～15%。20世纪60年代，用“六六六”农药粉剂防治。20世纪70年代后期，用多菌灵加水防治，效果较好。

四、草害防治

水稻杂草有以稗草、千金子为主的禾本科单叶杂草，以绒草为主的莎草科杂草和以节节草、鸭舌头为主的阔叶杂草。20世纪70年代初期，农田除草以人工拔草为主。20世纪70年代中期，开始用除草醚化学除草。20世纪80年代，推广使用丁草胺进行水稻杂草防治。

三麦杂草有看麦娘、牛繁缕等。20世纪70年代中期，使用绿麦隆化学除草，由于使用不当或技术问题，防治效果不佳，麦田草害得不到全面控制，给有的田块造成药害。20世纪80年代后期，用甲嘧磺隆防治，效果较好。

油菜杂草以看麦娘和硬草为主，主要使用绿麦隆防治，效果较好。1988年后，用精稳杀得、盖草能等茎叶处理剂处理看麦娘，效果明显。

五、积肥造肥

在化肥推广使用前，大众村域开展积肥造肥运动，使用以自然肥料为主的有机肥料。自然肥料肥效持续时间长、性能温和，使农作物生长稳健，不易诱发病虫害，且能改善土壤结构，十分有利于农作物根系发育。但肥力有限，且肥效持续时间短，不能满足农作物的生长需要。积肥造肥的自然肥料有人畜粪、沤肥、堆肥、造肥等。

人畜粪 老农常说，“养猪不赚钱，回头看看田”。农户通过养猪、养羊、养兔等积肥。每头猪平均每年可产 1~2 亩田所需的有机肥料。大众村域农户重视养猪、养羊、养兔等副业，既能增加经济收入，又能解决肥料问题。

沤肥 制作沤肥是大众村域农民主要农活之一。沤肥俗称“草塘泥”。每逢冬闲时，在每块田角或田块腰潭（中段）开挖正方形泥仓潭，边长 2~2.5 米，深约 1 米，容积为 8~10 立方米，可存放沤肥 100~120 担，可供 1.5~2 亩水稻田用作基肥。沤肥的原料是河泥，农作物秸秆、红花草、青草等，特别是红花草为优质的沤肥原料。秋播规划时，一般各生产队耕田面积 8%~10% 留作红花草播种备用。农闲时节，农民主要是拖河泥、罱河泥、割青草、出猪圈等，为制作沤肥做准备。早春制作沤肥，开泥潭、拖河泥，4 月中旬开始翻潭，将泥潭里的河泥吊起放在四周，然后一人在泥潭里，铺一层红花草，有 1~2 人挑水，另有 1~2 人把吊起之泥扒入泥潭中。泥潭内的人将泥块捣烂，越浓越好，搅出浆头，均匀覆盖在红花草上。如此一层泥一层红花草，并将泥潭四周敲打结实，以防漏水。经过几天发酵后，潭面呈馒头形，冒气泡发酵。到莳秧季节，开始发潭，把潭里的草塘泥均匀排到田埨上，而后有辅助劳动力，用铁耙把草塘泥

罱河泥（2019 年，顾秋根供图）

均匀地分散于坨头表层上。此种农活既耗时又费力，到实行家庭联产承包责任制后基本绝迹。

造肥 田中间利用绿萍田作为造肥田仓，用拖拉机把稻草或秸秆打烂，四周扒沟，通过发酵，将其作为基肥。

堆肥 在水稻搁田前后，农村劳动力集中积肥。生产队男劳动力到苏州拖黑泥，为单季稻施长粗肥；女劳动力为三麦施基肥。收割三沟杂草，圩岸做到三面光，把杂草与圩岸三面光的泥土混合堆成长方形土堆，再用泥浆覆盖密封保湿，并进行发酵，待秋种三麦时用。同时，男劳动力到阳澄河轧草，到上海拖老灰，至小麦压麦泥时使用，既能为小麦施肥，又能保证小麦过冬。

三水一绿 20 世纪 70 年代前期，大众村域开始放养“三水一绿”（水花生、水葫芦、水浮莲、绿萍）。“三水一绿”既可作肥料，又可作饲料（猪饲料、羊饲料）。“三水”放养在河道水面，管理方便。绿萍放养有一定的技术要求，每年霜降后必须搭好保温棚，让绿萍过冬留种，来年清明前后移植到大田。水稻插秧前倒萍。放养绿萍的田块水稻生长老健、清秀，杂草、病虫害少，土质得到改善，增产效果明显。20 世纪 70 年代初期，稻田大多放养绿萍。但只要绿萍处理不当，使稻田受到风、雨的侵袭，稻苗被绿萍覆盖，就会影响秧苗的成活。20 世纪 70 年代中期，大众村域停止放养绿萍。

第六节 农田水利

一、“三车”排灌

旧时，农田灌溉全部使用龙骨水车，此车系传统戽水工具。《后汉书》记载，此车于东汉灵帝年间（168—189），由毕岚所创，时称“翻车”，后经三国时魏国巧匠马钧改制，逐步应用到农业上。翻车，即水车，由车槽（车筒）、车轴、鹤膝、斗板、齿钵等零件组成。车槽用杉木板材，鹤膝、斗板用硬树板材制成。斗板固定在鹤膝上，两个鹤膝夹一个斗板，鹤膝相连形成一个可以转动的木链，称为“龙骨”，置于车槽内形成一个整体。因鹤膝、斗板相连，形似龙脊，故称“龙骨车”。戽水时，车槽一端搁在岸上，一端用两根竹竿交叉架在河中，通过齿钵转动，带动龙骨旋转，借斗板把水刮入车槽，沿槽筒戽水上岸。齿钵带动龙骨旋转的动力，主要有人力（手牵和脚踏）、畜力（牛拉）、风力三种，总称“三车”。20 世纪 60 年代以前，大众村域农田排灌，均依靠这“三车”。

人力水车　根据使用人力的方式不同，分为手牵水车、脚踏水车两种。

手牵水车是在“三车”中结构最小的一种水车。它的结构是在水车头部装木轴 1 根，中间装“拨度”1 个，两侧有固定的木制轴承，轴上两端装有“偏心”与牵杆连接，牵杆一头有横柄，可供 1~2 人同牵，带动鹤膝、斗板与车尾“拨度”相连的圈子，在车筒内循环戽水。但手牵水车功效甚低，每小时仅提水 16~20 立方米，每车 1 天灌田 1~2 亩。此种水车车槽较短，一般用于扬程不到 1 米的零星田块灌水、排水，适用于临时抽水。

脚踏水车是以脚踏为动力。岸上设扶手架，竖立柱 2 根，立柱上装横架 1 个，作为人的把手架，另有圆木制成躺轴 1 根，长度分两人踏、四人踏、六人踏 3 种，最长约 4 米，最粗直径约 25 厘米，中间装有“拨度”，两边装有脚踏榔头，力点均匀，两端设有固定车轴座头。龙骨车身尾端放入河中，由竹竿支架固定，车头固定在岸渠口，鹤膝、斗板上端连接在躺轴“拨度”上，其下端与“拨度”环接。人立在躺轴榔头上不停地踏，转动车辆，传动鹤膝、斗板在车筒内循环戽水，其功效比手牵水车要高。此车无须车基，便于移动和安装。圩区在排涝时集中多部水车，日夜戽水排出，俗称“大棚车”，又称“车大棚”。20 世纪 50—60 年代，各高级社、生产队均有人力水车 4~5 部，而 60 年代以后，人力水车逐渐被淘汰。

畜力水车　畜力水车以牲畜为动力，均以牛力，故称“牛车”。畜力水车结构与人力水车不同之处是另有车盘、墩芯、躺轴和固定车轴的轴承座等，这些部件均为木质。其车槽结构与人力水车相同，畜力水车一般需要安装直径约 5 米的车场基 1 个，以安放直径约 2 米的木制车盘和墩芯，并搭建圆形或方形的草棚（俗称“牛车棚”），在戽水时防止被日晒，为牛防暑降温。戽水时，牛拉车盘旋转，车盘齿带动躺轴齿钵旋转，再转动龙骨车的鹤膝、斗板，提水上岸，流经沟渠，灌溉田地。畜力水车功效较大，一部畜力水车每天可灌溉 10~15 亩水田。20 世纪 50—60 年代，这种畜力水车各生产小队有 1~2 部。

风力水车 风力水车是依靠风力作为动力，又称“风车”。它的结构由四方锥形立架、上躺轴（天轴）、下躺轴（地轴）、立轴、水旱“拨度”、蓬竹 6 根、风篷（用布做成）6 张、前支架（马脚）等部件组成。在灌溉时，视风向移动前支架，视风力大小确定风篷展开张数及篷面受力角度。当出现 3 级风力时，风可吹动风篷，转动车轴（由上躺轴带动立轴，再带动下躺轴），并转动龙骨水车，提水上岸。这种风力水车如风力超过 6 级，则有翻车之虞，故须设有专人看管，而且该车日均约能灌溉 20 亩，但在大众村域内并不多见。

二、机电排灌

1958 年，大众大队在西港娄江河口兴建第一座排灌站（草芦站），于 11 月破土动工，1959 年 5 月竣工，灌溉面积 1 800 亩，站长为狄福根。1966 年 10 月，大众村域新华大队在马家湾东面建第二座排灌站（新华站），站长为范阿毛。1973 年，该排灌站改为电力排灌站，灌溉面积 1 600 亩。1976 年，大众村域大众大队在北杜家港建第三座排灌站（北杜家港站），灌溉面积 400 亩，站长为高根生。1978 年，大众村域在新华大队姚家港自然村河东岸建第四座排灌站（姚家港站），灌溉面积 500 亩，站长为周宗安。1992 年，因沪宁高速公路建设需要，拆除姚家港站，在姚家港村草绿港西面建新华北站，灌溉面积 350 亩，站长为王阿多。2017 年，大众村在周家埭新建排灌站，灌溉面积 250 亩，站长为杜金木。因动迁建设需要，大部分农田被征用，至 2019 年年底，大众村排灌站尚存 3 座。

机电排灌需要有沟渠，主要包括三沟，即回沟、隔水沟、排水沟，又称“外三沟”，是农田排灌系统中重要配套工程。回沟是汇集附近各排水沟之水排入内河的沟，为总排水沟。为加快排水速度和降低地下水位，实行“两头出水”的田间布局。隔水沟是排入回沟或内河的大沟，纵向排列，一般每隔3~4 块田 1 条，宽 0.8~1 米，深 1~1.2 米。此沟主要在水旱作物交叉处或高低田处起隔水作用，平时有加快地面水排放和降低地下水的作用。排水沟在灌渠两侧，又称

"渠边沟"。此沟为横向排列，一般宽 0.5~0.8 米，深 0.8~1 米，灌溉时起到调水的作用，排水时使田块可"两头出水"。此三沟使高低田分开，内外沟分开，灌排分开，与田间的"内三沟"（横沟、竖沟、腰沟）全面配套，起到四边分开、中间托起，控制地下水位和治渍的作用。2005 年，大众村有隔水沟 280 多条，总长 22.4 千米；排水沟 65 条，总长 13.8 千米；倒虹吸 1 条。

在三车戽水灌溉农田时，普遍于农田就近安置龙骨水车，依靠人力或畜力提水入田，然后灌入二瑾田、三瑾田，有的田虽有沟渠，但凌乱不成系统。在兴建电力灌溉排涝站后，大众大队在西港娄江口建一座排涝站，当时灌区干渠高出地面 1.3 米，底宽 0.8 米。至 1959 年，大众村域用 1.58 万个劳动力筑有三级渠 13.5 千米。其中，干渠 4 条，长 3.5 千米；支渠 3 条，长 3 千米；斗渠 35 条，长 7 千米。至 2019 年，大众村有干渠 3 条，长 2.5 千米；有支渠 5 条，长 3.1 千米。此外，配套设施有倒虹吸 1 条、支门 5 个、斗门 97 个。（表 5-16）

表 5-16　1958—2019 年大众村域排灌站一览表

年份	名称	灌溉面积/亩
1958	草芦站	1 800
1966—2019	新华站	1 600
	北杜家港站	400
	姚家港站	500
	新华北站	350
	周家埭站	250

新华北站（2017 年，顾秋根摄）

周家埭站（2017 年，吴惠根摄）

三、水利建设

（一）河道治理

青龙港河疏浚 青龙港河是一条区域性河道，东西流向，西起界浦河，东至西尤泾河，全长4.5千米，该河流经大众村域内1.8千米。据记载，青龙港河自汉代以来直至明清，历朝都有疏浚，但在民国时期年久失修，河床淤积，河道成沟。1973年12月，正仪人民公社组织各大队出动500多名民工，对青龙港河东段进行疏浚。疏浚标准为河底宽8米，边坡1∶2，挖土方3.5万立方米，大众村域组织80人参加该工程。

姚家港河拓浚 姚家港河也是一条区域性河道，南北流向，南起吴淞江，北至娄江河，全长6千米，该河流经大众村域内3千米。1976年11月，正仪人民公社组织各大队出动1 500名民工，对姚家港河进行疏浚，其中从周家埭以北至娄江河是重新开挖河道，其他河段为疏浚。疏浚标准为河底宽9米，边坡1∶2，挖土方20万立方米，新华大队、大众大队共120人参加该工程。

（二）水闸修筑

草芦闸 1958年修建，它是大众村域内第一座套闸，也是正仪人民公社首批建造的套闸之一。套闸结构为砖石砌体，垒梁式一字门平底板水闸，孔径4米，可供20吨以下船舶进出。

分级控制闸 1976—1977年，姚家港河疏浚时，为实施抗洪排涝大包围工程，分别在娄江、姚家港、南杜家港、马家湾、西尤泾河等建造分级控制闸5座，为八字砼块体，其闸门为三拼一字门，孔径4米，闸墙长度为4米。分级闸是高低分开、分片排涝，有效控制内河水位的重要举措。（表5-17）

表5-17 1970—1977年大众村域水闸情况表

年份	名称	大包围片区
1970	草芦闸	镇南片大包围
1976	娄江闸	新北片大包围
1976	姚家港闸	新北片大包围
1976	南杜家港闸	镇南片大包围

续表

年份	名称	大包围片区
1976	马家湾闸	新南片大包围
1977	西尤泾闸	新北片大包围

第七节 农具农机

一、传统农具

中华人民共和国成立前后，农田耕作，农作物播种、灌溉、排涝、治虫、收割、脱粒、运输等，全部靠人力、畜力和风力等传统农具来运作，部分传统农具沿袭至今。主要传统农具，按种类分为：翻耕农具、灌溉农具、中耕农具、积肥施肥农具、收割农具、装运农具、脱粒农具、碾米农具和播种农具等。

翻耕农具 有犁、耙、阔齿铁搭、尖齿铁搭等。中华人民共和国成立前，用耕牛翻土地，也有用阔齿铁搭翻耕。20 世纪 50 年代后期，使用双轮双铧犁。

灌溉农具 有手牵水车、脚踏水车、牛车、风力水车等。

中耕农具 有耥、耘、锄头、铁铲等。

积肥施肥农具 有船、罱网、拖袋、大塘耙（用于轧草和耙草）、粪桶、粪勺、土笪（装土用的竹编筐状农具）、扁担、竹畚箕等。

收割农具 有镰刀、木扁担、竹扁担、担绳等。

装运农具 有船、跳板、麻袋、笆斗等。

脱粒农具 有稻床、鞭盖、削柴棒、手摇风车、脚踏脱粒机（轧稻机）等。民国时期，有双人脚踏脱粒机。中华人民共和国成立后，普遍推广使用双人脚踏脱粒机。

碾米农具 有木砻（把谷脱壳成糙米）、筛、臼（把糙米脱白）等。

播种农具 有菜花硂、插刀、笆斗等。

20世纪50年代后期，大众村域有耕牛91头、牛车51部、踏水车30部、风力车21部。自20世纪60年代起，随着现代农机的推广，以人力、畜力和风力为动力的传统农具大多被现代农机所替代，牛车、脚踏水车、风力水车于70年代在大众村域内基本消失。

二、现代农机

脱粒农机 1963年秋，大众大队第5生产队率先用上电力脱粒机。到1966年，各生产队均购买铁滚筒，配用2.5千瓦的电动机进行脱粒。1983年，大众村域实行家庭联产承包责任制后，小型脱粒机普及至农户家庭。1996年后，大众村域租用“久保田488”收割机。经过实践，该收割机每小时收割6亩，具有谷粒净、无杂质的优点，受到广大农户的欢迎，从而取代人力割稻、电动脱粒。

翻耕农机 1972年，上级分配大众大队第一台东方红大型拖拉机，机手分别为赵金水、查小男、杜金木3人。此后，生产队逐步配置手扶拖拉机，每个生产队至少有手扶拖拉机1台。1992年，大众村域购买中型拖拉机3台，基本结束了耕牛耕田的历史。

运输机具 1950—1983年，大众村域的运输都是靠船水运。1983年，村域内有木船56条、水泥船25条、挂机船31条。手摇船逐渐减少，最后全部被淘汰。20世纪80年代，随着农村基础设施的逐步完善、镇级公路建设的发展，水上运输减少，逐步被陆上长车、拖拉机等运输机具所取代。

其他农业机械 20世纪60年代，生产队开始购买背包式手动喷雾机，用于农作物防治病虫害。自20世纪70年代起，弥雾机喷雾在农作物防治病虫害中广泛使用。（表5-18）

表5-18 1971年新华大队大型传统农具农机配置情况表

队别	木犁/个	铁犁/个	耙/个	脱粒机/台	木船/条	水泥船/条	耕牛/头
1	3	2	2	2	5	1	4
2	4	3	3	2	5	1	5

续表

队别	木犁/个	铁犁/个	耙/个	脱粒机/台	木船/条	水泥船/条	耕牛/头
3	4	3	3	2	5	1	3
4	2	1	2	2	2	1	2
5	2	1	1	2	2	1	2
6	2	1	1	1	3	0	2
7	2	2	2	2	2	1	3
8	5	3	3	2	4	2	4
9	2	1	2	1	2	1	4

注：数据来源于生产队分配方案。

犁（2019 年，罗英摄）

手摇风车（2019 年，罗英摄）

牛车盘（2019 年，罗英摄）

收割机（2019 年，顾秋根摄）

第六章　工商服务业

中华人民共和国成立前，大众村域偶见外来走村串户的小商贩。中华人民共和国成立后，大众村域依然是单一的农业经济。1956 年，正仪供销社在北杜家港村开设第一家代购代销的双代商店，而后又有了新的布点。20 世纪 60 年代，大众大队和新华大队开始兴办集体小微企业。至 20 世纪 90 年代，建办了村（队）办企业 10 家，后部分村（队）办企业或关闭或转制。进入 21 世纪，大众村域民营企业、个体服务业有所发展，入驻企业逐年增加，村民商贸服务门店得到发展。至 2019 年年底，大众村村民创办的民营企业有 8 家，其中杜永刚创办的民营企业年营业额超 5 000 万元；村域内入驻企业有 36 家（包括民办小学 1 所）；村民在本村及外地开设较有规模的商贸服务门店 13 家。随着大众村工商服务业和大众村股份经济合作社的建立和发展，村域经济结构发生了根本性改变。2019 年，大众村集体可支配收入超 800 万元。

第一节　工业企业

一、队（村）办企业

20世纪60年代中期，大众村域的大众大队和新华大队打破单一的农业种植业经济结构，充分利用本地的农业劳动力发展经济，增加集体收入，先后兴办碾米厂、大众印刷厂、大众砖瓦厂、新华农机厂、大众五金厂、姚家港村木器厂、姚家港村五金厂、大众预制场、新华农机二厂、大众木器厂等队办和村办集体企业。

碾米加工厂　1966年4月，大众大队开办碾米加工厂。全厂有职工3人，厂长为许招林。1968年2月，新华大队开办碾米加工厂。全厂有职工3人，厂长为范阿毛。大众大队和新华大队的碾米加工厂，为村民提供碾米、磨面粉和加工猪饲料服务，并收取一定的加工费，用于加工过程中电费、设备维修等支出，碾米加工厂职工从生产队抽调，分配参照全大队平均水平而定。两个大队的碾米加工厂均于1993年停办。

大众印刷厂　1976年，大众大队开办大众印刷厂。厂址设在大众大队知青点，全厂有职工50人，厂长为许惠林，厂房面积400平方米。大众印刷厂主要承接苏州医学院（今苏州大学苏州医学院）等学校的印刷加工业务。1980年，大众印刷厂实现产值13万多元、利润4.13万元。1980年后，大众印刷厂的业务进一步发展，先后由杜金桃、王步仁、杨惠庆、曾培林担任厂长。1997年，因企业设备陈旧老化，没有资金改造设备，导致印刷质量下降、业务萎缩，该厂停办。

大众砖瓦厂　1977年，大众大队在娄江河边开办大众砖瓦厂。全厂有职工

35人，厂长为许志明，厂房面积120平方米，该厂生产青砖、小瓦和望砖，主要销售给本大队和周边农户建造房屋。1980年，大众砖瓦厂实现产值29万元，利润近万元。厂长先后由赵水根、刘根水担任。后因保护耕地和村民建房基本结束，该厂于1989年停办。

新华农机厂　1979年，新华大队在本大队种子仓库内开办新华农机厂。全厂有职工13人，厂长为徐水林，厂房面积80平方米，主要承接195号柴油机油咀油泵修复，产品销往各农机配件站。1982年，新华农机厂实现销售收入5万元，利润1万元。1988年，全厂有职工15人，杨凤元担任厂长，新华农机厂实现销售收入12万元，利润1.5万元。后因柴油机油咀油泵修复产品质量要求严格，产品销售不畅，该厂于1992年停办。

大众五金厂　1979年，大众大队在大众大队办公楼一楼开办大众五金厂。全厂有职工10人，厂长为蒋小龙，第二任厂长为杜林元，厂房面积120平方米，该厂主要从事昆山市跃进铸钢厂五金加工业务。1989年，大众五金厂实现产值13万元，利润0.68万元。后因昆山市跃进铸钢厂加工业务减少，该厂于1996年停办。

姚家港木器厂　1983年，姚家港村开办姚家港木器厂。厂址设在新华种子仓库前，全厂有职工8人，厂长为刘白男，厂房面积100平方米，该厂主要经营木材销售和包装箱加工。1985年，全厂有职工28人，张三男担任厂长，厂房面积270平方米，该厂业务范围扩大，增加木地板生产及销售业务。1990年，姚家港木器厂实现销售收入17万元，利润0.6万元。后鉴于木材销售不畅、地板质量和管理等原因，利润亏损，该厂于1998年停办。

姚家港五金厂　1984年，姚家港村开办姚家港五金厂。厂址设在姚家港种子仓库内，全厂有职工15人，厂长为王招根，厂房面积150平方米，该厂主要经营翻砂并加工制造液化气灶面板。1986年，姚家港五金厂实现销售收入15万元，利润0.6万元。由于企业技术含量低，产品质量差，生产成本高，该厂于1988年停产。

大众预制厂　1984年，大众村开办大众预制厂。厂址设在草芦站河西岸，全厂有职工15人，厂长为周炳男，场地面积3 000平方米，该厂主要生产楼板、水泥梁等。1990年，厂长为吴秋根。1991年，大众预制厂实现产值11万元，利润 3.1 万元。后因民房翻建高峰期已过，销售困难，该厂于 1998 年停办。

新华农机二厂 1988 年，姚家港村投资 15 万元开办新华农机二厂。厂址设在姚家港站东，全厂有职工 28 人，厂长为徐水林，厂房面积 250 平方米，该厂主要产品是 165 号柴油机油咀油泵。1989 年，新华农机二厂实现销售收入 41 万元，利润 1.5 万元。后因建造沪宁高速公路动迁，该厂于 1992 年停办。

大众木器厂 1990 年，大众村开办大众木器厂。厂址设在大众村双代商店旁，全厂有职工 6 人，厂长为吴惠林，厂房面积 180 平方米，该厂主要产品有办公设备、包装箱等。1990 年，大众木器厂实现产值 11.5 万元，利润 1.2 万元。后因销售不畅，该厂于 1998 年停办。

二、民营企业

随着市场经济的发展和国家对民营企业的鼓励，大众村的民营企业得到了蓬勃发展。1994 年，大众村村民投资创办昆山市正仪木材加工厂，该厂成为大众村域兴办的第一家民营企业。此后，大众村村民杜永刚、吴学军、张学明等也先后办起了自己的企业。至 2019 年年底，大众村村民先后兴办江苏尚坤电能科技有限公司、昆山市大华机器制造有限公司、昆山市蓝绿清环境工程有限公司、昆山市正仪木材加工厂、昆山市锦阳机电设备有限公司、昆山市益图胜机械有限公司、昆山市玉山镇麦合五金制品厂、昆山市建勤纸制品有限公司 8 家民营企业。

附：江苏尚坤电能科技有限公司发展史

江苏尚坤电能科技有限公司是民营企业典型代表。

2004 年，26 岁的杜永刚租下村里的鱼塘，填土后盖了 3 间红瓦房，带着 15 名员工、2 台工程车开始了他的创业之路。2005 年，杜永刚把公司命名为江苏尚坤电力安装有限公司（后更名为江苏尚坤电能科技有限公司），意为“崇尚道德，扭转乾坤”的精神内涵。创业之初，杜永刚面临市场难以打开等困难，注重从内部提升公司管理水平，抓管理、建队伍、升资质、求发展。2011 年，该公司获得国家电力监管委员会首批颁发的电力设施安装、检修、测试许可证三级资质，可以承接电力系统 100 千伏及以下的电力线路、电缆和变电站的安装、检修、调试工程，同时还获得住房和城乡建设部机电二级专业承包资质。

2012 年，该公司入围江苏省电力公司住宅居配招投标管理的苏州地区 8 家单位之一。当年，该公司在跻身昆山电力安装行业前三名的情况下，开始向电气设备与电力设计多元化方向发展，先后成立江苏镇鸣电气有限公司和苏州尚知电力设计有限公司，形成从研发、设计、制造到整个现场组装的完整产业链条。2015 年，昆山尚坤智创产业园开发有限公司正式创建。2016 年，该公司通过高新技术企业认证。2018 年、2019 年，昆山尚坤智创产业园开发有限公司先后获批昆山市和江苏省众创空间。

2019 年 9 月，江苏电百达智能科技有限公司正式创建并运营平台。至 2019 年年底，企业拥有员工 200 名，其中，高级职称 10 名、初中级职称 63 名，具有注册建造师资格证书的项目经理 20 名。

江苏尚坤电能科技有限公司大楼
（2019 年，顾秋根摄）

江苏电百达智能科技有限公司控制中心
（2019 年，顾秋根摄）

三、入驻企业

2003 年，大众村划归玉山镇管辖后，村域被纳入昆山高新区的建设规划。随着改革开放的深入，昆山高新区通过内引外联、招商引资，吸引了海内外企业和民营企业前来投资办企业。大众村域以便利的交通、优越的地理位置，吸

引越来越多的域外企业家前来投资创业。至2019年年底，累计入驻企业36家(包括民办小学1所)。(表6-1)

表6-1 2019年大众村域入驻企业一览表

企业名称	企业法人	企业地址
昆山市众华混凝土制品有限公司	潘建华	玉山镇银淞路
江苏华东造纸机械有限公司	孙友根	玉山镇古城中路
昆山鑫雷电子有限公司	刘　坤	玉山镇华淞路
昆山国产实业混凝土有限公司	李守国	玉山镇银淞路
苏州领创激光科技有限公司	陈智宏	玉山镇中华园西路
昆山荣星动力传动有限公司	金　蕾	玉山镇中华园西路
昆山市翔达轻工机械铸造有限公司	芦根林	玉山镇古城中路
昆山慧峰轻工机械有限公司	孙银锁	玉山镇中华园西路
昆山英阁门窗有限公司	戴镇江	玉山镇华淞路
昆山斯泰克精密模具有限公司	徐延利	玉山镇燕淞路
昆山速捷金属制品有限公司	潘　桢	玉山镇燕桥浜路
昆山交运汽车驾驶员培训有限公司	戴建国	玉山镇古城中路
昆山中昆路桥环境建设有限公司	陈　虎	玉山镇古城中路
苏州泰汇晟精密五金有限公司	张峰云	玉山镇燕桥浜路
昆山梅克韦尔机电有限公司	王雪美	玉山镇古城中路
昆山捷捷高自动化设备有限公司	鲁险峰	玉山镇城北中路
昆山巨匠金属制品有限公司	黄　坚	玉山镇中华园西路
昆山汉田机械工业有限公司	谢伟东	玉山镇中华园西路
昆山合众翔机械制造有限公司	葛成陈	玉山镇中华园西路
苏州联致盈精密机械有限公司	苗　莲	玉山镇华淞路
苏州倍加德机械科技有限公司	唐建荣	玉山镇古城中路
昆山润阳机械有限公司	吴树宇	玉山镇台虹路
昆山光和能电子有限公司	韩慧丽	玉山镇燕桥浜路
昆山众泰兴自动化设备有限公司	周于波	玉山镇南甸路
昆山市明腾电子科技有限公司	李建明	玉山镇燕桥浜路

续表

企业名称	企业法人	企业地址
苏州金华夏包装制品有限公司	张淑琳	玉山镇燕桥浜路
苏州大德昌工业控制系统技术有限公司	韦小惠	玉山镇燕桥浜路
美资森美电气制造（昆山）有限公司	陈玉娟	玉山镇燕桥浜路
苏州亚元包装材料有限公司	林少萍	玉山镇燕桥浜路
昆山润凯电子材料有限公司	周终瑜	玉山镇柏庐中路
昆山苗王食品有限公司	王彩祥	玉山镇燕桥浜路
昆山市华瑞包装制品有限公司	卢正茂	玉山镇古城中路
昆山泰华燃气有限公司	赵继君	玉山镇鹿通路
东君机械科技（江苏）有限公司	郑京平	玉山镇中华园西路
昆山安迪工艺品有限公司	彭　娇	玉山镇美丰路
昆山市玉山镇民办大公小学	李　林	玉山镇中华园西路

第二节　商贸服务

一、双代商店

1956年，正仪供销社为满足农民日常生活所需，安排朱文若、王正方2名供销社职工在大众村域内北杜家港自然村的杜金福家开设代购代销的双代商店，为村域内第一家双代商店。1958年，正仪商业也在大众村域开办双代商店，商店设在周家埭的吴惠根家。双代商店的负责人及售货人员均由大队安排，并须报供销社审批后同意。双代商店负责人对双代商店的全部商品全面核实，并且明码标价，不能以次充好，不准短斤缺两，商品陈列要整齐，每天要做好销售记录，清点现金。现金要及时存入银行，要按月盘点库存，制作报表，上报供销社。代购代销手续费由大队收取，双代商店人员工资由大队在年底支付。1964 年，双代商店人员是支大根、蒋长生 2 人。1966 年，大众大队双代商店移至东黄渎村，经营范围包括代销化肥、农药和其他一些生产资料。

1983 年，姚家港村也办起双代商店，由王水荣负责，售货员有陆根梅、王翠英 2 人，该店经营范围由经销生活用品扩大到生产资料。

1992 年，供销社对双代商店进行全面改制。

二、个体商店

随着改革开放的深入、乡村企业的发展，新昆山人在大众村域租房居住增多，大众村民自 20 世纪 90 年代起陆续在村内开办了 13 家烟杂店。至 2019 年年底，大众村民在本村及外地开办经营建材、厨具、餐饮、车行和针织品销售等商贸门店 13 家。(表 6-2)

表 6-2　2019 年大众村商贸服务门店情况表

商店名称	经营者	成立年份
南宁爱彼保健织品有限责任公司	周炳元	1997
云南爱彼针棉织品有限公司	季林根	1998
昆山市正仪寿安桥商店	陆海珍	2000
昆山市正仪镇飞达摩托车修理部	许坤明	2000
昆山市正仪镇大众缝纫店	曾长根	2000
昆山福克贸易有限公司	周抒鸿	2002
昆山市玉山镇捷强超市	何小弟	2003
桂林市爱彼针织品有限公司	顾敖根	2007
昆山市玉山镇卓凡优品装饰建材商行	范菊良	2013
昆山市玉山镇众联厨具经营部	朱炳良	2015
昆山市玉山镇米思悠电动车商行	顾斌	2017
昆山市玉山镇老天桥火锅店	陈宇	2017
昆山市玉山镇鲜滋品食品店	蒋金金	2019

昆山市玉山镇鲜滋品食品店（2019年，郁程芳摄）

第三节　合作组织

为进一步深化农村改革，推进农业产业化发展，按照“民办、民管、民受益”的原则，大众村先后成立昆山市玉山镇大众富民合作有限公司、昆山市玉山镇大众村农地股份专业合作社和昆山市玉山镇大众村股份经济合作社3个经济组织，发展壮大了村级经济，增加了村民的收入。

一、昆山市玉山镇大众富民合作有限公司

昆山市玉山镇大众富民合作有限公司成立于2003年9月17日，公司类型为有限公司，所有资金均为村集体出资，无村民个人入股投资，经营范围包括自有房屋出租、土方工程、绿化工程，注册资本50万元。2005年4月，昆山市玉

山镇大众富民合作有限公司在昆山市玉山镇燕桥浜村富民五区内建造标准厂房1栋，面积1 555平方米，占地5.53亩，建成后对外出租。至2019年年底，昆山市玉山镇大众富民合作有限公司总资产306万元，无负债，所有者权益306万元。昆山市玉山镇大众富民合作有限公司通过发展物业经济，增加村集体收入，从而发展和壮大村级经济。

二、昆山市玉山镇大众村农地股份专业合作社

昆山市玉山镇大众村农地股份专业合作社成立于2010年10月14日。该合作社业务范围主要是组织成员种植农产品、养殖水产品、销售自产产品。该合作社成立时，由266名成员以土地作价入股出资，总土地入股面积1 045.68亩，以每亩5 000元的价值作价，成员出资总额522.84万元。至2019年年底，9年来该合作社累计向村民发放土地流转金450多万元。

三、昆山市玉山镇大众村股份经济合作社

昆山市玉山镇大众村股份经济合作社的前身是成立于2012年6月29日的昆山市玉山镇大众村农村社区股份专业合作社。这是由村“两委”提出申请，经昆山市玉山镇党委批准同意和昆山市委农村工作办公室审核成立的村股份经济合作社。昆山市玉山镇大众村农村社区股份专业合作社成立后，利用村集体资产，开展资产租赁经营。2012年，该合作社总资产1 075万元，其中，经营性资产658万元、非经营性资产417万元、净资产770万元，实际量化的经营性净资产355万元。该合作社的经济规模和经济实力不断得到发展和壮大。昆山市玉山镇大众村股份经济合作社以谋求全体成员的共同利益为宗旨，实行自主经营，民主管理，盈余返还。至2019年年底，该合作社已向村民累计分红500多万元。

第七章　村庄建设

大众村域的房屋择水而建，村民傍水而居，形成多个分散的村庄。中华人民共和国成立前，村民的住房十分简陋，大多是低矮的草房和砖瓦平房。20 世纪 50—60 年代，大众村域内道路全是泥土路。大众村域内交通以水路为主，主要依靠木船运输。20 世纪 70 年代，村民普遍把草房改建为瓦房；村里的泥道加宽并铺上黑色砂石，方便拖拉机和行人通行，大众村域内简陋的竹木小桥也大多得以重修。1976 年，大众村域内每户村民家里都通上了电。20 世纪 80—90 年代，大多数村民家里盖起了楼房，用上了自来水，家家装上了电话。2000 年后，无线网络进驻各家各户，村民开始用上计算机和智能手机；村里通过改厕、河道清理、环境整治，极大地改善了人居环境。2001 年，大众村获评“江苏省卫生村”。至 2017 年年底，随着最后一批民宅完成动迁，大众村的自然村全部消失，村民先后迁入正仪嘉馨花园和南星渎茗景苑等小区居住。

第一节　住房建设

一、民房建设

大众村域是水网地带，农民历来是选择在耕作便利、船只出行方便的地方建宅基地，这种宅基地逐渐演化为村庄。农房一般沿河而建，坐北朝南。东西向河道的农房群沿河呈“一”字形或“二”字形排列，例如，周家埭29户，在河南、河北各列一行。南北向河道的农房群，例如，姚家港31户，呈“非”字形排列，又称“竹节形”。又如，马家湾15户，住宅分布在河西岸一边，呈“一”字形排列。传统所建的住宅地基比较简陋，在地势较高的地方破土建宅，在立柱之处用石或砖做小型地基，墙基不做处理。在地势较低的地方，为避免受淹之害，在处理墙基时，利用杂边地取土，以填高住宅地基。

中华人民共和国成立初期，农民生活有所改善，但温饱问题尚未得到完全解决，住房建设十分缓慢，农民住宅仍旧比较简陋。20世纪60年代初期，受三年困难时期的影响，农房建设停滞不前。20世纪60年代中期，农村经济略有好转，农民为改善居住条件，拆除简陋的平瓦房、泥墙草房，翻建七路头新瓦房。当时，建房材料紧缺，农民就用烂泥、石灰砌空心墙，用杂树枝干作为椽子和桁条，房屋质量低下。20世纪60年代后期，水泥预制构件的出现解决了农民建房木材紧缺的困境，翻建瓦房逐年增多。

20世纪70年代初期，为节约用地和规范村容村貌，大众大队和新华大队开始对村庄建设制定规划，村民建房需要符合大队的规划要求，履行严格的审批手续。规定要建（翻）房的村民要先向大队申请，经大队批准同意后，再到人民公社村镇办公室审核（俗称“批宅基地”），在村镇办理批复手续中明确建房的具体地址、面积、四至等。村民动工前要先由大队建房领导小组到实地进行考察，用石灰水画好外墙线。建房动工后，大队建房领导小组派人前来监看，如有违章即令停工整改；房屋完工后，再由大队建房小组派人前来验收，防止村民多占宅基地，减少与周围邻居的宅基地纠纷，也使村庄建设变得整齐有序。由于受到宅基地的限制，村民为了增加住房面积，在翻建时就把平房翻建成楼房。1974 年，大众大队的张土根家庭和新华大队的金阿兴家庭，率先实施平房翻建楼房工程，分别成为 2 个大队第一家翻建楼房的家庭。

至 1978 年，大众村域有 303 户家庭翻建房屋，其中包括 62 户住草房的农户，翻建房屋户占全村农户总数的 87.9%。是年，大众村域人均居住面积达 16.3 平方米。1979 年后，随着改革开放的不断深入，农民的经济收入大幅度增加，拆除平房、翻建楼房渐成时尚。翻建的楼房一般为上三间、下三间，加上灶间，共 7 间。同时，房屋结构也颇为讲究，烂泥砌墙改为砂浆墙，外墙灰砂粉刷改为水泥砂浆粉刷，楼房砌墙时，须打钢筋腰箍。20 世纪 90 年代，建造的楼房外形和结构更新颖、更时尚，美观、实用，采光好，又通风。至 21 世纪初，大众村 509 户村民家庭中先后有 443 户翻造楼房，楼房户占全村总户数的 87%；村民家庭楼房总面积 11.54 万平方米，平房总面积 5 188 平方米，全村 1 878 人，人均住房面积 64.2 平方米。（表 7-1、表 7-2）

表 7-1　1978 年大众村域农户住房情况表

大队	总户数/户	翻建户数		翻建房屋		总面积/平方米	人均面积/平方米
		瓦房/户	草房/户	住宅/间	面积/平方米		
大众大队	215	155	35	855	17 442	19 748	17.5
新华大队	121	86	27	504	10 304	10 994	14.6
合计	336	241	62	1 359	27 746	30 742	32.1

注：资料来源于社会调查总户数。

表 7-2　2003—2017 年大众村各自然村动迁前农户住房情况表

自然村	农房/户	自然村	农房/户	自然村	农房/户
范家沙	25	黄字圩	13	东黄渎村	73
金屋里南浜	35	草绿港	13	西黄渎村	24
金屋里北浜	26	南杜家港	38	南浜	28
马家湾	15	北杜家港	60	湾里	22
姚家港	31	周家埭	29	古黄里	23
小黄泾	32	陈堂浜	22	合计	509

二、动迁前村落民居

范家沙　2011 年，村庄动迁前为大众村第 1 村民小组。村庄呈长方形。全村有 25 户 91 人，其中男性 42 人、女性 49 人；范姓 24 户，张姓 1 户；楼房 21 户，平房 4 户。同年 4 月，村庄整体动迁，村民被安置在南星渎仁心苑小区。

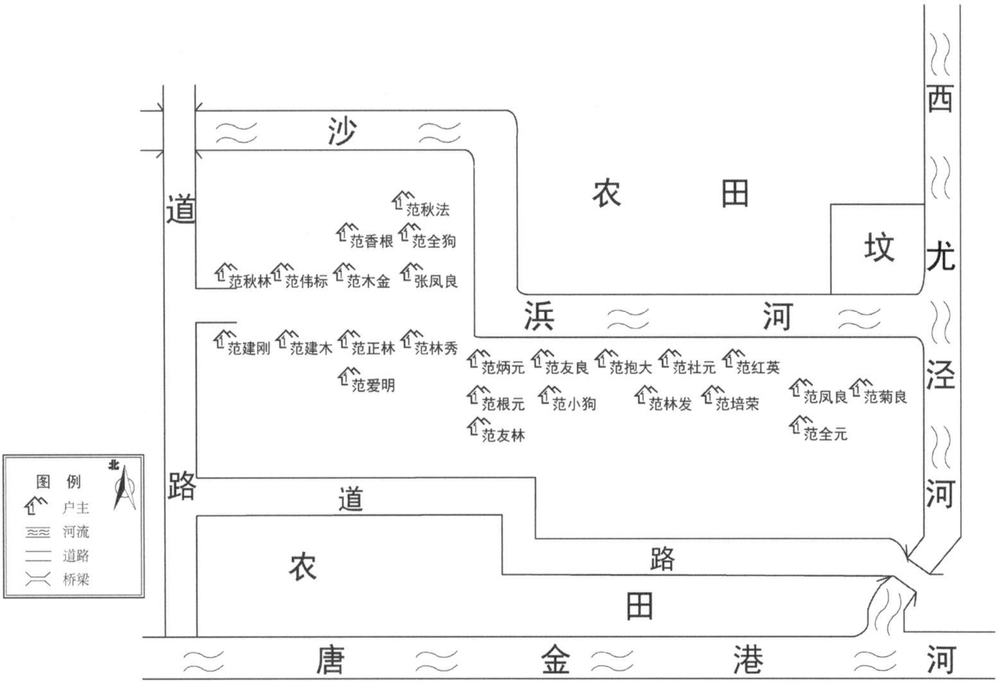

2011 年范家沙动迁前民居分布平面图

范家沙自然村一角（2011 年，顾秋根摄）

金屋里南浜 2014 年，村庄动迁前为大众村第 2 村民小组。村庄呈长方形。全村有 35 户 144 人，其中男性 73 人、女性 71 人；陆姓 18 户，王姓 16 户，景姓 1 户；楼房 23 户，平房 12 户。同年 10 月，村庄整体动迁，村民被安置在南星渎美丰苑小区。

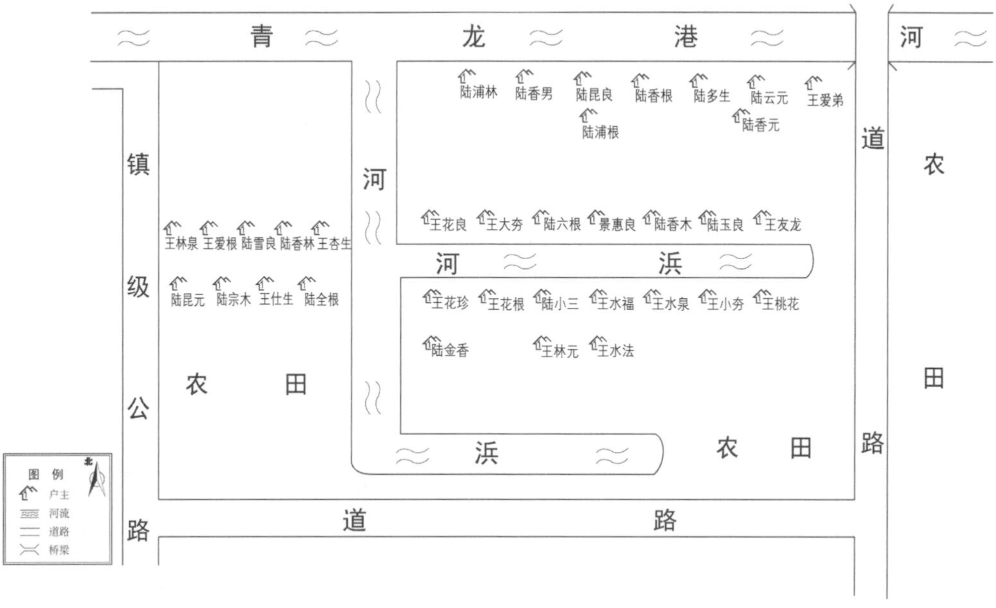

2014 年金屋里南浜动迁前民居分布平面图

金屋里南浜自然村一角（2012 年，顾秋根摄）

金屋里北浜 2014 年，村庄动迁前为大众村第 3 村民小组。村庄呈长方形。全村有 26 户 116 人，其中男性 60 人、女性 56 人；陆姓 11 户，周姓 7 户，庄姓 4 户，王姓 2 户，吴姓、范姓各 1 户；楼房 24 户，平房 2 户。同年 10 月，村庄整体动迁，村民被安置在南星渎礼和苑、美丰苑小区。

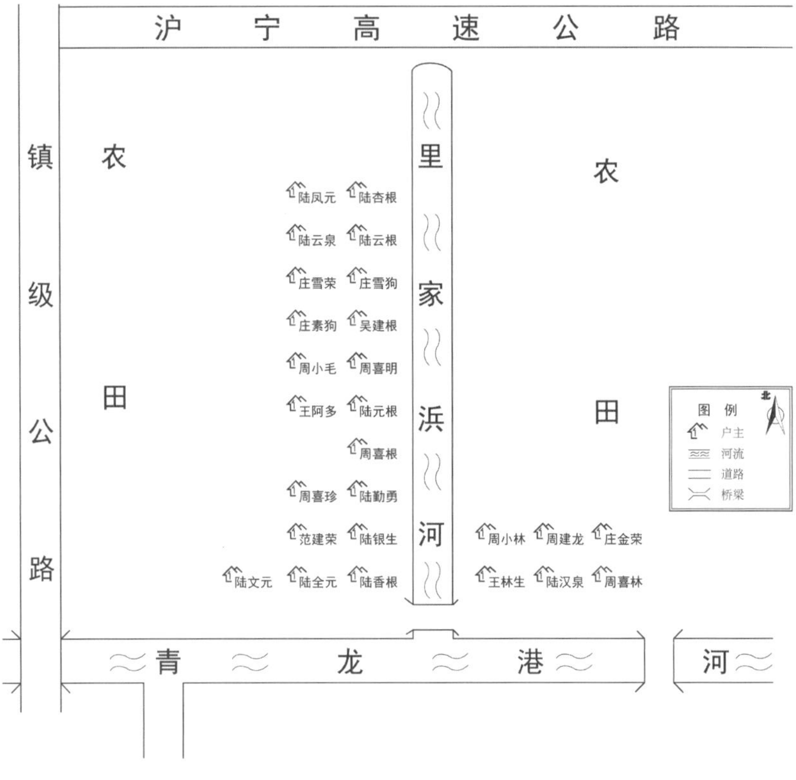

2014 年金屋里北浜动迁前民居分布平面图

金屋里北浜自然村一角（2012 年，顾秋根摄）

马家湾　2014 年，村庄动迁前为大众村第 4 村民小组。村庄呈长方形。全村有 15 户 54 人，其中男性 23 人、女性 31 人；顾姓 11 户，杨姓、朱姓各 2 户；楼房 11 户，平房 4 户。同年 10 月，村庄整体动迁，村民被安置在南星渎礼和苑、美丰苑小区。

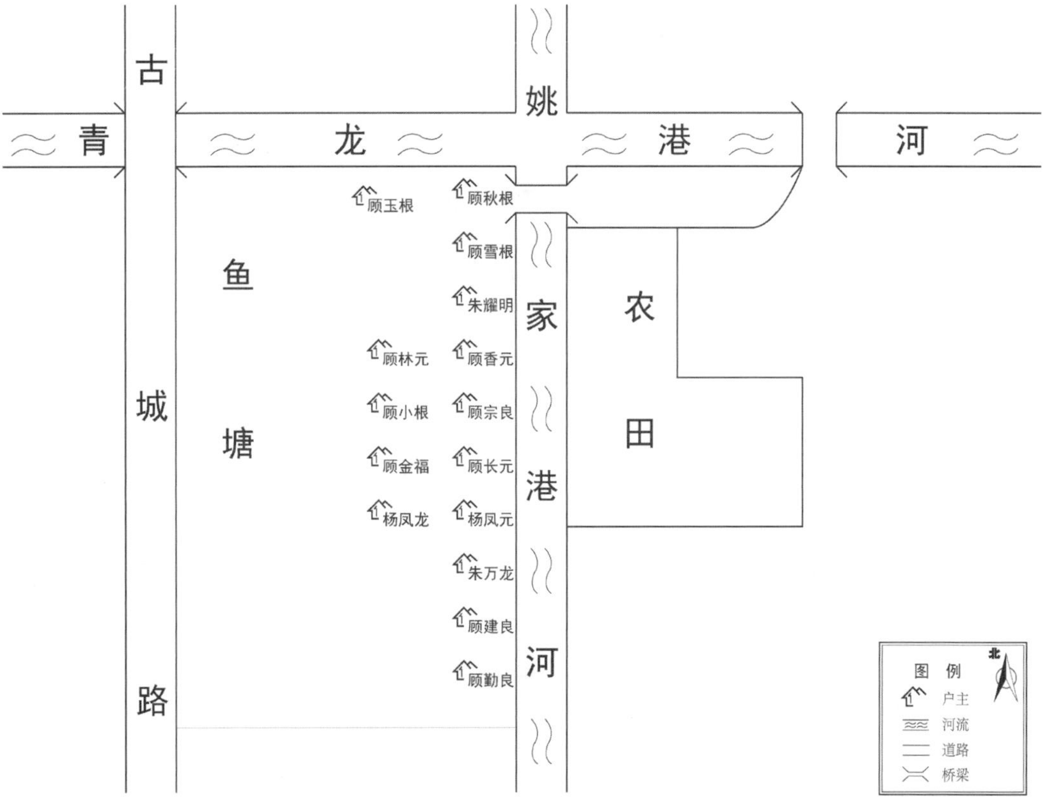

2014 年马家湾动迁前民居分布平面图

马家湾自然村一角（2012 年，顾秋根摄）

姚家港 2014 年，村庄动迁前为大众村第 5 村民小组。村庄呈长方形。全村有 31 户 102 人，其中男性 51 人、女性 51 人；徐姓 6 户，袁姓、钱姓、方姓各 3 户，王姓、季姓各 2 户，唐姓、陆姓、沈姓、施姓、吴姓、张姓、潘姓、郑姓、龚姓、顾姓、朱姓、支姓各 1 户；楼房 26 户，平房 5 户。2003 年 8 月，沪宁高速公路扩建工程涉及动迁的农户，村民被安置在正仪嘉馨花园。2014 年 10 月，村庄整体动迁，村民被安置在南星渎礼和苑、美丰苑小区。

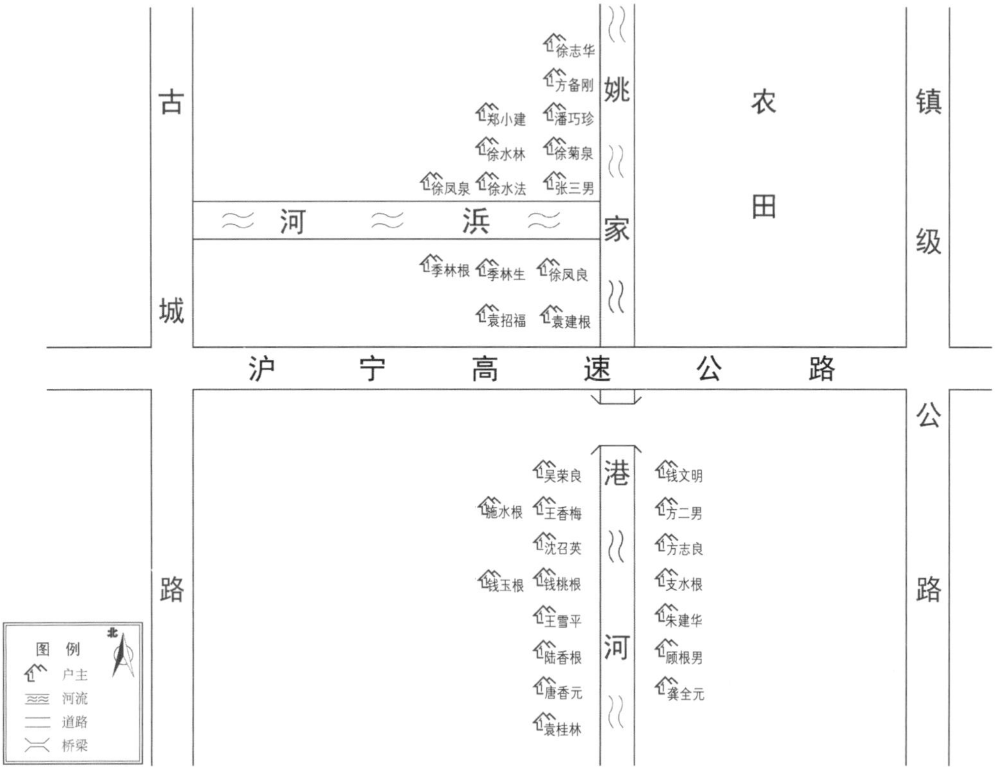

姚家港自然村一角（2012 年，顾秋根摄）

小黄泾 2017 年，村庄动迁前为大众村第 6 村民小组。村庄呈三角形。全村有 32 户 144 人，其中男性 71 人、女性 73 人；刘姓 19 户，支姓 5 户，蒋姓 4 户，王姓 3 户，张姓 1 户；楼房 28 户，平房 4 户。同年 3 月，村庄整体动迁，村民被安置在南星渎义和苑、礼和苑、美丰苑小区。

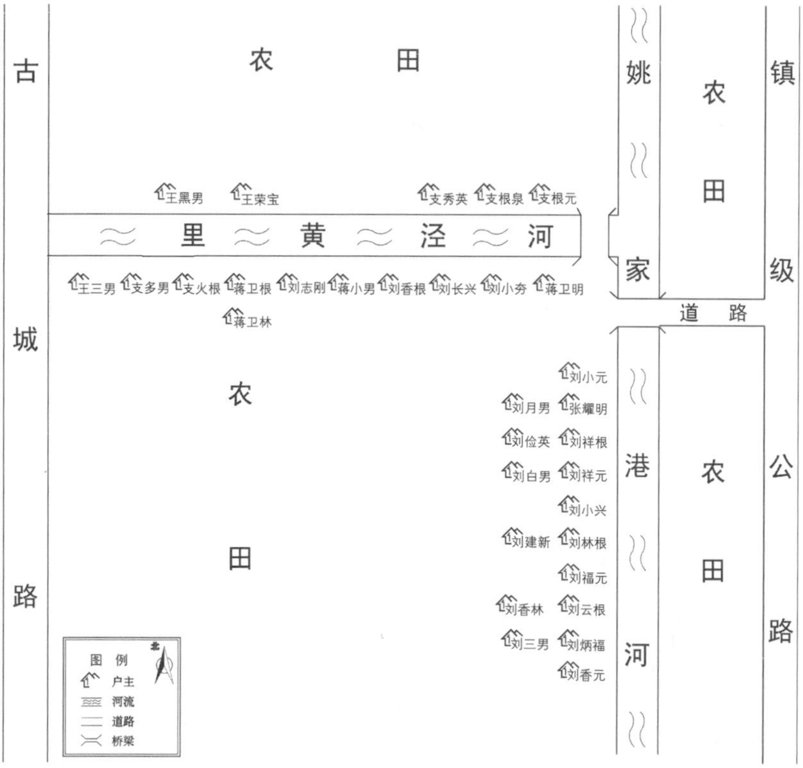

2017 年小黄泾动迁前民居分布平面图

小黄泾自然村一角（2012 年，顾秋根摄）

黄字圩 2012 年，村庄动迁前为大众村第 7 村民小组。村庄呈长方形。全村有 13 户 43 人，其中男性 25 人、女性 18 人；金姓、胡姓各 3 户，陈姓、薛姓各 2 户，钱姓、徐姓、陆姓各 1 户；楼房 9 户，平房 4 户。同年 9 月，村庄整体动迁，村民安置在南星渎仁心苑、义和苑小区。

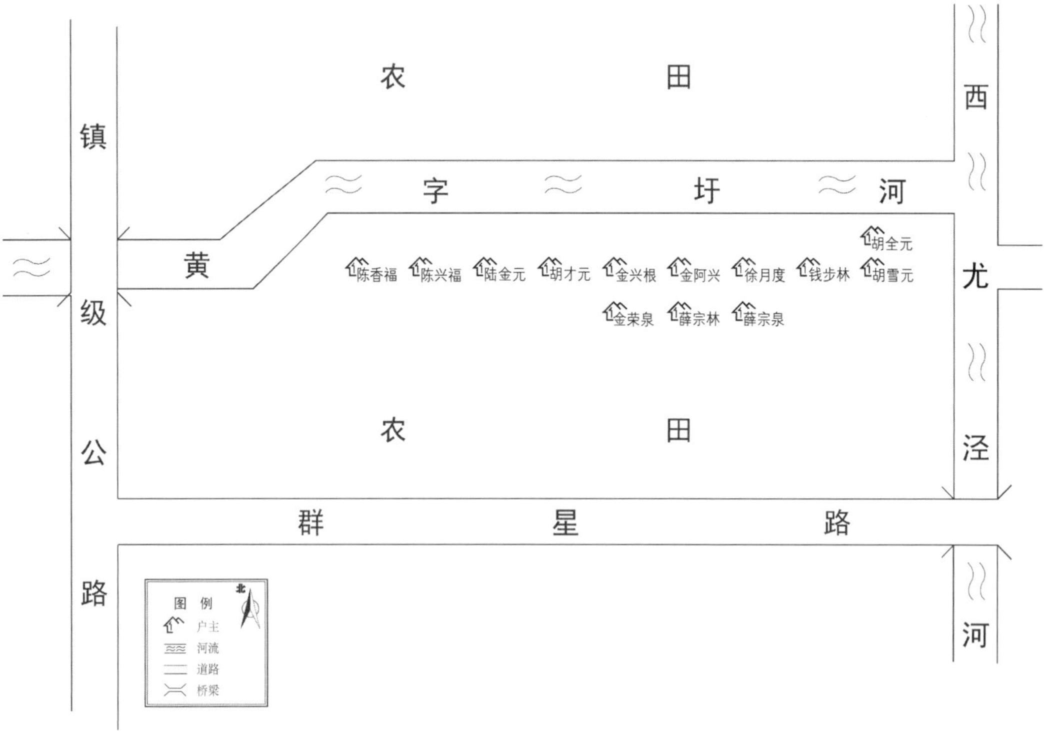

2012 年黄字圩动迁前民居分布平面图

黄字圩自然村一角（2012 年，顾秋根摄）

草绿港 2015 年，村庄动迁前为大众村第 8 村民小组。村庄呈长方形。全村有 13 户 49 人，其中男性 19 人、女性 30 人；袁姓、杨姓各 3 户，张姓、吴姓各 2 户，蒋姓、罗姓、刘姓各 1 户；楼房 12 户，平房 1 户。同年 5 月，村庄整体动迁，村民被安置在南星渎礼和苑、美丰苑小区。

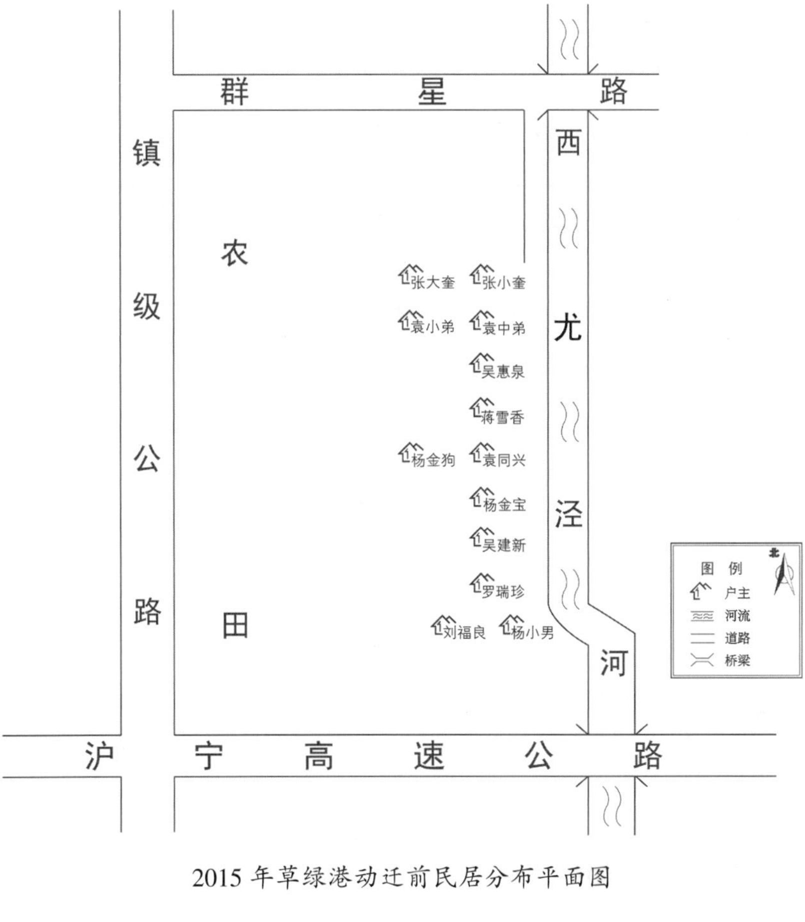

2015 年草绿港动迁前民居分布平面图

草绿港自然村一角（2012 年，顾秋根摄）

南杜家港 2003 年，村庄动迁前为大众村第 9 村民小组。村庄呈正方形。全村有 38 户 106 人，其中男性 52 人、女性 54 人；有顾姓 23 户，沈姓、姚姓各 5 户，王姓 4 户，赵姓 1 户；楼房 34 户，平房 4 户。同年 8 月，建设苏昆太高速公路，村庄整体动迁，村民被安置在正仪嘉馨花园。

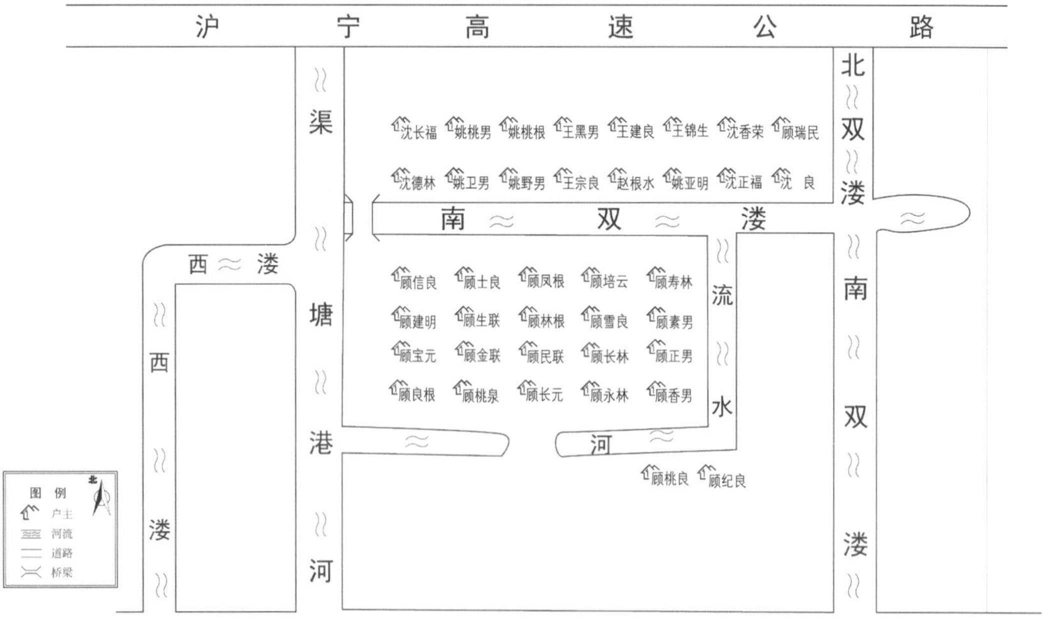

2003 年南杜家港动迁前民居分布平面图

北杜家港 2003年，村庄动迁前为大众村第10村民小组。村庄呈正方形。全村有60户206人，其中男性105人、女性101人；杜姓26户，王姓13户，韩姓7户，周姓5户，蒋姓4户，马姓、褚姓、费姓、戴姓、范姓各1户；楼房55户，平房5户。同年8月，建设苏昆太高速公路，村庄整体动迁，村民被安置在正仪嘉馨花园。

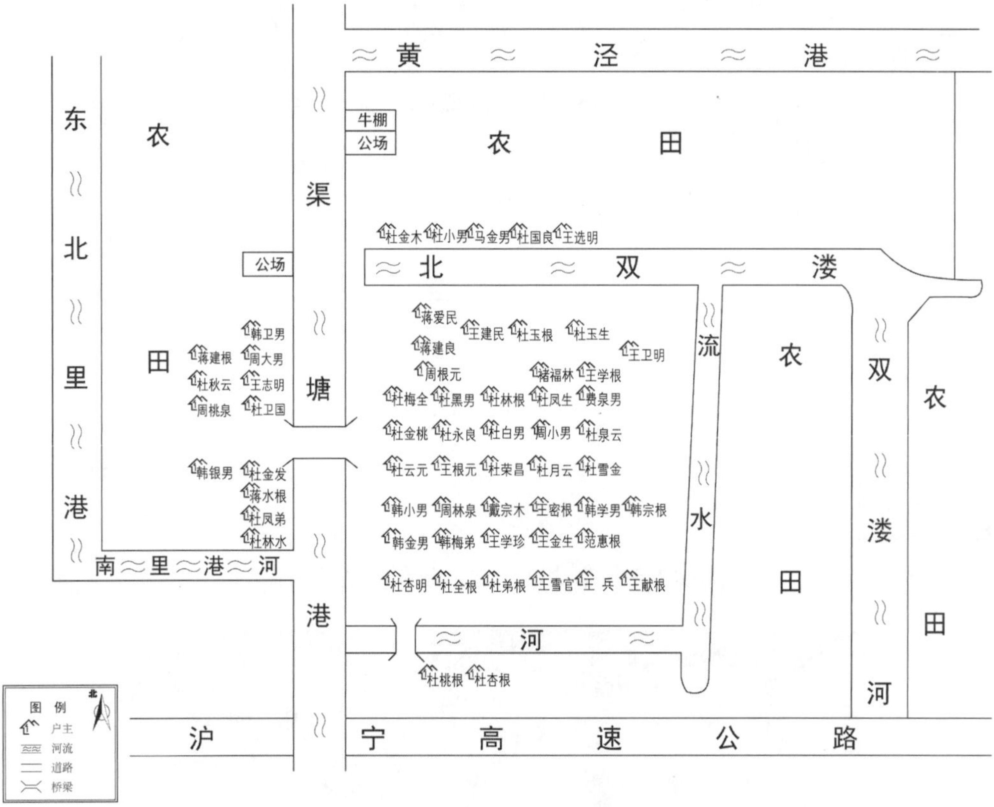

2003年北杜家港动迁前民居分布平面图

周家埭 2017年，村庄动迁前为大众村第11村民小组。村庄呈长方形。全村有29户97人，其中男性46人、女性51人；吴姓7户，李姓6户，刘姓5户，许姓3户，支姓、高姓各2户，朱姓、沈姓、蒋姓、顾姓各1户；楼房26户，平房3户，其中2户平房因长期失修，村民被提前安置在南星渎茗景苑B区、C区。同年3月，建设吴淞江工业园区，村庄整体动迁，村民被安置在南星渎义和苑、礼和苑小区。

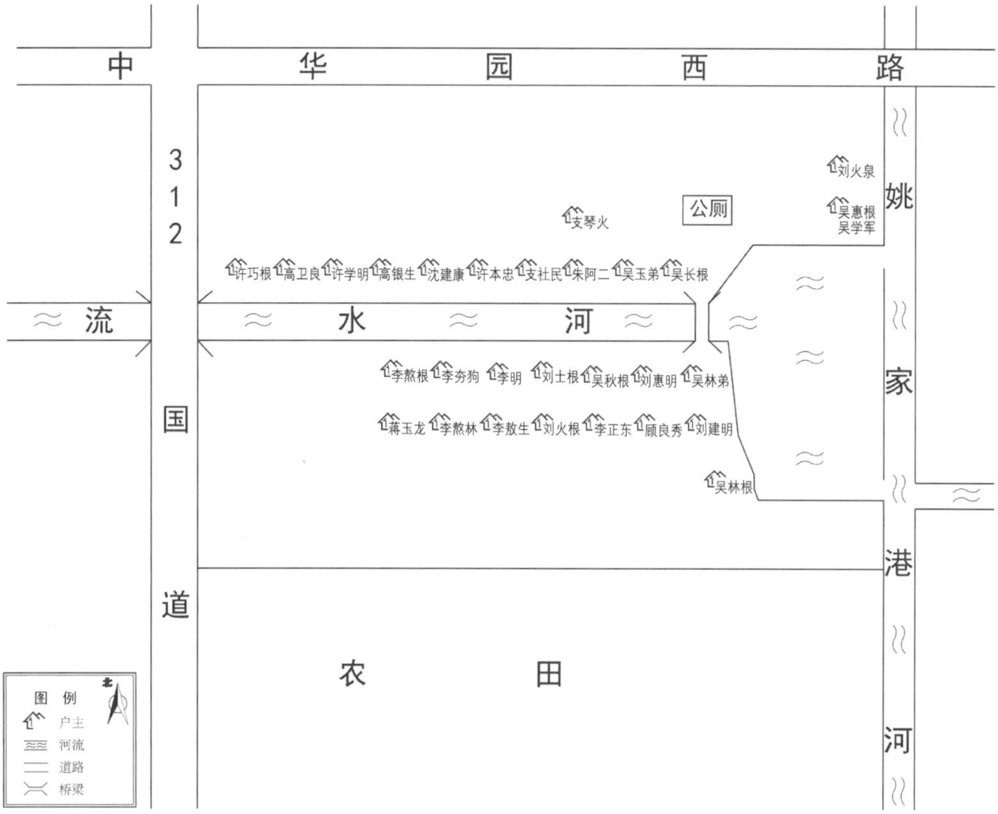

2017 年周家埭动迁前民居分布平面图

周家埭自然村一角（2012 年，顾秋根摄）

陈堂浜 2005年，村庄动迁前为大众村第12村民小组。村庄呈长方形。全村有22户92人，其中男性53人、女性39人；许姓11户，赵姓、张姓各5户，支姓1户；楼房20户，平房2户。同年5月，建吴淞江工业园区，村庄动迁，村民被安置在南星渎茗景苑B区。

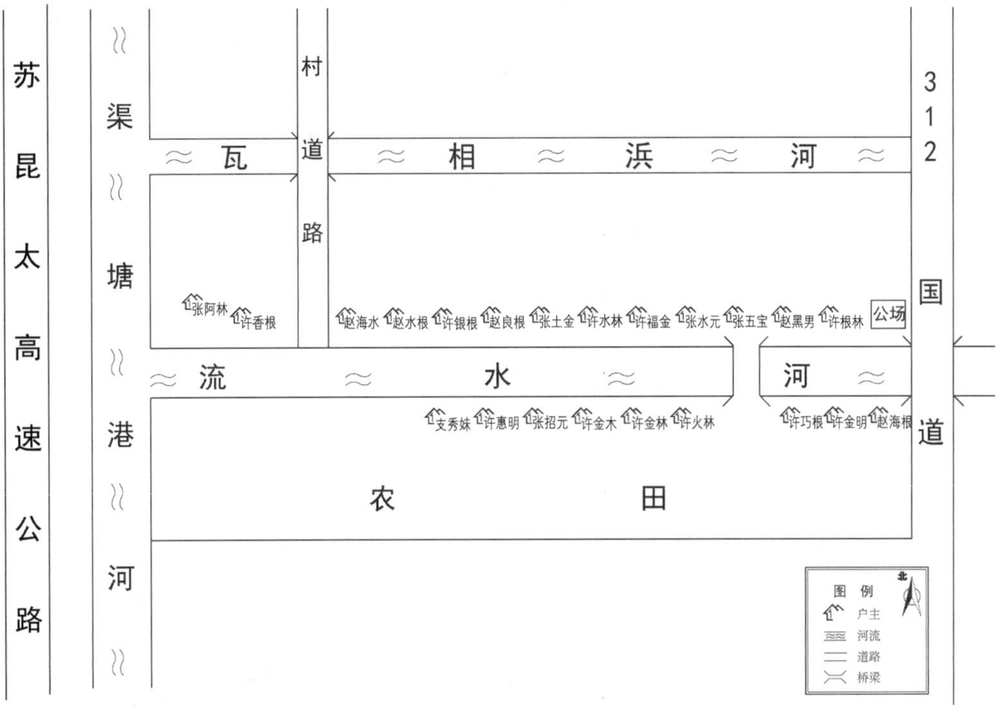

2005年陈堂浜动迁前民居分布平面图

东黄渎村 2004年，村庄动迁前为大众村第13村民小组。村庄呈“7”字形。全村有73户258人，其中男性131人、女性127人；张姓18户，蒋姓12户，狄姓、吴姓各8户，王姓7户，许姓5户，刘姓3户，马姓、朱姓、李姓各2户，丁姓、夏姓、彭姓、曹姓、杨姓、黄姓各1户；楼房69户，平房4户。2004年，建设中华园西路，12户村民被安置在南星渎茗景苑B区。2012年9月，建设吴淞江工业园区，剩余61户村民被安置在南星渎义和苑小区。

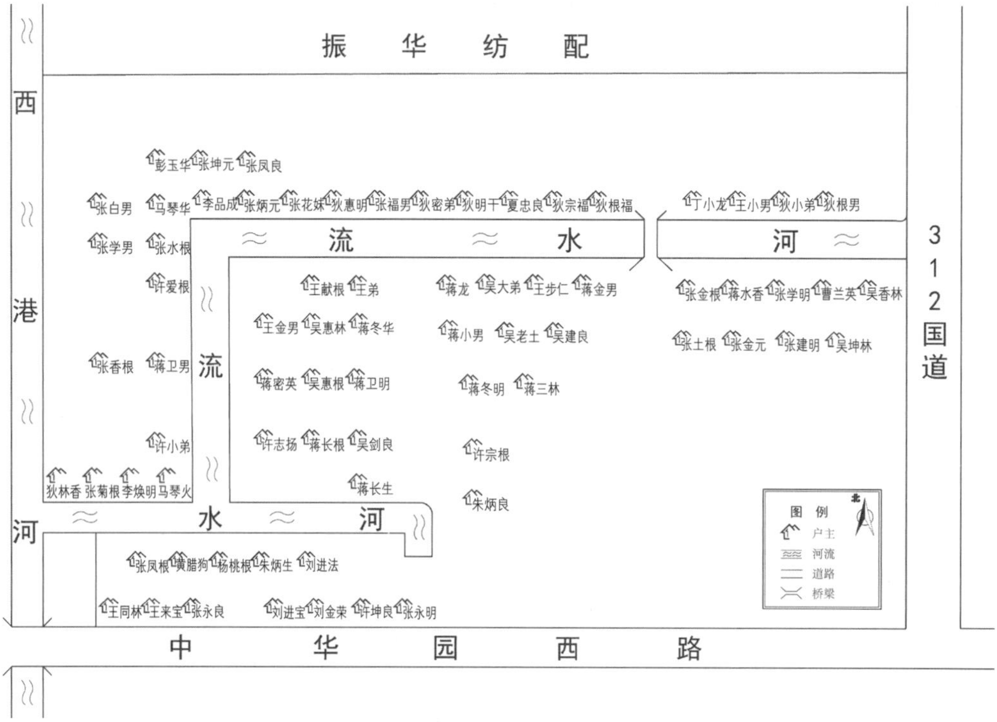

2004 年东黄渎村动迁前民居分布平面图

东黄渎村自然村一角（2012 年，顾秋根摄）

西黄渎村　2003 年，村庄动迁前为大众村第 14 村民小组。村庄呈手枪形。全村有 24 户 84 人，其中男性 40 人、女性 44 人；全村有周姓、狄姓、陆姓、夏姓、凌姓各 3 户，花姓、胡姓各 2 户，查姓、许姓、金姓、王姓、冯姓各 1 户；

楼房 22 户，平房 2 户。2003 年，建设公路时动迁 5 户，村民被安置在正仪嘉馨花园。2012 年 9 月，建设吴淞江工业园，剩余 19 户村民被安置在南星渎义和苑小区。

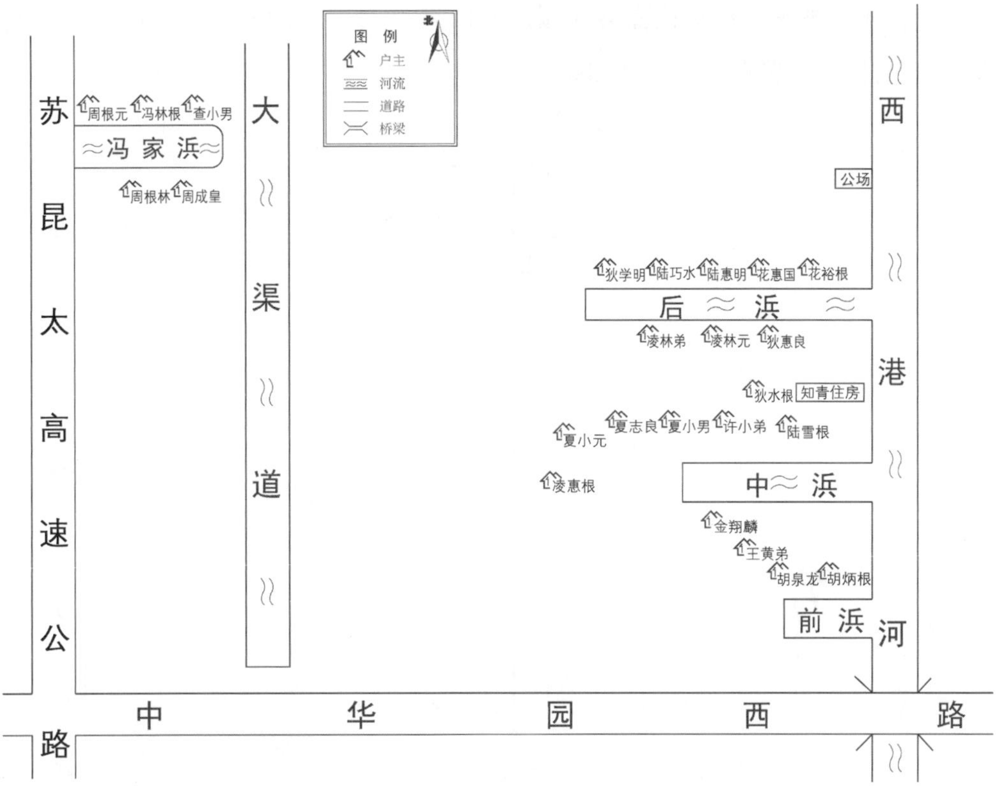

2003 年西黄渎村动迁前民居分布平面图

西黄渎村自然村一角（2012 年，顾秋根摄）

南浜　2003年，村庄动迁前为大众村第15村民小组。村庄呈正方形。全村有28户113人，其中男性55人、女性58人；全村有周姓14户，曾姓5户，王姓4户，杜姓3户，马姓2户；楼房24户，平房4户。2003年，建设公路时动迁5户，村民被安置在正仪嘉馨花园。2012年9月，建设吴淞江工业园区，剩余23户村民被安置在南星渎义和苑小区。

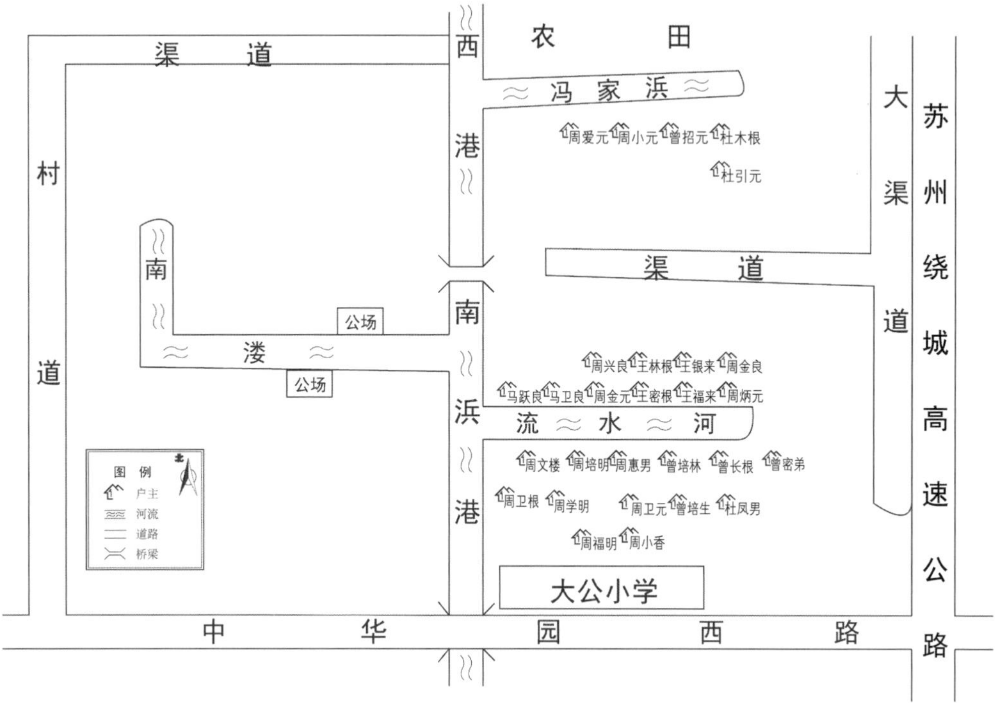

2003年南浜动迁前民居分布平面图

湾里　2003年，村庄动迁前为大众村第16村民小组。村庄呈“丁”字形。全村有22户82人，其中男性41人、女性41人；刘姓11户，糜姓、支姓各4户，徐姓2户，周姓1户；楼房20户，平房2户。2003年，建设公路时动迁5户，村民被安置在正仪嘉馨花园。2012年4月，建设吴淞江工业园区，剩余17户村民被安置在南星渎茗景苑小区。

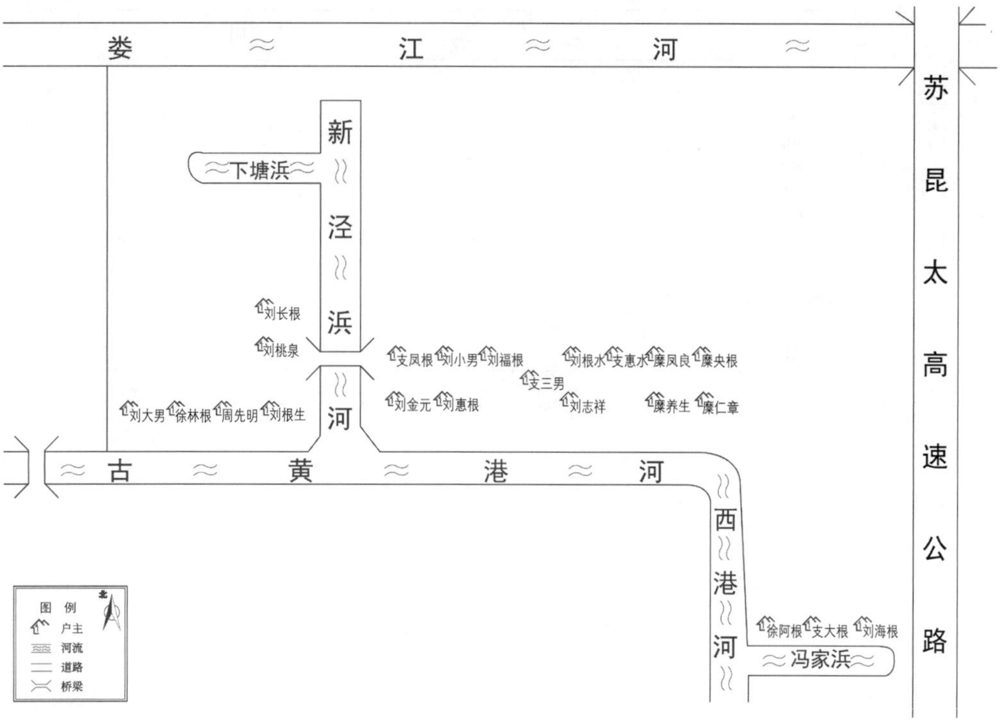

2003 年湾里动迁前民居分布平面图

古黄里 2003 年，村庄动迁前为大众村第 17 村民小组。村庄呈“一”字形。全村有 23 户 97 人，其中男性 45 人、女性 52 人；周姓 7 户，顾姓 6 户，许姓 4 户，张姓、胡姓各 2 户，戴姓、宗姓各 1 户；楼房 20 户，平房 3 户。2003 年，建设公路时动迁 4 户，村民被安置在嘉馨花园。2005 年 4 月，建设吴淞江工业园区，剩余 19 户村民被安置在南星渎茗景苑小区。

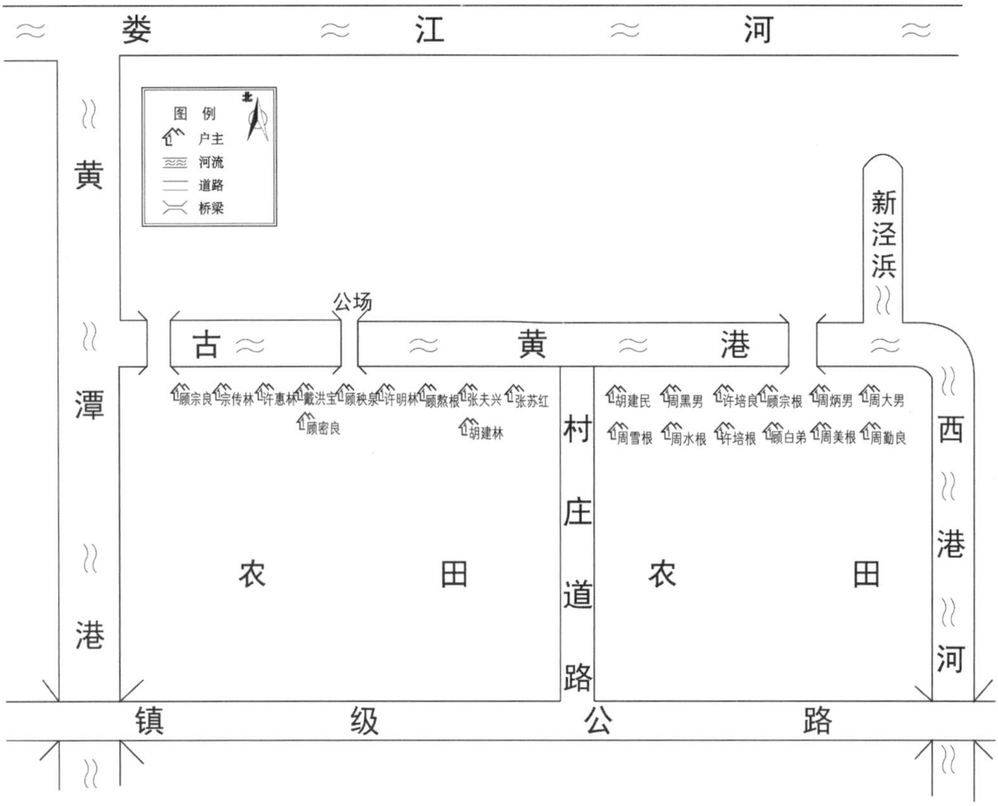

2003 年古黄里动迁前民居分布平面图

三、动迁安置

2003—2010 年，大众村域危房及旧房提前动迁 69 户，村民被安置在正仪嘉馨花园、南星渎茗景苑。2003 年，因沪宁高速公路扩建及苏昆太高速公路建设，动迁姚家港自然村 11 户、南杜家港 38 户、北杜家港 60 户、冯家浜 13 户，村民被安置在正仪嘉馨花园。2005—2007 年，因政府开发用地，动迁陈堂浜 22 户、黄渎村 13 户、湾里 13 户、古黄里 19 户，村民被安置在南星渎茗景苑 B 区。2011—2017 年，因政府安排动迁，动迁范家沙 21 户、黄字圩 6 户、东黄渎村 57 户、西黄渎村 19 户、南浜 23 户、金屋里南浜 24 户、金屋里北浜 19 户、马家湾 10 户、姚家港 8 户、草绿港 11 户、小黄泾 25 户、周家埭 26 户，村民被安置在南星渎仁心苑、义和苑、礼和苑、美丰苑。大众村域共有住户 509 户，动迁安置 507 户。至 2017 年，大众村域的自然村全部消失。（表 7-3）

表 7-3　2003—2017 年大众村域动迁安置情况表

年份	动迁原因	自然村	组别	户数/户	安置地址
2003—2010	危房	大众村域	1-17	69	正仪嘉馨花园、南星渎茗景苑
2003	沪宁高速公路	姚家港	5	11	正仪嘉馨花园
	苏昆太高速公路	南杜家港	9	38	
		北杜家港	10	60	
		冯家浜	14	5	
		冯家浜	15	5	
		冯家浜	16	3	
2005—2007	政府开发	陈堂浜	12	22	南星渎茗景苑 B 区
		东黄渎村	13	13	
		湾里	16	13	
		古黄里	17	19	
2011	政府安排	范家沙	1	21	南星渎仁心苑
2012	政府安排	黄字圩	7	6	南星渎义和苑、礼和苑
		东黄渎村	13	57	
		西黄渎村	14	19	
		南浜	15	23	
2014	政府安排	金屋里南浜	2	24	南星渎礼和苑
		金屋里北浜	3	19	
		马家湾	4	10	
		姚家港	5	8	
2015	政府安排	草绿港	8	11	南星渎礼和苑
2017	政府安排	小黄泾	6	25	南星渎义和苑、礼和苑、美丰苑
		周家埭	11	26	
合计	—	—	—	507	—

第二节　基础设施

一、道路

（一）主干道路

中华人民共和国成立前，大众村域没有像样的村道，村民出行大多通过摇船走水路。直至20世纪60年代，大众村域道路也全是泥路，从70年代开始铺建石子黄沙的村道，从80—90年代开始铺设黑色路面，实施村村通工程，把村道通到每个村庄。2000年后，东西向的中华园路、南北向的古城中路在村域内修建开通，还先后建起晨淞路、银淞路、恒阳路、姚家港路等镇级公路。这些道路与村道一起，构成了大众村的路网，彻底改变了村民的出行条件。

古城中路　2003年10月建成，该路是312国道的一部分。古城中路南至吴淞江大桥，北至巴城镇，大众村域段南至美丰路，北至娄江大桥，全长约3 000米，路面宽30米，有桥梁2座。古城中路有202路、204路、137路公交车，在大众村域内设有4个公交站台，村民出行到昆山城区、巴城镇都很方便。

中华园西路　2015年年底建成，该路是一条横穿大众村域东西两段的市级公路。中华园西路东至昆山城区，西至昆山高新区燕桥浜村，大众村域段东接群星村，西至黄潭港河东，全长1 200米，路面宽50米。机动车道为双向六车道，路面宽24米，非机动车道两边各宽3米，有桥梁3座。中华园西路站有202路、204路、158路公交车，在大众村域内设有5个公交站台，其中158路公交车直通昆山汽车南站。

晨淞路　2004年12月建成，该路是一条东西走向的镇级公路。晨淞路东至古城中路，西至新城南路，全长2 000米。大众村域段东至古城中路，西至礼港河，长700米，路面宽15米，有桥梁1座。

银淞路 2004年10月建成，该路是一条南北走向的镇级公路。银淞路南至中华园西路，北至娄江。大众村域段路长1 000米，路面宽15米，全是水泥路面。

恒阳路 2003年10月筑路基，2018年6月建成通车。恒阳路是一条南北走向的镇级公路，南至晨淞路，北至中华园西路。大众村域段路长500米，路面宽10米，有桥梁1座。

（二）乡间村道

中华人民共和国成立前至20世纪50年代中期，村与村之间的交通来往大多是以河岸为道路，弯弯曲曲似羊肠，高低不平多缺口（主要为出水口）。20世纪50年代末至60年代，随着兴修水利筑渠道，村与村之间来往行走又多以渠道岸为道路。20世纪70年代以后筑机耕路，80年代铺黑色砂石路，90年代以后铺设水泥路至各家各户门口，同时与大众村域内的主干道路连通，自行车、电瓶车、小汽车在村与村之间可以自由通行。大众主干道（俗称“镇级公路”）于1986年11月铺设碎石路基，1990年改造成3米宽的简易水泥路，1998年10月拓宽路面，建成镇级公路，2018年铺设沥青路面。这条南北走向的镇级公路南至美丰路，北至中华园西路。大众村域段路长2 000米，路面宽5米，有桥梁3座。2019年5月，路边竖起55根照明电杆，方便了居民夜间出行。至2017年年底，大众村域的自然村全部动迁前，全村的主要村道还有21条。（表7-4）

表7-4 2017年大众村域村道分布情况表

所在自然村	起	讫	长度/米	备注
古黄里	古黄里	中华园西路	450	砂石路250米， 水泥路200米
湾里	湾里	冯家浜	180	楼板路面
冯家浜	冯家浜	南浜	150	楼板路面
南浜	南浜	中华园西路	100	楼板路面
西黄渎村	西黄渎村	中华园西路	120	水泥路面
东黄渎村	东黄渎村	中华园西路	100	水泥路面

续表

所在自然村	起	讫	长度/米	备注
陈堂浜	陈堂浜	中华园西路	350	砂石煤屑路
周家埭	周家埭	古城中路	30	水泥路面
周家埭	周家埭	镇级公路	100	水泥路面
北杜家港	北杜家港	中华园西路	1 500	水泥路面
南杜家港	南杜家港	北杜家港	120	水泥路面
黄字圩	黄字圩	镇级公路	70	水泥路面
小黄泾	小黄泾	古城中路	20	水泥路面
小黄泾	小黄泾	镇级公路	100	水泥路面
姚家港	姚家港	镇级公路	100	水泥路面
草绿港	草绿港	镇级公路	170	水泥路面
马家湾	马家湾	古城中路	50	水泥路面
马家湾	马家湾	镇级公路	150	水泥路面
金屋里北浜	金屋里北浜	镇级公路	200	水泥路面
金屋里南浜	金屋里南浜	镇级公路	200	水泥路面
范家沙	范家沙	镇级公路	180	水泥路面

古城中路（2019 年，罗英摄）

二、桥梁

大众村域河道多，村民为了出行方便，便在河面上架起一座座桥。20 世纪 70 年代以前，大众村域内有及墅桥、修缮桥、庆福桥、青龙桥、迎龙桥、沙桥、夏家桥 7 座老石桥。20 世纪 70 年代，鉴于河道拓宽等水利工程建设、城市道路建设和自然村整体动迁等原因，这 7 座古老石桥均被拆除。20 世纪 80 年代以后，随着村庄水利建设、道路建设和昆山高新区产业园建设的快速推进，大众村域内新建翻建桥梁 16 座。(表 7-5)

及墅桥 位于黄渎村西侧，跨越渠塘、西港河，呈东西走向。桥长 15 米，宽 2.5 米，高 3 米，为阶梯级石桥，桥面由 2 块长方形条石铺成。据传，该桥建于明天顺年间（1457—1464)，当时往来客商较多，过河无桥，河中有 1 条船，过河须靠绳索牵引船过河，速度慢，不安全。为了方便过往行人，在黄渎村及周边富户的建议和筹资下，建起这座石桥。据说，最初的桥面只有 1 块长方形条石，长 5 米，宽 1 米，老人、小孩过桥很不安全。传说，在一个月光柔和的晚上，西边飘来了一朵彩云，落在及墅桥上，天亮后人们发现桥面多了 1 块长方形条石，桥面变宽了，人们啧啧称奇，奔走相告，所以后人也称该桥为“飞来桥”。该桥于 1982 年建镇级公路时被拆除，其原址修建了中华园西路燕黄一号桥。

修缮桥 位于北杜家港村中心段，跨越渠塘港河，呈东西走向。桥长 16 米，宽 2 米，高 3 米，为阶梯级石桥，桥面由 3 块长方形条石铺成。该桥于明隆庆年间（1567—1572）建造。传说，因年久失修，该桥曾倒塌过，之后一个乞丐定居在杜家港村，对外自称姓杜。几年后，他突然发了财，人称“杜百万”。他发财以后做的第一件事就是把年久失修的杜家港桥重新修建完整，让百姓安全过河，此后该桥取名为修缮桥。2003 年 10 月，北杜家港自然村动迁，修缮桥被拆除。

庆福桥 位于周家埭东面，跨越东港河，呈东西走向。桥长 15 米，宽 2 米，高 3 米，为阶梯级石桥，桥面由 3 块长方形条石铺成。该桥于清乾隆壬申年间（1752）建造，因年久失修，有倒塌的危险。1933 年，东黄渎村的吴阿二出资将桥重新修建。传说，东黄渎村的吴阿二与周家埭的刘爱媛两人彼此相爱，他要来村里做赘婿。当时，周家埭的百姓商讨决定，做女婿的条件是必须修好该桥。于是，吴阿二出资把桥修建好。村里为庆祝桥修建成功，便为之取名为庆福桥，吴阿二迁到周家埭后改名为刘阿二。1976 年，姚家港河开通时，庆福桥改称“四号桥”。1977 年，因建南杜家港防洪闸，庆福桥被拆除。

青龙桥 位于姚家港村南面、马家湾北面之间，跨越青龙港河，呈南北走向。桥长 20 米，宽 2 米，高 3 米，为阶梯级石桥，桥面由 3 块长方形条石铺成。该桥建造于清道光二十八年（1848）。青龙桥北侧有一座规模较大的寺庙，名叫“南神堂庙”，也叫“赛水泊头庙”，庙门朝东南方向，正对着青龙桥。在农历初一、十五时，香火很旺，特别是农历七月十八庙会，方圆二十里内的百姓无人不知、无人不晓，青龙桥给香客带来了方便。1973 年，拓宽青龙港河时，青龙桥被拆除。

迎龙桥 位于姚家港村中心段，跨越姚家港河，呈东西走向。桥长 12 米，宽 2 米，高 3 米，为阶梯级石桥，桥面由 3 块长方形条石铺成。迎龙桥建造于清同治五年（1866）。迎龙桥的建成，大大方便了村民上街赶集、走亲访友，也为村民的农业劳动和相互交流提供了便利。1976 年，因姚家港河拓宽工程建设，迎龙桥被拆除。

沙桥 位于范家沙村南面，西尤泾河南面与唐金港河入口处，与唐金桥隔河相望。桥长 10 米，宽 1.5 米，高 2.5 米，为阶梯级石桥，桥面由 3 块长方形条石铺成。沙桥始建于清光绪十年（1884）。沙桥建成后，为范家沙村民的农业劳动、上街赶集、走亲访友提供了便利。2012 年，范家沙动迁，沙桥所在地块被征用建造动迁小区，沙桥被拆除。

夏家桥 位于黄渎村中心段，跨越黄渎村流水河，呈南北走向。桥长 8 米，宽 1.5 米，高 2 米，为阶梯级石桥，桥面由 1 块长方形石板铺成。该桥建造时间不详，据传是 20 世纪 30 年代由一家姓夏的富户出资建造的，故取名夏家桥。夏家桥是黄渎村村民出行必经之路，给村民农业劳动、上街赶集、走亲访友提供了便利。2012 年，黄渎村动迁时，夏家桥被拆除。

表 7-5 1986—2016 年大众村域建造桥梁一览表

桥名	建造年份	位置	所跨河名	走向	结构	长度/米	宽度/米
新华桥	1986	镇级公路	青龙港河	南北	钢筋混凝土	20	4
七号桥	1986	周家埭	姚家港河	东西	钢筋混凝土	10	4
小黄泾桥	1986	小黄泾	姚家港河	东西	钢筋混凝土	10	4
沪宁高速桥	2003	古城中路	青龙港河	南北	钢筋混凝土	400	40
周家埭桥	2003	古城中路	陈堂浜河	南北	钢筋混凝土	20	40
杜家港桥	2004	晨淞路	西姚家港河	东西	钢筋混凝土	15	8
燕黄一号桥	2004	中华园西路	西姚家港河	东西	钢筋混凝土	30	40
黄潭港桥	2004	燕桥浜路	西港河	东西	钢筋混凝土	10	7
埭浜桥	2004	恒阳路	陈周河	南北	钢筋混凝土	15	7
黄港桥	2013	银淞路	新开河	南北	钢筋混凝土	10	7
黄潭港二号桥	2013	华淞路	西港河	南北	钢筋混凝土	10	7
马家湾桥	2013	美丰路与古城中路交界之处	姚家港河	东西	钢筋混凝土	15	15
姜巷桥	2014	姜巷路	西尤泾河	东西	钢筋混凝土	15	7
姚家港桥	2015	中华园西路	姚家港河	东西	钢筋混凝土	30	40
金屋里桥	2016	镇级公路	青龙港河	南北	钢筋混凝土	15	4
黄字圩桥	2016	镇级公路	黄字圩河	南北	钢筋混凝土	10	4

埭浜桥（2019 年，罗英摄）

新华桥（2019 年，罗英摄）

三、通信网络

1956年前，村民的邮电通信很不方便，村民要寄信件、发电报、邮物品都要到昆山县城的邮局办理。1956年，正仪邮电所设立，第一位邮递员陆宏喜负责大众村域内报纸、杂志和信件的投递工作。当初因交通不便，邮递员只得在羊肠小道上步行往返。

1958年，正仪邮电所安装1台60门电话总机，电话线架到大众大队和新华大队的大队部，两个大队开始有手摇电话机，方便了大队与上级部门的联系，也为村民对外联系提供了便利。村民遇有急事，可以到大队部打电话，通过接通总机与外界进行联系。此后，手摇电话机改为多位数手拨电话，通过程控交换机可以直接拨号，打通对方的电话，该村与外界的联系日益密切。

1989年，大众村第12村民小组的王志明家庭自费安装固定电话，成为大众村域内第一个装固定电话的家庭。此后，村民家庭安装电话的越来越多，至1996年10月，大众村域内安装固定电话的村民家庭有350户，该村成为名副其实的电话村。

进入21世纪，随着科技的发展、生活工作的需要，有线宽带通到了村里，村民除用上固定电话之外，还逐步装上宽带，用计算机上网，更加方便了村民对外的交流与沟通。随着通信技术的进步，村民中又全面普及了智能移动电话。2019年，大众村村民有移动电话1 400部，50%以上的移动电话都安装有支付宝和微信小程序，村民出门办事只需用手机扫一扫，既节省时间，又十分安全。

四、供水供电

供水　1965年前，大众村域内村民生活用水都是河水，一般家庭都在厨房间灶头边放一口缸，村民一早从河中提水存入缸中，其中有的村民会在缸里放入一点明矾，让水中的杂质沉淀后使用，过几天清理一次缸。1966年，为了使饮用水更卫生，社教工作队和大队领导提倡村民饮用深井水，组织每个生产队至少挖2口井，大众村域内共挖深井21口。随着人口的增多和建房户的增加，1970年后，各户纷纷自己出钱挖浅水井。1993年，娄南自来水厂建成。

村民全部吃上自来水，当年村域内铺设自来水管道 8.6 千米，由杜金木、陆纪林负责维修、保养、收费。2010 年，大众村域内自来水全部接通昆山供水总服务网。

供电 20 世纪 70 年代前期，村民家庭晚上用自制的油盏灯或购买的煤油灯照明，在婚丧喜事时使用桅灯、汽油灯。1958 年，大众大队建造排灌两用电灌站，配备功率 80 千伏变压器 1 台、28 千瓦电动机 1 台。1963 年，大众第 5 生产队利用农田靠近电灌站的有利条件，第一个使用电力脱粒。1966 年 4 月 28 日，大众大队利用靠近电灌站的便利，办起第一家粮饲加工厂。当时，各生产队农忙时，稻、麦两季脱粒全靠煤油机，各生产队抽签排队脱粒，在规定时间范围内，如果完不成脱粒任务，煤油机船就要开到其他生产队，所以轮到脱粒时，各生产队不分白天黑夜连轴转。1967 年，大众村域内大众大队中西片用树干、毛竹架起电线，把电灌站的电接通到各生产队公场，用于脱粒。1976 年，对大众村域内原电线杆进行改造，全部换上“工”字形 7 米水泥杆，实现了规范化电杆到公场，确保了村民的人身安全。由于各种材料都要计划供应，凭票购买，本地无法采购电器，大众大队干部发动群众委托亲朋好友，到上海、苏州、南京等地采购。到 4 月底，电器材料全部采购到位；5 月，大众大队开始组织人员安装；12 月，电器材料全部安装完成。包括新华大队小黄泾在内的 11 个自然村，全部实现户户通电照明，在当时正仪人民公社 31 个大队中是首家。时任正仪电力站站长的杜国兴还主动支援了发电机 1 台，解决了用电高峰时村民的照明问题。当年，大众村域内有变压器 7 台，总变电能力 380 千伏，村域内 4 500 亩粮田全部实现电力灌溉，队办企业配备自动发电机组 8 台，助力队办企业的发展。1997 年，大众村域内开始进行农村电网改造；至 2019 年，村域内生产生活用电有了全天候的电力保障。

第三节　生态环境

一、厕所改造

20世纪90年代以前，村里的尿粪都由露天粪缸收集，可作为农业的有机肥料，但也聚集了大量蚊虫、苍蝇，一到雨季，如果不及时处理粪缸，污水就会流入河道，严重影响水环境。1994年，大众村、姚家港村按照昆山市及正仪镇的部署和要求，组织开展“清洁村庄、清洁家园”活动。在自来水普及后，两村积极组织村民安装抽水马桶加三格式化粪池，取缔粪缸，对粪便进行无害化处理。至1998年年底，大众村域内494户农户中，440户完成改厕，占总户数的89.1%。（表7-6）在村民改厕的同时，村集体投资建设公共厕所。至2009年年底，全村建起公共厕所20座。至2019年年底，仅剩村委会院内有公共厕所2座。（表7-7）

表7-6　1998年大众村域农户改厕数量比例统计表

大众村				姚家港村			
组别	总户数/户	改厕户数/户	占比/%	组别	总户数/户	改厕户数/户	占比/%
1	22	22	100	1	11	10	91.0
2	12	12	100	2	12	12	100
3	26	25	96.2	3	14	13	92.9
4	23	20	87.0	4	13	12	92.3
5	21	20	95.2	5	13	11	84.6
6	20	17	85.0	6	16	14	87.5

续表

大众村				姚家港村			
组别	总户数/户	改厕户数/户	占比/%	组别	总户数/户	改厕户数/户	占比/%
7	20	17	85.0	7	21	15	71.4
8	14	13	92.9	8	16	15	93.8
9	29	23	79.3	9	13	11	84.6
10	17	15	88.2	10	12	10	83.3
11	15	15	100	11	13	12	92.3
12	29	29	100	12	18	15	83.3
13	16	14	87.5	13	13	12	92.3
14	20	16	80.0	—	—	—	—
15	16	11	68.8	—	—	—	—
16	9	9	100	—	—	—	—
合计	309	278	90.0	合计	185	162	87.6

表 7-7　2009 年大众村公厕分布情况表

所在自然村	建筑面积/平方米	便池式样	处理方式	建造年份
南杜家港	30	槽式水冲	三格式化粪池	2001
北杜家港	30	槽式水冲	三格式化粪池	2001
周家埭	40	槽式水冲	三格式化粪池	2001
陈堂浜	30	槽式水冲	三格式化粪池	2001
东黄渎村	70	槽式水冲	三格式化粪池	2001
西黄渎村	40	槽式水冲	三格式化粪池	2001
南浜	30	槽式水冲	三格式化粪池	2001
冯家浜	30	槽式水冲	三格式化粪池	2001
古黄里	30	槽式水冲	三格式化粪池	2001
湾里	30	槽式水冲	三格式化粪池	2001

续表

所在自然村	建筑面积/平方米	便池式样	处理方式	建造年份
范家沙	30	槽式水冲	三格式化粪池	2003
金屋里南浜	40	槽式水冲	三格式化粪池	2003
金屋里北浜	40	槽式水冲	三格式化粪池	2003
马家湾	40	槽式水冲	三格式化粪池	2003
姚家港	30	槽式水冲	三格式化粪池	2003
小黄泾	40	槽式水冲	三格式化粪池	2003
黄字圩	30	槽式水冲	三格式化粪池	2003
草绿港	40	槽式水冲	三格式化粪池	2003
大众村部	40	槽式水冲	三格式化粪池	2009
村会议室	40	槽式水冲	三格式化粪池	2009

注：各自然村公厕均为1座。

二、河道清淤

20世纪80年代以前，大众村域内农作物种植以自然肥料为主，自然肥料以草塘泥为主，村民用拖袋、罱网等把河中浮泥取上岸，以红花草、杂草等发酵后制成有机肥。这既清洁了河道，又使得河水保持了良好的水质。

20世纪80年代，乡镇工业发展、化肥农药广泛使用，以及村民生产、生活条件的改变，使得工业污水、农业污水和村民生活污水的排放量大大增加，生活垃圾使村域河道的污染物增多，水质污染日渐严重，加上实行农村家庭联产承包责任制，农民不再拖泥、罱泥，以致河道污泥越积越厚，有机污染物含量不断增高，水质明显下降。针对这些情况，大众村和姚家港村两个村委会，按照昆山市和正仪镇的要求，从20世纪80年代中期开始，在大众村域内堵截生活垃圾，并努力做到日产日清，组织河道打捞专业队伍，每天打捞江河中的漂浮物，保持河道的清洁。

2006—2017年，大众村针对村域内河道淤泥堆积、河道阻塞严重的情况，先后对13条主要河道进行清淤。2006年3—11月，先后完成对金屋里南浜河、东黄渎村河、陈堂浜河、渠塘港河的清淤工作。2007年4—10月，完成对古黄里河、南浜河、西港河的清淤工作。2009年11月，对小黄泾河、周家埭河进行清淤。2015年3月，对青龙港河进行清淤。2017年，通过建立河长制，实施河道治理长效管理机制，完成对黄字圩河、西尤泾河的清淤工作。同年10月，对姚家港河进行清淤。(表7-8)

2019年，大众村重视做好水污染源头控制，还对金屋里南浜河、渠塘港河、西港河、小黄泾河、南浜河、周家埭河进行第二次清淤。

表7-8　2006—2017年大众村河道清淤情况表

清淤时间	河名	上游	下游	辖区内		完成土方/立方米	投入人力/人
				长/米	宽/米		
2006年3月	金屋里南浜河	西尤泾河	青龙港河	250	11	3 575	114
2006年5月	东黄渎村河	古城中路	西港河	430	17	9 500	315
2006年10月	陈堂浜河	古城中路	西姚家港河	950	21	25 935	865
2006年11月	渠塘港河	青龙港河	中华园西路	1 100	20	28 600	950
2007年4月	古黄里河	黄潭港河	南浜河	350	16	7 280	243
2007年4月	南浜河	中华园西路	古黄里河	480	16	9 980	330
2007年10月	西港河	中华园西路	娄江河	1 110	20	28 860	960
2009年11月	小黄泾河	姚家港河	西姚家港河	600	19	14 820	495
2009年11月	周家埭河	姚家港河	陈堂浜河	240	14	4 368	145
2015年3月	青龙港河	西尤泾河	西姚家港河	1 300	20	33 800	1 120
2017年5月	黄字圩河	西尤泾河	姚家港河	380	17	8 398	280
2017年5月	西尤泾河	青龙港河	中华园西路	1 200	16	24 960	830
2017年10月	姚家港河	吴淞江	娄江河	3 000	20	78 000	2 350

河道清淤（2017 年，顾秋根摄）

河道捞草（2017 年，顾秋根摄）

三、卫生治理

中华人民共和国成立前，大众村域没有公共卫生设施，村民的公共卫生意识不强。中华人民共和国成立后，人民政府宣传卫生常识，发动村民制定《爱国卫生公约》，开展爱国卫生运动。

1950年，动员村民积极开展以灭蚊灭蝇为主的“除四害”活动。1958年后，为响应昆山县委提出的“除四害”加灭钉螺的号召，大众村域每年开展“除四害”和灭钉螺运动。20世纪70年代，开展以“除四害”灭病为中心，消灭蚊蝇滋生场所，加强粪便和水源管理等爱国卫生运动，大力开展查螺灭螺活动，组织粪缸搭棚加盖，严禁马桶下河洗刷，清理环境，使村卫生面貌有较大改观。

自1981年起，加强对公共卫生基础工作的管理，大众村域内进行改厕，消灭露天粪缸，建立无害化厕所，改善卫生环境，控制传染病的发生；鼓励开挖大小深水井。在加强村域卫生治理的同时，组织开展创建卫生村活动。大众村组成以书记、主任杜引元为组长，社长周先明为副组长，成员包括蒋建良、许花珍在内的卫生村创建领导小组；姚家港村组成以书记、主任刘香元为组长，成员包括刘炳福、吴惠英、周建龙、陆瑞英在内的卫生村创建领导小组。在两个卫生村创建领导小组的领导下，发动群众积极参与卫生村创建工作，引导村民增强卫生意识，个个参与卫生创建，形成领导带头、村民参与、科学指导、强化督查的创建格局。加大对卫生基础设施建设的投入，持续开展清洁村庄、清洁河道、清洁家园行动，综合抓好血防、改厕、防疫等工作，使得大众村域卫生状况得到显著改善。

2001年，大众村、姚家港村合并组建起新的大众村后，把爱国卫生工作纳入村“两委”的议事日程，成立以书记刘香元为组长，主任周先明为副组长，成员包括刘炳福、蒋建良、许花珍、周建龙在内的创建爱国卫生村领导协调小组，加大卫生村创建力度。村“两委”围绕争创省级卫生村目标，制定卫生村达标标准。村容村貌，做到房前屋后堆放整洁，黑色广告全面清理，绿化带及时养护、垃圾及时清理，公共厕所内外保持环境卫生，垃圾桶外观整洁、消毒全面，路面道路两侧做到无堆放，鸡、鸭等家禽实行圈养，家庭污水不外排，村内外河道无沉船。田容田貌，做到沪宁高速公路、苏州绕城高速公路、古城中路两侧环境优美，鱼塘、看护棚周边环境保持整洁。在畜禽养殖场所，做到干粪收集、污水不对外排放，周边环境保持整洁。河道管理，做到无漂浮物、无白色垃圾。环保和安全生产，做到出租厂区雨污分流，食品加工污水及时收集后无害化排放，安全生产规章制度及台账齐全。村“两委”还建立卫生管理规章制度，落实专职卫生检查人员和保洁人员队伍，开展卫生清洁户评比工作，卫生清洁户达70%；持续开展健康教育工作，落实专（兼）职健康教育人员，建立固定的健康教育宣传栏，内容定期更换，在公共场所张贴禁烟标志。

2001年，江苏省爱国卫生运动委员会考核组到大众村进行卫生村考核。经过严格考核，大众村符合江苏省卫生村的标准和基本要求。同年，大众村被江苏省爱国卫生运动委员会授予“江苏省卫生村”称号。2007年，大众村对环境整治提档升级，增公厕、添垃圾桶、清淤河道、完成水泥道路硬化、拆除违建工程等，对房前屋后大环境进行整治。大众村村容村貌焕然一新，道路平坦、公共设施齐全、环境优美。

自2012年起，村“两委”不断加强环境卫生工作，建立健全保洁员包管责任制，确保村内道路整洁，无积水、无暴露垃圾，村民住宅内外整洁，庭院环境清新；河塘定期清淤，水面清洁，无漂浮物，岸坡整洁，无垃圾杂物。村“两委”配备13名保洁员，对村内公共场所落实专人负责保洁，做到垃圾及时清运，环境常年整洁。

四、环境整治

2012年，村“两委”针对部分农民动迁搬入集居区后农村传统的生活习惯和方式没有改变，部分待动迁的村庄环境卫生管理松散，外来企业和外来人口增多等多方面因素带来的环境卫生管理新情况、新问题，坚持问题导向，组织开展环境综合整治工作。村“两委”把村庄环境整治列为民心工程来抓，成立村环境整治工作领导小组，村书记任组长亲自抓，村主任任副组长具体抓，安排6名工作人员，形成完善的组织网络。村“两委”结合本村实际制定整治标准和工作制度，明确整治方向、目标和任务；加强宣传教育，提高村民文明素质。在环境整治工作中，重点整治房前屋后乱堆乱放，黑色广告，绿化带垃圾与河道漂浮物，公共厕所内外环境，道路路面、道路两侧环境卫生，鸡、鸭家禽家畜管理，家庭污水外排，废品收购点，村内、村外沉船等问题。

2012年，村“两委”对尚未动迁的11个自然村集中进行环境整治，包括修补围墙夹弄、路面、沟渠，拆除鸡鸭棚、简易棚，清除零星粪缸，清理垃圾、粉刷外墙，等等。2017年，大众村域内自然村全部动迁，村民集中居住在南星渎美丰苑等小区后，全村组织开展“263”专项行动、“三沿”整治、“331”专项整治行动、“百日行动”等，提升新农村管理水平，巩固村庄环境整治成果。2017 年，大众村获得昆山高新区环境整治优胜奖。

垃圾中转站（2012 年，顾秋根摄）

公共卫生间（2012 年，顾秋根摄）

第八章　精神文明建设

大众村村民素有邻里和睦、礼貌待人、修身积德的好风尚。中华人民共和国成立后，村（大队）党支部始终把思想道德建设放在重要位置，在村民中开展社会主义教育，组织学《毛选》和学雷锋等活动。在改革开放新时期，在村民中先后组织“五讲四美三热爱”活动和社会主义荣辱观教育，围绕勤劳致富、崇德向善、诚实守信、遵纪守法的内容，持续组织开展“五好家庭”“新风户”“文明户”“好婆媳”“星级文明和谐家庭”等评选活动，组织开展文明村创建工作，激发村民的家庭责任感和荣誉感。2010年后，以村组为单位，以关爱孤寡老人、贫困家庭为重点，广泛开展志愿者服务，大力表彰善行义举，营造浓厚的文明村、文明家庭氛围，涌现出区镇级以上先进个人11名，树立善行义举标杆人物24名。大众村先后被评为江苏省民主法制示范村和昆山市文明村。

第一节　思想道德教育

中华人民共和国成立后，大众村域建立党支部。党支部在带领村民进行社会主义建设的同时，组织开展思想道德的宣传教育。20 世纪 50 年代，在村民中积极开展自力更生、艰苦奋斗、勤俭持家、邻里和睦的教育工作。

1963 年 3 月 5 日，毛泽东题词“向雷锋同志学习”发表后，大众村域党支部组织干部和群众开展学习雷锋共产主义精神的活动，要求大家争当雷锋式好青年、好社员、好职工、好学生、好干部，像雷锋同志那样“把有限的生命，投入到无限的为人民服务之中去”“对待同志要像春天般的温暖，对待工作要像夏天一样的火热，对待个人主义要像秋风扫落叶一样，对待敌人要像严冬一样残酷无情”。党支部摘抄雷锋日记，贴在公共场所，既便于学习，又便于对照自己。大众村域各生产队男女老少特别是青少年，努力争做好人好事，半夜起床割麦、吊潭、翻潭、插秧，为烈士军属、孤寡老人、“五保户”（保吃、保穿、保医、保住、保葬）扫地、担水、送医、送药，拾到钱物归公等好人好事层出不穷。

1964 年，大众大队和新华大队党支部组织党员干部学习贯彻中央“二十三条”，配合“四清”工作队开展社会主义教育运动，在村民群众中开展社会主义教育，增强社会主义意识，推动社会主义建设。自 1965 年 7 月起，大众村域党支部组织开展学习毛主席著作活动。在学习《毛选》的基础上，掀起学习“老三篇”（《为人民服务》《纪念白求恩》《愚公移山》）的热潮。大众大队第 6 生产队的王阿荣家庭，一家出了两个学习《毛选》的积极分子，他的儿子王金男成为正仪人民公社学习《毛选》讲用团成员之一，在人民公社礼堂讲用，到光荣大队讲用，还出席昆山县讲用会，成为大众村域学习《毛选》的先进典型之一。

1982 年，大众大队党支部和新华大队党支部响应团中央等 9 个部门的倡议，把学雷锋、树新风与“五讲四美三热爱”活动结合起来，对干部和群众进行以坚持党的领导、坚持社会主义信念、坚持集体主义思想为主要内容的思想道德教育。通过学习和教育，两个大队出现“五多五少”新气象：爱党、爱社会主义的人多了，超计划生育现象少了；讲文明礼貌的人多了，不讲文明、乱扔乱倒垃圾的人少了；尊老爱幼、助人为乐的人多了，兄弟推诿、不赡养父母的人少了；家庭和睦、邻里团结的人多了，婆媳不和、宅基地纠纷少了；讲科学文化技术的人多了，搞赌博迷信的人少了。

自1985年起，村党支部和村委会围绕培养有理想、有文化、有道德、有纪律的“四有”新人目标，组织党员和团员开展争做“四有新人”教育活动，对镇村办企业进行爱岗敬业、遵纪守法、多为集体做贡献的教育，对务农家庭重点进行遵纪守法、勤劳务实、移风易俗、计划生育等内容的教育，对党员干部进行全心全意为人民服务的宗旨教育。

2000年，大众村、姚家港村“两委”组织村民学习《公民道德家庭读本》，并通过组织一系列群众文化活动，着力营造村民讲道德、树新风的氛围，把公民道德、社会公德、家庭美德融入“五星文明家庭”的评选活动中。组织群众学习各项法律常识，开展法治宣传，增加与增强村民的法律知识和法治意识。2001年，村民沈香荣、袁建根协助民警抓获强奸杀人犯罪嫌疑人2名、杀人抢劫出租车犯罪嫌疑人1名，先后获得苏州市见义勇为基金会奖励2次。

2006年，村党支部在全村组织开展社会主义荣辱观教育和实践活动，把“八荣八耻”内容做成宣传栏竖在村口路边，村团支部组织青年团员学唱“八荣八耻”歌，党支部要求党员干部带头以社会主义荣辱观为基本遵循，做社会主义道德模范带头人。

2017年，党的十九大召开后，村党总支为深入学习贯彻习近平新时代中国特色社会主义思想和党的十九大精神，按照习近平总书记提出的“不忘初心、牢记使命”的要求，在“不忘初心、牢记使命”的主题教育中，紧密结合村里实际，组织开展“党员先锋十带头”活动，积极开展党建结对共建活动，开展多种形式的志愿者活动；组织党员干部参观沙家浜革命传统教育基地，举行国庆节升旗仪式；组织善行义举先进人物评选活动，至2019年，评选出善行义举标杆人物24名。

第二节 文明创建活动

一、文明村创建

从1982年开始，大众村域开展争创文明单位活动，大众大队和新华大队都组织制定村规民约，提倡移风易俗、勤劳致富、邻里和睦、尊老爱幼，在组织评选“五好家庭”活动的基础上，提升整体文明程度，争创文明村。1988年，大众村和姚家港村围绕苏州市、昆山县争创“新风杯”的考核内容，组织开展争创“文明单位”和“六有十无文明村”系列活动，把文明村镇创建工作纳入物质文明和精神文明“双文明”单位的创建活动中。1994年，姚家港村被昆山市评为“六有十无文明村”。

1996年，大众村和姚家港村按照正仪镇创建文明村镇的工作意见，组织开展创建文明村活动。创建文明村的重点是对村民进行思想道德和法纪观念教育，全方位提高村民素质。是年，大众村和姚家港村按照镇统一部署，对村民开展“三五”普法教育，召开由党员和组长参加的动员会，发放法纪教育宣传材料2 000多份、法律书籍1 000多册、法治宣传图纸70多张，配合镇司法所开展法律咨询活动4次，受教育群众600多人次。1997年，创建工作着力点放在综合治理方面。翌年，创建工作重点放在彻底解决农村环境卫生的薄弱环节上，开展清家园、清村庄、清河道的“三清”工作。1999年，大众村被昆山市民政局评为“昆山市村民自治模范村”。

2003年，大众村划归玉山镇管辖后，村党支部成立以村书记为首的文明村创建工作领导小组，下设3个工作小组，形成完善的创建工作组织网络，制订创建工作计划，明确创建工作的方向、目标和任务，加强对村领导班子思想道德建设和作风建设，发挥党员干部在文明村创建活动中的先锋模范作用。大众村建有棋牌室、乒乓球室、图书阅览室，积极开展丰富多彩的文化活动；开设道德讲堂，建立善行义举榜，持久开展“文明和谐家庭”“好儿女”“好儿媳”等评选活动，用身边的典型教育群众；开放“家长学校”、未成年人活动室，开展志愿服务活动，让“困难帮扶、环境卫生、社会安全、教育培训、学习娱乐”等活动辐射到每一个群众。

2011年，大众村组建大众村文艺宣传队，积极参加镇组织的“一村一品”等文艺活动，丰富村民的文化娱乐生活；多渠道组织开展科技技能培训，用先进的科学武装村民；建有宣传橱窗，提高村民文化素养；建起100平方米的便民服务大厅（中心），设有外来人口服务、便民服务、环境卫生等服务窗口，提供多项便民服务；建立、健全全村村级各项规章制度，加强社会保障全覆盖，促使全村农保、医保参保率达到100%。随着大众村域中华园西路、环城交通工程的不断推进，村民不断向社区集中，陆续搬进新居，大众村“两委”根据新的布局，把文明村创建作为常态化管理的重点工作之一，建立卫生保洁队、绿化管理队、治安联防队及专项志愿者队伍，配合小区物业进行常态化管理。是年，大众村被昆山市国土资源局授予“土地执法示范村”称号。2012年，大众村调解委员会被苏州市司法局、苏州市民政局评为“苏州市规范化（社区）人民调解委员会”。

2017年，大众村按照昆山市和昆山高新区部署，组织开展“263”环境整治“百日行动”，对生产安全、环境卫生、生态文明建设等进行专项整治。是年，大众村被昆山高新区党工委、管委会授予“环境整治优胜奖”，被昆山市精神文明建设委员会评为文明村。2019年，大众村党总支被昆山高新区党工委评为“2019年度先进基层党组织”。

二、文明家庭评选

1984年，大众村和姚家港村组织开展以“邻里团结好、家庭和睦好、婆媳关系好、计划生育好、教育子女好”为内容的“五好家庭”评比活动，树立家庭文明典型，推动整个村域的邻里团结、家庭和睦。1988年，大众村和姚家港村按照昆山县和正仪镇精神文明建设部署，组织开展争创“新风户”活动。大众村和姚家港村成立以党支部书记为组长的评议小组，在深入宣传的基础上，召开党员、组长会议，根据“五好家庭”内容和“新风户”10条标准（无抛荒田，无超计划生育，无赌博迷信等违法犯罪，无擅自扩大宅基地，无欠国家定购任务和宕欠集体财务，无逃避服兵役，无因虐待老人、打架、闹事而造成非正常死亡，无包办婚姻问题而家庭不和，无中小学流生，无脏乱差现象），自报互评。年终，大众村坚持标准集体评议，集体审定后张榜公布，征求群众意见，公布名单并给予挂牌授奖，形成“以少带多，以多促少，互相督促，户户争先”的局面。至1990年年底，大众村有316户被评为“新风户”，约占全村329户的96%；姚家港村有221户被评为“新风户”，约占全村228户的97%。

1990年后，“新风户”评选在坚持质量的前提下，根据精神文明建设的要求和村里的实际情况，从评选方法、评选内容等方面不断完善。大众村根据“新风户”中的典型，及时推荐上报。1998年，姚家港村的徐夫妹被正仪镇老龄委评为“好媳妇”。翌年，姚家港村的马金妹被正仪镇老龄委评为“敬老好儿媳”。

2010年，建立以村书记为首的创建工作领导小组，组织开展“文明和谐家庭”等评选活动，通过自报、互评、考核等评选环节，持续开展“文明户”“三星级文明和谐家庭”“文明示范户”“最美家庭之好婆媳”评选活动。2011年，大众村评选出“三星级文明和谐家庭”4户。2012—2019年，评选出“文明示范户”“星级文明新风户”26户，其中包括“最美家庭之好婆媳”2户。

第三节　志愿服务行动

2010年后，大众村组织志愿者服务从未间断过。村有护村嫂，小区有巡安员。2017年，村党总支组织28名志愿者开展“12355服务零距离”活动，在扶贫帮困、“三清”、关爱青少年、关爱老年人、助老、环保、安全7个志愿者服务项目活动中取得了成效。2018 年，大众村设立理论宣讲、教育服务、文化服务、科技与科普服务、健身体育服务五大服务阵地，组建便民利民、网格巡查、扶贫帮困、妇女儿童、退役军人、文化宣传、垃圾分类、文明倡导、巡河护查、党员志愿 10 支志愿者服务队伍，招募志愿者 76 人，组织开展群众喜闻乐见的各项志愿服务 50 多次。

2019 年，大众村党总支以党建为切入点，开展“金屋里”党建品牌建设，充分发挥党建引领作用，与机关事业单位、社区、学校等结对共建，以民生为导向，立足本村农业特色，落实惠民举措，畅通服务群众的“最后一公里”。党总支重组志愿者服务队伍，明确各队负责人，他们分别是：党员志愿服务队的金芳、巡河巡田志愿服务队的周建龙、文化体育志愿服务队的陆雪芳、文明倡导志愿服务队的马燕翔、关爱妇女志愿服务队的张静、关爱退伍军人志愿服务队的支多男、关爱未成年人志愿服务队的刘炳福、便民利民志愿服务队的郁程芳、垃圾分类志愿服务队的张亚城、开心老年志愿服务队的吴惠根。

同时，制定公共文明长效管理目标任务及工作内容。在文明引导方面，志愿者宣传倡导科学文明健康的生活方式，引导村民增强个人健康意识和提升个人行为能力，从点滴小事做起，从不文明习惯改起；在环境卫生方面，组织志愿者开展人居环境和“三沿一线”环境整治，清理辖区内交通要道和田间地头等卫生死角，做好垃圾分类、捡拾垃圾等活动；在文化服务方面，志愿者组织开展以“村民的节日”为主题的各类群众文化、文艺展演活动，弘扬优秀传统文化，以喜闻乐见的形式开展文化活动；在体育服务方面，组织志愿者开展科学健康的体育活动，宣传普及科学运动、健康锻炼、文明健身、安全健身，推动全民健身活动的深入开展；在科普教育方面，以村民为服务对象，组织志愿者开展健康义诊、健康知识讲座、免费体检等各类惠民利民服务。

2019 年，组织志愿服务 26 次，参与村民 180 人次。大众村党总支在组织开展志愿服务的同时，不断发掘和宣扬发生在村民身边的好人好事，对爱岗敬业、助人为乐、诚实守信、见义勇为、孝老爱亲等善行义举，配上人物照片，附上简要事迹文字材料，每季度在画廊宣传展示。至同年年底，共展出了 6 期，刊登了 24 人次的善行义举事迹，引发了强烈的社会反响。

善行义举榜（2019年，吴惠根摄）

第四节　村规民约

2019年6月，村党总支为巩固文明村创建成果，提升全村文明程度，结合村里开展的“扫黑除恶”和环境整治等专项工作，在征求全村党员、群众意见和建议的基础上，对过去制定的《大众村村规民约》（以下简称《村规民约》），做了补充和完善，制定了新《村规民约》。新《村规民约》每句7字，共20句，读来朗朗上口，便于村民记忆。新《村规民约》不仅要求村民爱祖国、爱家乡，而且要求村民自觉遵纪守法、邻里和睦、勤俭节约、崇尚环保，还要求村民重视家风建设，积极参加扫黑除恶行动，自觉抵制违章搭建、赌博迷信等活动，做好垃圾分类工作，引导村民积极参与乡村治理。

附：

大众村村规民约

爱国爱家爱大众，党建引领金屋里。
遵纪守法带村风，文明向善促民风。
家风家训代代传，邻里和睦互照应。
婚丧嫁娶不铺张，勤俭节约承传统。
严禁赌博不迷信，文体活动健身心。
为人处世讲诚信，扫黑除恶扬正义。
安全防范必重视，违章搭建必拆除。
崇尚环保新理念，垃圾分类新风尚。
人居环境齐努力，大众管理共参与。
村规村约记在心，乡村振兴我当先。

第九章　文教卫生

随着经济社会的发展，大众村文教卫生事业得以同步发展，全面提升。中华人民共和国成立前，大众村域虽有私塾，但一般村民家庭生活困苦，没有条件送孩子读书；大众村域缺少医疗卫生条件，加之村域内地势低洼，是血吸虫病的高发地区；大众村域没有像样的文体设施。中华人民共和国成立后，大众村域的教育、卫生、文体事业得到不断发展。1952 年，村里办起了小学。自 20 世纪 60 年代起，持续开展查螺灭螺运动，分批对血吸虫患者进行治疗。1966 年，户户通有线广播，村村有高音喇叭。1969 年，大队建起合作医疗站，建立合作医疗制度。20 世纪 80 年代，大众村域建成了电话村、电视村。20 世纪 90 年代，大众村域综合开展争创卫生村活动，建立广播电视室，开办老年活动室、图书室，组织业余文艺队、老年舞蹈队。进入 21 世纪，群众业余文体活动丰富多彩。随着城乡医疗保险制度的并轨和医疗普惠救助的实施，村民真真切切地实现了医疗有保障的愿景。

第一节 文化教育

一、私塾教育

中华人民共和国成立前，大众村域办过3所私塾。1944年，南杜家港的顾品良在自己家里办学，从外面请来教师，顾品良的2个儿子和6名同村儿童入学就读。1945年，周家埭的刘学庆在自己家里办学，先后请南星渎浦志泉等3名教师执教，有10多名儿童入学就读，私塾于1951年停办。村民许根林、刘义根、支阿炳、许忠根、支葵男等都曾在此就读过。1946年，北杜家港村民龚根泉自己当教师，在家里办学，招收15名儿童读书，私塾于3年后停办。村里的私塾教育主要以识字为主，学习《三字经》《百家姓》《千字文》《论语》《孟子》《幼学琼林》等，练习毛笔字。

二、幼儿教育

1958年，为解放妇女劳动力，使幼儿在集体生活中逐步养成良好的生活习惯，周家埭、陈堂浜两个自然村在陈堂浜的许阿狗家办起幼儿班，教师是吴阿宝，招收学前儿童15名。是年，黄渎村在张腊狗家的下场屋里办起幼儿班，教师是狄小妹，招收学前儿童30名。这两个幼儿班对幼儿入园年龄不做严格规定，既无课程安排，又无具体教材。至1961年年底，两所幼儿园均停办。

1982年，大众大队、新华大队贯彻落实中央加强学前教育的有关精神，自选幼儿教师、自筹经费，在大众小学和新华小学内附设幼儿园。大众大队推荐张素珍，新华大队推荐顾勤仙，这两人分别担任幼儿园教师。按《幼儿园暂行教育纲要》，村幼儿园业务由正仪镇中心幼儿园予以辅导，学制3年，开设语言、常识、计算、音乐、体育、美术6门课程。根据幼儿具体情况，分混合班和小班，幼儿园每年在园学生30~40名不等。

1991年，新华小学并入大众小学，新华幼儿园随迁并入大众幼儿园。2009年，大众幼儿园停办，村里学前儿童就近入学南星渎幼儿园和正仪镇公立幼儿园。

三、小学教育

中华人民共和国成立后，在党和政府的重视下，村里办起学校，一般家庭的孩子也可受到教育。1952年，昆山县教育科派遣江秀峰、徐飞彩两位教师，分别在西黄渎村胡阿大下场屋和南杜家港顾品良院内，开办2所单班复式校，当时分别为九联村小学和南杜家港小学。九联村小学和南杜家港小学均为单班复式校，几经搬迁更名，九联村小学于1957年正式定名为大众小学，1975年扩建后结束复式班，成为大众村域完全小学校。南杜家港小学也几经换址，于1958年定名为新华小学，并在1984年结束复式班教学，成为大众村域完全小学校。1991年，新华小学并入大众小学。2002年，大众小学撤销，学生转入昆山市正仪中心小学校就读。

大众村域的两所小学，实行四、二分段的六年制学制。1968年，小学实行五年一贯制。1970年，改为春季始业。1974年，恢复秋季始业。1983年秋，小学由五年制向六年制过渡，初级小学仍为一至四年级，1986年过渡完毕。1987年后，大众村域实行九年制义务教育。

教学计划　自1952年起，大众小学按教学计划，初级小学设语文、算术（四年级含珠算）、体育、音乐、美工5个科目。此外，各年级早晨设有晨会，下午设有活动课，每周设有周会1节。1958年秋，增设劳动课。1966年5月，“文化大革命”开始后，学校停课。1967年春复课后，无统一课程，由学校自定；无统一教材，由教师自编，有时学习《毛主席语录》。秋季开学后，设政治、语文、数学、图画、军体、劳动等科，农忙时放农忙假。

1972年，大众村域各学校开始执行昆山县颁布的教学计划。1982年秋，大众村域小学执行教育部颁布的《全日制五年制小学教学计划（修订草案）》，政治课改为思想品德课，语文课时略减，并安排写作和指导。1983年，在过渡到四、二分段的六年制学制的教学计划时，课程设置又做适当调整，设思想品德、语文（阅读、作文、写字）、数学、体育、音乐、美术等课程，三年级增设劳动，四年级增设自然，五年级增设地理，六年级增设历史，各年级均有自习、科技、文娱、体育活动、周会、班队活动等。

素质教育　20 世纪 50 年代初期，大众村域内 2 所小学，在对学生进行文化知识教育的同时，还进行“爱祖国、爱人民、爱劳动、爱科学、爱护公共财物”的“五爱”教育。1955 年，教育部颁发《小学生守则》后，学校加强对学生进行《小学生守则》教育。1957 年，学校加强德智体美全面发展教育。从 1963 年开始，学校开展“向雷锋同志学习”活动，学生做好事蔚然成风。从 20 世纪 80 年代开始，学校进行讲道德、讲文明、讲礼貌、讲卫生、讲秩序，心灵美、行为美、语言美、环境美的“五讲四美”文明礼貌教育，开展面向现代化、面向世界、面向未来的教育（以下简称“三个面向”教育），培养学生成为有理想、有道德、有文化、有纪律的“四有”新人。20 世纪 90 年代，进行社会主义精神文明建设的思想教育。

教学教研　20 世纪 50 年代初期，大众小学提倡“启发式”教学，培养学生思维能力。20 世纪 50 年代后期，教师钻研教材，加强“双基教学（基础知识教学、基本技能训练）”。20 世纪 60 年代，推行教师“五认真”（认真钻研教材、认真备课、认真上课、认真辅导、认真批改作业）。教师重视钻研教材，挖掘教材中的内在思想性，在课堂教学中有机结合，加强对学生的思想教育。“文化大革命”期间，教学工作受到严重影响，教学陷于混乱状态。20 世纪 80 年代，教学中提出“打好基础，培养能力，发展智力”。进入 20 世纪 90 年代，学校开始强调素质教学。（表 9-1 至表 9-3）

表 9-1　1952 年大众村域小学四二制教学计划表

单位：课时

科目	初级小学各年级				高级小学各年级	
	一年级	二年级	三年级	四年级	五年级	六年级
语文(国语)	12	12	12	12	10	10
算术	5	5	6	7	7	7
自然	—	—	—	—	3	3

续表

科目	初级小学各年级				高级小学各年级	
	一年级	二年级	三年级	四年级	五年级	六年级
历史	—	—	—	—	3	3
地理	—	—	—	—	2	2
体育	2	2	2	2	2	2
音乐	3	3	3	3	1	1
美工	2	2	2	2	1	1
总计	24	24	25	26	29	29

表 9-2　1982 年大众村域全日制五年制小学教学计划表

单位：课时

科目		各年级				
		一年级	二年级	三年级	四年级	五年级
思想品德		1	1	1	1	1
语文	讲读	10	11	8	6	6
	作文	—	—	2	2	2
	写字指导	1	1	1	1	1
	小计	11	12	11	9	9
数学		6	6	6	7	7
自然		—	—	2	2	2
地理		—	—	—	2	—
历史		—	—	—	—	2
体育		2	2	2	2	2
音乐		2	2	2	2	2
美术		2	2	2	2	2
劳动		—	—	—	1	1
每周总课时		24	25	26	27	27
并开科目数		6	6	7	9	9

续表

科目		各年级				
		一年级	二年级	三年级	四年级	五年级
课外活动	自习	3	3	3	3	3
	科技、文娱	2	2	2	2	2
	体育活动	2	2	2	2	2
	周会、班队活动	1	1	1	1	1
	晨会或夕会	1.5	1.5	1.5	1.5	1.5
	早操、课间操	3	3	3	3	3
	眼保健操	1.5	1.5	1.5	1.5	1.5
每周在校活动总量		38	39	40	41	41

注：美术，一、二、三年级为美工；课外活动（自习），每天20分钟；早操、课间操，每天20分钟；晨会或夕会，每天10分钟。

表9-3 1983年大众村域全日制六年制小学教学计划表

单位：课时

科目		各年级						上课总计时/分钟
		一	二	三	四	五	六	
思想品德		1	1	1	1	1	1	216
语文	讲读	10	10	8	6	6	6	—
	作文	—	—	2	2	2	2	—
	写字指导	1	1	1	1	1	1	—
	小计	11	11	11	9	9	9	2 160
数学		6	6	5	6	6	6	1 296
自然		—	—	—	2	2	2	216
地理		—	—	—	—	2	—	72
历史		—	—	—	—	—	2	72
体育		2	2	2	2	2	2	432
音乐		2	2	2	2	2	2	432
美术		2	2	2	2	1	1	360
劳动		—	—	1	1	1	1	144

续表

科目		各年级						上课总计时/分钟
		一	二	三	四	五	六	
每周总课时		24	24	25	25	26	26	5 400
并开科目数		6	6	7	8	9	9	—
课外活动	自习	—	—	3	3	3	3	—
	科技、文娱活动	2	2	2	2	2	2	—
	体育活动	2	2	2	2	2	2	—
	周会、班队活动	1	1	1	1	1	1	—
	眼保健操	1.5	1.5	1.5	1.5	1.5	1.5	—
	早操、课间操	3	3	3	3	3	3	—
	晨会或夕会	1.5	1.5	1.5	1.5	1.5	1.5	—
每周在校活动总量		35	35	39	39	40	40	—

注：课外活动（自习），每天 20 分钟；眼保健操，每天 2 次，每次 10 分钟；早操课间操，每天 20 分钟；晨会或夕会，每天 10 分钟。

附：学校简介

大众小学 前身为 1952 年创办的九联村小学。九联村小学的校址最初设在西黄渎村胡阿大下场屋里，教师是昆山县教育科派来的江秀峰，学校为单班复式校。1954 年，在黄渎村西 200 米左右的陆家坟中心地段，村民用拆除九联村一座湾里庙的材料，建造新的校舍。学校有 2 间教室，其中 1 间作为教室，1 间作为教师办公室兼卧室、厨房，校舍占地面积约 15 亩。同年 9 月，九联村小学由胡阿大家下场屋迁入新建校舍，学校更名为湾里小学，学生增至 50 名。

1957 年，拆除陈堂浜的福庆庙 1 座，扩建校舍，再建 2 间教室，学校成为拥有 3 个复式班的多级学校，全校学生增至约 150 名。是年，湾里小学更名为大众小学，学校负责人是江秀峰，教师有江长峰、徐桂芬、吴浩生。

1975 年，大众小学在原址再次扩建，再建 3 间教室，结束单班复式校的历史，全校一至五年级学生共有 210 名。

1976 年 8 月，大众小学附设初中班，俗称“戴帽子”中学，师资由小学教师承担，学制2年。是年，初中班有初一学生35名，初二学生40名。因为学校规模扩大，教师也相应增加到12名，教师有金祥林、李根发、凌惠根、沈金良、张耀明、朱福寿、吴惠芳（知青）、姜佩珠、金佩华（知青）、吴海英、王献珍、陆雪根。学校附设初中班于1978年撤销，学生并入正仪人民公社团结中学。2002年，大众小学被撤销，学生转入昆山市正仪中心小学校就读。

杜家港小学 1952年创办，最初的校址设在南杜家港顾品良院内，教师是昆山县教育科选派的徐飞彩，学校为单班复式校，有学生20名。当时，徐飞彩住在村民顾宝元家中，由顾宝元的姐姐顾玉英陪住。不久，徐飞彩被调走，由蒋怀鼓接任教学。1960年年初，杜家港小学在原烂心村中间，建造3间新校舍，约60平方米。学校依然是单班复式校，有学生40多名，教师先后由江秀峰、吴海英、王献珍等担任。1972年，杜家港小学并入大众小学。

新华小学 前身为1952年创办的南杜家港单班复式校。初办时，学校设在村民家中。1954年9月，学校搬迁到马家湾自然村河北岸边赛水泊头庙（南神堂庙）里。1958年，赛水泊头庙被拆除，学校先后搬迁到姚家港村的陆金生、徐丹林家里。1972年，新华大队在大队副业地（今大众村村委会办公室西面100米处）建造有4间教室的校舍，面积为140平方米。教师有杜秀珍、朱万龙、顾云霞（知青）、马呜芳，学生60名，一至五年级分设为2个复式班。

1984年，新华小学拆建，建造6间教室，面积为220平方米，其中东面两间作为大队和合作医疗办公室。当年，一至五年级学生有60名左右，教师有马

学生在大众小学门口留影
（2019年，顾秋根供图）

校友在大众小学旁留影
（2019年，顾秋根供图）

鸣芳、马勇勤、王金英等。1991 年，新华小学停办。姚家港以南自然村的学龄儿童到南星渎小学就读，姚家港以北自然村的学龄儿童到大众小学就读。

四、扫盲教育

中华人民共和国成立前，大众村域内的村民迫于生计，多数人丧失受教育的权利，在 16 周岁以上的村民中，文盲占 98%。

中华人民共和国成立后，党和政府十分重视提高广大群众的文化水平。通过办识字班、办冬学夜校和俱乐部，开展扫除文盲和文化教育活动，提高群众的思想觉悟和文化水平。

1950 年冬，正仪区人民政府成立后，在新北乡扫盲辅导员的指导下，大众村域各自然村普遍举办识字班，开办夜校、民校，开展冬学运动。农民腾出房子，凑集经费，购置黑板、油灯，能者为师，对文盲、半文盲进行识字教育。冬学运动形式机动灵活，农闲多学，农忙停学，平时常学。翻身农民生活得到改善，迫切需要吸收文化知识，出现许多丈夫教妻子、子女教父母、包教包学的扫盲热潮。

1954 年，昆山县和正仪区分别培训“冬师”，推动大众村域冬学运动的开展。根据“学以致用”的原则，编写记事、识字课本，做到“社社有民校，人人有课本”。经过几年的扫盲工作，大众村域的成年人中文盲、半文盲的人数逐渐减少，大多数村干部摘除了文盲的帽子，有的达到了初小程度，不少人会写字条证明，为合作化运动培养出一批记工员、小队会计。

1964 年，大众村域文盲、半文盲的人数降至总人口的 39.2%。1971 年 12 月，苏州地区在千灯召开全地区扫盲工作会议后，正仪人民公社恢复扫盲办公室，重新配备专职扫盲干部。1972 年，大众村域开办“政治文化夜校”，推动扫盲工作。

1979 年，大众村域开展“一堵（抓好普及小学五年制教育，堵住新文盲产生）、二扫（把 12—45 周岁的少年、青壮年中的文盲扫除）、三提高（对已脱盲的继续采取多种形式进一步巩固和提高，使其达到小学毕业的文化程度）”的活动，在村党支部的领导下，由村团支部书记具体负责继续开展扫盲运动。

1984 年，大众村域通过连续多年努力，基本扫除文盲。

第二节　医疗卫生

一、机构人员

20世纪50—60年代，大众村域有胡杏妹、赵小妹两个接生婆为产妇接生，还有一位外科土郎中王怀德，专门为村民医治疔疮、热疖。王怀德自采自制中草药，治疗疔疮、热疖效果好，在乡村方圆十里有点小名气。村民需要看病，大多去正仪卫生院或昆山县城的医院。也有不少村民生病后出于交通不便，或者迫于家庭经济困难，在家待着不去治疗，有的村民迷信求神拜佛，因而贻误病情。

1966年7月，大众大队和新华大队分别推荐夏志良和范梅加到正仪卫生院进行大队保健员培训。1966年10月，两个大队建立卫生服务站，夏志良和范梅加培训回村后成为大队卫生服务站的保健员。大众大队卫生服务站设在夏志良家中，新华大队卫生服务站设在大队副业棚里。两个大队卫生服务站配备一些红汞、绷带、药棉等外伤医药材料及简易药品，为村民提供简单的医疗服务。1966—1968年，两个大队每月各拨付卫生服务站30元，用来添置药品及耗材，如果经费超支，由两个大队服务站提交申请，两个大队视情况再适当拨款给相应的大队服务站。

1969年，夏志良、范梅加再次到正仪卫生院学习培训，以便提升医疗水平。是年，大队卫生服务站更名为合作医疗站，保健员更名为赤脚医生。大众大队合作医疗站设在大众小学东边2间房屋里，面积35平方米，赤脚医生为夏志良。新华大队合作医疗站设在新华大队办公室边，面积24平方米，赤脚医生为范梅加。1972年，新华大队合作医疗站搬迁到新造的新华小学教室西南边50平方米的2间房屋里，赤脚医生方伯中为患者坐诊看病。

1984年，江苏省卫生厅对全省赤脚医生进行统一考试，合格者转为乡村保健医生，并获取证书。大众村域赤脚医生均获得保健医生证书。

1995年，大众村合作医疗站为方便村民，搬迁到镇级公路边2间房屋里，面积40平方米，同时增添办公桌2张、诊疗床1张、药品橱2个，配备有听诊器、血压计、高压锅、冰箱等。姚家港村合作医疗站增添候诊凳6个、办公桌2张、诊疗床1张、药橱2个，配备有听诊器、血压计、高压锅、冰箱等，医疗设施基本齐全。两村合作医疗站配备有常用药品近百种，库存药品价值约8 000元。两村合作医疗站基本做到房屋、人员、设备、技术、药品五配套。

1966—2001年，大众村（大众大队）合作医疗站先后由夏志良、邹建强（知青）、赵金水、许明林、吴惠珍（小）、顾林泉、蒋金妹担任赤脚医生，姚家港村（新华大队）合作医疗站先后由范梅加、方伯中、王凤金、陆引元、范建荣、江雪兰（知青）担任赤脚医生。2001年8月，大众村、姚家港村合并后，大众村和姚家港村卫生室被撤销，由正仪镇医管会统一安排，在大众村域中心地段设立新的大众村医疗卫生室（俗称“金三角卫生室”），由蒋金妹等3人坐诊。夏志良调到马庄村卫生室工作，方伯中调到南星渎A区卫生室工作。2009年，村庄动迁后，大众村医疗卫生室并入南星渎社区医疗卫生室。

二、合作医疗

1969年，大众村域开始实施农村合作医疗制度。这是在村民群众自愿的基础上建立起来的医疗互助制度，也是一种农村集体福利。医疗资金由集体、社员各分担一半，社员每人每年交4元，实行队办队管。村民生病时到合作医疗站医生处就诊，一般每张处方规定约0.5元。如果村民患有重症，村合作医疗站可开转院证明，让村民前往人民公社卫生院就诊，药费可以全部报销；如果村民从人民公社卫生院再转到县级医院就诊，药费可报销15%。

自1971年起，大队合作医疗站规定，村民看病收取每张处方0.05元的挂号费，挂号费充入医疗基金。由于看病的村民逐渐增多，合作医疗经费出现超支现象，经大队集体讨论决定，自1972年起，参加合作医疗的村民每人年交费调整为10元，同时集体负担10元。此后几年，合作医疗资金基本维持平衡。

1976年，正仪人民公社成立合作医疗管理委员会（以下简称“医管会”），合作医疗经费由队办队管改为队办社管。在大队合作医疗站看病者可全额报销，如需外出看病，必须开转院证明，方可到医管会按规定报销，自行购药。如因醉酒、打架、服毒等情况亟须看病，诊疗费用一律自费。

1985年，村合作医疗站改为村医疗卫生室。大众村和姚家港村根据村经济实力，实行基金全部由村支付。凡在村内看病者，除诊疗费、注射费自理之外，医疗费全额报销。如果村民需转乡卫生院诊治，须经保健医生的同意，出示转院证明到正仪卫生院就诊，其医药费报销70%；如果村民转县及赴外地医院看病，其医药费报销50%。中药每帖在0.6元以内报销50%，超过0.6元的限报0.3元。有关转卫生院及外地医院看病的挂号费、救护车费、住院费、输血费、滋补药品，以及自行购药、醉酒、打架、服毒、自杀抢救、镶牙等医疗护理费用和自行外出就医等一切医疗费用一律自理。

自1990年起，正仪镇合作医疗管理委员会对合作医疗基金做了调整，每人每年交15元，集体负担8元，个人负担7元。大众村、姚家港村按照镇医管会的规定，由村集体负担每人每年15元的合作医疗基金。1992年，农村合作医疗福利型转为福利风险型，实行大病风险基金制度，以解决大病的医药负担困难问题。按照大病风险基金制度的规定，每人每年以35元标准筹集大病风险基金，集体负担20元，其中村内负担15元、镇内负担3元、市内负担2元，个人负担15元。一般常见病的治疗费用仍享受比例报销，村民患大病时可按规定一次性报销500—3 000元。

1996年，村民每人每年缴纳8元，除挂号费、出诊、注射费自理之外，在村卫生室看病可全额报销。村民转镇卫生院看病的医药费由个人出30%，另外70%由卫生院向医管会结算。年终，医管会向行政村结算。村民转市以上医院看病限额报药费50%（限额300元），服中药每帖报销0.5元。

自2003年起，按照正仪镇制定的《正仪镇合作医疗章程》和《正仪镇合作医疗管理工作意见》2个文件精神，经过宣传与普及，全村农村合作医疗保险的参保率达90%。全村基本做到小病不出村和社区，大病、重病获得医疗救助，农村合作医疗保险为村民就医起到了保障作用。

2004年，在推行社会养老保险的同时，全村实施医保制度改革。大众村域符合条件的村民踊跃参保，村民同城镇职工一样，可以直接用医保卡看病。

三、医疗普惠救助

2018 年，大众村“两委”认真落实昆山高新区有关村民医疗普惠补助的实施方案。根据方案规定，当年度患病就医支出较大的村民，在本市就医的，根据定点医疗机构发票原件上医疗费用“个人现金支付”金额给予相应的补助，补助标准以发票加总医疗费支出金额为准。自付部分 3 000 元（含 3 000 元）至 2 万元（不含 2 万元）的，给予自付部分总额的 10%补助；自付部分 2 万元至 2.99 万元（不含 3 万元）的，给予自付部分总额的 15%补助；自付部分 3 万元至 4.99 万元（不含 5 万元）的，给予自付部分总额的 20%补助；自付部分 5 万元（含 5 万元）以上的，给予自付部分总额的 25%补助；当年度为低保户、低保边缘户（持证本人）、一户多残的家庭残疾人员及重点优抚对象、劳模、失独父母的村民本人患病、看病发生的医疗自付部分，在以上标准的基础上提高 10%的补助比例。全村有 97 名村民享受到医疗普惠补助，共计补助 22.59 万元。同年，一名村民因患尿毒症，一年内看病花去 25 万多元。村里按医疗普惠补助的规定，为其办理医疗普惠补助 5 万多元。2019 年，全村有 135 名村民享受到医疗普惠补助，共计补助 24.663 万元。

健康检查（2019 年，陆雪芳摄）

第三节　血吸虫病防治

一、查螺灭螺

大众村域地处水网地区，中华人民共和国成立前，血吸虫大量滋生繁殖，血吸虫病发生率高，村民深受其害。中华人民共和国成立后，从中央到地方对血吸虫病防治都十分重视。1952年，昆山县建立血吸虫病防治站（以下简称“血防站”），开展防治血吸虫病宣传教育工作，对血吸虫病的发病情况进行普查，并组织进行查螺工作。1955年，大众村域开展一次地毯式查螺，发现有螺面积达85.25万平方米，其中东黄渎村村民王弟家的河滩西一段，村民狄福根家的东渠道倒虹管一段，钉螺最为严重。当时有人形容此情形，扫帚一扫有半簸箕钉螺。

1956年6月，大众、新华两个高级社分别组织灭螺队伍，采用竹片、竹筷、镊子等工具人工捕捉。之后，在上级主管部门的指导下，用五氯酚钠喷洒河道、溇潭、渠道岸边，还采用土埋、火灭等多种方法开展灭螺工作。

1958年后，大众村域采取综合性措施来防治血吸虫病，大众大队和新华大队建立血吸虫病防治小组，防治小组人员由各生产队保健员组成，大众大队21人、新华大队13人。每年春、秋两季开展查螺灭螺工作，组织动员社员在各队自查的基础上，再由大队血吸虫病防治小组重点筛查。在查螺过程中，采用排漏洞、排疑点、排死角的方法，做到一般地段全面查，复杂地段重点查，交界地区主动查，发现线索跟踪查，怀疑地方反复查，通过“三排五查”，达到没有遗漏，杜绝死角；实现查螺灭螺紧密结合，结合兴修水利，大众村域开挖新沟58条，填埋旧沟37条，以土埋法灭螺。

1959 年，大众大队以第 4 生产队为试点，新华大队以第 5 生产队为试点，集中各队保健员，采用油灌、火烧等方法进行灭螺，效果良好。1960 年，用五氯酚钠进行大小沟渠药浸杀螺。1966 年，对大众村域河道两边铲土灭螺，河两边形成宽约 0.2 米、略高于水面的一条土坎灭螺带，各队保健员采用药粉与土埋相结合的方法进行灭螺，当年共筑灭螺带 3.6 万米。

1975 年，大众大队、新华大队对渠道水沟采用药浸法，先把草铲光，然后用药物浸杀，水浸 3 天以上，螺患大幅度降低，灭螺工作取得良好成效。两个大队对排水沟、小水沟采用“多面光”的方法，放入药粉，压紧捂实，同时结合整地，新开回水沟，填埋、捂实老水沟来灭螺。田中间的坟墓边生长的钉螺最多，这里也是两个大队重点灭螺的地区之一。

从 1982 年开始，推行查螺责任制，螺点范围小的原则上包给查螺人员，螺点范围大的包给专业组。大众村域内两个大队管委会（村委会）与承包人员或专业组长，为落实查螺责任，提升查螺质量，巩固查螺成果，按照定地点、定人员、定任务、定质量、定报酬，有奖有赔的要求，签订查螺责任制合同，其中明确规定查螺地段、总长度、总面积、查螺用工数，让相关人员填写并统计好查螺资料。相关人员完成查螺任务，经上级组织检查合格后可获得一定的报酬。奖罚规定：如查到 1 个螺点，经村委会（大队）或上级派人现场核实后，村里发放奖金 200 元。另加活螺奖，查到 1 只活螺，正仪乡（镇）发放 1 500 元。承包人在承包范围内自己未查到活螺，但经复查发现有活螺的，其螺点奖和活螺奖在承包方应得报酬中支付。这样既加强了责任性，又调动了查螺积极性。1982—1987 年，在连续 6 年查螺中未发现新螺。至 2019 年年底，查螺灭螺工作仍坚持进行。

二、查病治病

1956 年，大众村域检查血吸虫病主要以粪便检查为主，采用粪便量杯沉淀法，检查粪便中是否有血吸虫卵。大众村域开始发动社员送检大便时，村民思想上怕麻烦、怕脏，每天送到指定地点的只有几十份。大众高级社和新华高级社的领导针对这一情况，采取分工负责制，深入各自然村，逐户收集大便。此后，局面很快被打开，社员也逐步转变思想，积极主动配合，仅用 1 周时间，两个高级社就顺利完成了第一次血吸虫病普检工作。

1958年6月，昆山县血防站为大众村域250多位血吸虫病患者，用10%酒石酸锑钾（以下简称“锑剂”）以静脉注射的治疗法，连续3日采取边劳动边治疗的方法进行医治。1959—1962年，正仪人民公社组成治疗组，在南星渎和东北大队钱大钧花园楼房里，对大众村域的血吸虫病患者进行分期分批治疗。1962年，采用口服“血防846”油剂7日疗法治疗血吸虫病患者。

从1964年开始，在粪检查病中，强调受检率，做到每人“三送三检”，并采用沉淀孵化相结合的方法，提高粪检的检出率。当年大众村域两个大队有2 155人接受检查，查出血吸虫病患者1 864人，占受检人口的86.5%。

1969年，大队建立合作医疗站后，由正仪卫生院对赤脚医生进行血吸虫病治疗业务培训，并加以现场操作指导，自此在两个大队掀起了血吸虫病查病治病高潮。大众村域以赤脚医生为主，在冬、春两季利用农闲时间，对血吸虫病患者安排分批治疗。根据血吸虫病患者病情轻重及体质状况，除采用锑剂静脉注射20日疗法、3日疗法和口服“血防846”油剂7日疗法之外，还先后采用口“服锑273”片剂15日疗法、“枫杨树叶疗法”“栋树叶疗法”“花椒小茴香疗法”等。后因中草药疗法缺乏充分的科学论证，其疗效存疑而停用。

1971—1974年，每年春、秋两季，对村民进行粪检普查血吸虫病。1975—1979年改为每年普查1次。1980年后，改为每年通过皮试、血清环卵试验相结合的方式综合查病，由县安排对各乡（镇）分批反复进行。

至1976年年底，大众村域的1 864名血吸虫病患者，先后共接受治疗5 000多人次。有的血吸虫病患者接受过几种疗法治疗。1981年，国产口服吡喹酮新药问世，其疗效高、疗程短，一般在1—3天，并且副作用小，减少针剂注射的麻烦。此后，口服吡喹酮替代了以前的治疗方法。

在整个血吸虫病治疗的过程中，大众村域19名血吸虫病患者，即周金男、马香妹、胡宗兴、杜金根、刘火泉、顾根妹、支桃妹、顾凤宝、狄桃生、梅香妹、张腊狗、张桂英、王阿腊、徐阿玲、顾金男、蒋阿狗、范阿伍、陈花宝、顾大妹先后进行了手术脾脏切除，手术后身体恢复健康。至2019年，这19名血吸虫病患者中尚有5名健在。1976年，大众村域基本消灭了血吸虫病。1987年，大众村域成为消灭血吸虫病的达标村。

第四节　乡村文化

一、群众文艺

中华人民共和国成立前，村民迫于生活压力，长年累月在田间耕耘劳作，食不果腹，很少有文娱活动，大众村域内也没有相应的群众文化设施。中华人民共和国成立后，在党和政府的倡导下，大众村域内群众性文娱活动逐步兴起。在土地改革、抗美援朝时期，村民自编自演，配合土地改革工作队宣传党的政策，宣传抗美援朝、保家卫国的精神。

1956 年，大众高级社成立后，组建由高级社社长凌国良负责的由男、女 14 人组成的文艺宣传队，每年春节搭台唱戏。1958 年，庆祝正仪人民公社成立，大众社的文艺队在正仪镇中心校操场演出了调龙灯、男扮女装的挑花篮等节目，获得观看者的一致好评。1966 年，大众大队和新华大队分别成立东方红文艺宣传队和毛泽东思想宣传队，排演《沙家浜》《红灯记》《智取威虎山》《白毛女》等选段，为村民演出，还演唱《语录歌》，跳“忠”字舞等。大众大队的宣传队队员晚上排练，白天在田间地头演出。他们不仅为本大队的村民演出节目，还到别的村演出，东至城南人民公社珠浜大队，北至正仪人民公社光荣、协心等大队，西至吴县胜浦镇。20 世纪 70 年代中期，农村文艺队伍逐渐淡出。

进入 21 世纪，日趋现代化的文化设施与文化活动为大众传统文化注入了新的活力。大众村建立了图书室、阅览室、电教室、老年活动室等。

图书室（2012 年，陆雪芳摄）

阅览室（2012 年，陆雪芳摄）

电教室（2012 年，陆雪芳摄）

老年活动室（2012 年，陆雪芳摄）

2014 年，大众村组建 11 人的文艺宣传队，积极参加昆山高新区组织的中秋文艺演出和文艺展演等活动，村民的精神文化生活健康活泼、丰富多彩。

大众村中秋节文艺演出（2014 年，陆雪芳摄）

大众村文艺展演（2014 年，陆雪芳摄）

二、电影放映

20 世纪 60 年代初期，昆山县成立农村电影放映队，轮流到农村生产大队放映露天电影。每当电影放映队到大众村域来放映电影，村里的男女老少都会自带凳子，聚集在小学操场上观看。1967 年，正仪人民公社也成立了电影放映队，当初只有一条手摇船下到各村放映，每月到大众村域放映 1 次电影。从 1972 年开始，每月可到村里放映 2 次电影。放映内容一般都是战争片，有《地道战》《地雷战》《南征北战》等，还有革命样板戏。正片开映前，宣传计划生育等政策，宣讲农业方面知识。电影船到来的当天，村民像过节一样，呼亲唤友请吃晚饭，真是既热闹又有趣。从 20 世纪 80 年代中期开始，随着电视的逐渐普及和正仪电影院的建成，村民看露天电影的越来越少。村民有的在电视机上看，有的到电影院看，特别是年轻人到电影院看电影的越来越多。进入 21 世纪，除偶尔到村民居住小区放公益电影之外，露天电影基本成为历史。

三、广播电视

广播　20 世纪 50 年代后期，大众村域每个生产队都安装了一只有线喇叭，当时广播线路从两条线路进入村域内，一条是从北面正仪架设过来的，一条是从昆山县城沿路架设过来的。广播线路采用 14 号—16 号铁丝，线路每隔 25 米竖一根高约4米的毛竹。喇叭声音很低，生产队社员吃好晚饭，拿起凳子到装有一支喇叭的社员家里去听广播。开始几年，广播的歌曲是《社会主义好》。1964年，大众大队、新华大队共装有高音喇叭4只，主要是播放大队通知，也播放新闻和一些革命歌曲。

1966年，广播普及到各家各户，大众村域共装有舌簧喇叭492只，架设线路近1万米，入户率达100%。当时，广播喇叭对村民而言很重要，不仅可以听国家大事，还可以听天气预报，了解农业生产知识，及时做好农作物的自然灾害、病虫害的预防工作。大众村域在野外装有高音喇叭7只，方便社员在劳动中收听。

1986年，大众村和姚家港村都设立村广播室，方便村“两委”广播通知，或开广播会议。是年，村民家里的舌簧喇叭都改装成性能更好的铜圈喇叭。2000年后，随着电视、收音机及录音机等的普及，有线广播逐渐成为历史。

电视 1976年9月，正仪人民公社分配大众大队1台9英寸黑白电视机，用于组织村民收看悼念毛泽东主席逝世的追悼大会实况。这是大众村域内的第一台电视机。20世纪80年代，村民家里也有购买电视机的，开始时只是少数村民家庭购买，周边邻居会过去看。后来，购买电视机的村民家庭越来越多，电视机的尺寸也从9英寸扩大到14英寸，从开始时的黑白电视机到后来的彩色电视机，到20世纪90年代初期，村民家庭的彩色电视机的普及率在50%左右。电视机的品牌主要有“金星”“银河”“长虹”等，起初还要凭票供应。1995年，大众村域的电视由无线电视改为有线电视，至1999年年底，村民家庭的有线电视入网率达到65%。自2010年起，村民家里的普通彩色电视机逐步被淘汰，液晶电视机逐步普及。到2015年，平均每户村民家庭拥有电视机2台。2019年，全村拥有彩色电视机1 500多台。

四、老年活动室

1991年，大众村和姚家港村分别建起老年活动室，其中姚家港村老年活动室面积45平方米，大众村老年活动室面积50平方米。村老年活动室都配有桌椅4~6套，配备棋牌和各类报刊。为了更好地为老年人服务，在正仪镇电力站的资助下，大众村老年活动室增添了电视机和录像机，播放老年人都爱听的锡剧、沪剧、越剧，深受老年人的欢迎，老年活动室内天天坐满了老年人。村老年协会安排会员负责打扫卫生和供应开水。

2012 年，大众村的农户大部分被安置在新的小区，但需要有过渡期。大众村建起临时过渡房，安排年满 75 周岁的老年人集中居住，但老年活动室活动从未停止。直至 2017 年自然村全部消失，村民全部搬迁到动迁小区后，村里的老年活动室并入小区活动室。

第五节　群众体育

一、体育活动

中华人民共和国成立前，村民很少开展有组织的体育活动。传统的健身活动，女的有打连厢、踢毽子、放风筝等等，男的在夏天结合洗河浴进行游泳活动，在自家院子里托石担，等等。在春节、元宵节等节日期间，村民以打连厢、舞龙灯、摇快船等活动欢庆节日，但并不频繁。中华人民共和国成立后，在政府的倡导下，大众村域的群众性体育活动逐步兴起，有篮球、乒乓球、弈棋、晨练健身、广场舞等活动。进入 21 世纪，村民先后搬迁到体育设施齐全的居住小区，群众性的体育活动得到更加蓬勃的开展。

篮球　大众村域部分体育爱好者喜欢篮球运动，在村域内公共场所因陋就简开展活动。1964 年，张俊益、蒋小龙、王步仁、李品成等人与铁路 62 号大桥守桥部队官兵进行篮球对抗赛，村民的篮球技术虽不高，但体现了军民一家亲的深厚情谊。1968 年，大众大队知青吴玉成、华明森、高方荣、王德康等人组织篮球队与路过正仪的拉练部队官兵在正仪小学外操场进行了一场篮球对抗赛，观看比赛的附近居民有几百人，观众评价很好，得到当时人民公社领导的肯定和表扬。

棋牌 村老年活动室建立后，每日清晨及饭后，村内老人云集活动室，边喝茶边下棋、打牌。棋牌活动在老年人中广泛开展，成为“老有所乐”的一项主要活动。

健身 村民搬迁到居民小区后，村里组织居住在各小区的中老年村民，开展丰富多彩的以夜跳广场舞为重点的群众性健身活动，发动村民天天进行“行走万步”的体育锻炼。晨练健身活动在村民中也渐成时尚。每日清晨，村民在小区体育设施上锻炼，在路旁小花园中活动手脚、散步、做操、呼吸新鲜空气，悠然自得。有的村民沿着居民小区道路慢跑，有的村民打太极拳，还有的村民做健身操。村里组织青少年开展打乒乓球、打羽毛球、下象棋比赛等各项适合自身条件的文体活动。

二、民间游戏

叉铁箍 20世纪80年代以前，村里的男孩都会玩叉铁箍。这种游戏一般先利用木桶或木盆上的废弃铁箍作为转动主体，然后用粗铁丝一头弯成铁钩，钩住铁箍，借助铁钩推动铁箍往前滚，男孩叉得越快，铁箍滚得越快，十分有趣。20世纪80年代以后，玩叉铁箍的男孩越来越少，再后来就基本看不到有男孩玩了。

滚铜板 这是村里男孩喜欢玩的游戏之一。滚铜板前，先在地上斜放一块砖，以前面5~6米处的墙面作为遮挡物，然后用大拇指和食指扣着铜板，在砖面上用力磕，铜板就会弹离砖面，随着地面一路往前滚，谁的铜板滚得最远，谁就是胜利者。春节期间，男孩十分喜爱这种游戏。20世纪80年代后，这种游戏几乎基本绝迹。

打棱角 先用硬质木头做成圆锥形棱角，主体呈橄榄形，上部比下部略长，上端留有倒三角形的端子，方便绕绳，不易滑落；然后用绳子有规则地绕入，用于倒捏棱角，手指用力抽绳，并将棱角甩在地上。棱角自然竖立，并在地上很快旋转，十分有趣。当有人喊“一、二、三开始”，看谁的棱角旋转的时间长，谁就是胜利者。这种游戏在20世纪80年代基本绝迹。

打弹子 弹子是夹着花心的玻璃球，有各种各样的颜色。打弹子时，用大拇指和食指弹球，通常叫“打老虎洞”。在地上挖出比弹子略大些的洞 5~6 个，依次逐一打进，谁先打进，谁就是胜利者。这种游戏盛行于 20 世纪 50—60 年代，在 70 年代后基本绝迹。

挑绷绷 这是女孩比较喜欢的游戏之一。先取一根不到 1 米的“扎底线”，把线的两头打结，然后利用十个指头，通过挑、叉、勾等动作变换出许多不同的图形。这些图形有大方砖、梭子块、大毛巾，真是变幻无穷，令人眼花缭乱。

踢毽子 这是女孩比较喜欢的游戏之一。一般用公鸡的长羽毛做成毽子。踢毽子时，以下肢协调为主，技巧在脚上，对各关节、肩背部肌肉都有很好的锻炼效果，能促进人的身体健康，代代相传。

跳橡皮筋 这是女孩特别喜爱的游戏之一。在街头巷尾、居民小区，不时可以看到女孩一边哼着童谣，一边有节奏地跳橡皮筋。20 世纪 60—70 年代，跳橡皮筋十分盛行。后来，中小学生课业负担较重，竞争激烈，玩此类游戏的女孩越来越少。

跳绳 这是一项老少皆宜的群众性体育健身运动，可以锻炼人的灵敏度、弹跳力及耐力等，对锻炼人的身体素质颇有好处。跳绳工具简单，场地限制少，随时可跳。跳绳花样繁多，能开发智力，可简可繁，在家庭、社区、机关、学校等单位都可以举行此项活动。这种运动对减肥很有效果，有些成年人想要减肥可以选择这项活动。跳绳一直盛行至今，一些中小学校把跳绳列入体育考试课程。

放风筝 这是一项有上百年历史的娱乐项目，是男女老少都喜欢的、代代相传的活动。春节过后到清明前后，正是春回大地、草木皆绿的大好时光。村民结伴到田野踏青春游，玩放风筝，进行比赛，谁放的风筝高，谁就是胜利者。在春天到野外呼吸新鲜空气，增强体质。

第十章　方言风俗

大众村地处江南水乡，村域内村民的生活均以农耕生活方式为主。在长期的农耕生产、生活中，村民传承着崇德向善的公序良俗，形成了古老又淳朴的社会风情和习俗，众多的岁时习俗寄托着村民对美好生活的向往。无论是婚嫁习俗，还是交往习俗，都体现了村民之间交往的礼仪，渗透了人间的温情。大众村域代代相传的祭祀习俗，反映了村民对祖宗的崇敬和对先贤的怀念。大众村域的方言土语，是村民生活中创造的丰富而生动的沟通语言，具有浓郁的乡土气息和地方特色，使得村民无论走到哪里，都可以从方言土语里品出家乡的味道。大众村域里流传的谚语和歇后语，是人们在长期的生产生活实践中总结出来的智慧结晶，蕴含了丰富的生活哲理。继承优秀传统文化，建设现代精神文明，成为大众村村民的共同追求。

第一节　方言词语

一、天文气象

日头：太阳。

迷露：雾。

长夯雨：连续不断地下雨。

阴司天：阴天。

阵头雨：阵雨。

霍显：闪电。

二、时令时间

冷天：冬天。

开年：明年。

日脚：日子。

好日脚：吉利的日子。

下昼：下午。

中浪、日昼醒：中午。

辰光：时候。

有辰光：有时候。

三、称谓

爷、阿伯：父亲。

阿爹、好公：祖父。

伯伯、老伯伯：伯父。

爷叔：叔父。

家主婆：妻子。

囡姆：女儿。

慢爷、慢娘：后父、后母。

娘、姆妈：母亲。

小倌人：丈夫。

老末拖：最小的孩子。

四、农事

稻湿头：稻穗。

娄麦：元麦。

麦湿头：麦穗。

作稻：割稻。

土大：挑泥用的竹簸箕。

孛乱：用竹篾编成圆形平底存放粮食的容器。

坑缸：存放大粪的大缸。

番麦：玉米。

谢菜：荠菜。

五、动物

偷瓜畜：刺猬。

老虫：老鼠。

癞团：癞蛤蟆。

曲蟮：蚯蚓。

在节：蟋蟀。

菊蜘：蜘蛛。

百脚：蜈蚣。

裙带鱼：带鱼。

六、生活用品

短出手：短袖上衣。

头绳：绒线。

兜头布：头巾。

灶郎刀：菜刀。

拖奋：拖把。

七、身体部位

面见骨：颊颧骨。

隔辣作：腋下。

手介子：手腕。

小膀：小腿。

脚馒头：膝盖。

肋膀骨：肋骨。

膀肚石子：小腿肚子。

手节丫：手指之间。

脚节丫：脚趾之间。

八、生理状态

勿适意、勿受用：生病。

肚皮拆：腹泻。

发寒热：发烧。

昏度：打鼾声。

黑痧：中暑。

着阴：受凉。

委水：遗尿。

吼杜：哮喘。

疰车：晕车。
抓巴眼：斜视。

九、人际交往

黄牛肩胛：不负责任。
像肚皮：按照个人意志发表意见。
小八腊子：小人物。
懊恼：后悔。
勒杀吊西：吝啬做事，不爽快。
戳壁脚：背后讲坏话，喜欢挑拨。
王伯伯：不可信任的人。
结棍：厉害。
吃夹裆：在人群之间两面不讨好，夹在中间受气。
扳雀丝：找岔子。
盖排头：靠他人地位权势达到某种目的。
寻吼思：挑衅。
触心：看到某一人、某一事物感到厌恶。
杨树头：两面派。
轧闹猛：凑热闹。
洋盘：外行不懂事、不精明。
老门槛：处事老到。
夹嘴舌：搬弄是非。

十、其他

干面：面粉。
饭除：锅巴。
面老鼠：面疙瘩。
索粉：粉丝。
门抢：猪舌头。

重身：怀孕。

宿姆娘：产妇。

做羹饭："五七"时女儿为亡父、亡母做一桌菜，以示祭奠。

赚头：买卖中的盈利。

一则倒：把货物全部买下。

白相干：玩具。

赤刮辣新：崭新。

拆空老寿星：事情未做成。

第二节　民间谚语

一、农谚

只有懒人，呒不懒地。

伏里勿搁好田，秋里勿要怪天。

娘好囡好，秧好稻好。

菜籽收花廿日忙。

小暑发棵，大暑长粗。

人在岸上热得跳，稻在田里哈哈笑。

麦花要风，稻花要雨。

麦莠风来掼，稻莠雨来淋。

稻老要养，麦老要抢。

麦熟过条桥，芒种动镰刀。

冬雪是宝，春雪是刀。

白露白迷迷，秋分稻莠齐。
寒露无青稻，霜降一齐倒。

二、气象时令谚语

春天孩儿脸，一日变三变。
夏雨隔块田（夏雨隔牛背）。
白露身勿露。
蟹立冬影无踪。
黑头风白头雨。
干净冬至邋遢年，邋遢冬至干净年。
雨天知了叫，晴天马上到。
东虹日头西虹雨。
迷露开，晒得呆。

三、人生谚语

满饭好吃，满话难讲。
宰相肚里好撑船。
狗嘴里吐不出象牙。
小洞不补，大洞吃苦。
嘴上呒不毛，做事不牢靠。
死了张屠夫，不吃混毛猪。
五样六样，勿及螺蛳炖酱。
急惊风碰着慢郎中。
癞痢头伲子自家好。
瓦瓣也有翻身日。
叫人勿蚀本，舌头上滚一滚。
吃尽滋味盐好，走尽天边娘好。
日里不做亏心事，夜里不怕鬼敲门。
情愿跟讨饭的娘，不愿跟做官的爷。

瓶口扎得没，人口扎勿牢。

棒头上出孝子，筷头上出忤逆。

牛皮勿天亮，只怕上真账。

人老珠黄不值钱。

日里走勒大路上，夜里困勒大床上。

有理无理，出勒众人嘴里。

金窠银窠勿及屋里（自家）狗窠。

越吃越馋，越困越懒。

好汉只怕病来磨。

药补不及食补。

一只碗勿响，两只碗叮当。

只有千年做贼，呒不千年防贼。

兔子勿吃窝边草。

酒逢知己千杯少，话不投机半句多。

无风不起浪。

人往高处走，水往低处流。

心急吃勿得热粥。

三个臭皮匠，顶个诸葛亮。

敬酒勿吃吃罚酒。

人要脸，树要皮。

亲兄弟，明算账。

死要面子活受罪。

乡下锣鼓乡下敲，乡下狮子乡下调。

一分行情一分货。

戏法人人会变，各有巧妙不同。

吃了人家嘴软，拿了人家手短。

铜钿眼里翻跟头。

冷粥冷饭好吃，冷言冷语难受。

第三节　歇后语

造屋请箍桶匠——找错人。

门缝里看人——看扁。

哑巴吃黄连——有苦说不出。

黄鼠狼给鸡拜年——没安好心。

小癞子撑伞——无发（法）无天。

芦席上爬到地上——勿相上下。

泥菩萨过江——自身难保。

墙头上刷白水——白刷（说）。

枯庙里的旗杆——独一根。

螺蛳壳里做道场——兜勿转。

顶只石臼做戏——吃力不讨好。

热锅上的蚂蚁——团团转。

苍蝇掐脱个头——舞齐舞齐（六神无主）。

棉花店里死脱老板——勿能谈（弹）。

橄榄核垫台脚——活里活络。

三个指头捏田螺——稳拿。

茅坑里的石头——又臭又硬。

肉包子打狗——有去无回。

瞎子磨刀——快了。

烧香赶脱和尚——喧宾夺主。

兔子尾巴——长不了。

敲脱牙齿朝肚里咽——有苦说勿出。

千里送鹅毛——礼轻情意重。

弄堂里拔木头——直来直去。

豁嘴淌鼻涕——顺路。

临上轿穿耳朵——来不及。

脚踏西瓜皮——滑到哪里算哪里。

外甥提灯笼——照舅（旧）。

大姑娘坐花轿——第一回。

鬼淘里相打——生病人晦气。

算盘珠——拨一拨，动一动。

小满里的日头，蚕娘的拳头——早晚一顿。

鸡蛋里挑骨头——找碴儿。

钥匙挂在胸口上——开心。

枇杷叶面孔——一面光，一面毛（说翻脸就翻脸）。

石头上掼乌龟——硬碰硬。

乌龟身上七个字——只吃别人不吃自。

相打头里借拳头——轧闹猛。

鸭吃砻糠——空欢喜。

附：

老古话里有硬道理

先前村里长辈教训年轻人总爱倚老卖老，常言“吃过的盐比你吃过的米还多”或“走过的桥比你走过的路还长”。以人生历练而言，诚然如此。虽然经历不等于成功经验，但“过去”为“未来”提个醒，还是可取的。由此及彼，由小及大，或许还可称作“让历史照亮未来”。

“不听老人言，吃亏在眼前。”上代传下代。老古话，顾名思义，即“老人”念叨的“老话”，仿佛“自古”便如此表述。不合时宜也罢，老生常谈也罢，其自洽的“真理性”则不容置疑，智慧的光芒穿透岁月。

一句“上梁不正下梁歪”，从反面道出言传身教的重要性。乡土社会，饭桌是家庭生活的中心，也是家庭教育的重要载体。经常听老人说教：“不识字有饭吃，不识人无饭吃。”八仙桌，坐八位客，座次有讲究，“上桌”也需有资格。如果沦为“八仙桌上第九人”，那就识相些，赶紧避让。旧时，小孩与妇女地位较低，来客或做客，基本不上正桌，而身份、地位不够的成人，也会自惭形秽，自嘲“上不了台面”。这话引申到能力方面，还有“扶不起的刘阿斗”之意。反之，形容主妇“出趟”能干，便夸为“上得厅堂，下得厨房”。

正襟危坐滋味不好受，尤其在长辈注视下陪坐，远比“上不了台面”尴尬，规矩很多，禁忌也不少，要“坐有坐相，吃有吃相”，眼睛不能老盯着菜肴，不能吃出“吧嗒吧嗒”的声响，更忌用筷子敲打饭碗……凡此种种，乡间归结为“不作兴”，就是礼仪上不认可、行为上不许可。如若为之，则被斥为败家子、落货胚。乡谚“从小看大，三岁看老”，为人生预判打足了“提前量”。

宴席上的菜有寓意，特别是年夜饭，讨口彩、求吉利。“鱼”喻为“年年有余”，慈姑喻为“万事如意”。家常菜也可借题发挥，如“猪头肉三不精”，讽人功夫不到家；“咸鱼翻身”，直击人软肋，意为“休想”。当年还有嘲讽酒鬼的一句歇后语，叫“红鼻头不吃酒——冤枉煞人”，似乎有一定道理。劣质烈性酒容易“上头”，鼻尖血管偾张，容易变成“酒糟鼻”。事实上，不少“酒糟鼻”系螨虫所致，一果多因却一棍子打死，情景类似“黄鼠狼蹲在鸡棚上——不吃也是吃”。不讲逻辑的“常识”，其实最易犯“想当然”的错误。

“好食不给饱人吃”，经验之谈，经得起检验，用现代经济学分析，涉及“边际效应”。凡事有度，因而“饭吃七分饱”，十分养生。而“吃得邋遢，做得菩萨”，除了无奈的自嘲，可能也是反诘——过于洁癖，并不幸福。万物共一个家园，生物圈中细菌甚至病毒都应有一席之地，因而作为“万物之长”的人类切不可妄自尊大，胡作非为，否则大自然一报复，让你“吃不了兜着走”。看看当下，横扫全球的新冠病毒有多可怕。

有一个笑话叫“吴阿毛吃施粥”，微微有些心酸。中华人民共和国成立前，碰到荒年，寺庙或大户人家烧大锅粥施舍，被施粥者自然多为乞丐与潦倒的穷人。那位吴阿毛一会儿听说镇东在施粥就赶往镇东，一会儿又听说镇西在施粥便赶往镇西，无奈命运总在跟他开玩笑，弄得他到处扑空，到哪儿都没吃上粥。这其中缘由，信息不对称是根本，“谣传”也有几分可能，最终归结到宿命论，想来也是一种阿Q式的精神麻醉法。

“教出来的，讨气；生出来的，志气。”在某种程度上，人还是可以做命运主人的。“教出来的”，被动接受；“生出来的”（也作“想出来的”），探索创造。因此，就技艺精进而言，“师傅领进门，修行在自身”；就自我实现而言，“有志不在年高，无志空活百岁”。发挥主观能动性，“扶贫先扶志”。联想到《论语》中有“老而不死是为贼”之说，不由得为鄙俗詈语“老不死”开脱一回：为老不尊，也是活该。道德滑坡，“坏人变老”“老人变坏”“人心扶不起”，“人”也就“老朽”散架了。

“男人投错行，女人嫁错郎”，开放时代，频频跳槽，“一言不合，一拍两散”，也不是好现象。俗话说，“做一行，怨一行”“三百六十行，行行出状元”。许多的老古话何以不被时间磨灭，其灵动的“与时俱进”是一方面，而精髓的“辩证法”才是一脉相承的内因。

“树挪死，人挪活。”前者言“物”，后者言“人”。多年来的造城运动，让多少大树从深山中“挪”出来，打着吊针苟活。人是社会动物，唯志存高远，勇敢走出去，才能有所开拓，独当一面。因此，“十七岁当远行，好男儿走四方”。

“出门看天色，进门看脸色。”天色是“天文”，需要观察；脸色是“人文”，遵循伦理。孔子谈孝道时有一论断，曰“色难”，说的是对父母始终有好脸色（和颜悦色），不容易。“长病无孝子”，随着老龄化社会的到来，这“脸色”会不会如“天色”一样多变呢？这很难说。养老是当下中国亟待破解的难题，门槛内外，谁都为难。

“看人挑担不吃力。”换位思考，多些理解，世界就多一分温暖。

“船到桥头自然直。”顺其自然，不怨天尤人，不杞人忧天，尊重规律，相信科学，明天会更美好。

“企，举踵也。”这是《说文解字》中的释义，翻译成大白话，就是“踮起脚跟” （也可说“踮起脚尖”）。脚跟提起，要用力，坚持就是“尽力而为”；坚持不了，滑向另一端，则为不自量力、非分之想，那就是“企图”了。在人际交往之中，有一句俗语叫“踮起脚跟来凑”，意思是竭力讨好对方，委曲求全逢迎，本质在于“骨子里缺钙”。一旦弄不好，“热面孔贴冷屁股”，自取其辱，何必呢！

第四节　民歌民谣

一、民歌

四句头山歌

耘稻要唱耘稻歌，双手弯弯捧六棵，
眼观目测棵里稗，双腿弯弯泥里拖。
有铜钿人六十年，做官当道三十年，
做生意人一蓬烟，种田人家万万年。
山歌唱得苦涟涟，年轻寡婆种家田，
被瞎子水蛇啄一口，哇啦哇啦哭青天。
四句头山歌唱开场，唱哥唱妹唱鸳鸯，
高楼上小姐死过去，听见我唱歌活转来。
四句头山歌口难开，扳弓射箭两头弯，
好花种勒高墙里，看花容易采花难。
天上乌云像缸爿，拨脱蓬仙种牡丹，
牡丹种勒高墙上，看花容易采花难。

十根扁担

第一根扁担梅花香，喂猪猡挑起麸皮糠，
一年过去从头起，大熟肥料靠猪羊。
第二根扁担灰上场，灰堆虽臭稻谷香，
肥多稻好收成好，巴望来年田稻旺。

第三根扁担两头长，花草河泥填草塘，
禾稻好比一枝花，全靠肥料把家当。
第四根扁担挑黄秧，黄秧连根六寸长，
落在田里蓬蓬长，莳好黄秧望爷娘。
第五根扁担日头旺，耥稻拔草是白忙，
汗水出得像雨打，东家茶馆听滩簧。
第六根扁担心欢畅，霜里头挑稻夜打场，
金谷满场自家少，公粮租米入他仓。
第七根扁担种麦忙，大麦小麦种两样，
种好麦田等落雨，明年收成有巴望。
第八根扁担两头光，一头白米一头糠，
摇船装谷牵砻做，卖脱白米做衣裳。
第九根扁担忙停当，缴脱公粮剩勾头，
一年粮食半落空，红花野菜度饥荒。
第十根扁担两头扛，丢掉扁担到城里厢，
城里穷人勿勿少，找不到帮工转家乡。

二、民谣

长工苦

正月梅花是新春，苦长工家里断笑声。年初一就要寻东家，到了初五就行程。破衣裳包裹打一个，新草鞋带了一大捆。家里事托拨家主婆，依依不舍离家门。

二月杏花愁拗春，下船罱泥最碰真。网杆上薄冰捋得手出血，西北风割脸泪纷纷。早晨出门乌清清，搪泥船歇工近黄昏。一舱两舱舱舱满，一舱浅点骂山门。

三月桃花一片红，弯扁担挑泥要用功。上丘挑到下丘去，挑得长工肩胛肿。一担两担担担直，泥墩挑成一条龙。土大角不能拖坏麦叶头，踏脱青苗要骂长工。

四月蔷薇芬芳香，车场基配好搭车棚。灌田浸谷搪垩用，做好秧田落稻种。

秧灰要趁露水里上，秧水打好天勿亮。出日头东家喊挑粪，还说长工懒洋洋。

五月石榴是芒种，莳秧已到田已空。老镰刀割麦根难断，磨刀还说是磨洋工。没日头收麦黑洞洞，夜里掼麦露水重。一记二记要用力，麦柴上有麦要骂长工。

六月荷花热难当，头顶烈日去耘耥。田里水烫防蛇虫，跪倒耘稻最难行。待等日落夜荫凉，还要踏水到三更。上丘车到下丘止，田鸡墩勿没难上床。

七月凤仙望秋凉，割草要凑好太阳。稻弄里独多蠓瞎子，哪有手空去搔痒，小田岸割到坟滩脚，岸脚边更要割清爽。水牛筋草勿曾连根拔，就骂长工勿细相。

八月桂花阵阵香，跌柴押扇打担绳。粳稻柴硬难跌软，牛棚里不停榔头声。黄米饭一碗搭空子盛，多吃一碗要骂山门。还说长工生活轻，要拿饭量减三分。

九月菊花是重阳，割稻种麦像打仗。田里稻把日头晒，勿干勿能收上场。腾出板田连手耕，麦坾头个个要一样。趁牛吃草去坌田角，看到露麦骂得应天响。

十月芙蓉小阳春，牵砻掼稻纳官粮。半天稻罗掼勿完，大囤谷堆难装像。牵砻筛米一人做，自拗自筛手脚忙。米堆有谷筛子破，还骂长工笨猪样。

十一月里雪花飞，长工赤脚碾糙米。臼头石加大分量重，鲜红血泡满脚底。白米出臼筛得净，黄糠里不能有大头粞。米粒子潮勒骨子里，硬说是镶水省力气。

十二月蜡梅忙过年，杀猪杀羊糕粉牵。长工熬到廿四夜，要搭东家算工钱。东扣西扣扣脱多，算着三钿还要欠。两手空空回家转，合家老小哭苍天。

第五节　岁时节俗

春节　农历正月初一，俗称“大年初一”。旧时，此日称为“元旦”。中华人民共和国成立后，农历正月初一改名为“春节”，政府还规定春节放假 3 天。春节是民间最重要的传统节日，春节期间家家户户大门上贴上春联。年初一早晨起床一开门，燃放“开门爆仗”，以图吉利。当日，男女老幼穿戴一新，客堂正中央挂着老寿星等画像，画像下面放一张供香烛台，上面供放水果、糖果、糕点等，两旁燃有香烛。小辈向长辈拜年，长辈给小辈“压岁钱”。早点花色多样，根据各家习俗而异：有的吃小圆子（俗称“百岁圆”），以求福寿、团圆之意；有的吃年糕汤，以祈生活节节高；有的吃糕团汤、赤豆汤，以图甜蜜团圆，有的吃面条，以求长寿。早点之后，泡杯橄榄茶，俗称“元宝茶”，以图吉利。遇到亲友、熟人，相互道贺，拱手互道“恭喜发财”。年初一没有特殊情况，一般不出门，阖家团聚。旧时，是日不用剪刀，不用刀，不扫地，不倒垃圾，谓之“聚财”。村民过春节，不只是年初一这一天，而是一个时期。年初二，村民开始走亲访友，相互拜年，馈赠礼品，互请吃饭（俗称“吃年酒”）。走亲访友活动一般至年初七结束。年初八俗称“添添狗食钵”，意思是到了初八厨房里备好的过年荤素菜基本吃完了。

元宵节　农历正月十五，系新年后第一个月圆之夜，又称“上元节”。元宵节，民间习俗是夜有张灯之举，故称“灯节”。旧时，元宵节日民间敲锣打鼓，有舞龙灯、踏高跷等娱乐活动；孩子们提着兔、鱼、鸟、兽等千姿百态、色彩缤纷的各式彩灯，追逐游戏，是谓“闹元宵”。吃过晚饭，村民用燃着的稻草火把熏烤农田四角，边烧边喊：“炭炭田角落，明年养只大猡猡，收收三石六”，此为“炭田角落”，祈求当年能够取得好收成。在这一天，村民有吃汤圆、馄饨之习俗，家家户户焚香点烛、陈设供品、迎接灶君。改革开放后，一些旧时活动逐渐淡化，不再盛行。

二月二　农历二月初二，村民有吃年糕的习俗，俗称“撑腰糕”。传说，只要吃了撑腰糕，就可腰背不痛，特别是村民在做农活特别是莳秧、做耘耥等农活时就不觉得腰酸了。

清明节　4 月 5 日前后是清明。其间，民间有扫墓（上坟）、踏青之习俗。大众村域凡在清明节前一年内有新去世的人家，要在清明节这一天摆上酒饭祭祀亡灵，并于是日到新坟上扫墓，此谓“正清明”“新清明”。一般的村民在清明节后到谷雨节气前进行扫墓活动。民间有“超前七月半，落后过清明”的传统说法。在清明期间祭祀祖先时，有的邀请亲友吃饭，是谓“过清明”，所择日期除新去世的人家择于清明节那天外，一般村民都会选择清明后。20 世纪 60 年代末开始提倡火葬，村民遗体被火化后，家人会将骨灰盒或置于家中，或寄存殡仪馆，日后择地或购买墓穴，一般在清明或大寒期间将其入土埋葬，以后每年清明时节进行凭吊祭祀。清明期间，村内少数老年妇女、佛门子弟趁此季节前往杭州等地烧香，借求神拜佛之机游春。村党组织也会组织党员前往烈士陵园，在烈士墓前举行悼念活动，进行革命传统教育。

立夏 5月6日左右。立夏标志着夏季的来临。旧时，村民在立夏日有“尝三鲜”的习俗，吃夏鱼（黄鱼）、蚕豆、竹笋，并吃酒酿、咸蛋等。小孩取煮熟之鸡蛋在门槛上滚过后剥壳食之，意为一个夏季能安然度过。此外，还有用秤称体重的习俗，可以防止“疰夏”。村里有新嫁出去的女儿，娘家要送女婿家团扇等礼物，是谓“送夏”。如今此类习俗仍有，只是不再盛行。

端午节 农历五月初五，即端午节。旧时，民间有“端午不吃粽，死了无人送”的说法。端午节这天，村民有吃粽子的习俗。这日，家家户户大门口挂上菖蒲、艾蓬、大蒜头，意在去瘟辟邪；室内用苍术、白芷进行烟熏。至今，此类习俗仍保留下来。进入21世纪，昆山高新区常在端午节组织村镇单位组成代表队，开展“划龙舟”比赛活动。

七月七 农历七月初七，民间称为“七巧日”。相传，这一天是古代神话中牛郎和织女鹊桥相会之期。旧时，村民们用糖、面粉、芝麻拌和擀薄，切成狭长小条，再串起打成结、入油锅氽，名为“巧果”，家人或将其分食，或馈赠亲友。中华人民共和国成立后，此习俗虽仍沿袭，但已不再盛行。

七月半 农历七月十五，为中元节，又称“鬼节”。旧时，除有新去世的人家于当日祭祀祖宗，是谓“新七月半”之外，其余人家均在七月半前进行祭祀（过节）。祭祀之日，村民会邀请亲友吃饭，谓之“过七月半”。改革开放后，此习俗仍有，然已日衰。

中秋节 农历八月十五日，为中秋节，俗称“八月半”，又称“团圆节”。是日，村民家里都要煮食糖芋艿、吃月饼。中华人民共和国成立前，大户人家晚上在庭院内安放供桌，放上月饼、菱、藕、石榴、柿子、糖芋艿等时令果品，点燃蜡烛、焚香，全家团聚拜月，俗称“斋月宫”。祭毕，食月饼、吃糖芋艿。中华人民共和国成立后，节前亲友之间互送月饼等礼品，食月饼、吃糖芋艿等习俗一直流传了下来。

重阳节　农历九月初九，为重阳节。这一天，村民有吃重阳糕的习俗，糕上插有彩色纸旗。旧时，重阳登高有“登高辟邪”之传说，且秋高气爽，民间有重阳登高之举。重阳吃糕、登高之习俗延续至今。1988年，江苏省人民政府将重阳节定为“老人节”，并逐渐成为敬老日。在重阳节到来之际，村里的党组织、团组织都会开展尊老敬老活动，村民家里的年轻人也会购买礼物送长辈、敬父母。

冬至　12月22日前后。是日，由于太阳直射南回归线，是北半球全年中夜晚最长的一夜，亦是“数九”寒冬之首日，有“冬至起九”的谚语。因为大众村域有“冬至大于年”的说法，所以村民过冬至夜（一般为冬至日的前一天晚上）亦较为隆重。旧时，由于贫富悬殊，因而民间有“有吃吃一夜，无吃冻一夜”之说。有新去世的人家有祭祀之事，谓之“过冬至”。相传，看冬至日的天气晴雨能预测春节时期的天气情况，民间有“干净冬至邋遢年，邋遢冬至干净年”的气象谚语。

腊八　农历十二月初八。因农历十二月称“腊月”，故谓之“腊八”。相传，是日各僧寺煮七宝五味粥，名曰“喇嘛粥”，斋供诸神，以做功德，祈求国泰民安，延年益寿。民间仿效之，有吃“腊八粥”之习俗。此粥一般以八样干果或豆类及蔬菜和米煮成，并根据经济情况和口味各异，有“粗腊八”“细腊八”“甜腊八”“咸腊八”之分。“粗腊八”取以赤豆、绿豆、慈姑、草荠、青菜、油泡、百叶、芋艿等一起煮成，“细腊八”则取莲子、薏仁、桂圆、蜜枣、核桃仁、松子、栗子、花生等一起煮成。此习俗流传至今。

廿四夜　农历十二月二十四，俗称“廿四夜”。在廿四夜，民间有送灶君上天的习俗，先行祭供灶君，贡品中除果品糕点之外，家家户户做团子。中华人民共和国成立前，贫困人家外出打工，最晚到农历廿三都要回家，在廿四夜全家欢天喜地吃团圆饭（吃团子）。此习俗流传至今。

除夕　农历十二月三十日（小月为十二月二十九日），为除夕，俗称“大年夜”。中华人民共和国成立前，村民中有“借债不过年的说法”，就是说在年三十前要把欠债结清，穷人家欠租或负债在身，年末最后一夜只好外出“躲债”，至除夕半夜过后才悄悄回家。这一天是全年最重要的节日。家人外出的均要赶回家中团聚，全家聚在一起吃年夜饭，菜肴丰盛，其中必须有青菜（因色泽翠绿，取其谐音称“安乐菜”，意为岁岁平安）和黄豆芽（因形似如意，取名“如意菜”，意为年年如意），席间相互敬酒祝福，祝福来年幸福如意，长辈给小辈（小孩）“压岁钱”。晚饭后，全家边喝茶，吃果品，边叙谈取乐。从20世纪80年代开始，全家围坐在一起看中央电视台春节联欢晚会渐成习惯，直至深夜关门放炮仗，谓之“守岁”。子夜前，门上换贴新春联，地面扫净，水缸提满，等到半夜12点，家家户户争抢开门放炮仗，在此刻炮仗连声惊天动地，以辞旧迎新。此习俗流传至今。20世纪90年代后期，随着村民生活水平的提高，一家老小在饭店欢聚在一起吃年夜饭渐成时尚。进入21世纪，市镇较高档次饭店的年夜饭常需要在10月前预订。

第六节　礼仪习俗

一、婚嫁习俗

定亲　中华人民共和国成立前，男、女一般至16岁左右，男方父母看中人家女子，托媒人说亲，女方将女儿的出生年月日及时辰写于红帖子上，谓之“庚帖”，俗称“生辰八字”，交予媒人送到男方家中，供于灶龛前，压在香炉下，此谓“请喜帖”。再行择日，将男方生辰八字与女方庚帖一并请人合帖，称之“排八字”，在确认双方“八字”不冲不犯后，即可合婚。如果双方不合，则将女方庚帖退还女方；如果双方合适，男方则选定吉日，备礼金、首饰、衣料、食品等装盘送往女方家中，称之“下聘”，或称“小盘”。“纳彩”俗称“行盘”。女方收下聘礼，以示允诺受聘，此称“定亲”。是日，男方宴请媒人、亲友。此习俗沿袭至中华人民共和国成立前夕。中华人民共和国成立后，媒人（今指介绍人）、彩礼依然存在，但按庚帖“排八字”已不再盛行。

送彩礼　定亲后，男方要送名目繁多的彩礼，称之“行大盘”。至迎亲之日，再送“上关盘”，有鸡、鱼、肉（有钱人家还用鱼翅和鹿筋）、糕点、钞票等八盘。迎亲时，还要开销“喜钿”。中华人民共和国成立后，一度不兴彩礼，但目前又渐盛行。

迎娶 又称“好日”或“结亲”。旧时，结婚一般历时3天。第一日称“开厨”，厨师做好一切准备工作；第二日为“正日”，即结婚之日，大摆筵席，宴请亲朋好友；第三日称“消厨”，又称“荡厨师”。“正日”之时，男家备花轿或舟楫迎娶新娘到新郎家。20世纪90年代后期，婚礼大多在社区礼堂或豪华饭店举行，请婚庆公司、司仪等承办。

过门 又称“正嫁”。女方收到彩礼后，备置嫁妆，至婚期，男方派人前来抬娶。是日，新娘梳妆打扮，穿戴一新，待男方前来迎娶时，父母叮咛新娘要孝公婆、敬丈夫、睦四邻，随后新娘头覆正方形红绸头巾一块，称之“云巾”。自20世纪90年代起，新娘流行穿拖地婚纱。

回门 婚后翌日（或隔一日），新郎、新娘同去女方娘家认亲，是称“双回门”。但新婚夫妇必须当日返回新房，有“月不空房”之说。此习俗沿袭至今。

迎亲船到家门口（2019年，顾秋根供图）

入赘 俗称“招女婿”，又称“做女婿”。一般无子有女人家为了传宗接代、继承宗祠，或因缺乏劳动力，而男方家境贫困且儿子又多，经媒人撮合，男子由女方迎娶过门。入赘后，女婿要赡养岳父岳母，还能继承女方产业。中华人民共和国成立后，仍有入赘的习俗，但男方仍依本姓，无须一定跟随女方姓，且夫妻平等。

填房 女子丧夫后，或因缺乏劳动力，经公婆同意，再招男子入赘，称之“填房”。

二、交往习俗

催生 孕妇怀孕7个月后，娘家携带益母膏（益母草）、面条、圆子、婴儿衣服、尿布等物送到婿家。婿家将岳母家送来的面条煮好装碗，并加上肉或鸡、鱼浇头分赠亲友邻居，称为“催生”。

三朝 婴儿出生第三天，婴儿外婆家送来摇篮或小床，还有糯米饼等，亲友前来送礼道贺，称之“过三朝”。婴儿家染红蛋，连同外婆家送来的米饼等分赠亲友邻居。

满月 婴儿满月，家长设满月酒宴，宴请亲友。旧时剃胎发，称“剃胎头”。村里讲究的人家，舅父抱着满月外甥请人给外甥理发，理下的头发称为“胎发”，将其珍藏。有的将胎发搓成团用红丝线穿起来挂在蚊帐内，娘家给女儿送来“满肚饭”，婴儿将来“知饥饱”。是日，宴请亲友，称“满月酒”，又称“做满月”。

百日宴 婴儿出生满一百天，家长请婴儿的外祖父母等亲友宴饮。如今，村民时兴买大蛋糕，为婴儿拍摄“百日照”等活动。

搭纪 村里的孩子出生一周年，家中办酒席，宴请亲朋好友。亲友送首饰、玩具、水果、糕点等礼品。小孩家地上铺红毡毯，将文房四宝、钱币首饰、玩具杂物等放在上面，让小孩去抓，看他抓住哪一件，称之“抓周”。根据小孩所抓之物，以测算小孩未来的志向。

生日 村里人过生日，面条必食，寓意长寿；富裕人家备佳肴宴席，共同庆生。20 世纪 70—80 年代，有的花钱去当地电视台点歌庆祝。1990 年后，幼儿过生日之风日盛，成年人也纷纷紧跟潮流。亲朋好友相聚共餐，在大蛋糕上插红蜡烛，共唱生日歌，吹灭红蜡烛后一同分食之。后来，在饭店庆生渐成时尚。

庆寿 旧时，村民为家里的五十岁、六十岁、七十岁、八十岁（虚岁）的老人过生日庆寿，有“做虚不做实”之说。子女为老人庆寿之日，一般人家在堂上点燃寿烛，吃寿面；有的子女为其添置新衣，以示庆贺。富裕人家张灯结彩，设寿堂，正中挂上“寿星”两个字，两旁挂上类似“寿比南山，福如东海”的祝寿对联，客厅里设供桌，供奉寿桃、寿糕，点燃寿烛、寿香。寿者夫妇朝南而坐，由子孙拜寿。是日，亲朋好友携寿幛、寿联、寿桃、寿糕、寿面等前往庆寿。寿者摆宴席，宴请亲友，有的请鼓手、宣卷，鼓乐齐鸣，热闹非凡。中华人民共和国成立后，此俗一度从简。改革开放后，村民的生活条件改善了，又复盛行，且不拘年龄，亦非必须逢十。进入 21 世纪，老年、中年做寿，青年、小孩过生日，比比皆是。庆寿形式虽较之前简单，但宴请亲朋好友，讲排场、比阔气之风渐盛，被邀请者送上礼金或礼物，以示庆贺。

馈赠 旧时，村里有人家遭了火灾，亲友都有馈赠粮食和生活用品的习俗。特别是受灾主妇娘家人，立即要购置好碗、筷、勺、箩、笆斗等日用品，煮一锅饭用箩筐装着，中间插一杆秤和万年青，四周盘一圈猪大肠，放芋艿、百合等物，帮助遭受各种灾祸的家人摆脱困难。如今，村民如遇火灾等不幸，人们会自发地献爱心，村里也会组织募捐活动。

建房 村民建房上正梁那天，岳父家或亲友要备两条鲤鱼、两只活鸡，还有大糕、定升糕、馒头及各色水果，扎好摇钱树，插在米斗或米箩里，分装成担，送往女婿家，俗称“送树屋”。上梁时，木匠和泥瓦匠作为头师傅在梁上往下抛馒头、糕点、糖果和硬币等物，边抛边说好话，祈求发财吉祥，称之“抛梁”。此日，所抛馒头糕点称为“抛梁馒头”“抛梁糕”，馒头寓意“发”，糕音寓“高”。上面抛，下面抢，称为“抢发禄”。一抢双发禄，本家发禄，自己跟着发禄。房主家要办“树屋酒”，招待前来庆贺的亲朋好友。2000年后，有村民家乔迁新居时也大办宴席，亲友赴宴送红包等贺礼，主人设宴答谢，同时向新居四邻分送糕点。一般人家乔迁酒或说是“进屋酒”，有的要办上数十桌。

拜师 中华人民共和国成立前，年轻人学生意或学手艺须拜师。村民学瓦工、木工、裁缝等手艺，拜师仪式比较讲究，拜师时不但要送礼金，而且要行跪拜礼，还要办酒席宴请师傅、师兄弟。满师后，学徒办谢师酒，再帮师傅三年，称之“学三年，帮三年”。中华人民共和国成立后，拜师习俗从简，进工厂的学徒由车间指定师徒关系，无拜师礼仪。但逢喜庆事，师徒间也会相互庆贺。个体行业拜师，拜师酒还是要办的，有的一次性付给师傅酬金，平时逢年过节要赠送师傅礼品。

三、祭祀习俗

祭祀习俗是沿袭村里代代相传下来的传统习俗。村民每年在清明节前后、农历七月半、除夕都要祭祖，俗称“过节”。一般一年“过节”三次，如有特殊情况，冬至节时也有“过节”的。

清明节前后“过节”祭祖时，一般都在清明节过后选一个日子，上午烧几样新鲜菜，大多为三荤三素，也有的人家是四荤二素；在家里把八仙桌放在厅堂靠南中间的位置，八仙桌要竖放，不可横放（平常是横放），八仙桌三周各放长凳一只，然后开始在八仙桌上放上酒盅和筷。酒盅放多少，根据各户祭祖多少来放，户与户之间各不相同。荤素菜放在台上，台子南边也放上时令水果、糕点等，点燃蜡烛和香。开始祭祀时，主人拿起香到大门口叫一声“祖先进来就餐”，香插到香炉里。接着，主人开始敬酒，待敬酒结束后，开始敬烟，香烟点两支（逢双），第一步结束。第二步开始，老大夫妇成对跪拜祖先后，依辈分分别跪拜，然后主人坐在客厅里看三支香点燃后是否摆放平整，如果香平而齐，说明全家平安。主人在旁不时添酒，酒过三巡，香燃过百分之八十（大概半小时到一小时后），开始端上饭，同时把事先折好的锡箔、纸钱焚化给祖先。落席前，主人对祖先打一下招呼，一边嘴里讲“你们可以走了，下次再叫你们”，一边把凳子动一下，整个过程就此结束。这就叫“过节”。如果有家里人在清明节前一年内过世的，那就要在清明节那天祭拜，称作“新清明”。

第二次祭拜祖先是在农历七月十四前。仪式与清明节后的祭祖仪式相同。如果家中在农历七月十四前一年内有人过世的，那么这次祭祖就要在农历七月十四日当日祭拜，叫“新十四”。村里有新清明、新十四的人家到冬至那天也要祭拜，这和其他人家的祭拜类型（过节）一模一样，叫“过冬至夜”。

第三次祭祖是在农历大年三十日（除夕），这次和上两次有些不一样，时间不再是上午，而是在晚饭前，而且要更加隆重。除夕日，家人大团圆，大门上都要以旧换新贴上大红对联，上方插上松柏、万年青、长生果（花生），长生果夹在松柏上。有的农户在大门前挂起大红灯笼，客堂后墙中间挂上福星高照、五福临门、福禄寿星等不同画像和大红对联，洋溢着喜庆的气氛。吃过午饭，主人就要开始准备祭拜祖先的事宜。这次祭拜跟前几次有些不一样，要多两道菜，八荤或六荤两素，摆放的位置跟前两次基本一样。如果主人家有几个兄弟，要错开来祭拜。老大大年夜祭拜，老二小年夜祭拜，老三小小年夜祭拜。除夕过节，是给祖先吃年夜饭，祭拜结束后，全家人才开始做自己的年夜饭，也叫“团圆饭”。晚饭后，炒瓜子、蚕豆、黄豆、花生等，全家人围坐在八仙桌旁，边吃边聊，回顾一年来的喜和乐，这叫作“守年岁”。

大众村域还有“拜喜酒”的习俗。每逢家中有大小喜事，如娶媳妇、生儿育女、庆祝婴儿满月和周岁、考上大学等，也要祭祖，这叫作“拜喜酒”，意为告知祖先，形式跟祭祖类似。

四、丧葬习俗

旧时，大众村域办理丧葬事宜，根据丧葬办理过程，有送终、小殓、灵堂、奔丧、大殓、出殡、做七、百日、除位和脱孝等习俗。

在人病危时，一般子女、家人等要侍奉在侧，外出子女赶回家中。人气绝，家属跪地哀哭，焚烧纸锭，将蜡烛插在纸马上点燃，称为“提灯蜡烛”，从床前一直递送到门外，意为将亡灵送至门外，此谓“送终”。子女再以热水擦洗死者遗体，此谓“暖尸”。一面在厅堂中搁置门板，移尸于其上，头南脚北，一面将死者床铺卸去，其蚊帐丢上屋面，然后给死者换上寿衣，穿鞋戴帽，脸蒙白布，身盖被面，两脚中间夹只斗，称为“小殓”。遗体前挂块白幔（称为“孝帘”），头上挂遗像，前置一张桌子，台上放各色祭品，点油灯一盏，昼夜不息。孝帘后面，死者家属身穿白衣，伏两旁恸哭。如此厅堂称为“孝堂”，又名“灵堂”。

在外地的子女及至亲闻得噩耗，星夜赶回见死者一面，并料理丧事，称为“奔丧”。亲友吊唁时，馈赠表幛、挽联、钱物等，并在供桌前向死者跪拜（今为鞠躬），丧家主人答谢并把白束腰或白布、黑纱丢在地上，不能直接递给吊唁者（俗称“免晦气”），孝帘后面妇女举哀。按照习俗，孝堂内不可无人守护，因而入夜后子女和亲友在遗体旁轮流守夜，称为“守灵”，俗称“陪夜”。富裕人家会请和尚、道士或尼姑、佛婆诵经，超度亡灵。如此停尸两三天后入殓，如子女远道未归，须待归来，则停尸时间也可延长。入殓时，由长子抱头，次子等扶脚，将尸体放入棺中，此称为“大殓”。

送葬时，由 4 人或 8 人抬棺，鼓手奏哀乐，子女穿麻衣孝服，腰束长白布，长子双手捧灵位（俗称“牌位”），退着走，其他小辈身穿孝服，低头哀哭，其余亲友手拿“安息香”，随灵柩之后列队以缓步行走送至火化场。殡仪馆如路远，则用船只或汽车运送灵柩，送葬者随车同往，此称为“出殡”。

送葬结束后，亲属回家吃“回丧饭”，一般备有豆腐、蔬菜、荤菜（俗称“吃豆腐”）。80 周岁的人死后，子女要外出“讨饭”，必须讨七户不同姓人家的饭。丧家纪念死者，在厅堂一隅（一般在西北角）设方桌一张，称“灵台”（俗称“座台”）；墙上挂有遗像，亡者是成年人，则摆椅子一只，将灵位置于椅子上，称之“坐位”；未成年人无椅子，将灵位置于桌上，称之“立位”。灵台两侧挂以挽联、素幛，灵台上置以烛台、香炉及祭品，并点油灯一盏。

自死者死亡当日起算，7 日为“七”，第一个 7 日“头七”，依此类推，“二七”“三七”……到第七个“七”，称为“断七”。在“七”日内，家属每日供奉三餐，逢“七”必祭，称为“做七”。“五七”最为隆重，大户人家事前发“讣告”（又称“讣闻”）通知亲友。是日，亲友到场，女儿做祭饭，俗称“做羹饭”，富裕人家请和尚与道士诵经、念佛和做道场，以超度亡灵，还焚化用纸和芦苇所仿制的房屋、家具等，称为“化库”。

死后第一百天称为“百日”，满一年称为“周年”，以及死后第一年的清明、七月半、十月初一、冬至都为新丧祭祀日，均需祭祀。所设灵台须维护一周年至三周年，最多三周年时拆除，称之“除位”。除位后，其灵位有的在当日焚化，有的置于厅堂上方木龛（俗称“家堂”）内，大户人家则列入本家宗祠。小辈服孝三年期满，称之“脱孝”。

中华人民共和国成立后，丧葬仪式从简，有一段时间僧道佛事几近消失。1969 年后，逐渐由土葬改为火化。改革开放后，旧时的一些丧葬习俗又日渐恢复。2000 年后，也有简化的丧葬仪式，如死者火化后骨灰盒直接埋葬到公墓，“五七”仪式在火化的当天或第二天进行，等等。

第十一章　村民生活

中华人民共和国成立前，大众村域村民以农业为主，经济收入单一，自耕户虽有几亩薄田，但生产方式落后，抵御自然灾害能力差，靠天吃饭，生活无保障。中华人民共和国成立后，村民在党的领导下走上了合作化和集体化道路，随着农业生产发展，收入相对稳定并有一定的提高。改革开放后，随着家庭联产承包责任制的实施和乡镇企业的蓬勃发展，村民有了择业自由，在非农领域就业的越来越多，家庭副业也得到发展，村民收入稳步增长，村民生活水平逐步提高。村民人均收入在 1978 年不足 200 元，1990 年超过 1 500 元，1997 年超过 5 000 元，2006 年超过 1 万元，2011 年超过 2 万元，2019 年达 44 856 元。随着收入的不断增加，村民生活水平和生活质量发生了翻天覆地的变化，从过去缺吃少穿，住茅草屋，走烂泥路，到如今“吃讲营养，穿着漂亮，住得宽敞，开上汽车”，生活过得越来越舒畅。村里社会养老事业不断发展，保障水平普遍提升，福利补助等政策全面实施，更好地保障了老年人、残疾人和困难家庭的生活。

第一节　村民收入

中华人民共和国成立前，村里除了少数富裕人家，绝大多数村民在有限的土地上耕作，收获的粮食勉强维持生活，很少有余粮去卖，收入很少。特别是佃户收入更少。中华人民共和国成立初期，经过土地改革，少地村民得到了土地，在自己的土地上耕种，粮食收获后，交完公粮，余粮即为收入。但因粗放耕种，水稻亩产量在300斤左右，村民的实际收入不高。20世纪50年代合作化期间，农业合作社除生产成本和公粮之外，余粮按劳动贡献和家庭入社份额进行分配，相对比较均衡，但分配水平依然较低。

人民公社化期间，生产队将产出粮食、油料等按国家定价计算收入，加上副业收入及其他收入，形成生产队总收入，减去农业生产成本（包括种子成本）和提留公积金、公益金后，形成生产队全年的净收入，再按生产队劳动力的工分进行分配。每年年终生产队制订分配方案，收入按户计算，分配到户。1962年，实行人民公社、大队、生产队三级集体所有制，以生产队为基本核算单位。

20世纪60—70年代，农业科技发展滞后，农业经济结构单一，粮食、油料作物等生产增长缓慢，但比中华人民共和国成立前仍有了较大增长，村民生活水平稳步提高。1965年，村域内新华大队秋季分配方案显示，全大队10个生产队177户，总人口634人，耕地面积1 696.5亩，水稻、三麦粮食总产125.79万斤，其中征购、超购77.02万斤，留种7.11万斤，饲料粮2.88万斤；总收入16.42万元，其中副业收入1 104元，其他收入1 825元。扣除成本后，可用于社员分配的纯收入为8.08万元，人均可分配收入127.5元，按劳动工分进行分配，每个劳动日为0.657元。除去社员口粮38.78万斤，人均592斤，净分现金3.3万元，人均纯收入52.1元。全大队透支户13户（家庭劳动工分收入少于口粮折算金额等支出），净现金收入户 164 户，其中收入在 100 元以下的有 59 户、100—199.99 元的有 51 户、200—299.99 元的有 35 户、300—399.99 元的有 13 户、400—499.99 元的有 4 户、500 元及以上的有 2 户。是年，新华大队 10 个生产队秋季分配方案显示，人均收入最高的生产队 133 元，人均收入最低的生产队 112 元，最高人均收入比最低人均收入多 21 元。

新华大队 1965 年的收入分配情况，是大众村域村民在 20 世纪 60—70 年代收入分配状况的缩影。不同年份、不同生产队的收入分配情况会有差别，但差别不大。随着生产发展特别是亩产量的提高和生产队副业收入的增加，村民的平均收入在这个时期也有提高。秋季分配方案显示，1978 年，新华大队 9 个生产队人均收入最高的生产队 158 元，人均收入最低的生产队 113 元，最高人均收入比最低人均收入多 45 元。1979 年，新华大队有 202 户，总人口 767 人，社员分配总收入 12.75 万元，人均毛收入 166.2 元，扣除口粮等款项后净现金收入 4.27 万元，人均纯收入 55.7 元。秋季分配方案显示，1980 年，新华大队 11 个生产队人均收入最高的生产队 206 元，人均收入最低的生产队 119 元，最高人均年收入比最低人均年收入多 87 元。

1982 年，大众大队有 16 个生产队 339 户，总人口 1 337 人，社员分配总收入 30.49 万元，人均毛收入 270 元，扣除口粮等款项后净现金收入 12.69 万元，人均纯收入 112.4 元。是年，新华大队有 13 个生产队 223 户，总人口 785 人，社员分配总收入 16.99 万元，人均毛收入 216.4 元，扣除口粮等款项后净现金收入 6.66 万元，人均纯收入 84.8 元。秋季分配方案显示，新华大队人均收入最高的生产队 265.7 元，人均收入最低的生产队 164.8 元，最高人均收入比 1980 年最高收入多 59.7 元，最低人均收入比 1980 年最低收入多 45.8 元。是年，秋季分配方案显示，大众大队人均收入最高的生产队 358 元，人均收入最低的生产队 214 元，最高人均收入比 1980 年最高人均收入多 172 元，最低人均收入比 1980 年最低收入多 119 元。

1983 年，全国推行家庭联产承包责任制后，大众村域实行农业体制改革，使得村民有了择业的自主权。随着社队办企业的兴起，村民的就业渠道越来越宽，在非农领域就业的越来越多。同时，农业结构调整带来多种经营形式的发展，使得村民收入来源得到拓展。1984 年，村民进入镇村企业和第三产业的占全村总劳动力的35.2%。此后，随着村民土地承包经营权的转让和规模经营的发展，从事农业的劳动力逐年减少，而从事工副业和商贸业的逐年增加，来自农业的收入比重逐年下降，而工资性收入、投资性收入、财产性收入和保障性收入比重逐年上升，村民的收入水平稳步提升。1990年，人均收入超1 500元；1997年，超过5 000元；2011年，超过2万元。2019年，大众村有481户1 748人（不包括外村迁入户），就业劳动力945人，从事第二产业430人、第三产业450人，全年工资性收入3 350万元，经营性收入2 900万元，投资性收入115万元，资产性收入635万元，政策福利性收入729万元，其他收入390万元，全村村民人均收入达4.49万元。（表11-1至表11-4）

表11-1　1965—1982年新华大队收入分配选年统计表

年份	总人口/人	社员分配总收入/元	人均收入/元	现金分配/元	人均纯收入/元
1965	634	80 837	127.5	33 022	52.1
1967	682	76 429	112.1	21 932	32.2
1969	733	87 674	119.6	26 593	36.3
1970	732	85 672	117.0	22 535	30.8
1971	755	96 021	127.2	28 796	38.1
1972	762	107 277	140.8	33 851	44.4
1973	759	98 097	129.2	31 983	42.1
1974	758	106 575	140.6	33 394	44.1
1975	771	73 730	95.6	13 880	18.0
1976	766	96 229	125.6	25 590	33.4
1977	770	64 326	83.5	11 425	14.8
1978	788	98 749	125.3	24 181	30.7
1979	767	127 500	166.2	42 700	55.7
1980	764	108 115	141.5	29 674	38.8
1981	775	121 943	157.3	40 983	52.9
1982	785	169 882	216.4	66 600	84.8

注：因资料缺失，大众大队收入分配数据暂未统计。

表 11-2 1965—1982 年新华大队各生产队分配选年统计表

单位：元

年份	队别	1	2	3	4	5	6	7	8	9	10	11	12	13
1965	分配总额	12 889	11 045	12 937	5 294	5 410	7 062	6 390	8 776	6 189	4 845	—	—	—
	人均分配金额	122.7	117	133	115	120	124	112	131	132	118	—	—	—
1967	分配总额	12 343	10 949	11 575	5 387	5 244	5 700	5 913	14 538	4 777	—	—	—	—
	人均分配金额	102.5	111.8	110.2	110	111.5	94.6	92.5	130	122.2	—	—	—	—
1969	分配总额	13 312	12 294	13 198	6 235	6 297	6 644	7 434	16 591	5 665	—	—	—	—
	人均分配金额	120	112.8	124	122.1	123	103.8	103	134.9	120.5	—	—	—	—
1970	分配总额	13 123	12 094	12 701	6 183	5 807	6 461	7 282	16 074	5 939	—	—	—	—
	人均分配金额	117.5	108	117.6	119.2	111.6	103.3	97.1	129.2	123.7	—	—	—	—
1971	分配总额	14 107	14 046	14 145	6 392	7 392	7 299	7 762	18 812	6 062	—	—	—	—
	人均分配金额	127	127	126	123	139	112	100.8	148.8	126.3	—	—	—	—
1972	分配总额	18 494	15 220	16 109	6 774	7 487	7 569	9 224	19 693	6 707	—	—	—	—
	人均分配金额	165	137	138	128	153.2	116.4	118.3	155	134	—	—	—	—
1973	分配总额	15 115	13 238	15 560	6 846	7 707	7 294	8 930	16 699	6 708	—	—	—	—
	人均分配金额	134	129	140.9	126	142	112	119	133	131	—	—	—	—
1974	分配总额	16 219	14 708	16 928	6 983	8 212	7 999	8 978	19 442	7 106	—	—	—	—
	人均分配金额	143	130	151	124.8	152.1	119	119.7	158	142	—	—	—	—
1975	分配总额	9 620	10 317	11 704	5 382	6 088	4 345	6 813	14 919	4 542	—	—	—	—
	人均分配金额	83.6	91.3	101	96.1	117	62	90	121	90.8	—	—	—	—

续表

年份	队别	1	2	3	4	5	6	7	8	9	10	11	12	13
1976	分配总额	12 373	13 988	15 165	6 684	7 362	8 204	9 210	17 645	5 598	—	—	—	—
	人均分配金额	109.5	123.5	124.3	123.7	144.2	122.5	121	144.6	116.6	—	—	—	—
1977	分配总额	10 000	9 105	9 290	4 660	4 766	4 575	5 520	11 445	4 965	—	—	—	—
	人均分配金额	90.1	78.4	76.7	89.6	91.5	67.2	72.7	95.4	91.5	—	—	—	—
1978	分配总额	14 789	13 864	14 475	5 879	7 819	7 665	8 443	18 900	6 915	—	—	—	—
	人均分配金额	128.6	120	116.7	108.8	134.8	113	114	158	130.5	—	—	—	—
1979	分配总额	15 678	18 069	19 362	9 687	11 216	11 427	11 825	21 231	9 005	—	—	—	—
	人均分配金额	141.2	159.9	160	206	192.3	163.2	155.6	187.8	173.1	—	—	—	—
1980	分配总额	7 460	13 650	17 256	6 884	8 396	8 836	9 710	11 591	6 845	9 478	8 009	—	—
	人均分配金额	140	119	146	146	149	128	129	206	142	169	151	—	—
1981	分配总额	9 519	7 230	8 274	7 147	8 585	10 580	12 006	10 992	7 444	11 435	10 529	9 262	8 371
	人均分配金额	186.6	133.8	149	169.2	149	149	164	189	158	193	198	144	144
1982	分配总额	13 126	11 957	11 877	11 737	12 206	12 028	14 561	16 885	9 831	14 321	14 347	13 688	13 318
	人均分配金额	238.6	225.6	201.3	239.5	206.9	164.8	189.1	263.8	185.5	231	265.7	204.3	218.3

注：因资料缺失，大众大队收入分配数据暂未统计。

表 11-3　1982 年大众大队和新华大队收入分配统计表

项目	大众大队	新华大队
生产队数/个	16	13
户数/户	339	223
人口/人	1 337	785
正半劳动力/个	843	542
耕地/亩	2 959. 5	1 740. 43
农副业总收入/元	602 426	366 694
农副业生产费用/元	230 062	157 203
农副业纯收入/元	372 364	209 491
社员分配总收入/元	304 936	169 882
社员分配纯收入/元	126 862	66 600
人均分配纯收入/元	112. 4	84. 8
交纳国家税金/元	23 122	15 851
提留管理费/元	626. 2	2 476
提留公积金/元	27 456. 8	14 977
提留公益金/元	16 898. 2	8 781
其他支出/元	15 683	9 937
支出合计/元	290 726. 2	193 374

表 11-4　1990—2019 年大众村域村民人均收入情况表

单位：元

年份	人均收入	年份	人均收入
1990	1 584	1994	3 414
1991	1 783	1995	4 055
1992	1 844	1996	4 858
1993	2 522	1997	5 251

续表

年份	人均收入	年份	人均收入
1998	5 351	2009	15 726
1999	5 386	2010	17 645
2000	5 510	2011	20 212
2001	5 846	2012	23 186
2002	6 262	2013	25 550
2003	6 819	2014	23 921
2004	7 930	2015	28 456
2005	9 218	2016	32 512
2006	10 508	2017	38 757
2007	12 168	2018	41 895
2008	13 987	2019	44 856

第二节　村民消费

一、衣着

1960年前，村民穿的衣服大多是自己用土布缝制的斜襟式、对襟式上衣和折腰式长裤，色彩并不讲究。夏天，有的孩子光着上身，束一块腰裙，成年男子下身束一条布裙。冬天，人们上身穿一件棉袄，下身穿一条棉裤，贫苦人家下身穿一条单裤度过寒冬。如果遇上雨天，村民习惯披上蓑衣出行。如果村民走进城市，不用他人介绍，路人便知其是乡下人。另外，大部分村民脚上穿的都是自制的白底布鞋、圆口布鞋、方口布鞋、草鞋等。雨天时，村民大多穿钉鞋（木制），夏天穿自制木拖鞋，冬天穿棉鞋或芦花鞋。

蓑衣（2019年，顾秋根摄）

芦花鞋（2019年，顾秋根摄）

“文化大革命”期间，青年男女多穿蓝色学生装、中山装，也有的穿草绿色军装、草绿色球鞋，身系一条仿军式武装皮带，斜挎一只草绿色军包。当时，村民可用布票购买布匹或布制品。但多数人发现衣裤破旧后，就补上补丁。一般家庭都养羊，剪下羊毛纺成粗毛线，自己染色后编织羊毛衫。

20世纪70年代，人们生活条件有所改善，其穿着从斜襟式旧式服装改为对襟式服装，面料有灯芯绒、的确良。此时，中山装也开始流行。女装有平绒缝制的时尚服装，服装的款式有了很大改观。进入20世纪80年代，人们不再穿打补丁的衣服，粗纱布服装逐渐消失。鞋的式样越来越多，从塑料鞋到海绵鞋、运动鞋、皮鞋等，布鞋逐渐消失，胶鞋替代钉鞋。

20世纪90年代初期，随着家庭经济收入的增加，人们的衣着开始讲究，滑雪衫、皮夹克、西装、一步裙开始风行。羊毛衫分腈纶、羊毛等材质，还有腈纶与羊毛混纺，以及全毛棒针衫、蝙蝠衫、V字领、三翻领等款式。20世纪90年代中期，人们穿衣不再为蔽体保暖，而是讲究舒适大方，凸显个性，在标新立异的年轻男女身上表现较为突出。新旧款式交替，花式繁多，五彩缤纷。

2000—2019年，人民生活水平不断提高，其穿着打扮趋向高档时尚。人们的穿着无不展示着缎面唐装的古朴、无袖旗袍的典雅、全毛长裙的雍容、西装革履的潇洒、毛涤风衣的飘逸、牛仔系列的奔放、休闲服装的随和、羽绒冬衣的高雅等。在选择面料、款式上讲究品牌，彰显出时髦亮丽的特色。

20 世纪 50—60 年代服饰（2019 年，顾秋根摄）

布票（2019 年，顾秋根摄）

二、饮食

主食 中华人民共和国初期，大多数村民家庭，夏吃麦粞，秋食糙米，忙时吃瓜菜饭，闲时吃稀粥饭，只求吃饱。少数贫苦人家，平时一日两餐。很多村民以南瓜、山芋、豆类、白菜等作为主食。1965 年，新华大队人均口粮最高的是 598 斤（谷），最低的是 580 斤（谷），因劳动强度大，粮食紧缺，只好以南瓜、胡萝卜等代替粮食，以面粉糊糊充饥。少数农户还吃救济粮，过着半饥半饱的生活。食用油人均每年 3.6 斤。1983 年，家庭联产承包责任制实行后，调动了农民的种粮积极性，粮食产量不断提高。村民完成粮食征购任务后，多余粮食可以自行处理，家家都有余粮。1993 年，粮食市场全面放开，村民的粮食供应有保障，村民的饮食结构发生变化，开始注重多吃粗粮、杂粮。副食品消费增加，而直接的粮食消费比重有所下降。

菜肴 1978 年改革开放前，村民日常吃菜大多由村民自留地种植，其家中多少养些鸡、鸭，平时很少上集市买菜，一般只有亲戚串门或者五匠到家，或造房，或做家具，或做衣服时才买点肉，而且需要有肉票才能买到。所以，当时村民中流行一句顺口溜，说家中“一工一农，吃煞勿穷”。村民羡慕五匠，形容木匠“笃笃笃，一工 1 块 6，不吃鱼，定吃肉”。改革开放后，村民收入逐步增加，各业振兴，市场物品供应越来越丰富，特别是农副产品市场全面放开后，村民的生活发生了极大的变化，人们不但要求吃饱，而且要求吃好。1990 年后，村民饭桌上常有鱼、羊、鸡、鸭肉等荤菜，逢年过节有冷盘、热菜、点心，还

村民在河边淘米、洗菜
（2019 年，顾秋根供图）

配有高档名酒、饮料、水果。21 世纪初叶，食品消费更趋多样化，饮食更重质量。随着健康饮食、养生观念的深入人心和生活节奏的逐渐加快，饮食消费支出发生很大变化，饮食结构更加均衡，外出餐饮渐成风尚，外出餐饮消费支出增长较快。

炊具　传统灶，有单眼（一只锅）、双眼（二只锅）和三眼（三只锅）之别。1970 年前，有少量困难户或单身男女用行灶（用稻草混泥巴一圈圈搪成直径 60 厘米左右的鼓墩形中空泥坛，下开灶门，上搁铁锅）。20 世纪 70 年代中期，部分村民用煤球炉、煤油炉。20 世纪 90 年代后期，部分家庭用上液化气灶，但传统灶一般还留着，并加贴瓷砖、花岗岩面砖。这时，村民一般将液化气灶、土灶、懒汉炉并用。从 1995 年开始，有相当一部分村民的灶具变得样式繁多，有烤箱、蒸箱、电磁炉、集成灶等。2003 年后，村民家中的传统土灶随着房屋动迁而逐渐消失。

村民打井水做饭
（2019 年，顾秋根供图）

牵磨
（2019 年，顾秋根供图）

土灶
（2012 年，顾秋根摄）

三、住房

20 世纪 50 年代，大多数村民住房为土木结构，部分住房是泥墙草屋，阴暗潮湿，居住条件较差。到20世纪50年代末期，大众村域内泥墙草屋有62户，占总户数336户的18.5%。20世纪60—70年代，随着经济的发展和村民收入的稳定，村民开始翻建住房，以改善居住条件。其中，翻建平房303户，占总户数336户的90.2%，人均居住面积16.3平方米。大众大队村民人均居住面积17.5平方米，新华大队村民人均居住面积14.6平方米。

20世纪80—90年代，大众村域内的村民大兴土木，普遍翻建楼房。到各村庄动迁前，村民家庭建造楼房户占总户数的87%，人均居住面积提高到64.2平方米。

随着城乡一体化力度的加大，村民收入不断增加，越来越多的村民舍得把钱花在住房建设上，在城镇购买商品房的越来越多，大多数村民既有一幢上三层、下三层的农村自建楼房，又有一套在城镇的商品房。至2017年年底，全村村民在城镇拥有商品房609套。是年，大众村的各村庄全部完成动迁，村民都住进了宽敞舒适的、带有电梯的居民小区，村民每户一般可安置3套住房。2019年，村民人均居住面积为79.3平方米。

四、出行

20世纪70年代以前，村民出行都是步行，行走在纵横交叉、弯弯曲曲的田间小道。雨天路面泥泞、行走困难，晴天土路也高低不平。村民出门劳作或者有事外出上集镇，货物大多是依靠肩挑人扛或农船运输，到昆山要步行几小时，到苏州、上海等城市要步行到新北乡火车站乘火车，或者乘坐轮船。

20世纪70年代初期，正仪人民公社建成一条通往各大队的机耕路，乡间小道上才出现了自行车，大多数人到正仪仍是步行。20世纪70年代中期以后，大兴农田水利基础设施建设，规划田间大道，在主要村道上铺设石子，人们到集镇不必走烂泥路，几乎都用上了自行车。20世纪90年代，通往各自然村道路大多浇注水泥路面，摩托车、自行车进入农户家庭，村民出行的条件有了很大改善。

2000年后，村民家庭开始购买轿车，最初是少数家庭，后来轿车数量不断增加。至2019年年底，全村村民家庭累计购买轿车615辆，户均1.2辆。政府加大公共交通建设，公交车开进了农村社区。2010年，开通202路、204路公交车；2018 年，开通 158 路公交车，并都在大众村域内设有站点。其中，202 路公交车从城铁阳澄湖站开往南星渎茗景苑 C 区，村域内设了 4 个站台；204 路公交车从昆山体育中心开往南星渎茗景苑 C 区，村域内设了 4 个站台；158 路公交车从昆山汽车客运南站开往燕桥浜路长阳路，村域内设了 3 个站台。这 3 条公交线路连接了村内与附近村镇和昆山市区的交通往来，村民至南星渎各小区、昆山市区和汽车客运南站都很方便。

第三节 社会保障

一、村民养老保险

1990 年后，农村人口日趋老龄化，农村单纯以家庭养老的保障功能日益弱化，显露出一系列的社会和经济问题。2003 年，昆山市人民政府推出子女购买、老人享受的农村养老保险（以下简称“农保”）制度，大众村域当年参加农保的有 756 人。是年 4 月，大众村落实昆山市人民政府关于对男性年满 60 周岁、女性年满 55 周岁的村民每月发放 100 元养老金，70 周岁以上每月发放 130 元养老金的相关政策，当年为 158 位老年人办理养老金发放手续。

2008 年，农村养老金提高到每月 190 元，70 周岁以上提高到每月 220 元。2006 年，政府对参加农保已领取农保退休金的农民实行城乡一体化政策，农保转社保一次性交费，参加社保的农民，女性 50 周岁、男性 60 周岁第一个月的养老金可领 550 元左右。此后，大众村村民办理农保转社保的不断增加，至 2019 年年底，累计有 668 名村民办理社会养老保险。(表 11-5)

表 11-5　2012—2019 年大众村村民享受养老金及丧葬补助统计表

年份	养老金发放		丧葬费	
	人数/人	金额/元	人数/人	金额/元
2012	190	931 770	12	17 800
2013	178	998 798	12	15 882
2014	169	1 065 111	9	10 319
2015	156	1 101 581	13	15 572
2016	144	1 066 946	12	15 876
2017	130	974 064	14	22 018
2018	119	937 685	11	15 723
2019	111	9 116 929	8	12 526

二、最低生活保障

2000 年，根据《昆山市城镇居民最低生活保障办法》和《昆山市农村居民最低生活保障办法》的文件精神，大众村为收入水平达不到政府规定的最低生活保障水平的村民申请低保，使其享受最低生活保障待遇。当年农村居民最低生活保障标准为每月 100 元。2007 年，调整为每月 240 元。2008 年后，农村居民最低生活保障为每月 350 元。2019 年，调整为每月 995 元，符合条件的农村居民都办理了低保。

三、失地村民生活保障

改革开放后，随着工业经济、交通事业、社会公共事业迅速发展，政府开始征用土地，至 2019 年年底，大众村有 3 605 亩耕地被征用，被征地面积占总耕地面积的 84.6%。全村共有失地村民 420 户，人口 1 650 人。

大众村严格执行政府对失地村民实行保障的政策。按照国家和昆山市的相关政策，对 2003 年 12 月 31 日前征用的土地，责任田按每亩 300 元标准，自留地按每亩 600 元标准，口粮田按每亩 900 元标准，给失地村民发放土地补偿金。此后，补偿标准根据实际情况做出调整，相应地对分别提高到每亩 400 元、800 元和 1 200 元的标准进行补偿。在给失地村民发放土地补偿金的同时，还对失地村民发放安置补偿费。以村民小组为单位，对全失地村民按照每人 2 万元的标准记入失地村民个人账户，到龄按每月 120 元发放养老金。2011 年，征用的土地按每亩 2.4 万元的土地补偿金标准，其中 1.68 万元一次性直接支付给被征地村民。

2019 年，由政府补贴，失地村民纳入城镇职工的社会养老保险（农保转社保），失地安置补助费个人资金可抵扣个人缴纳基金部分，转入社会养老保险基金。当年，大众村为 758 名失地村民办理社保转移，参保率 94.8%。

四、村民福利

扶贫帮困、敬老助残是大众村“两委”历来十分重视的一项工作。2000 年后，随着村级经济的发展，大众村“两委”进一步加大对老弱病残人员生活的保障力度，不断开展“爱心助学”“扶贫帮困”“敬老助残”活动，以保障他们的基本生活，维护他们的合法权益，提高他们的生活质量。按照规定，对村里 70 周岁以上老人发放“高龄老人优待证”，持证者可在昆山市域内免费乘坐公交车；90 周岁以上老人，每人每年增发 2 400 元高龄补贴；100 周岁以上老人，每人每年增发 6 000 元高龄补贴。大众村严格落实扶贫帮困、敬老助残工作，保障和提高村里老弱病残人员的生活质量，为他们能够安度幸福的晚年提供相关服务。

2006 年，大众村安排 2 名五保老人入住敬老院，年供养补贴 7 000 元。

2011 年，按照昆山市残疾人联合会、交通运输局、财政局联合印发的《昆山市残疾人免费乘坐公交车工作实施方案》的相关规定，大众村安排人员开展专门服务，为残疾人办理相关手续和证件，让村里残疾人持乘车卡免费乘坐昆山市公交车；同时，为残疾人办理优惠证，让他们得到社会的优惠服务。

2012 年，大众村“两委”根据村财政收入的研究决定，对 60 周岁及以上老人发放重阳节与春节福利，并逐年提高。2014 年，大众村“两委”对村集体资产确权发证。是年，每人每股分红 100 元，并逐年提高。2019 年，每股分红提高至 350 元。是年，大众村“两委”给老年人发放春节福利，60—69 周岁每人 150 元，70—79 周岁每人 200 元，80—89 周岁每人 250 元，90—99 周岁每人 500 元，100 周岁及以上每人 1 000 元。

第十二章　乡村人物

大众村民众历来勤俭朴实，崇德向善。中华人民共和国成立后，良好的村风得以弘扬。在社会主义建设和改革开放实践中，涌现出一批批优秀人物，为家乡的建设和发展做出了重要贡献。他们中有带领群众兢兢业业工作的镇村干部，有出国留学学成回来报效祖国的莘莘学子，有在昆曲传承方面取得突出成就的优秀人士，有在部队当兵锻炼、在学校当教师、在医院做医生的专业人才，还有众多的木匠、泥瓦匠、漆匠、电焊工等能工巧匠和各类技术能手，他们奋力拼搏，为国家、为大众村做出了贡献，做出了成绩。至 2019 年年底，大众村有村籍军人 93 人，村籍大专生、本科生 241 人；有村籍从教人员 45 人，村籍从医人员 39 人；有在党政机关、国有企事业单位任职并担任领导职务 42 人；有来自苏州和昆山的城镇知识青年在大众村插队落户 93 人；还有多名市镇人大代表和大学生村干部等，为村里的发展做出了贡献。

第一节 人物传略

王怀德（2019 年，王小花供图）

王怀德（1921—1982） 1921 年，王怀德出生在上海的一个中医世家，在 5 个兄弟姐妹中，他排行老三。王怀德的父亲靠给人看病维持全家 7 口人生活。1937 年，淞沪抗战中，日寇的飞机轰炸上海，祖屋被炸毁，16 岁的王怀德随同父母兄妹暂借住上海堂叔家中。1942 年，王怀德随父母离开上海，到吴县胜浦金家庄落脚。21 岁的王怀德跟随父亲在金家庄行医 7 年。在这期间，王怀德得益于父亲的言传身教，继承了家传秘方，积累了医学知识，其中医外科医术水平有了很大提高。1949 年，28 岁的王怀德带着全家从吴县胜浦金家庄来到昆山正仪乡姚家港村定居。此时，全家靠王怀德早起晚归四处行医养家糊口。由于王怀德为人诚实朴素，对患者态度好，乐施行善，医术高超，在远近十里八乡逐渐有了名气。20 世纪 50 年代初期，慕名前往看病问药者甚众。当时，吴县角直、唯亭，昆山巴城，吴淞江南的张浦、南港、大市等地摇船到姚家港求医的人很多，有时看病的船还排起了长队。

1952 年 12 月，正仪区人民政府在南星渎成立大众联合诊所。正仪区人民政府领导多次上门动员王怀德去大众联合诊所工作，王怀德服从领导安排，去南星渎同北城村周大刚等人一起为村民提供防病治病的医疗服务。1956 年 3 月，姚家港等自然村组建成立新华高级社，但没有人做会计（当时农民多为文盲、半文盲，能断文识字者甚寡）。在当时领导几次三番动员下，王怀德顾全大局，忍痛告别了他深爱的并为之奋斗10多年的从医生涯，回村当了新华高级社的会计，时年35岁。此后，王怀德从新华高级社会计做到新华大队会计，这一做就是9年。王怀德为人忠厚善良，待人和蔼可亲，顾全大局，服从领导安排，兢兢业业，任劳任怨。王怀德干一行爱一行，在平凡的岗位上，为村民勤恳工作。1982年9月12日，王怀德因病逝世，享年61岁。

张俊益（2019年，张学明供图）

张俊益（1939—2006） 大众村黄渎村人，中共党员，初中文化。1955年，16岁的张俊益在正仪区新北乡当通信员，于1956年加入共青团。1958年9月，张俊益在昆山农校培训后，于次年9月被派往昆山县淀西人民公社任业余教育辅导员。1962年4月—1965年9月，张俊益回正仪乡大众大队13生产小队务农，任小队会计，并于1965年3月入党。1965年10月—1971年1月，张俊益任正仪乡农业技术推广站站长。1971年2月—1977年7月，张俊益历任正仪乡群南大队党支部书记、兽医站站长和正仪乡米厂、化工厂、水泥厂党支部书记、厂长。1977年8月—1983年5月，张俊益任正仪人民公社党委副书记、管委会主任。1983年6月—1986年3月，张俊益任昆山县南港人民公社党委书记。1986年4月—1991年1月，张俊益任昆山县稻麦原种场党委书记。自1991年2月起，张俊益任正仪镇党委副书记、纪委书记。1999年，张俊益正式退休。2006年11月3日，张俊益因病逝世，享年67周岁。张俊益生前多次获昆山县（市）农业先进个人，是昆山县第九届人代会（1981年）和昆山县第六、第七次党代会代表（1985年和1988年），昆山市第九届政协委员（1991年）。张俊益是从农村走出来的基层干部，几十年来踏实工作，为改变家乡面貌，建设新农村，兢兢业业，努力拼搏。张俊益聪明好学，知识丰富，兴趣广泛。张俊益始终融入普通群众中，与他们同甘共苦，受到他们的称颂。

张惠元（1926—2010） 大众村小黄泾人，中共党员，高小文化。1954年3月，张惠元参加工作，任昆山县正仪区新北乡（小乡）农会副主任、民兵中队长。是年6月，张惠元加入中国共产党。1956年，张惠元任正仪区新南乡（中乡）党支部副书记。1957年8月，张惠元任正仪乡党总支组织委员。1958年10

张惠元（2019年，张耀明供图）

月—1968年3月，张惠元任正仪人民公社副社长、正仪人民公社民兵团副团长。1968年4月—1982年3月，张惠元任正仪人民公社革委会副主任兼正仪人民公社机关党支部书记、正仪人民公社党委组织委员兼纪检委员、正仪人民公社民兵团副政治委员兼武装基干营副政治教导员。1982年4月—1985年5月，张惠元任正仪人民公社党委副书记兼正仪人民公社工办主任。1985年6月—1986年9月，张惠元任正仪镇区单位联合党总支书记。1986年9月—1992年8月，张惠元任正仪镇党校专职副校长兼镇老龄委专职副主任。2010年10月，张惠元安然离世，享年84岁。张惠元长期在乡镇基层任职，始终认真履职，恪尽职守，为社会主义革命和建设，为改革开放事业做出了贡献。在几十年的农村工作中，张惠元始终以一个普通劳动者的身份和群众打成一片。张惠元踏实、朴素、肯干、平易近人的形象，赢得了正仪人民的拥戴。

第二节　人物简介

刘土根　1935年4月出生，大众村第11村民小组成员。刘土根的祖父母都是土生土长的大众村人，只生了他的母亲刘凤金一人。刘土根的父亲张和尚是景村人，当初入赘到刘家改姓为刘。1944年，刘土根的祖父刘学庆请南星渎老先生浦志泉到家里办私塾，教授10岁的刘土根及附近村里许根林、刘义根、支阿炳、支葵男等10多人一起读书。在6年时间里，刘土根先后读了《三字经》《百家姓》《千字文》《论语》《孟子》《幼学琼林》等书，成为村里为数不多的

刘土根（2019 年，吴惠根摄）

断文识字之人，又写得一手好字，村民们对他的书法赞叹不已。多年来，在周围几个村中，凡有婚丧红白喜事、买卖租赁的场合都缺不了他书写地契文书，他的书法得到了村民的普遍称赞。1959 年，刘土根看到祖上传下来的一本破破烂烂的《百家姓》，有的地方字迹十分模糊，他就用毛笔抄录下《百家姓》全书，并一直珍藏下来。刘土根能把《百家姓》全书背诵出来，甚至可以倒背出来。现年 85 岁的刘土根至今还依然能背诵《百家姓》全书。晚年的刘土根与他的夫人许小桃身体健康，儿孙满堂，过着幸福的生活。

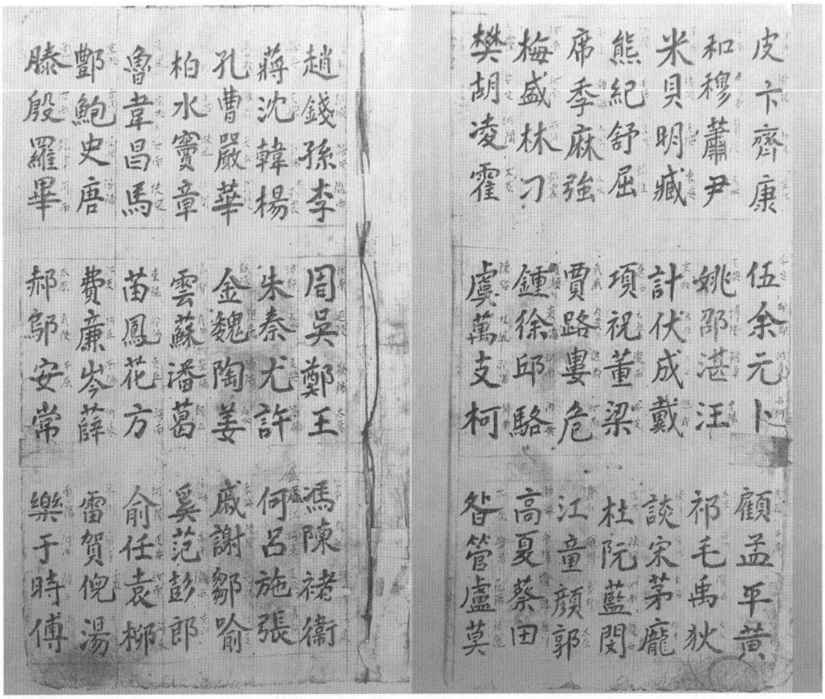

刘土根书法（2019 年，吴惠根摄）

张学明　1963 年 4 月 12 日出生，高中学历。1980 年，张学明毕业于昆山市正仪中学高中部，于1981年4月进入正仪机械厂工作。1986年5月至1987年12月，在正仪镇液化气灶具厂工作，于1987年12月被调到昆山市稻麦原种场办企业国营达华机器厂工作，其间担任科长、副工长。1992年5月，张学明担任国营昆山达华机器厂厂长。2000年6月，张学明出资成立昆山达华人造板机器制造有限公司，并接盘国营达华机器厂，从此走上民营企业创业之路。张学明创办的企业在激烈的市场竞争中不断发展，不但解决了100多人的就业问题，还每年上缴近百万元的税款，得到当地政府的肯定和表彰。2003年，张学明投资成立昆山大华机器制造有限公司，并通过多年经营，公司不断发展和壮大，在全国人造板机械行业中获得了一席之地，员工最多时有200多人，为地方群众的就业和创收、创税尽了一份力。张学明在经营企业的同时，坚持致富不忘本，服从政府，服务村民，积极参与政府组织的各项慈善活动，为贫困学生助学，为本村老人献爱心，尽到了一个企业经营者应尽的社会责任。

顾卫英
（2019年，顾卫英工作室供图）

顾卫英　1978年4月出生，大众村第9村民小组成员，现任职于北方昆曲剧院。国家一级演员，中国戏剧梅花奖得主，中国戏剧红梅奖两届大奖得主，上海白玉兰主角奖获得者。顾卫英师承张继青、柳继雁、张静娴、梁谷音、沈世华等昆曲名家，扮相端庄秀丽、柔美动人，气质温婉娴雅，嗓音清丽柔婉、圆润优美，表演细腻传神，功底深厚，融通南北，兼擅苏昆，以《牡丹亭》之杜丽娘、《长生殿》之杨玉环、《玉簪记》之陈妙常、《白蛇传》之白素贞享誉业界。1999—2008年，顾卫英任职于苏州昆剧院，并自2008年起任教于中国戏曲学院。顾卫英教授的学生既有昆曲、京剧、豫剧、越剧、晋剧等专业学生，又有业余戏迷曲友，学生遍布全国各地各大专业院团及专业院校。2014年，顾卫英主演新编昆剧《一旦三梦》，场场爆满，获得业内外专家、学者的广泛好评，为昆曲艺术的传承与发展做出了贡献。2015年，顾卫英加盟北方昆曲剧院后，与各位昆曲同行一起创排大型原创昆曲历史人物剧《李清照》，并在剧中担纲主演，成功塑造并刻画了李清照这一“千古第一才女”的形象。2017—2018年，顾卫英先后演出《牡丹亭·寻梦》《琵琶记》《赵氏孤儿》等剧目。2018年10月，顾卫英在昆山市巴城镇老街开设顾卫英昆曲工作室。工作室以传播昆曲艺术为核心，举办艺术沙龙，进行互动体验、讲座授课、雅集等多种形式的推广活动，是集感知昆曲、学习昆曲、欣赏昆曲于一体之地。在演艺生涯中，顾卫英先后获得苏州市青年演员一等奖、首届中国戏剧家协会戏曲红梅奖大奖、全国戏剧文化奖首届表演大奖、第四届全国大型音乐展演民族戏曲演唱金奖、第27届上海白玉兰戏剧表演艺术奖主角奖等。

杜永刚　1979年1月出生，大众村第10村民小组成员。江苏尚坤电能科技有限公司总经理，中国民主建国会会员，昆山市青年企业家协会常务副会长，昆山年轻一代商会副会长。2000年9月—2016年6月，杜永刚先后于苏州市职工科技大学（今苏州市职业大学）学习计算机信息管理专业、武汉理工大学学习工商管理专业、上海交通大学学习高级管理人员工商管理专业。

杜永刚（2019年，杜金发摄）

2005年，杜永刚独立运营江苏尚坤电能科技有限公司，公司注册资金3 000万元，总部设在江苏省昆山市巴城镇迎宾西路2001号，占地50亩，建筑面积3万平方米。经过近20年的努力，至2019年，该公司旗下有江苏尚坤电能科技有限公司、苏州尚知电力设计有限公司、江苏镇鸣电气有限公司、江苏电百达智能科技有限公司、上海茁寅企业管理咨询有限公司、昆山尚坤智创产业园开发有限公司6家企业，拥有员工200名，成为集电力咨询、设计、施工、电气设备制造、综合能源平台管理于一体的控电节能先锋企业。该公司拥有发明专利、实用新型专利等知识产权30多项。该公司先后获评江苏省高新技术企业、江苏省重合同守信用企业、江苏省名牌公示企业、江苏省民营科技企业、昆山市科技研发机构、江苏省级众创空间。

陆雪芳
（2020 年，村委会供图）

陆雪芳 1987 年 1 月 7 日出生，祖籍江苏常熟，中共党员，大学本科学历。2009 年，陆雪芳毕业于南京师范大学。2009 年 8 月—2020 年 6 月，陆雪芳先后担任昆山高新区大众村书记助理、团书记、社长职务。2020 年 6 月，陆雪芳调任昆山高新区江浦村党支部副书记。在大众村工作的 11 年时间里，陆雪芳积极协助村书记做好党建工作，协助村主任规范低保、低保边缘等社会救助管理及访贫问苦工作；全面负责村团支部活动，积极带领村里团员青年开展志愿服务，受到村民的高度赞扬。在担任村经济合作社社长期间，陆雪芳认真履行职责，在全面完成合作社工作任务的同时，积极协助大众村"两委"做好矛盾纠纷调解、食品安全、环境整治等工作，确保社会和谐稳定发展，为大众村创建成苏州市民主法治村、昆山市文明村、昆山市村民自治模范村、昆山高新区学习型党组织做出了贡献。陆雪芳先后被评为昆山高新区 2011 年度、2016 年度先进个人。2011 年，陆雪芳被评为昆山市优秀共青团员。

第三节 人物名录

一、退役、现役军人名录

1951—2019 年，大众村民积极响应国家号召，踊跃应征入伍，共有村籍退役、现役军人 93 人。（表 12-1）。

表 12-1　1951—2019 年大众村退役、现役军人名录表

序号	姓名	性别	出生年份	入伍年份	退役年份	原住自然村
1	吴雪根	男	1924	1951	1952	周家埭
2	顾金根	男	1925	1951	1953	古黄里
3	狄福根	男	1927	1951	1952	东黄渎村
4	金宗均	男	1928	1951	1952	黄宇圩
5	周和尚	男	1929	1952	1953	西黄渎村
6	曾泉金	男	1929	1952	1953	南浜
7	周宗安	男	1929	1951	1952	金屋里北浜
8	钱进发	男	1929	1951	1952	姚家港
9	王金根	男	1930	1951	1952	北杜家港
10	陆佰云	男	1932	1951	1952	金屋里南浜
11	范阿毛	男	1934	1955	1959	范家沙
12	顾士明	男	1934	1951	1952	南杜家港
13	李其中	男	1935	1951	1952	东黄渎村
14	王招根	男	1935	1952	1953	金屋里南浜
15	刘志祥	男	1941	1960	1968	湾里
16	查小男	男	1944	1969	1971	西黄渎村
17	周炳元	男	1947	1968	1971	南浜
18	杜金发	男	1948	1969	1973	北杜家港
19	杜玉生	男	1948	1970	1973	北杜家港
20	许明林	男	1948	1968	1971	古黄里
21	李正东	男	1949	1971	1973	周家埭
22	王土根	男	1950	1970	1973	北杜家港
23	李敖生	男	1950	1969	1975	周家埭
24	王荣宝	男	1951	1969	1976	小黄泾
25	周喜明	男	1951	1973	1976	金屋里北浜
26	马勇刚	男	1953	1969	1979	姚家港

续表

序号	姓名	性别	出生年份	入伍年份	退役年份	原住自然村
27	陆全元	男	1953	1955	1959	金屋里北浜
28	张水元	男	1954	1972	1978	陈堂浜
29	季林生	男	1955	1976	1979	姚家港
30	胡雪元	男	1956	1976	1978	黄字圩
31	刘进宝	男	1957	1976	1978	东黄渎村
32	王林元	男	1957	1977	1980	金屋里南浜
33	王柏楠	男	1958	1976	1981	金屋里南浜
34	周根元	男	1958	1978	1981	南浜
35	顾良明	男	1959	1977	1980	南杜家港
36	杜荣泉	男	1960	1978	1995	北杜家港
37	范建木	男	1961	1979	1983	范家沙
38	刘香元	男	1961	1979	1984	小黄泾
39	徐凤如	男	1961	1979	1983	姚家港
40	曾培生	男	1962	1980	1985	南浜
41	张福男	男	1962	1981	1986	东黄渎村
42	沈香荣	男	1962	1981	1983	南杜家港
43	袁建根	男	1964	1982	1986	姚家港
44	王建良	男	1965	1985	1989	南杜家港
45	周雪根	男	1965	1985	1989	古黄里
46	范建刚	男	1966	1984	1989	范家沙
47	沈秀根	男	1968	1987	1991	南杜家港
48	王建良	男	1968	1986	1990	金屋里南浜
49	吴拥军	男	1968	1986	1990	周家埭
50	顾勤明	男	1970	1990	1994	马家湾
51	周永根	男	1970	1989	1992	金屋里南浜
52	陆文荣	男	1971	1990	1992	金屋里南浜
53	周建龙	男	1971	1991	1994	金屋里北浜

续表

序号	姓名	性别	出生年份	入伍年份	退役年份	原住自然村
54	刘强	男	1971	1990	1992	湾里
55	张伟刚	男	1972	1990	1994	东黄渎村
56	周阿春	男	1972	1991	1995	北杜家港
57	吴建康	男	1973	1991	1995	湾里
58	李金伟	男	1975	1997	2000	周家埭
59	顾小刚	男	1975	1996	1999	南杜家港
60	何小弟	男	1975	1994	1997	北杜家港
61	王瑞良	男	1975	1994	1998	金屋里南浜
62	沈勇	男	1976	1994	1998	范家沙
63	张伟	男	1978	2000	2002	南杜家港
64	许美根	男	1978	1997	2002	陈堂浜
65	姚雪平	男	1978	1998	2000	南杜家港
66	顾伟强	男	1979	1997	2000	古黄里
67	王勇	男	1979	1998	2000	北杜家港
68	李华	男	1979	1999	2005	周家埭
69	顾奕峰	男	1980	1999	2001	马家湾
70	陆烨华	男	1981	2001	2019	西黄渎村
71	钱锋	男	1981	2001	2003	姚家港
72	沈建	男	1982	2002	2004	周家埭
73	钱华	男	1982	2002	2004	姚家港
74	季建勋	男	1982	2000	2002	范家沙
75	杜海波	男	1984	2003	2005	北杜家港
76	吴海刚	男	1984	2003	2005	东黄渎村
77	许云良	男	1985	2003	2005	陈堂浜
78	刘斌闰	男	1987	2006	2009	小黄泾
79	刘晓兵	男	1988	2006	2008	小黄泾
80	陆强	男	1989	2008	2010	金屋里北浜

续表

序号	姓名	性别	出生年份	入伍年份	退役年份	原住自然村
81	吕晓澄	男	1991	2009	2011	湾里
82	杜洪吉	男	1991	2013	现役	北杜家港
83	吴喜	男	1991	2011	2013	周家埭
84	吴俊超	男	1991	2012	2014	周家埭
85	张亚城	男	1991	2013	2017	陈堂浜
86	周建文	男	1992	2011	2013	南浜
87	周熔	男	1992	2011	2013	古黄里
88	薛昆	男	1995	2015	2017	黄字圩
89	熊晓天	男	1997	2017	现役	湾里
90	花凯文	男	1998	2017	现役	西黄渎村
91	徐琥	男	1998	2016	2018	姚家港
92	刘梦超	男	1998	2019	现役	小黄泾
93	王靖	男	2000	2019	现役	小黄泾

二、村籍大学生名录

中华人民共和国成立后，特别是改革开放后，大众村域的教育事业得到较大发展，村民受教育的程度越来越高，至 2019 年，据不完全统计，全村共有村籍大学生 241 人。(表 12-2)

表 12-2　2019 年大众村籍大学生名录表

序号	姓名	性别	出生年份	组别	入学年份	毕业院校
1	范金明	男	1972	1	1992	武汉大学
2	姚雪娟	女	1972	1	1993	南京农业大学
3	徐金华	男	1979	1	2004	华中科技大学
4	范　芳	女	1986	1	2005	江苏理工学院
5	曹海荣	男	1986	1	2005	江苏理工学院
6	范晓艳	女	1987	1	2005	南京中医药大学

续表

序号	姓名	性别	出生年份	组别	入学年份	毕业院校
7	景　丽	女	1987	1	2010	扬州大学
8	范　峰	男	1994	1	2013	江苏师范大学
9	邵　萍	女	1978	1	2016	北京理工大学
10	范国振	男	1997	1	2016	常州大学怀德学院
11	范心怡	女	1999	1	2017	西交利物浦大学
12	范　佳	女	1995	1	2018	河北师范大学
13	陆春兰	女	1987	2	2006	徐州师范大学（今江苏师范大学）
14	陆志文	男	1988	2	2007	淮海工学院（今江苏海洋大学）
15	陆　鸣	女	1990	2	2008	南京理工大学泰州科技学院
16	陆　艳	女	1990	2	2009	常州纺织服装职业技术学院
17	王旭杰	男	1992	2	2010	江苏大学
18	王于青	女	1992	2	2011	苏州大学
19	陆宇豪	男	1993	2	2011	江苏师范大学
20	陆　云	女	1996	2	2014	金陵科技学院
21	陆晓莉	女	1992	2	2014	南京师范大学泰州学院
22	陆　敏	男	1988	2	2017	西安交通大学
23	赵家燕	女	1980	3	1998	南京财经大学
24	陆　峰	男	1984	3	2004	宿迁学院
25	陆　伟	男	1989	3	2008	盐城师范学院
26	陆亦浩	男	1991	3	2009	江苏科技大学
27	王雨薇	女	1994	3	2011	苏州幼儿师范高等专科学校
28	吴怡雯	女	1993	3	2011	南京晓庄学院
29	周晨露	女	1994	3	2013	南京中医药大学翰林学院
30	陆星昊	男	1998	3	2016	南京大学金陵学院
31	徐应红	男	1976	4	1995	中南大学
32	顾丽君	女	1987	4	2004	苏州大学
33	杨　斐	女	1990	4	2008	扬州大学

续表

序号	姓名	性别	出生年份	组别	入学年份	毕业院校
34	杨继红	女	1989	4	2008	徐州师范大学（今江苏师范大学）
35	顾　咪	女	1990	4	2010	上海外国语大学
36	顾莉吉	女	1982	4	2011	苏州大学
37	顾维欢	女	1995	4	2011	江苏联合职业技术学院 连云港财经分院
38	顾菊珍	女	1980	5	1999	南京农业大学
39	钱佳伟	男	1991	5	2000	南京林业大学
40	蒋丽燕	女	1980	5	2000	扬州大学
41	马　莉	女	1982	5	2000	苏州大学
42	李　斌	男	1982	5	2000	南京大学
43	仇冬节	女	1984	5	2002	苏州大学
44	王　锋	男	1985	5	2003	江苏科技大学
45	徐升华	男	1987	5	2005	南京邮电大学
46	袁晓栋	男	1987	5	2006	西南政法大学
47	李颖雅	女	1988	5	2006	扬州大学
48	季　晨	男	1987	5	2007	南通大学杏林学院
49	徐　涛	男	1985	5	2007	河海大学
50	张　迪	女	1984	5	2007	大连交通学院（今大连交通大学）
51	袁海燕	女	1987	5	2008	南京审计学院（今南京审计大学）
52	钱丽丽	女	1996	5	2014	淮阴师范学院
53	吴　婷	女	1987	5	2014	渤海大学
54	龚政玮	男	2000	5	2018	南京工程学院
55	吴　洁	女	1992	5	2019	厦门大学
56	刘伟刚	男	1972	6	1990	苏州大学
57	刘卫青	男	1974	6	1992	沙洲职业工学院
58	王　松	男	1979	6	2002	华东理工大学
59	贾　佳	女	1980	6	2002	南京信息工程大学

续表

序号	姓名	性别	出生年份	组别	入学年份	毕业院校
60	陈翠娟	女	1983	6	2002	南京医科大学
61	支晓娟	女	1986	6	2004	淮海工学院（今江苏海洋大学）
62	张继龙	男	1985	6	2004	南京理工大学
63	孙晓娅	女	1981	6	2004	南京中医药大学
64	蒋荣方	男	1979	6	2005	上海交通大学
65	支　龙	男	1982	6	2006	中央广播电视大学（今国家开放大学）
66	刘宏飞	男	1987	6	2006	三江学院
67	刘文娅	女	1989	6	2008	淮阴师范学院
68	支　亚	女	1991	6	2010	南京晓庄学院、英国基尔大学
69	张　青	女	1982	6	2010	中央广播电视大学（今国家开放大学）
70	姚燕芳	女	1989	6	2011	日本目白大学
71	王　芳	女	1985	6	2011	常州信息职业技术学院
72	李玉红	男	1977	6	2011	河南工业大学
73	唐　敏	女	1982	6	2013	中央财经大学
74	刘斌闰	男	1987	6	2015	苏州大学
75	刘丽雯	女	1999	6	2018	扬州大学
76	张栋弟	男	1970	7	1992	江苏财经职业技术学院
77	金　峰	男	1980	7	1998	北京交通大学
78	金　珍	女	1975	7	2009	武汉科技大学
79	金　芳	女	1973	7	2011	武汉科技大学
80	蒋　琴	女	1985	8	2004	江苏科技大学
81	刘晓洁	女	1993	8	2012	长江大学
82	顾惠良	男	1962	9	1979	江苏农学院苏州大专班（今扬州大学）
83	顾惠香	男	1964	9	1983	南京理工大学经济管理学院

续表

序号	姓名	性别	出生年份	组别	入学年份	毕业院校
84	顾卫刚	男	1975	9	1994	中共江苏省委党校
85	顾卫英	女	1978	9	1994	苏州评弹学校
86	刘小月	女	1975	9	1995	盐城师范学院
87	顾琴琴	女	1982	9	1998	苏州卫生职业技术学院
88	季　峰	男	1980	9	1999	山东大学医学院 （今山东大学齐鲁医学院）
89	顾丽娟	女	1985	9	2003	扬州大学
90	沈　伟	男	1982	9	2003	天津大学
91	董劭悦	女	1981	9	2003	南开大学
92	管安超	男	1985	9	2005	中国人民公安大学
93	王　斌	男	1990	9	2008	南京理工大学
94	顾承燕	女	1987	9	2008	中国人民解放军南京炮兵学院
95	姚宇杰	男	1992	9	2011	江苏大学
96	沈晨希	女	1992	9	2011	南京师范大学
97	张静秋	女	1993	9	2012	南京中医药大学
98	顾　培	男	1992	9	2012	英国伦敦政治经济学院
99	顾晓晨	男	1994	9	2012	常州轻工职业技术学院
100	王德健	男	1994	9	2013	江苏理工学院
101	姚晨鸿	男	1996	9	2014	江苏大学
102	顾　纯	女	1996	9	2015	苏州大学
103	顾菲红	女	1992	9	2015	南京信息工程大学
104	杜陆伟	男	1974	10	1995	北京师范大学
105	陈月青	女	1975	10	1995	上海大学
106	李　茜	女	1979	10	1998	江苏公安专科学校 （今江苏警官学院）
107	杜永海	男	1981	10	1999	东南大学
108	张溧溧	女	1983	10	1999	东南大学

续表

序号	姓名	性别	出生年份	组别	入学年份	毕业院校
109	韩 英	女	1983	10	2002	天津工业大学
110	王 艳	女	1985	10	2004	徐州工程学院
111	马 彪	男	1985	10	2015	中国矿业大学
112	姚 琴	女	1985	10	2004	江南大学太湖学院 （今无锡太湖学院）
113	杜荣泉	男	1960	10	2005	中共中央党校
114	方 笑	男	1986	10	2005	江苏大学
115	杜娅婷	女	1987	10	2005	南通大学
116	韩燕倩	女	1988	10	2007	河北联合大学冀唐学院
117	王志刚	男	1985	10	2008	安徽工业大学
118	杜洪吉	男	1991	10	2009	南京理工大学
119	周 静	女	1990	10	2009	盐城师范学院
120	杜 玮	男	1991	10	2009	武汉铁路工程学院 （今武汉铁路职业技术学院）
121	蒋彦娉	女	1992	10	2010	南京中医药大学
122	杜 娟	女	1986	10	2011	苏州大学
123	王 佳	女	1985	10	2012	江南大学
124	王冕姬	女	1992	10	2012	无锡太湖学院
125	王婕妤	女	1991	10	2012	中国地质大学
126	杜永刚	男	1980	10	2012	上海交通大学
127	王玉婷	女	1991	10	2013	江苏第二师范学院
128	杜静娟	女	1995	10	2014	南通大学
129	蒋丽雯	女	1999	10	2014	苏州幼儿师范高等专科学校
130	杜骋域	男	1995	10	2014	南京师范大学泰州学院
131	杜雨箫	女	1999	10	2014	苏州幼儿师范高等专科学校
132	杨 义	男	1993	10	2014	南京晓庄学院
133	杜 晨	女	1996	10	2015	常熟理工学院

续表

序号	姓名	性别	出生年份	组别	入学年份	毕业院校
134	杜静芸	女	1999	10	2018	江苏大学
135	杜嘉宁	男	2000	10	2018	扬州大学
136	费　玥	女	2000	10	2019	山东英才学院
137	杜俊贤	男	1999	10	2019	苏州大学
138	高福元	男	1963	11	1985	南京理工学院（今南京理工大学）
139	许爱明	男	1986	11	1988	常州技术师范学院 （今江苏理工学院）
140	李正华	男	1983	11	1995	四川农业大学
141	龚　芳	女	1983	11	1995	四川农业大学
142	沈　杰	男	1983	11	2002	同济大学
143	许翔荣	男	1984	11	2002	南京农业大学
144	袁雪中	男	1984	11	2003	复旦大学
145	王　睿	男	1985	11	2004	淮海工学院（今江苏海洋大学）
146	刘晓琴	女	1985	11	2004	扬州大学
147	刘晓燕	女	1986	11	2004	扬州大学
148	许文娟	女	1987	11	2007	三江学院
149	许嘉诚	男	1991	11	2011	扬州大学
150	刘德芳	女	1973	11	2013	苏州大学
151	刘　超	男	1992	11	2016	西南交通大学
152	吴隽文	女	2001	11	2016	大连财经大学
153	李嘉懿	女	2002	11	2017	江苏城市职业学院
154	吴志严	男	1998	11	2017	金陵科技学院
155	姜　韬	女	1997	11	2017	英国牛津大学
156	许建良	男	1969	12	1989	扬州大学农学院
157	许　良	男	1973	12	2000	北京工商学院
158	许晓庆	男	1986	12	2004	南京农业大学
159	张亚城	男	1991	12	2009	常州大学怀德学院

续表

序号	姓名	性别	出生年份	组别	入学年份	毕业院校
160	赵金伟	男	1989	12	2009	吉林大学
161	金　蕾	女	1995	12	2012	苏州幼儿师范高等专科学校
162	许敏赡	女	1996	12	2014	淮阴师范学院
163	许　峰	男	1987	12	2015	常州大学
164	沈棋君	女	1988	12	2015	南京审计大学
165	许　文	女	1997	12	2018	苏州农业职业技术学院
166	吴小平	男	1980	13	1999	重庆工学院（今重庆理工大学）
167	王　维	女	1981	13	1999	南京财经大学
168	许　冲	男	1985	13	2003	南京航空航天大学
169	朱　磊	男	1987	13	2003	常州机电职业技术学院
170	狄丽霞	女	1985	13	2003	苏州大学
171	陆　新	男	1984	13	2003	苏州大学
172	袁　东	男	1984	13	2004	淮阴工学院
173	陈　萍	女	1985	13	2004	江南大学
174	张　婷	女	1987	13	2005	淮阴师范学院
175	张辉玲	女	1987	13	2005	江苏教育学院 （今江苏第二师范学院）
176	许金海	男	1986	13	2005	江苏教育学院 （今江苏第二师范学院）
177	周　洪	女	1987	13	2006	南通大学
178	狄静亚	女	1987	13	2006	南京师范大学泰州学院
179	陈　琳	女	1989	13	2007	南京师范大学泰州学院
180	张　燕	女	1990	13	2008	江苏大学
181	丁　洁	男	1989	13	2008	苏州科技学院（今苏州科技大学）
182	丁秀萍	女	1989	13	2008	常熟理工学院
183	蒋　中	男	1986	13	2008	同济大学
184	狄永康	男	1975	13	2009	华中科技大学

续表

序号	姓名	性别	出生年份	组别	入学年份	毕业院校
185	罗冰倩	女	1992	13	2010	连云港师范高等专科学校
186	俞莉雅	女	1987	13	2010	苏州大学
187	孙伟国	男	1992	13	2012	江南大学
188	王璐怡	女	1997	13	2012	常州卫生高等职业技术学校
189	蒋筱雯	女	1995	13	2013	南通大学
190	张　磊	男	1995	13	2014	云南师范大学
191	王　雁	女	1996	13	2016	苏州大学
192	吴丽亚	女	1990	13	2017	江南大学
193	张　昊	男	2000	13	2018	苏州科技大学
194	狄张祺	男	1999	13	2019	苏州大学
195	潘　铭	男	1978	14	1998	南京林业大学
196	杨文云	男	1979	14	1998	华北工学院（今中北大学）
197	储敏杰	男	1981	14	2000	南京工业大学
198	冯木兰	女	1981	14	2001	昆山广播电视大学
199	周　芸	女	1984	14	2004	苏州科技学院（今苏州科技大学）
200	姜　晶	女	1980	14	2006	中国农业大学
201	沈亚萍	女	1987	14	2006	徐州师范大学（今江苏师范大学）
202	金熙龙	男	1988	14	2007	淮海工学院（今江苏海洋大学）
203	沈　怡	男	1986	14	2007	南京大学
204	费小刚	男	1982	14	2007	昆山广播电视大学
205	冯泽晓	男	1995	14	2013	江苏师范大学
206	狄　维	男	1995	14	2016	金陵科技学院
207	樊利清	男	1975	15	1994	扬州大学
208	周莉萍	女	1982	15	2001	淮海工学院（今江苏海洋大学）
209	吴　昊	男	1983	15	2001	淮海工学院（今江苏海洋大学）
210	周霞芳	女	1982	15	2001	徐州师范大学（今江苏师范大学）
211	周丽君	女	1986	15	2005	南京师范大学

续表

序号	姓名	性别	出生年份	组别	入学年份	毕业院校
212	马燕翔	男	1988	15	2006	常州工学院
213	曾维开	男	1987	15	2006	三亚学院
214	周晔炜	女	1991	15	2007	苏州幼儿师范高等专科学校
215	孙玉蓉	女	1989	15	2007	南京师范大学
216	周丽娟	女	1989	15	2007	南京中医药大学
217	王　强	男	1988	15	2008	南京财经大学
218	周建文	男	1992	15	2010	中国人民解放军南京政治学院
219	王冬英	女	1981	15	2016	厦门大学
220	王俊辉	男	1999	15	2018	盐城工学院
221	张　静	女	1987	15	2019	常熟理工学院
222	刘　震	男	1971	16	1978	扬州大学化学化工学院
223	刘　刚	男	1975	16	1994	扬州大学
224	支建峰	男	1981	16	1999	南京工业大学
225	糜英培	男	1982	16	2001	淮阴师范学院
226	刘　超	男	1986	16	2004	江南大学太湖学院（今无锡太湖学院）
227	刘晓娟	女	1985	16	2004	苏州大学
228	刘启华	男	1990	16	2008	南通理工大学
229	糜经纬	男	1997	16	2015	宿迁学院
230	刘逸涛	男	1996	16	2016	淮阴师范学院
231	刘叶青	女	1999	16	2017	南通理工学院
232	周建新	男	1973	17	1989	苏州卫生职业技术学院
233	吴志英	女	1977	17	1994	苏州幼儿师范高等专科学校
234	胡志强	男	1990	17	2005	湖南科技学院
235	许文强	男	1986	17	2005	扬州大学
236	曹雨梦	女	1986	17	2005	南京航空航天大学
237	顾　杰	男	1986	17	2005	淮阴工学院

续表

序号	姓名	性别	出生年份	组别	入学年份	毕业院校
238	周　静	女	1987	17	2006	盐城师范学院
239	宗美霞	女	1992	17	2010	南京师范大学泰州学院
240	顾亚雯	女	1997	17	2017	扬州大学
241	周　蒙	男	1999	17	2017	南京理工大学泰州科技学院

三、插队知识青年名录

20 世纪 60—70 年代，城镇知识青年响应党中央号召，到农村插队落户，接受贫下中农再教育。来自苏州和昆山的 93 名知识青年插队落户到大众村，其中有 43 名在新华大队插队落户，50 名在大众大队插队落户。他们为大众村域的建设发展做出了贡献，给村里带来了文化和科学知识。(表 12-3)

表 12-3　1963—1977 年大众村域插队知识青年名录表

序号	姓名	性别	插队		返城	
			队别	年份	地址	年份
1	殷华峰	男	新华 1 队	1968	苏州市区	1980
2	孟盛益	男	新华 1 队	1968	苏州市区	1980
3	王建岳	男	新华 1 队	1968	苏州市区	1980
4	陆冬生	男	新华 1 队	1968	苏州市区	1976
5	赵惠英	女	新华 1 队	1970	苏州市区	1979
6	顾云珠	女	新华 1 队	1970	苏州东北村	1980
7	陈美青	女	新华 1 队	1970	苏州市区	1980
8	殷　瑾	男	新华 1 队	1970	苏州市区	1979
9	王海宝	女	新华 2 队	1965	苏州市区	1979
10	颜林妹	女	新华 2 队	1965	苏州市区	1977
11	张琦霞	女	新华 2 队	1965	苏州市区	1979
12	金霞萍	女	新华 3 队	1965	苏州市区	1979
13	华端泉	男	新华 3 队	1963	昆山正仪镇区	1979

续表

序号	姓名	性别	插队		返城	
			队别	年份	地址	年份
14	丁惠珍	女	新华 3 队	1965	苏州市区	1979
15	赵凤英	女	新华 4 队	1967	苏州市区	1978
16	金秀玲	女	新华 4 队	1967	苏州市区	1979
17	潘培德	女	新华 4 队	1969	苏州市区	1979
18	葛　兰	女	新华 4 队	1969	苏州市区	1978
19	朱万龙	男	新华 5 队	1964	苏州市区	1979
20	戴纪良	男	新华 5 队	1964	苏州市区	1977
21	吴继忠	男	新华 5 队	1964	苏州市区	1979
22	朱兴龙	男	新华 5 队	1969	苏州市区	1976
23	陆水英	女	新华 6 队	1965	苏州市区	1978
24	卜桂英	女	新华 6 队	1965	苏州市区	1979
25	戈穗珠	女	新华 7 队	1968	苏州市区	1980
26	顾英霞	女	新华 7 队	1968	苏州市区	1980
27	华端平	男	新华 8 队	1963	昆山正仪镇区	1979
28	刘玉英	女	新华 8 队	1965	苏州市区	1979
29	徐均贤	女	新华 8 队	1965	苏州市区	1979
30	丘德如	女	新华 8 队	1965	昆山正仪镇区	1979
31	徐志英	女	新华 8 队	1965	苏州市区	1979
32	孙介凤	女	新华 8 队	1967	苏州市区	1979
33	亢曾美	女	新华 8 队	1969	苏州市区	1979
34	范水駁	女	新华 8 队	1969	苏州市区	1979
35	王一正	男	新华 8 队	1969	苏州市区	1979
36	徐坤生	男	新华 8 队	1969	苏州市区	1979
37	徐仲彬	男	新华 9 队	1965	苏州市区	1979
38	严　棚	男	新华 9 队	1967	苏州市区	1979
39	黄建华	男	新华 9 队	1969	苏州市区	1979

续表

序号	姓名	性别	插队		返城	
			队别	年份	地址	年份
40	赵根林	男	新华 9 队	1969	苏州市区	1979
41	杨新海	男	新华 9 队	1969	苏州市区	1979
42	江雪兰	女	新华 9 队	1969	苏州市区	1979
43	袁国明	男	新华 9 队	1969	苏州市区	1979
44	朱菀君	女	大众 1 队	1968	苏州市区	1979
45	邵家乐	女	大众 1 队	1968	苏州市区	1979
46	方荣荣	男	大众 1 队	1968	苏州市区	1979
47	唐锦喜	男	大众 1 队	1968	苏州市区	1979
48	陈　惠	女	大众 1 队	1968	苏州市区	1979
49	顾雪雪	女	大众 2 队	1968	苏州市区	1979
50	王伟康	男	大众 2 队	1968	苏州市区	1979
51	薛幼英	女	大众 2 队	1968	苏州市区	1979
52	王丽珍	女	大众 2 队	1968	苏州市区	1979
53	高方官	男	大众 2 队	1968	苏州市区	1979
54	刘尔芬	女	大众 3 队	1968	苏州市区	1979
55	金培华	女	大众 3 队	1968	苏州市区	1979
56	王晶琦	女	大众 3 队	1968	苏州市区	1979
57	吴其淦	男	大众 4 队	1968	苏州市区	1979
58	华明生	男	大众 4 队	1968	苏州市区	1979
59	金翔麟	男	大众 4 队	1969	昆山城区	1979
60	王云来	女	大众 5 队	1968	苏州市区	1979
61	吴惠芳	女	大众 5 队	1968	苏州市区	1979
62	卫芸芸	女	大众 5 队	1968	苏州市区	1979
63	翁娟娟	女	大众 5 队	1968	苏州市区	1979
64	黄祥春	男	大众 6 队	1968	苏州市区	1979
65	何煜存	男	大众 6 队	1968	苏州市区	1979
66	王蓉蓉	女	大众 7 队	1968	苏州市区	1979

续表

序号	姓名	性别	插队		返城	
			队别	年份	地址	年份
67	冯美星	女	大众 7 队	1968	苏州市区	1979
68	万祥荣	男	大众 8 队	1968	苏州市区	1979
69	张　平	女	大众 8 队	1968	苏州市区	1979
70	秦裕民	男	大众 8 队	1968	苏州市区	1979
71	叶惠英	女	大众 8 队	1968	苏州市区	1979
72	李　军	女	大众 8 队	1968	苏州市区	1979
73	叶美玲	女	大众 9 队	1968	苏州市区	1979
74	仇英梅	女	大众 9 队	1968	苏州市区	1979
75	潘祥云	女	大众 9 队	1968	苏州市区	1979
76	唐惠明	女	大众 9 队	1968	苏州市区	1979
77	潘　军	女	大众 9 队	1968	苏州市区	1979
78	潘　蓉	女	大众 9 队	1968	苏州市区	1979
79	张成伟	男	大众 9 队	1972	苏州市区	1979
80	王得康	男	大众 10 队	1968	苏州市区	1979
81	陈　刚	男	大众 10 队	1968	苏州市区	1979
82	王慰泉	男	大众 10 队	1968	苏州市区	1979
83	邹建强	女	大众 10 队	1968	苏州市区	1979
84	陈歆妹	女	大众 10 队	1968	苏州市区	1979
85	席乐萍	女	大众 11 队	1968	苏州市区	1979
86	蒋小蓓	女	大众 11 队	1968	苏州市区	1979
87	戴敏华	女	大众 11 队	1976	苏州市区	1979
88	徐晓琴	女	大众 11 队	1976	苏州市区	1979
89	步　鸣	女	大众 11 队	1976	苏州市区	1979
90	周冬梅	女	大众 11 队	1976	苏州市区	1979
91	龚心德	男	大众 11 队	1977	苏州市区	1979
92	沙建平	男	大众 11 队	1977	苏州市区	1979
93	倪履冰	女	大众 11 队	1977	苏州市区	1980

四、从教人员名录

教育发展离不开教师，大众村域具有尊师重教的传统。从20世纪60—70年代的民办教师开始，越来越多的村籍大学生毕业后从事教育工作。截至2019年年底，全村共有村籍从教人员（包括退休和在职教师）45人。（表12-4）

表12-4 1966—2019年大众村籍从教人员名录表

序号	姓名	组别	性别	参加工作		备注
				年份	单位	
1	马鸣芳	5	女	1966	新华小学	退休
2	姜佩珠	16	女	1969	大众小学	退休
3	王金英	6	女	1979	新华小学	退休
4	陆雪根	14	男	1979	昆山市正仪中心小学校	退休
5	张素珍	14	女	1982	大众大队幼儿园	退休
6	顾勤仙	4	女	1983	新华大队幼儿园	退休
7	马勇勤	5	女	1984	新华小学	退休
8	沈明德	13	男	1986	昆山市正仪中学	在职
9	范文龙	1	男	1988	昆山市正仪中心小学校	在职
10	吴志英	17	女	1997	昆山市高科园小学	在职
11	杜陆伟	10	男	1997	昆山市培本实验小学	在职
12	樊利清	15	女	1998	昆山市第一中学	在职
13	刘小月	9	女	2000	昆山市张浦初级中学	在职
14	蒋丽燕	5	女	2005	昆山市娄江实验小学	在职
15	周霞芳	15	女	2005	昆山市南港中心小学	在职
16	马　彪	10	男	2008	无锡太湖学院	在职
17	李颖雅	5	女	2010	昆山市培本实验小学	在职
18	吴　婷	5	女	2011	昆山市玉山镇振华实验小学	在职
19	王玉婷	10	女	2012	昆山市正仪中心小学校	在职
20	陈　琳	13	女	2012	昆山市正仪中心小学校	在职

续表

序号	姓名	组别	性别	参加工作		备注
				年份	单位	
21	周晔炜	15	女	2012	昆山市正仪中心幼儿园	在职
22	杨继红	4	女	2013	昆山石牌中学	在职
23	罗冰清	13	女	2013	昆山张浦中心小学校	在职
24	宗美霞	17	女	2013	昆山巴城镇翡翠湾幼儿园	在职
25	陆晓莉	2	女	2014	昆山市玉山镇新城域小学	在职
26	王雨薇	3	女	2015	昆山高新区九方城幼儿园	在职
27	沈晨希	9	女	2015	昆山开放大学	在职
28	周　静	10	女	2015	昆山市正仪中心小学校	在职
29	李玲玮	13	女	2015	昆山高新区鹿城幼儿园	在职
30	范　峰	1	男	2016	昆山高新区吴淞江学校初中部	在职
31	金鑫薇	11	女	2016	昆山市爱心学校	在职
32	周　晴	13	女	2016	昆山高新区同乐幼儿园	在职
33	蒋筱雯	13	女	2017	苏州工业园区跨塘实验小学	在职
34	冯泽晓	14	男	2017	苏州工业园区唯亭实验小学	在职
35	金　蕾	12	女	2017	昆山高新区茗景苑幼儿园	在职
36	吴怡雯	3	女	2017	昆山市张浦初级中学	在职
37	杜骋域	10	男	2018	昆山花桥中心小学校	在职
38	许敏赡	12	女	2018	昆山开发区东部新城幼儿园	在职
39	张　磊	13	男	2018	苏州工业园区星澄学校	在职
40	陆　云	2	女	2019	昆山高新区南星渎小学	在职
41	姚晨鸿	9	男	2019	苏州高新区文昌实验小学校	在职
42	杜　晨	10	女	2019	苏州市新康实验小学校	在职
43	杜雨箫	10	女	2019	昆山高新区鹿城幼儿园	在职
44	蒋丽雯	10	女	2019	昆山市大市中心幼儿园	在职
45	蒋冠群	10	女	2019	昆山市张浦中心幼儿园	在职

五、从医人员名录

从 20 世纪 50 年代的本土医生，到 60—70 年代的赤脚医生，再到改革开放后从大学医药专业毕业的从医人员，大众村的医疗服务日臻成熟，医疗队伍不断壮大。截至 2019 年年底，据不完全统计，大众村籍从医人员共有 39 人。（表 12–5）

表 12–5　1951—2019 年大众村籍从医人员名录表

序号	姓名	组别	性别	参加工作		备注
				年份	单位	
1	王怀德	5	男	1951	南星渎卫生室	退休
2	夏志良	14	男	1966	大众大队合作医疗站	退休
3	范梅加	2	女	1966	新华大队合作医疗站	退休
4	方伯中	5	男	1969	新华大队合作医疗站	退休
5	赵金水	12	男	1970	大众大队合作医疗站	退休
6	王凤金	2	女	1971	新华大队合作医疗站	退休
7	许明林	17	男	1973	大众大队合作医疗站	退休
8	葛　兰	8	女	1974	新华大队合作医疗站	退休
9	邹建强	10	男	1975	大众大队合作医疗站	退休
10	顾林泉	9	男	1976	昆山市正仪卫生院	退休
11	陆云元	2	男	1976	新华大队合作医疗站	退休
12	吴惠珍	10	女	1980	大众大队合作医疗站	退休
13	范建荣	3	男	1981	新华大队合作医疗站	退休
14	周建新	17	男	1993	昆山市卫生管理所	在职
15	蒋金妹	13	女	1996	大众村卫生室	退休
16	陆仁芳	5	女	1999	昆山市第二人民医院	在职
17	王春芳	2	女	2000	昆山市中医医院	在职
18	顾琴琴	9	女	2002	昆山市中医医院	在职
19	季　峰	9	男	2004	昆山市中医医院	在职

续表

序号	姓名	组别	性别	参加工作		备注
				年份	单位	
20	仇冬节	5	女	2004	昆山市第一人民医院友谊医院	在职
21	顾秀芳	4	女	2005	昆山市康复医院	在职
22	陈翠娟	6	女	2006	昆山市第一人民医院	在职
23	范晓艳	1	女	2009	昆山市第二人民医院	在职
24	孙晓娅	6	女	2009	昆山市第六人民医院	在职
25	杜周艳	10	女	2009	昆山市正仪卫生院	在职
26	刘晓琴	11	女	2009	昆山市第四人民医院	在职
27	顾斯佳	4	女	2011	昆山市第一人民医院	在职
28	朱　进	4	男	2012	昆山市急救中心	在职
29	韩燕倩	10	女	2013	昆山市第六人民医院	在职
30	陆彩芳	2	女	2015	昆山拜博口腔门诊部	在职
31	周丽娟	15	女	2015	昆山市张浦镇社区卫生服务中心	在职
32	顾维欢	4	女	2017	昆山市柏庐社区卫生服务中心	在职
33	王　芸	5	女	2017	昆山市张浦镇社区卫生服务中心	在职
34	张静秋	9	女	2017	昆山市锦溪镇社区卫生服务中心	在职
35	蒋彦娉	10	女	2017	苏州市中医医院	在职
36	周晨露	3	女	2018	昆山高新区江浦社区卫生服务中心	在职
37	狄苏芳	13	女	2018	昆山雅科口腔门诊部	在职
38	黄璐怡	13	女	2018	昆山市第一人民医院	在职
39	狄一涛	13	男	2019	昆山市康复医院	在职

六、在外任职人员名录

至2019年，在外党政机关、国有企事业单位任职、担任相应职务的村籍人员共有42人。（表12-6）

表 12-6 大众村籍在外任职人员及其职务一览表(选录)

序号	姓名	性别	原住自然村	组别	工作单位	曾任职务
1	李敖生	男	周家埭	11	昆山市正仪镇建设管理所	所长
2	赵海水	男	陈堂浜	12	中国农业银行昆山正仪支行	主任
3	马勇刚	男	姚家港	5	昆山市正仪镇司法办公室	助理
4	许学明	男	周家埭	11	昆山市水利局	工会主席
5	范正明	男	范家沙	1	常州大学化工设计研究院	副教授
6	张学明	男	黄渎村	13	昆山市正仪镇人民政府	副镇长
7	顾惠良	男	南杜家港	9	昆山市周市镇农业服务中心	高级农技师
8	沈香荣	男	南杜家港	9	昆山高新区行政综合执法局	科长
9	陆炳泉	男	金屋里北浜	3	昆山市巴城镇劳动和社会保障所	副所长
10	赵水根	男	陈堂浜	12	昆山市正仪镇人民政府	副镇长
11	张建明	男	小黄泾	6	昆山市人民法院	副院长
12	顾惠香	男	南杜家港	9	南京海关商品检验局	副处级干部
13	杜国兴	男	北杜家港	10	昆山市正仪镇电力站	站长
14	宗水珍	女	古黄里	17	常熟理工学院	教授
15	曾培生	男	南浜	15	昆山市巴城镇正仪办事处	社会事业科科长
16	蒋建珍	女	黄渎村	13	昆山市正仪镇人民政府	副镇长
17	姚亚明	男	南杜家港	9	昆山市环保局执法大队	大队长
18	沈秀根	男	南杜家港	9	昆山市巴城镇美绿环境建设发展有限公司	书记
19	蒋建根	男	北杜家港	10	昆山市巴城镇农业服务公司	科长
20	许　琴	女	陈堂浜	12	昆山市房产交易管理中心	主任

续表

序号	姓名	性别	原住自然村	组别	工作单位	曾任职务
21	杜陆伟	男	北杜家港	10	昆山市培本实验小学	党支部副书记
22	周建新	男	古黄里	17	昆山市卫生局监督所第四分所	所长
23	孙　文	男	东黄渎村	13	昆山市巴城镇农业服务公司	副科长
24	刘卫刚	男	小黄泾	6	昆山市人民检察院	反贪局副局长
25	杜荣泉	男	北杜家港	10	昆山市人民检察院	正科级干部
26	顾卫刚	男	南杜家港	9	昆山张浦镇组织人事和社会保障局	局长
27	顾卫英	女	南杜家港	9	北方昆曲剧院	演员
28	范金明	男	范家沙	1	昆山市测绘中心有限公司	办公室主任
29	赵雪琴	男	陈堂浜	12	中国农业银行昆山经济技术开发区支行	副行长
30	杜永刚	男	北杜家港	10	江苏尚坤电力安装有限公司	董事长、总经理
31	沈　勇	男	范家沙	1	昆山高新区工商局	正科级干部
32	吴冬梅	女	东黄渎村	13	中共昆山市委老干部局	主任
33	李　茜	女	北杜家港	10	昆山市公安局刑警大队	指导员
34	李金伟	男	周家埭	11	昆山市正仪镇建设管理所	副所长
35	狄苏珍	女	东黄渎村	13	昆山市食品药品监督管理局	科长
36	李　华	男	周家埭	11	昆山经济技术开发区综合行政执法大队	分队长
37	刘香元	男	小黄泾	6	昆山枫景苑街道办事处	副主任
38	蒋建良	男	北杜家港	10	昆山高新区社会事业局	财务科科长
39	杜洪吉	男	北杜家港	10	广东省湛江市海警局	正连级干部
40	周先明	男	湾里	16	昆山高新区社会事业局农业工作办公室	副主任
41	陆烨华	男	西黄渎村	14	昆山市公安局蓬朗派出所	警员
42	蒋长根	男	东黄渎村	13	昆山市巴城镇正仪办事处	科长

七、人大代表名录

从20世纪80年代开始，大众村有多人先后当选昆山市（县）和玉山镇（昆山高新区）人大代表，代表村民行使当家作主的权利。（表12-7）

表12-7 1981—2017年大众村当选昆山市和玉山镇人大代表名录表

序号	姓名	届次及称谓	当选年份
1	杨云妹	昆山县第八届人大代表	1981
2	刘炳福	昆山市第十二届人大代表	1993
3	夏志良	昆山市第十二届人大代表	1993
4	张素珍	昆山市第十五届人大代表	2007
5	金　芳	昆山市第十六、第十七届人大代表	2012、2017
6	周先明	玉山镇第十六、第十七届人大代表	2002、2007
7	许花珍	玉山镇第十七届人大代表	2007
8	曾培林	玉山镇第十七届人大代表	2007
9	刘炳福	玉山镇第十八、第十九届人大代表	2012、2017
10	陆香根	玉山镇第十八届人大代表	2012

第十三章　村民记忆

大众村人杰地灵、民风淳厚。世世代代的大众村民，在这片土地上辛勤劳作，艰苦奋斗，洒满了劳动的汗水，经历了历史的演变和时代的变迁。旧时记忆，忘不了的是艰难岁月，留下来的是奋斗足迹，胡阿大办的“洋学堂”、老裁缝王荣根的回忆、生产队的那些事、罱河泥的场景、开夜工的日日夜夜、烂心村的传说、杜百万的兴衰……这些生活中的点滴，还有家乡的美食，桩桩件件，那人那事，既有美丽的传说，又有感人的故事。村民忆事入志，形成公共记忆，在于继承优良的传统，开创美好的未来。

第一节 家乡美食

大众村地处江南水乡，村里除种植粮食作物之外，村民还常年种植多类蔬菜水果，饲养家禽家畜，利用河浜水面放养鱼蟹，丰富家常美食食材，改善村民日常生活饮食，提升村民的生活品质。村民们谈起家乡美食，总是娓娓道来。

面川条 先用面粉加点水揉成团，再捏成长方形；然后用菜刀切成长 10 厘米、宽 0.5 厘米左右的薄条，放入烧开水的锅中，加入咸菜或其他如虾米、肉丝之类食材；最后加上调料煮熟，面川条即做成。

小粉糊 面粉或麸皮捏成团，过几十分钟后，用淘米饭箩放在清水中不断捏汰，饭箩里的面团就成了面筋，下面白色的浆沉淀后，把上面的清水撇掉，将剩下的粉浆放入铁锅中熬熟成糊状，这就叫小粉糊。如果再加一点适合自己口味的白糖或蜂蜜，既好吃又细腻滑爽，口感更好。

萝卜丝饼 大众村村民也称之为“油墩子”。先把萝卜刨成丝，在萝卜丝里加入盐等调料拌匀，把面粉调成浆糊状，在铁皮模型勺子里面装上萝卜丝；然后在上面浇上面粉糊，把铁皮勺里的萝卜丝完全覆盖，轻轻拍平拍实；最后连勺子放入热油锅内氽至金黄色，即可食用。

巧果 20 世纪 60—70 年代，大众村域内各家各户都做巧果吃。做巧果，先把面粉放在面盆里加入少量的水拌匀，水不能太多，拿出来在桌上不散为好；然后用双手在桌上反复揉捏，捏成长方形，用擀面棍擀成薄薄的一层，厚薄如馄饨皮一样，上面撒上点芝麻；最后压一下，让芝麻粘在面皮上就可以切块了。块的大小长约 10 厘米、宽约 8 厘米，中间切上一小刀，用两只角向中间划开处穿过，拉直成菱形，待用。锅里放上菜油，烧至油温快要冒青烟时，把做好的巧果料放入油锅，并不断翻动，氽至金黄色时捞出来，凉了之后即可食用。巧果可口香脆又好吃，男女老少皆喜欢食用。每当夏收夏种结束，新面粉上市，油菜籽打好了油，田里水稻耘耥上岸，进入盛夏季节，中间有一段农闲时间，小孩放暑假了，在墙门里乘凉度夏，村里主妇们都会为孩子们做巧果吃。有的媳妇在出梅后回娘家，也做些巧果作为孝敬父母的礼物。

酒酿饼 大众村的一种传统农家小吃。做酒酿饼须取面粉 1.5 千克，甜酒酿 0.5 千克，如没有酒酿，可用米酒吃完后容器底部沉淀的白色糊状沉积物即“酒脚”代替，面粉与甜酒酿或“酒脚”拌和，揉成面团，置盆内放置 5~6 小时发酵。把发酵后的面团分摘成小块，搓成圆团，再捏成盅状，内放豆沙或芝麻馅，轻捏封口，轻轻按扁成饼。之后将生饼放入铁锅内油煎至两面金黄时，浇入一勺清水，迅即盖锅，烧至水干，稍焖片刻，饼就熟了，揭开锅盖，满屋饼香。酒酿饼是村民自制特产，其色泽金黄，绵软而香甜。

定胜糕 大众村村民家庭自制的传统糕点之一。相传，此糕起源于太平天国时期，为慰劳太平军而特意制作的元宝形糕点。后来，太平军不负众望，旗开得胜，一举攻下常熟城，“定胜糕”的名称就此传开。做定胜糕的原料和一般糕点相同，以糯米为主。糕粉拌好后，放入元宝形的模具里，轻轻压实，再反过来倒扣在蒸笼里，蒸熟取出，稍冷却后将两糕的元宝底粘在一起即成，尔后在糕点的两面中心印上红色的印记，据说是暗喻“天朝大印”，以纪念太平天国的功绩。

青团子 做青团子的主料是糯米粉，调料用浆麦草，用芝麻、豆沙、枣子、百果等做馅料。做青团子时，先将浆麦草洗净，在河滩边石头上用木榔头打烂，挤出浆水；然后用纱布将浆水沥出，并用适量干石灰来点浆。干石灰点浆是关键，需要恰当。干石灰多了，浆水凝结太快就不能用；干石灰少了，做出的团子颜色不好看，还影响口味。用糯米粉和浆水搅拌成面团，半小时至 1 小时后就可做青团子了。团馅有百果、豆沙、芝麻、白糖、猪油等，随心所喜而定。待锅里的水烧开，在锅上放屉笼，屉里面放层纱布，把做好的青团子放入屉笼中蒸 15—20 分钟，蒸气里散发出香味即可。

南瓜饼 做南瓜饼的主料是糯米粉和南瓜，馅料有豆沙、芝麻、枣子等。做南瓜饼时，将南瓜洗净削掉皮，切成小方块，放在锅中加少量水煮。南瓜焐烂后，用纱布挤干水分，再用糯米粉放入盆中与挤干水分的南瓜一起搅拌，比例在1∶2左右，捻成不粘手的大团，分成小团搓成圆团，再捏成盅状，加入馅料，做成南瓜饼。把南瓜饼贴在锅的四周（有平底锅最好）开始点火烧，火力不宜过急，其间多次浇上菜油，待南瓜饼转色后逐个翻身，再浇上二次油，一锅南瓜饼大约在半小时至40分钟就熟了。在点火烧时，火力不能太大，否则南瓜饼烧焦发黑就不好吃了。

粽子 大众村村民的传统食品。农历五月初五端午节，村里家家户户包粽子吃。据传，这是为纪念楚国诗人屈原而制作的食物祭品，在苏州地区主要是为祭奠伍子胥。包粽子前，先要洗好粽叶，把粽叶用温水浸泡并洗净晾干，再用清水将糯米淘洗干净，沥干水；然后将鲜肉切成小方块，放入生抽、生姜、黄酒，置于盆中捏和一下备用；最后可备上蜜枣、赤豆等其他食材。村民可根据各自的口味来包粽子。包粽子时，先用粽叶折成一个三角形漏斗状，再把少许糯米放入三角形粽叶中；然后放进鲜肉或蜜枣等，上面再放满糯米并压实，把粽叶封上，用稻草或线扎紧；最后把粽子放入锅中，而且要全没入水中，加水并放点碱烧煮，最好用木柴烧，待水烧开后慢慢调小火力，不可以一下子将水烧干，要闷一闷，再烧一烧。一锅粽子在灶头上烧，连烧带闷大约需要4小时，方可食用。除端午节包粽子吃之外，平时村民在农忙季节也把粽子作为一种省时、省力的方便食品，带到田头，饿时随时食用。

饭糍 又称“锅巴”。20世纪90年代以前，大众村域各家各户做饭，都是用铁镬子在灶头上烧稻麦柴或用树竹枝、废木头等硬柴作为燃料，用硬柴作为燃料最好，做出来的米饭不仅香甜，还有饭糍。做饭糍需要在米饭做好后，等上半小时左右把米饭盛出来，再把锅边四周粘上薄薄一层米饭，利用火膛内的余火热量焖焐，锅内薄薄的一层米饭就成了金黄色的饭糍。这饭糍吃起来又脆又香，用饭糍加料做成一道菜，十分美味，可招待贵客，有“天下第一菜”之称。

走油蹄子 大众村村民做红白喜事时餐桌上必备的一道大菜。走油蹄子皮酥肉嫩、肥而不腻，是男女老少都喜欢的美食。做走油蹄子时，不仅要以蹄髈肉为主料，用生姜、大蒜、桂皮等做调料，还要备好香叶、生抽、老抽、冰糖等。做走油蹄子时，先需将肉洗净放在锅里焯水，捞出后洗净，把蹄髈放入锅中后加水，水要没过肉，肉焐熟后捞起，沥干水分待用；然后在锅里放上菜籽油，油量的多少要根据肉量而定，一般要没过肉；接着将油温烧至快要冒烟时把肉放下去，氽至肉皮金黄起泡后捞出，放入清水中浸泡至肉皮发软，捞出待用；最后把肉放在锅内加入生姜、黄酒、桂皮、香叶、生抽、老抽、葱等调料，放水没过肉，文火烧3—4小时，加入冰糖收膏即可。

水面筋 大众村地方特色美食之一。水面筋既可以炒食，又可以包肉放入汤里吃。制作水面筋用麸皮或面粉都可以。制作时，先用3斤左右面粉和水一起搅拌到不粘手为止，放入盆里醒上半小时拿出；然后用淘米的盆盛水，在盆里捻面团，直到面团在盆中发泡，用两手扯开，拉长牵丝为止，并放入水里待用；接着将猪肉剁烂放入调味品，调成肉糊；最后将洗好的水面筋上取一块扯开，中间包上肉，把水面筋放入鸡汤、鹅汤中，那味道真是鲜美极了。

老白酒 每当新米上市，大众村域内多数家庭都要自酿米酒。米酒酿造一般用糯米，酿造过程比较简单，但有一定的要求。先把淘干净的米放入蒸笼蒸，将蒸熟的米饭用清水淋一下，使其冷却至30 ℃左右；然后放进预先准备好的酒窝。酒窝非常讲究，一定要保暖，一般先用栈条将四周围好，中间放缸，缸四周用柴草层层填放压紧，缸面盖上柴草编的缸盖；然后将米饭装进缸中，放上酒药，按照10斤米放一两酒药的比例，注入25 ℃左右的适量温水，水位以刚好浸没米饭为宜，兜底抄和，使酒药与米饭均匀地混合，并在中间挖一个小坑，在面上撒一层酒药；最后盖上缸盖，上面压放棉絮或棉衣，捂紧缸盖，最上面再压上柴草才算完毕。等闻到酒香时开缸，一般需要2天时间。开缸后的酒称“头酒”，这时米粒已成酒糟。头酒沥干再加入水称“二酒”，一般为一斤米配二斤酒。这种米酒香醇，稍带甜味，口感较好，称为“乡下老白酒”。

腊肉 制作腊肉的主料为整腿肉，调料有食用盐、生姜、花椒、白酒。制作腊肉时，先把猪腿洗净、拔毛、去脚壳，沥干水分；然后准备好食盐，一般为10斤肉配1.8斤盐，还要准备生姜、花椒、白酒（根据个人的口味来定量多少）等；接着将食盐和调料（白酒除外）放在一个盆里拌好，将这些配料仔细地、反复地涂抹在腿肉上，并把涂抹好的腿肉放入缸里，缸的大小按腿肉的大小来定，直径一般以80厘米为宜；最后将腿肉在缸里放平后倒进白酒，上面用重的东西压好，最好用石头，压的时间在35—40天，一般从冬至到立春，制作时间要在农历十二月里，也就是腊月里最适宜。立春前把腿肉捞出来，放在太阳底下晒干，晒至肉皮变成金黄色为佳。

第二节　旧事记忆

一、人物故事

（一）胡阿大

1995 年，江秀峰老师写了一篇回忆文章《怀念胡阿大》，回忆胡阿大村长（现称“村主任”）在村里办学校的往事及其对村里的教育事业做出的贡献。

《怀念胡阿大》节选

江秀峰

作为一名曾长期战斗在农村教育第一线的老兵，正仪大众小学的第一任教师，不由得怀念曾为大众小学的创办与发展做出突出贡献的胡阿大村长。

1952 年 9 月，我受昆山县教育科的派遣，去正仪区新北乡九联村任教。在问路时，我巧遇一位头戴旧毡帽，脸色略显苍老的农民，当他得悉我的身份后，便主动帮我搬取行囊，原来他正是我当时急于要见到的胡阿大村长。

在区上，曾听人说，胡村长因为大半辈子吃尽了不识字的苦，昆山解放 3 年来，他曾向政府多次申办“洋学堂”，是个热心办学的好干部。可是跟他见面后，我发现胡村长对我的到来，并不怎么起劲儿，甚至还有点失望。原因在于：我不仅衣装不够新潮，而且是个不会讲本地话的外乡人。尽管如此，他仍然热情地给我安排食宿之事，并到处奔走，向村民借房子权充小学课堂。由于村民们住房都不宽裕，又受不了课前课后孩子们的喧闹，往往借房不久，就不愿再借。因此，在最初的两年内，课堂曾经被调换多次。最困难时，胡村长竟不得不将他的破砻坊和天井拿出来应急。

校舍无着落，固然给我们带来难以想象的困难，而最大的危机却是村民们对胡村长煞费苦心创办起来的“洋学堂”不感兴趣。因为此地土瘠民贫，历来都是男孩放牛，女孩割草，从无上学的传统。再看教室和课堂，又都十分寒碜，并无一点“洋”味道。所以任凭你好说歹说，家长们就是不愿让自己的孩子上学，以致该校在创办初期，学龄儿童的入学率还不满百分之三十。为了扭转这一局面，胡村长除向村民们坚持正面教育之外，还带头送子女入学，这一举措终于燃起了群众办学的熊熊烈火，经过两年多的惨淡经营，使学生由初期的十余名，逐步增至五十余名。这无疑是个巨大的胜利，可是让这么多的学生仍然住在这个或那个又小又暗的民宅里上课，怎么能行呢?

“造洋学堂!”在一次村民大会上，胡村长大手一挥，终于向大家郑重地宣布了他那久蕴心头的“宏伟”规划。

20 世纪 50 年代初期，国内经济百废待兴，别说造什么“洋学堂”，即使盖一座极简陋的房舍，也并非易事。可是，胡村长却认为：只要有党的领导和群众的支持，就没有办不成的事。他先邀来附近的七、八两个联村的村长、村干部张和生、顾波生和杜全林等人，共商建校事宜，决定将未来的校址置于这三个联村的中心地点——八联村的陆家坟上，并决定拆除九联村古巷之庙作为建筑材料。为了节省人工开支，他建议只请少数专业匠作指导，一般施工活动，都由这三个联村的青壮年义务承担。

建校计划虽然很快得到区、乡各级政府的认可，但按当时的规定，如无乡农会的批准，绝对不可拆庙，而该乡的农会主席偏又因故与胡村长闹翻，扬言“非胡阿大亲自来求我不可”。对此，我们不禁倒抽了一口冷气，感到事情很棘手。哪知处处以大局为重的胡村长，并不把个人恩怨放在心上，竟主动登农会主席之门向其求助。由于此行一举成功，不久，在那荒凉的陆家坟上，便出现了两大间挺神气的砖瓦平房，西间作为课堂，东间作为教师办公室兼寝室。这是 1954 年的事。后因学校在党和胡村长的领导下，越办越红火，施教区逐步扩大，学校又于 1957 年拆了八联村的陈堂浜之庙，增建了两个课堂，从而使这所新学校成为拥有三个复式班的多级校，全面担负起普及该乡五至九五个联村(共约十五个自然村)的初小教育任务。

鉴于学校施教范围广，通学路线远，为了保证年幼学生往返的安全，胡村长除敦促各村村长修好沿路的危险桥梁之外，还向我建议：将各自然村学生都编为一队，任命年长的学生作为队长，以代老师尽护送之职。每天清晨，登高一望，但见四面八方的田埂上，红旗飘飘，人影憧憧，一排排学生整队而来，气势极为磅礴。等到升旗早操，那场面尤为壮观。每逢胡村长在场，目睹这一景象，他总是捋着稀疏的短须，满脸漾起得意的微笑，沉浸在幸福的憧憬之中。不明内情的人，也许会把当时的大众小学当作条件优越的学校，深表羡慕。但又有谁知道：它那长长一排白垣灰瓦校舍的兴建，政府先后两次拨款的总数，只有四百多元钱，其余概由群众“承包”；而建校初期，学生新用之“课桌椅”，则都是从村民家里借来的“旧桌”“旧椅”，没有一张是校产。想到这里，怎能不使我们深深怀念曾为创办大众小学呕心沥血的胡村长呢？

胡村长生前从不拿学校一分钱，也没有什么“名誉校长”或“顾问”之类的头衔，但他即使在学校工作一切趋于正常化后，也时时关心着教师的思想建设和学生的健康成长。一有空暇，他总爱到学校走走看看，苦口婆心地勉励师生奋进。直到1960年病危时，他仍念念不忘学校工作，希望大众小学越办越好，为革命多育人才，以加速改变家乡的面貌。

（二）张俊益

张俊益知识丰富、兴趣广泛。在家中是孝子，是慈父；在外面当干部，勤政廉洁，大公无私。

张俊益的儿子张学明每当听到《父亲》这首歌，总在不经意间怀念起父亲张俊益的点滴往事。

追忆我的父亲

张学明

我的父亲于2006年11月3日因病去世，时年68岁。一晃10多年过去了，每当想起父亲总会心痛。痛惜他走得太早，走得太匆忙，真是“子欲孝而亲不待”。

每当想起父亲，我总会感到往事就在眼前，细细想来，的确值得我追忆。

1. 他对上是孝子，对下是慈父

从小我就懂得孝敬老人，这是父亲给我的教育。我家奶奶从我记事起就生活不能自理，并且常年服药，在当时的年代是何等的困难。药费全部自理，服用的药是一种名为“强的松”的特效药，每片九分钱，每天三顿，每顿一片，仅这种药就要两角七分钱，还有其他药，如止痛片等。20世纪70年代，这样的家庭负担很难想象。我记得我父亲的工资每月才二十多元，我母亲在生产队务农挣工分养家，条件十分艰苦，年年透支。每到年底，人家是等待分红，多少分一点，我家是一片哭声，母亲哭，奶奶哭，我和弟弟妹妹跟着哭，我家又是透支户，倒欠生产队一笔钱。奶奶总说是她拖累了全家，实际不然，在那个年代靠母亲挣工分养我们和奶奶肯定是透支户。由于父亲常年在外，挣一点工资，既要养家又要给奶奶买药，几乎没有什么积蓄。我知道父亲的生活很苦、很累，但他每次工作之余回家还会带上一点好吃的给奶奶，宽慰奶奶，陪奶奶说说话。虽然生活很苦，但他对奶奶的那份孝心，我们看在眼里。我知道不是父亲不爱我们，而是那时的条件不允许。奶奶风瘫了十七年，父亲没有怨言，只是不断地教育我照顾好奶奶，担负起责任，因为我是老大。直到奶奶病危之时，父亲还再三关照我，看护好奶奶，等他外出开会回来再由他陪护。三天后，奶奶走了，只可惜奶奶临终时父亲不在身边，真可谓“忠孝难两全”！我知道父亲是为了工作，没有办法，奶奶也不会怪他。当时，像父亲这样为公家做事、领国家工资的人很少，这也是我们家庭的光荣和骄傲。

2. 他好学聪明，知识丰富，兴趣多样

父亲是一位有文化、有素养且爱好颇多的农村干部，平日喜欢看书，喜欢象棋，喜欢乒乓球，会拉二胡。他在我的心里是一个能人，可以看一整天书，也可以与他人下一下午棋。他知识丰富，但不显摆。他曾组建5支正仪镇老年乐队，自己背起了大提琴，参与其中，虽然拉得不好，但这种参与的勇气、带头的作风、好学的精神，充满了正能量。这种乐观向上、好学进取之心让我铭记，让我学习。父亲时常说：“没有谁天生就聪明，只要学习就会进步。”

3. 他工作务实，勤政廉政，大公无私

父亲是从农村走出来的基层干部，身上散发着一种泥土的芬芳，让人感觉十分亲近。他工作务实，说话直率，做事实在。不是他不会说巧语，而是面对淳朴的百姓说不出口，怕拉远与百姓的距离。在那个年代，父亲的文化水平完全能高谈阔论，但老百姓也许听上去不舒服。为了工作，他融入了百姓，融入了这方土地。这就是本色的美，这就是务实。

父亲平时很少回家，工作很忙。特别是20世纪七八十年代更忙碌、更辛苦。他会去食堂吃饭，工作与睡觉都在办公室里，基本上没有下班的时间。晚上，他会接待群众、开会、写报告，有时一连几天是常事。有两年，我为了读书方便，和父亲住在一起，目睹了他那种勤奋、认真的工作状态，这也激励我好好读书。“言教不如身教”，我看在眼里，记在心里。我知道父亲每天工作很累、很苦，但第二天他依然会精神抖擞地迎接新的挑战，完全没有为名图利的杂念。

进入20世纪90年代，工作条件比以前好了，改革开放了，经济发展了，但父亲身上依然保留着朴素的元素、务实的作风，从不与不良的风气沾边。他十分自律，特别廉政。父亲常说：“现在生活好了，不要与人攀比金钱，不要贪图享受，要低调做人，高调做事，才能被人尊敬，不要与别人争功、争名、争利，只有把工作做好，才是最重要的。”父亲的言行是一致的，他就是这样的人。

父亲去世多年，但永远活在我心里，每当我听到《父亲》这首歌，我会不自觉地落泪，不是它的曲调悲，而是它激起了我对父亲的思念和爱。悄悄地，他走了，正如他悄悄地来，他挥一挥衣袖，不带走一片云彩。愿天堂里的父亲没有痛苦，永远开心。

（三）张惠元

出身贫苦的张惠元是在中华人民共和国成立后，在党的培养下成长起来的农村基层干部。从20世纪50年代初期的乡村干部到80年代的正仪乡党委副书记，他始终与群众同甘共苦，一步一个脚印，走过了不平凡的一生。

张惠元的儿子张耀明满怀深情，回忆起了父亲人生中些许片段，也激起了家乡的村民对他父亲深深的怀念。

我的父亲张惠元

张耀明

我的父亲出生于景村村，由于家庭贫困，不满周岁就被送给姜巷村一户姓戴的未生子女的农家寄养，取名“招生”。他从割草、放牛、赶鸭做起，春夏秋冬，年复一年，田园边、水溪旁，留下了我父亲年幼的身影。“招生”一名终于不负这家长辈们的厚望，给他们戴家招来了三个兄弟、两个妹妹，可谓立下了汗马功劳，但也带来了贫穷。三间茅草屋就是一家八口人的栖身之处，真可谓是家徒四壁。父亲就是在这样的家庭里度过了辛酸的童年。

成年后，我的父亲娶不起媳妇，只得到小黄泾做女婿，丈母娘给他取名“张惠元”。父亲这才有了自己的名字。

我的父亲为人正直，性格开朗，勤劳踏实。他是做农活的一把好手，虽出身贫苦，但被当时下乡的领导赏识，于1954年被引荐到新北乡负责农会工作，这也掀开了我父亲人生崭新的篇章。自从我父亲当上了小乡干部起，就不太着家了，总是忘我地工作。他将自己的一生，全部投到中国的革命和建设事业中去。

从我懂事起到读初中时，就好像没有见过我父亲几回。我母亲说，祖母病重时父亲还在苏州参加学习，直到祖母去世时才匆匆赶回家办理后事。

小时候，夏季农村经常发大水，父亲总是冲在最前面，挑泥筑坝，身体力行。赤着双脚战斗在抗洪的第一线。有一次，为了解决筑新华大队南边一条坝基的取泥问题，他毫不犹豫地把我母亲家的祖坟都挖掉了。这就是我的父亲，他身上始终闪耀着无私的光芒。

我记得有一次，父亲忙了一年后，在小年夜日落之时才匆匆回家，还没享受春节团聚的欢乐，就被举着红旗的红卫兵带走了。我母亲带着两个姐姐和我只能含着辛酸的泪水看着父亲被带走。直到过了农历正月十五，父亲才带着一身的疲惫回家。

父亲从未上过学，没有文化，一有通知，他都要四处奔走，请教识字的人给他读通知。他渴望知识，渴望学习，他以百倍的努力和辛苦的付出自学了小学课程。

我读中学时与父亲住到了一起，晨光初露父亲就起床了，吃完早餐就匆匆出门，直到晚霞落地才迟迟归来。正仪64平方千米的土地，处处留下了父亲的足迹、父亲的汗水。父亲常年蹲守乡下，吃住在基层，与群众打成一片。他不虚荣、不贪心，不欠住户一两粮票、一角钱。记得1957年夏天，开姚家港河时，开河指挥部就设在我们村庄里，但他从没进过一次家门，始终奋斗在开河的第一线。父亲就是一个无私的人，心里装着集体，唯独没有自己。

在主抓乡镇工业期间，从创办挂历厂、二砖厂、三砖厂、汽修厂到正仪水泥二厂、组建江苏阳澄集团有限责任公司（昆山市阳澄水泥厂）等，他呕心沥血，带领全镇人民，从全县落后的乡镇起步，逐渐跨入全市重点乡镇行列，干就了一番轰轰烈烈的事业。这中间，离不开父亲的辛勤付出。

父亲的一生，从小乡干部到小乡农委主任，从加入中国共产党到担任正仪乡党委副书记，他一步一个脚印，走过了不平凡的一生。

我为父亲感到骄傲，他将永远激励我们子孙后代，奋发向前！

（四）王荣根

王荣根出生于1922年2月3日，大众村西黄渎村人。他曾为忠义救国军司令胡肇汉做过衣服，遭到过日本士兵严刑拷打。其死里逃生的经历，在坊间流传甚广。

老裁缝王荣根

据王荣根口述整理

王荣根出生在苏州吴县相城渭塘乡西湖大队的一个贫苦的农民家庭。1933年，他父亲拜托在上海的一位远房亲戚，介绍他到上海去当学徒，学裁缝。这一学就是7年。

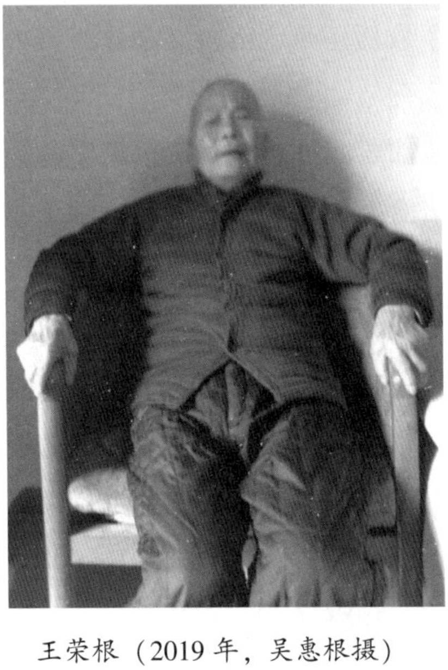

王荣根（2019年，吴惠根摄）

头一年当学徒，王荣根是给师傅家做些烧水、劈柴的家务活。从第二年开始，师傅才允许他做完家务活后可以看看，学学手艺。当学徒，师傅只管你吃和住，工钱是没有的，真所谓“学三年，帮三年”。年幼的他虽然不识字，但是凭着脑子聪明、勤学勤问、多看多想，在上海7年里，学到了一手做裁缝的好手艺。当时，上海滩流行的西装、旗袍、列宁装等款式，他样样会做，一般便装更是不在话下，受到师傅和师兄妹们的称赞。

1939年，他年仅17岁，学徒满6年了，出师了。出师后，他留在上海帮师傅1年。

1940 年，18 岁那年，他拜别师傅，从上海回到相城老家。当时，老家有父母双亲和 2 个哥哥、3 个弟弟，一家连他共 8 个人。他在老家做裁缝为生。2 年后，他在吴县相城一带的十里九村声名鹊起，远近闻名。

1942 年，国民党忠义救国军胡肇汉的队伍驻扎在苏州吴县沺泾、莲花岛一带。有一天，胡肇汉过生日，要定做长衫等衣服，就派司令部一位军官到村里来找王荣根。他被村里的保长许茂生带着去了沺泾，为胡肇汉做了一个礼拜的活。王荣根记得很清楚，当时为胡肇汉做了 2 件长衫，为他的小老婆做了一身旗袍和一套便装。王荣根在大队部做衣服时第一次见到了胡肇汉，他整天躺在客厅的藤椅上，驳壳枪就放在他身旁的桌子上。王荣根被吓得心惊肉跳，大气都不敢出。据王荣根说，胡肇汉身高约 1.65 米，光头、个矮、微胖，模样与《沙家浜》里的胡司令十分相像。平时，他的话不多，讲话时喉咙有些沙哑。

胡肇汉对王荣根的态度还算不错，对他做的衣服也比较满意。结束时，胡肇汉不仅支付人工费，还会将做衣服多余的一点布送给王荣根。后来，胡肇汉曾几次派人来叫王荣根去为他们部队做军衣。其间，王荣根认识了他们的 4 位中队长。沺泾的队长名叫王根生，是张家港人，既是中队长又兼任第一大队大队长；唯亭的队长名叫赵根元；渭塘的队长名叫张福仁；正仪的队长名叫周阿炳，是东北村扎金浜人。

胡肇汉见王荣根为人老实，曾要求王荣根留在自己的部队里做勤务员，说让他为士兵做些缝缝补补的工作，他没有答应。因为王荣根当时已成家，他的女儿也出生了，就坚决地拒绝了胡肇汉的好意。

1944 年，王荣根 22 岁。当时，他家没有田，他的父亲只得去离家 3 里多的莲花岛上种租田，他就跟父亲住在莲花岛上。

那年 8 月的一天清晨，天还未亮，日军开着汽艇去莲花岛扫荡。王荣根当时还未起床，听到急促的撞门声，他连忙起身去开门，刚走到门边，一把刺刀刺破门板险些刺中他。原来，日军进村要抓新四军和地下党。日军看到他手上的老茧，咬定他是当过兵的，怀疑他是新四军士兵或抗日游击队队员，就把他抓到汽艇上审讯，要他招供。

那天上午，在汽艇上，日军对他先来软的一套，对他假装很客气，给他吃的，哄骗他，诱导他，要他承认自己是新四军士兵、游击队队员或是地下党，要他提供抗日武装的组织和人员等情报。王荣根说他是裁缝，什么也不知道。日军还拿出笔和纸叫他写，他说自己不识字，不会写。到了下午，日军见从他口中得不到任何消息，就把他押到区公所用硬的一套逼他招供。日军先用几支笔夹他的三根手指，后来，一个日军拿起一根木棍，用战场上拼刺刀的样子狠命地向他胸口捅去，他顿时被击倒在地。接着，日军用棍子打他，一根棍子当场一断为二；又用半根棍子劈头盖脸地打他，他立刻昏死过去。等他醒过来时，天已暗下来了，他的鞋子也不见了，他只觉得浑身疼痛，不能动弹。后来，他趁哨兵不注意，慢慢地爬出区公所，爬到油泾村一户人家门口，当时已接近晚上9点。后来，他的母亲好不容易找到他，用船把他接回乡下。到家时，他的身上血肉模糊，由于伤势严重，无计可施，他的母亲只好从粪坑里舀了一大碗粪水叫他喝下（旧时说喝粪水能祛伤痛、活络经脉）。令王荣根终生难忘的是，当时油泾前村有一个叫龚培云的老太，给了他20元钱（只记得她有两个儿子，小儿子叫阿兴，他几十年来一直打听这位救命恩人的下落，可惜至今杳无音信），还对他说，这里不能再待下去了，赶紧逃走吧。他得了她的救命钱，听从了她的好心劝告，随后全家就逃到正仪镇横港里村避难。

1945年，王荣根搬到正仪镇横港里村颜凤高家中，暂住后又搬到东黄渎村张腊狗家中暂时落脚。1948年，他再次搬到西黄渎村凌宗根家中暂住。

辗转多年，盼到了昆山解放，王荣根做裁缝积攒了点钞票，买了房子，正式在西黄渎村定居下来。他一直做着老本行，在几十年里，先后带出了几十名徒弟。

现在，王荣根的一个儿子、两个女儿对他都很孝顺，子孙满堂。他说，有共产党的领导，生活真是越过越好了。王荣根今年（2019年）97岁了，没有什么大病，思路清晰，记忆力也不错，眼睛也好，就是耳朵有点背。他说，自己活到100岁是没有问题的。

二、生产故事

（一）生产队管理模式

1958—1982年人民公社时期，农村实行以生产队为单位的集体经济管理模式。生产队的划分一般以自然村为单位，由20~50家社员户组成，个别大的自然村也分为2个或2个以上的生产队。生产队由队长、副队长、妇女队长、会计4人组成生产队领导班子，下设记工员、保管员。队长负责生产队每日出工安排，队长的哨子声就是出工信号。在仓库场地集合后，分派出工任务。会计负责生产队经济核算，记工员每日进行出勤登记。一般男劳动力为十成工，女劳动力为八成工，老人、未成年人以折计工。保管员一般为2人，1人掌管仓库钥匙，1人掌管木印，其中1人为现金保管员。

每年社员的口粮分配都由大队批复，基本粮、工分粮核定后轧米过秤分到各家各户。全年的口粮一般为550斤左右，其中包括80%的基本粮、20%的工分粮。杂物分配按人头计算。社员家庭收入一般为两项，即工分收入和猪、羊粪肥收入。秋收、秋种结束后扣除所有支出，进行年终分红。工分值各生产队不等，有些生产队由于副业收入多，田多劳少，平时管理好，支出少，产量高，工分值就高。工分值高的生产队，1969年每工分是0.572元；工分值低的生产队，同年每工分是0.480元，同样出工，每年一个整劳动力按年得工分400分计算，相差36元。劳动力少的家庭为了年终少透支，积极养猪、羊，尽力增加粪肥款。仍以1969年为例，有的生产队年终有1979元现金参加分配，最好的家庭分得280元，而最差的家庭劳动力少，或参加生产队劳动少的家庭透支达124元，甚至连粮食也称不上。到1983年，推行家庭联产承包责任制，才打破了生产队集体管理模式。

（二）罱河泥

“庄稼一枝花，全靠肥当家”“冬里一船泥，秋里几担谷”。这些朗朗上口的农谚，说的都是罱河泥。20世纪60—70年代，罱河泥是江南水乡农业生产中的一项传统劳作活。时光流转几十年，罱河泥这种河道清淤的积肥方式虽然已远去，但它见证了一个时代，也见证了由传统农业走向科技农业的征途。

河泥是庄稼的基肥，也是粮食丰收的保证，因而它成了农民的宝贝。罱河泥在农活中最累、最苦、工分最高，它是力量与技巧完美的结合，必须信心与意志兼备，讲究互谅的情谊和默契的搭配。

秋忙结束，罱河泥随即展开。出征前要做好充分的准备，搁了一年的罱网拿下来，检查一下有没有被老鼠咬坏；看一看船上的扭橹绳、带缆绳是否牢硬；隔夜里，把橹和篙子掮到家里。早上，母亲或妻子已把盛有米粉团子的青边碗放在桌上。罱泥汉吃完团子，掮橹，握篙，提罱网。门外，霜花铺地，罱泥汉来到河边，解缆启航，船向河的深处驶去。

握罱网者，把钳形的罱网放入水里，将到河底时，张开网，底口贴紧河底往前伸。此时，在船艄的撑篙者要尽力撑住，并使船慢慢向前。握罱网者感到网内河泥已满时合紧网口，慢慢把罱网往身边提。罱网隐隐至水面，把网杆根部的弯头处靠在船舷上，用左手往下一按，用右手倏地提网入船，动作之迅疾犹如爆竹之升空。有的地方河泥不多，技艺精湛的人，从中舱船舷一直迈向船头，双脚抵住船头边沿，身子向河心探过去，整个身体与网杆梢部在波光曲晃的水面上像一座拱桥。

罱河泥（2019 年，顾秋根供图）

早饭前，一船河泥满了，摇船把泥拷到潭里。船紧靠塘岸外侧的河泥塘，前后用缆绳固定，再用蒲锹（用铝或塑料铸成的汤匙形的农具）往上送，俗称“拷河泥”。一船舱河泥拷下来，腰酸背疼，脚虚手麻。其实，这里面也有门道，拷河泥不能死死地单靠臂力，还需凭借腿力。取泥时，膝盖略弯，稍成蹲势，再借足底发力，腿直起，顺势把泥送出去。随着人们蹲—起、蹲—起的动作，泥船轻晃，动作干脆，声响齐整，节奏分明。

五吨水泥船一天一般要罱四船舱，河泥多的时候要罱五船。五船，就是二十五吨，既要一网一网从河底里罱上来，又要一锹一锹送到河泥塘里，这不是一坐一歇抽支香烟，或者一顿酒宴吃两小时饭所能够完成的。由于生产队罱河泥是轮流的，即便是大风、严寒、下雨、落雪，也照干不误。

如果泥潭不在河边，而是在田中间，称为“腰潭”，那要把河泥运到潭里，就叫“挑腰潭”。挑腰潭的工具是扁担、粪桶、粪勺。挑腰潭劳动强度更大，但每船舱河泥工分值比罱河泥工分值高 20%~30%。河泥塘边有人配合，称为“添潭人”。此人把铡断的柴草或红花草、青草等层层铺设在河泥上，并用尖齿铁搭把沾满河泥的柴草等拖到里边。罱河泥和拖河泥劳动强度大，一般青壮年才能胜任，工分按船论工。

（三）开夜工

“麦要抢，稻要养。”夏熟季节，是一年中农活最集中的季节。那时，麦要上场，稻要移栽，需要抢收抢种，村民称为“双抢”。由于农活忙不过来，每个生产队都要开早工、开夜工。社员白天在田间耕作，脱粒三麦及双季早稻一般会放在夜里，所以白天收工后，回到家里吃好晚饭，又要奔赴公场。男的摸黑挑麦上场，女的分工上机脱粒，搬麦、清场、捆柴，呈现出一派忙碌的劳动场面。双季稻脱粒采用“皮老虎”脱粒，把稻塞到“皮老虎”里，有的生产队做到人停机不停，公场上灯光通宵达旦。农忙季节，村民晚上往往一天只能睡三四个小时，其余时间都要参加队里劳动。陈堂浜村有个孩子，说了一句顺口溜：“农忙到，青蛙叫，大人小孩都苦恼。”这反映出了农忙时的真实情况。

三、生活故事

（一）灶头

在苏南农村地区，旧时的村民祖祖辈辈一日三餐都是在灶头上烧煮出来的。村民家的灶头一般砌在墙边，灶台上多数农户拥有两只大铁锅，户主以家中人口多少选择大小，锅边还有一个汤罐。锅沿略高于灶台，锅上盖着锅盖，锅盖都是用木头做的，结实耐用。灶上放着烧煮工具，如砧板、切菜刀、黄铜长柄铲刀、铜勺等。

灶头（2016 年，吴惠根摄）

灶上左右两边放了锅和罐，分别用于炒菜、煮饭；设在中间的汤罐用于盛水。烧饭时，灶膛的火苗蹿向烟囱，汤罐里的水就慢慢地热了，可供全家人洗脸、洗脚。

砌灶是个技术活，村民都请

有丰富经验的泥水匠砌灶。灶膛要通风顺畅，火才旺。烟囱口要开得恰到好处，烟囱是笔直的，下面是“凸”字形的。

1962—1982年，分配以生产队为核算单位时，每到5月中旬夏收夏种、10月中旬秋收秋种大忙开始时，生产队全体男劳动力要聚餐一顿。食材来源于宰杀生产队失去耕田能力的老牛或者没有生殖能力的母猪、车干溇潭捉的鱼虾、生产队杂边地上种植的瓜蔬。生产队的成员会选择有土灶头的人家烧煮。大人们自带烟酒，聚餐一次，席间天南海北，高谈阔论。

20世纪90年代，有了罐装液化气，每家每户砖砌灶头渐渐消失了。2003年后，村民因房屋动迁先后被安置在小区后，通了天然气管道，配套灶具坚固耐用，以前的灶头随着房屋的动迁而消失，但仍留在村民的记忆里。

（二）防震棚

1976年7月28日，唐山遭遇8.0级大地震后，大众村域内召开紧急会议，部署防震抗灾工作。两个大队都成立防震抗灾领导小组，民兵昼夜值班，大队干部挨家动员，分工包队负责，号召村民在自己的露天场地搭起简易防震棚。大多数人在外住宿，也有部分老年人坚持在家过夜。广播喇叭早晚播送有关地震的消息和如何防震避险的内容。那些日子里，家家预备干粮，父母守夜轮流陪好子女，昼夜大门敞开，夜里住宿在防震棚里。直至8月底，人们才逐渐回屋居住。

（三）船只和船舫

在老村民心中，船只和船舫一直是一道记忆的风景。

20世纪50—60年代，在江南水网地区的农村，主要的交通运输、生产劳动工具是船只，而船舫就是供船只停泊且能遮风挡雨的“房子”。每个村边的河道里，都有几座船舫。那时，周家埭村就有4座船舫，河南、河北岸旁各有2座。

搭建船舫，先要挖深河床。因河水有涨有落，一般冬天水位较低，不挖深河床，到时河水少了或干涸时，船就会搁浅。搭建船舫是将木柱钉在河里，再用铁丝转牢扎紧在长木横档上，三面用稻草编织成草帘围起来。船舫屋面大部分是用稻草盖顶，也有用瓦铺成。一般船舫可供2只木船停歇。

那时的船舫，虽说是船只的“房子”，却是童年孩子们最喜欢去的地方。春天时，孩子们跳到船上，或坐在船舫的横木上钓鱼、捕虾。夏天时，孩子们在船舫里乘凉玩耍。秋天里，孩子们在船舫里摸螺蛳，荡秋千。冬天里，孩子们到船舫里掏鸟窝，捉小鸟，摸鸟蛋。平时，孩子们经常到船上玩耍，从船头爬到船尾，充满了童趣。

船舫也是那时孩子们学游泳的好地方。孩子们下水抱住船舫柱，从这一根木柱抓到另一根木柱，来来回回地练习游泳，有时不当心手一滑或者脚蹬得不够有力没有抓住，吃一口水，积累经验，就这样慢慢学会了游泳。

20 世纪 50 年代村里办社后，船只、船舫都属集体的财产。20 世纪 60 年代后，出现了水泥船，木船由于维修成本高等因素，逐渐被淘汰。20 世纪 70 年代末至 80 年代，随着化肥的使用，陆上道路的改善，用于运输、罱河泥积肥的船只逐渐被淘汰。2000 年后，随着村庄动迁，船只、船舫没有了踪影，但老年人还常常忘不了那陪伴他们儿时游泳的船坊，忘不了那使他们养成劳动习惯的船只，忘不了那培养他们能吃苦的那一段历史。

（四）蒲扇

20 世纪 70 年代中期前，大众村域还没有通电，晚上靠煤油灯照明。没有电、没有电灯，当然更谈不上电风扇、空调了。那时，每到盛夏酷暑，村民扇风取凉用的就是蒲扇。

蒲扇是用蒲葵的叶子制作而成的，挺拔坚硬，散发出淡淡的清香，虽相貌平平，却轻盈耐用，是农家人手中的好物件，上了年纪的人几乎人手一把，夏天须臾离不开它。

春末夏初，村民上街都不忘买几把新扇。那时一把蒲扇只要几角钱，用得爱惜，好几年不坏。几角钱的蒲扇，村民们都很珍惜，买回来后用布条为蒲扇缝了包边，密匝匝的针脚沿扇边走一圈，就像围堤一样，更像城池筑了一道围墙。在扇柄上钻个眼，穿上棉线，系上圆套，不用之时挂起，以免挤压损坏，又便于随用随取。不少家庭的孩子们还在扇子上写上家庭成员的名字，算是属于专人专用。

那时的待客之道，也离不开蒲扇。邻居串门，客人登门，常常热得汗流满面，递上一把蒲扇，浓厚的乡情，在蒲扇的凉风里汩汩流淌。

三伏天，有一段农闲季节。中午，天热得火烧火燎一般，人们躺进竹园里，坐在弄堂口，歇在树荫下，一边摇着蒲扇，一边天南地北侃侃而谈。

傍晚，家家户户在院内场上点燃一堆烂柴垃圾，用以驱蚊，称为熏蚊烟。吃过晚饭，左邻右舍的人们，手里拿着蒲扇聚集在场上纳凉，场上的八仙桌、六人桌、长条桌上，坐着躺着纳凉的老老少少、男男女女。男人们讲着外面的新鲜事，女人们摇着蒲扇互相讲着家长里短，老人的生活故事在蒲扇的习习凉风里娓娓道来，孩子们有的追逐嬉戏，有的捉萤火虫，有的围着老人听他们讲过去的事情。

老人手持蒲扇消暑（2019 年，顾秋根供图）

一把平常的蒲扇，虽不是什么稀罕之物，但也不是说借就借的。朴实厚道的农家人，一贯信奉“有借有还，再借不难”的道理，可偏偏在扇子上恕不外借，可说较为认真，令人难以所思。村里常听到借扇子的歌谣，虽里面有戏谑和调侃的意味，却是诙谐幽默的群众语言，基本上是妇孺皆知，老少张口都能说上，“扇子扇凉风，扇夏勿扇冬。若要问我借，要过八月中”。一首打油诗道出了当年夏日里谁都离不开扇子，谁也舍不得把扇子借给别人的情景。虽说江南水乡，可三伏天酷热无比，乡下人解热，用得最多的就是蒲扇。

一把轻盈质朴的蒲扇，不仅能够扇风驱热，还融入了诸多民间智慧，被巧妙地赋予了驱蚊、遮阳、挠痒、挡雨、垫座等多种用途，可谓是“一扇在手，百事无忧”。蒲扇还是老人们随身携带的“痒痒挠”。一旦人的脊梁骨发痒了，可将手中的扇子转过来，手握着扇面，把一根扇柄伸过领口，在瘦骨嶙峋的脊背上，使劲挠上几个来回，便止住了痒。

村庄动迁、村民住进小区楼房后，夏天生活在钢筋水泥的城堡里，电扇、空调已是主要的消暑工具。很多村民，开着空调，守着电视机，在清凉中过着每一个夏夜，出门纳凉的人几乎没有了。但那在旧时光里浸润过的老物件——蒲扇，裹挟着多少人的童年。久久地，让人难以忘怀。

四、乡情故事

（一）大众人做大众事

20世纪80年代，以大众村村民为基本班底的正仪电力安装工程队（以下简称“工程队”），不忘乡情，反哺村里，为大众村的父老乡亲做了不少好事实事。

修筑村道　大众村村部办公室及小学校在中华人民共和国成立后的30多年里，都设在靠近娄江河边上的黄渎村。连通黄渎村的这条村道是村域内靠南星渎的几个自然村的村民前往村部、正仪镇，以及杜家港等几个自然村近百名一至四年级的小学生上学必走的“主干道”，这是一条沿着渠道河边的弯弯曲曲的泥土小路，沿途沟沟坎坎，高低不平，晴天行走一脚露水、一身灰，雨天路滑两腿泥。1988年，工程队出资16万元，修筑了一条从杜家港自然村的修缮桥到大众小学边的及墅桥近1 000米的崭新水泥路，结束了几代人晴天走土路、雨天两脚泥的历史。

扶贫帮困　20世纪八九十年代，村里还有不少贫困户。实行家庭联产承包责任制后，为了帮助富余劳动力转移，增加村民家庭收入，工程队在努力拓展市场的同时，克服困难，先后优先安排村内几十名年轻人就业，为增加他们的家庭收入做出了贡献，还培养了一批电气施工专业技术人员，为地方的发展及村民家庭奔小康打下了基础。

敬老爱老　2000年，大众村筹建老人活动室时，工程队捐资2万多元，为老年活动室购买了音响、电器等休闲娱乐设备。多年来，工程队还坚持每年春节前，对村内几户特困家庭进行走访慰问，为他们送去慰问金。这些充满乡情乡义的好事实事，赢得了村民们的一致好评。

正仪镇电力站站长杜国兴代表工程队说过的一段实在话，也让大众人很受感动。他说：“正仪电力安装工程队没有大众人的培育和支持，就没有工程队创业发展的今天。为本乡本土培养专业人才，为百姓做点好事，是我们工程队应该做的事；回报社会，回馈父老乡亲，大众人做大众事，是我们工程队的本分。”

（二）赛水泊头庙会

赛水泊头庙，也称“南陈塘庙”，建于1913年，庙址在东西走向的青龙港河与南北走向的姚家港河交叉口的西北角。东临姚家港河，南傍青龙港河，与河南岸的马家湾自然村隔河相望。庙的正门开在东南角上，是一座石库门，村民称之为“石拱衙门”，它正对着青龙港桥。庙宇坐北朝南前后二进大殿，庙内供奉7尊泥塑大佛，还有供朝拜者烧香拜佛用的香炉、烛台、条几等。两庙殿中间东侧围墙边有一个小门，方便守庙人进出，以便从姚家港河中挑取日常生活用水。

赛水泊头庙建筑宏伟，在附近众庙宇中级别很高。传说，同时期陈堂浜有供奉“福庆”土地太太的“福庆”庙，但远不如赛水泊头庙供奉的“孟将”土地太太的名气响、级别高。“孟将”土地太太是“福庆”土地太太的外甥。

每年农历七月十八的赛水泊头庙会，成为附近乡村众多信众期盼、参与的一次甚为隆重热闹的大事。庙会从农历七月十七筹备至七月十九结束，历时三天。庙场设在庙河南岸的一片空地上。每年庙会之时，在这片空地上用稻草编织的草帘子搭起凉棚，凉棚里聚集了卖餐饮小吃、鞋帽衣物、饰品玩具、日用百货等摊点，请来戏班子演戏、宣卷班子吹拉弹唱。

赛水泊头庙会遗址（2019年，罗英摄）

据老人们说，在最红火的那些年代里，农历七月十八那天，东至昆山陆家浜，南至吴淞江南边张浦、南港，西至吴县胜浦，北至正仪巴城，周边各地的庙主都会带领信众摇船赶来参加庙会。信众们在庙主的带领下，进入庙内烧香拜佛，祈求五谷丰登，阖家平安，渔民们来庙祈求出江平安、捕鱼满仓。赛水泊头庙会的规模之大、人数之众、生意之红火、场面之热闹，历来为周围乡镇庙会之最。庙会举办期间，村民杀鸡打鸭，买鱼买肉，招待亲朋好友，呈现出一派欢乐祥和的气氛。

在庙里烧香拜佛后，各庙主带领信众们走过青龙港桥到庙场上吃饭、购物、娱乐。庙会最精彩的一幕是赛快船，有两支橹、三支橹的比赛。船主从庙里抬出一位老爷放在船头上，其他各庙主组织的船排在后面，出发地点为马家湾村南木桥，沿姚家港河至姚家港自然村大约300米的河道里来回比赛，比赛规则是不能超过船头上放土地老爷的头船。青年女子参与摇两支橹、三支橹并表演“甩出水”的场面最为吸引人，常引来一片喝彩声和叫好声。但是，十多条船为了争抢头功，或因船与船相碰撞，争吵打斗的情况也时有发生。

1958年，随着赛水泊头庙拆除，每年的庙会就此中断。1997年，大众村村民自筹资金和建筑材料，在赛水泊头庙原址建起简易的赛水泊头土地庙，供信众烧香拜佛。每年农历七月十八的传统庙会也得以恢复，由马家湾、姚家港、小黄泾三个自然村轮流主办。轮到哪个村，这个村就会为前来的香客们准备点心等食物，邀请文艺团队到场演出。所有经费扣除信众捐的香火钱后，剩余部分由主办村按户分摊。

2014年，马家湾、姚家港自然村动迁，赛水泊头庙迁至南星渎茗景苑A区北侧，每年农历七月十八的庙会仍由三个自然村轮流主办，并将继续传承下去。只是缺少了“摇快船”这一比赛项目。

第三节　故事传说

一、“烂心村”的传说

大众域内南杜家港自然村，位于村域的最南面。这个村庄的地理位置很特别，三面环水：东靠双娄河，南至青龙港河，西至渠塘港河。

整个村庄呈“日”字形。南双溇河，自东向西，穿村而过直通渠塘港河。2003年8月，在苏昆太高速公路工程动工建设、村庄整体动迁前，有38户106人（其中楼房34户）。“日”字形村庄上半部分（南双溇河以北）有16户，“日”字形村庄下半部分聚居有22户人家。这些农房宅基地把南杜家港村南面三面环水的村庄挤得满满当当。

传说清朝宣统年间（1909—1911），住在南杜家港村的村民，经常有人离奇死亡，而且村中小孩也经常夭折。这种情况持续若干年后，住在村中心地段当初的4户人家先后成了绝户，村中心地段大小儿童不足10人。而住在周边的人家相对幸运。村民人心惶惶之余，逐渐形成了村中心地段不敢置地盖房的局面。即使要盖房造屋也选择周边而避开中间宅基地，村庄中间形成一大片空地，附近村民把南杜家港村称为“烂心村”。

据传，大约在1922年的一天，村上族长请了一位风水师来看风水，风水师到村上走了一圈，对长辈们说起了风水。这位风水师指着村上河西那个柏树坟（传说坟主是外来的一个大户人家）说，这个柏树坟上的柏树长得太高大、太茂盛、太气派，这表明阴气胜过阳气，坟里有精怪，必须镇妖灭怪，刹住阴气。这精怪是老虎精，这老虎精活动的时候，尾巴向东南横扫，扫到你们村，以致村里出现种种怪现象，留不住人家，养不住孩子，必须马上镇妖。怎么镇住这老虎精？风水师说，必须破法，才能得安宁。方法是请铁匠师傅打一根长长的铁扁担，钉入坟中，钉住老虎精使它不能翻身，还要在村南面建造—座土地庙，供奉土地老爷。做好这两件事，村上就会安宁，并逐步好起来，否则后果不堪设想。

事后，村里按照这位风水师的指点，立即行动起来，在先辈顾学亭、顾桂香、顾品良、顾如香、顾阿早5位老人的带领下，定了黄道吉日，把在铁匠铺里定制的一根长长的铁扁担钉入柏树坟中，以镇住坟中的老虎精，又在风水师指定的地点，建起了一座土地庙，庙内安放了7尊大佛，让村民供奉。据说，从此以后，村里逐渐安定了下来。

二、杜百万的兴衰

大众村域流传着杜百万由乞丐变为富人，但因为富不仁，最终仍落得一贫如洗的传说。其虚虚实实、真真假假的故事带给后人的种种思考，可谓“仁者见仁，智者见智”。

传说，清朝咸丰年间（1851—1861），不知从哪里来了一个乞丐，他白天外出要饭，晚上在里港河边搭的简易窝棚里过夜。

一个冬天的中午，乞丐在河边吃完讨来的饭食后，随手把木碗放在河边，在暖和的阳光下打起了盹。醒来后，乞丐发现木碗被风吹到河中，远远地在水面上漂着。他想，没碗不行，就沿着河岸去追，要捞起这只碗。走了不知多少路，木碗终于在一座桥的桥角里被桥墩挡住去路，乞丐捞起了这只木碗。这时，有一位老人路过，乞丐就问老人，这座桥叫什么桥？附近的村子叫什么村？老人告诉乞丐，这座桥叫杜家港桥，南面的村叫南杜家港村，北面的村叫北杜家港村。乞丐对老人说："我的碗漂到这里，是老天爷叫我在这村里定居了，你们姓杜是'家杜'，我来了也姓杜吧！我就是'野杜'了。不管是'家杜'，还是'野杜'，'野杜'也有一点点破东西。"说着，乞丐返身回到原来暂住的那条河边，挑了一担破东西，在北杜家港村的一块空地上搭了窝棚，暂住了下来。

那年冬天里的一天中午，突然乌云密布，北风怒号，天昏地暗，下起了雪。鹅毛大雪下了整整一个晚上。第二天早晨，乞丐爬出窝棚，惊奇地大呼："天助我也。"原来，他发现遍地大雪中，独有他的窝棚四周落下的竟全是白花花的银子。乞丐一夜暴富，从此村民就给乞丐起名为"杜百万"。

杜百万暴富后，几年时间里大兴土木，置地造屋，成为当时远近闻名、富甲一方的乡绅财主。从此，外地来探亲访友者，还有些流浪者纷纷来此落脚，带动了杜家港村一带人丁兴旺，村庄兴旺发达起来。

杜百万感谢神灵，暴富后出资翻造了冥冥之中指点迷津、但已年久失修的杜家港桥。修建时，他命人在石桥下面四个角各放一只金鼓作为基座，又命人采办上好的石头、石板建起了一座全新的、坚固的石桥，并把这桥改名为"修缮桥"。几年间，他一边置地百余亩，一边大兴土木，建造豪华的厅式住宅，南北房子造了几十间。房屋内部过道九曲三弯，曲径通幽，有多处暗道库房，一般人走进去都会迷路，走得进，出不来。尤其是这一大片房屋四周还建起一人高的砖石围墙，将房屋围了起来。在南北围墙通往西面渠塘港河的四条房屋弄堂的地上，全部铺上了侧砖，以方便村民百姓行走。西面围墙的砖石上雕刻有龙、虎、马等十二生肖的图像，南北围墙上砌有十二个摆灯口，里面装有彩色摆灯。在宅基地的东北角建造起规模庞大的旱船舫。旱船舫里设施齐全，以供玩乐，有在此唱戏的、听书的、喝茶的，吸引附近士绅、村民来此娱乐。

有一年夏天，杜百万的管家发现多日来米仓里散发出阵阵恶臭，进去一看，发现米仓里有一具尸体已经腐烂多时，尸体上和米仓里都爬满了蛆虫。杜百万叫用人把尸体抬出去埋葬掉，又把米仓里的近千斤陈米全部倒入旁边的渠塘港河里。有一年，他女儿出嫁，杜百万一掷千金，为女儿置办豪华的嫁妆，样样俱全。出嫁那天，杜百万大摆宴席，场面热闹非凡。那天，有一位老者也来看排场、凑热闹。老者细细看了一遍嫁妆，对村上人说："你们都说嫁妆样样俱全，我看万包全世还缺只角。"村里人问老者："缺什么?"老者说："缺金木鱼。"此话传到杜百万耳中，杜百万怕丢了面子，立即叫管家到金店里买回，他要的是万包全世、不失面子。

一年又一年，杜百万就这样过着花天酒地的奢华生活，先后娶了几房姨太太，还吸上了鸦片。俗话说"坐吃山空"，十几年后，他的家境渐渐衰败，到后来甚至不得不变卖田地、房屋，姨太太们也一个个先后离他而去。再后来，变成"鸦片鬼"的杜百万，已一无所有。在一个夜深人静的晚上，他走出杜家港，从此杳无音信。

编后记

《大众村志》在昆山高新区党工委和村“两委”的领导下，在昆山高新区村志办悉心辅导和编纂人员辛勤努力下，数易其稿，历经两年寒暑，终于问世。

《大众村志》从大众村域的建制沿革、自然状况、经济发展、社会事业、村庄建设、村民生活、组织构架和村籍人物等方面，全面记述了大众村发展的历史和现状，全志共 13 章。志前有图照彩页、概述和大事记。

《大众村志》在编纂过程中，得到了多方面的关心和支持。大众村党总支和村委会对村志编纂工作高度重视，2019 年 6 月编纂工作启动后，村里指定 1 名村干部，具体抓好编纂工作。在资料征集过程中，村、组干部与村里的老党员和老同志及广大村民、社会各界人士提供了大量的资料，使编纂工作顺利开展。编纂人员采取请进来、走出去等方法，在村民中收集口述资料，充实了村志内容。村志编纂工作得到了昆山市档案馆、昆山市地方志办公室和昆山高新区村志办的热心指导。在此一并表示衷心感谢。

由于志书记述的人和事时间跨度大，涉及面广，部分史料匮乏，致使有的章节不够充实。修志人员在编纂业务上边学边干，疏漏和谬误之处在所难免。敬请各位领导、方志专家、修志同人、社会各界及广大读者不吝指教、匡正。

《大众村志》编纂组

2022 年 11 月